流溪河海

广东 U18 女足跟队工作志

刘羽 著

中山大学出版社
·广州·

版权所有　翻印必究

图书在版编目（CIP）数据

流溪河海：广东 U18 女足跟队工作志/刘羽著 . —广州：中山大学出版社，2021.6

ISBN 978 - 7 - 306 - 07194 - 1

Ⅰ. ①流… Ⅱ. ①刘… Ⅲ. ①女子项目—足球运动—概况—广东 Ⅳ. ①G843.92

中国版本图书馆 CIP 数据核字（2021）第 075386 号

LIU XI HE HAI

| 出 版 人：王天琪 |
| 策划编辑：熊锡源 |
| 责任编辑：熊锡源 |
| 封面设计：曾　婷 |
| 封面题字：兮　瑶 |
| 责任校对：邱紫妍 |
| 责任技编：何雅涛 |
| 出版发行：中山大学出版社 |
| 电　　话：编辑部 020 - 84111997，84113349，84110283，84110779，84110776 |
| 　　　　　发行部 020 - 84111998，84111981，84111160 |
| 地　　址：广州市新港西路 135 号 |
| 邮　　编：510275　　传　　真：020 - 84036565 |
| 网　　址：http://www.zsup.com.cn　　E-mail：zdcbs@mail.sysu.edu.cn |
| 印 刷 者：广州市友盛彩印有限公司 |
| 规　　格：787mm×1092mm　1/16　21 印张　326 千字 |
| 版次印次：2021 年 6 月第 1 版　2021 年 6 月第 1 次印刷 |
| 定　　价：49.80 元 |

如发现本书因印装质量影响阅读，请与出版社发行部联系调换

献给我的父亲　刘云成

序言一

刘羽很久没给我打电话了，他知道我很忙。这次联系我，一定有好消息。

果然，他分析了下队工作的数据，运用自己的视角，将随队参加大赛的经历叙写出来，成书《流溪河海——广东U18女足跟队工作志》。据我所知，这是以往运动心理学工作者所没有的成果。

要说这部书在运动心理学研究中占什么位置，就得弄清楚他在书中运用到的研究方法，以及这种研究方法与心理学的关系。我在教授体育科学研究方法时强调，研究方法要为研究内容服务。长期以来，心理学存在量化和质化两种不同的方法取向。前者运用数学工具对事物进行数量分析，通过问卷调查、实验、测试、统计等手段检验理论假设。后者则以研究者为工具，在自然情境下，运用访谈、观察、实物分析和民族志等方法对研究参与者的行为和意义进行建构并获得解释性理解。

这两种方法学取向刘羽都用过，但书中这种田野调查的研究方式，又别具特色。他对所在运动队的历史、语言、体质、文化进行全面的调查研究，涉及另一个学科——人类学。

我在读第二个博士学位时接触过人类学，算是对人类学有一点了解。它在西方社会是一个基础学科，介于自然科学和社会科学之间，也是社会学学科建设、发展的支撑之一。作为人类学的学科分支，我国体育人类学于2017年成立专业学术组织"中国人类学民族学研究会体育人类学专业委员会"。和它的母学科在早期更多关注"他者"——非西方社会的人类体质与文化相类似，我国体育人类学更多研究聚焦西北、西南少数民族体育的发展，以抢救研究居多。它的研究内容在很大程度上与民族传统体育的研究内容相重合，但对主流竞技体育的关注相对较少。

作为心理学的子学科，运动心理学关注人们从事运动情境下的心理现象及其发生、发展规律。竞技运动心理学作为它细分的三大领域之一，聚焦如何促进运动员的运动表现和自我发展等实际应用方面。长期以来，受举国体制与奥运争光计划的影响，运动心理学及其他学科的科技保障和大众媒体关心的更多的是竞技体育金字塔塔尖的国家队、职业队，而对竞技体育金字塔塔腰、塔基——决定竞技水平发展未来的青训关心较少。在我国由体育大国向体育强国迈进的征程中，我们需要对运动人群进行全面细致的研究，建设具有民族自信的竞技体育文化。这时人类学或者说人类学的研究视角和方法的独特贡献便体现出来了。但在获准进入田野的身份问题上，人类学研究者又因竞技体育对应用学科的功能性要求而备受制约。

学科融合和研究方式的创新应运而生。刘羽以心理老师的身份到广东足球女队工作，定期返回科研所进行汇报、总结。他又是到南方工作的北方人，无意之中便获得了"从这里来，到那里去，再回到这里来"的人类学研究者体验。想来马林诺夫斯基初登特罗布里恩岛，面临全新自然与文化环境的冲击，刘羽也感同身受吧。难怪他尝试着用这样的学科视角和参与式调查方法阐述自己的内容。从这个角度来说，他借鉴人类学研究方法，拓展了运动心理学的视野。

当年得知有这样的工作机会，询问刘羽的意愿，我曾对他说，广东是体育大省，也是一个开放、包容的地方。印象中竞技体育很多优秀的运动员、教练员都出自那里，很多先进的理念、实践也都由广东首创。我关注足球不多，但记忆中，国家男足、女足最辉煌的年代，很多场上主力和首发运动员都是广东人，像容志行等。刘羽能在丁雪琴老师的带领下，在广东熟悉工作，进入田野，落脚扎根，写出这样前所未有的作品，真是因缘际会，就像陈秀冰的任意球得分一样，实属难得。

我喜欢和学生们待在一起，从他们身上学习到时代的进步和社会的变化，看着他们求知的眼神和真诚的笑容，我感受到了生命的意义。我虽渐老，他们永远年轻。刘羽愿意接受新鲜事物，在校时他对网络用语、新名词的掌握总能令我感觉惊奇。他很幽默，用当下的话说，他还很爱"玩梗"。于是，在这样一部理应严肃的学术作品里你能看到他对世界冠军经典名言的搞笑引用，也能看到他对体育科学研究所前辈的顶礼致敬，还能看到在大赛关键时刻母校校训和流行文化对他的影响。

为了更好地展示数据背后鲜活的细节，刘羽尝试了以现实元素为背景、强调作者以个人视角进行完全独立的非虚构的写作方式。我们能看到即使没有亲自随队出行，凭借对球队的深入了解，他也可以写出让人仿佛身临其境的细节，让读者体会到运动员的窘境。而且，书中人物参与了本书的审校和修改，保证了所述内容的真实与可靠。

这种敢于尝试新鲜事物的冒险精神让人开拓进取，也正因为如此，他愿意学习其他学科的知识体系，融会贯通，做出自己的东西，值得鼓励，值得点赞。他的文字和论文不同。他以景写人，以景喻人，不仅是在写工作见闻，更是在写生活，写他自己。以这样的叙事风格书写专著，还留个引人遐想的文末篇尾，真不知道如果现在给他一支铅笔，他还能做出什么让我意想不到的事来。

刘羽多次跟我提起，一个时刻认真对待自己岗位的主教练对集体球类项目、对他开展工作的重要性。作为一名共产党员，李晖遵循工作守则，以大局为重，不谋私利，兼顾身边同事和麾下球员，在严格强调纪律的同时又不乏颇具人情味的管理，发挥出举国体制的"流溪河海"力量，是对主教练一职"做人的艺术"的极佳诠释。也由此可见，主教练对一队、一省、一国的球队成败具有举足轻重的地位和作用。

按照刘羽的理论，竞技体育具备阐释和象征功能，"反映我们历史，社会生活现状和文明水平"，是"倍速播放，可以虚拟、显现人类社会的缩影"。在新冠病毒肆虐、竞技体育事业进入"寒冬"的2020—2021年更替之际，这样一个暖人心扉的足球故事超越了体育本身，以小见大，见微知著，象征由弱到强的团队发展历程。恰逢中国共产党百年华诞，以此文回首易被竞技体育宣扬"从零开始"所遗忘的金戈铁马和峥嵘岁月，很适宜激励我们面对困难，汇聚力量，度过时艰，砥砺前行。

我常和学生们讲，你们上学期间不要送我任何东西，至于毕业后送什么礼物，金山银山我都来者不拒；但比起金山银山，我更希望能收到你们的学术论文、专著，这些对我来说是最好的礼物。刘羽还记得这些。

期待刘羽送出更多让我开心的礼物。

2021年1月8日，北京

（张力为，北京体育大学运动心理学院教授，亚洲及南太平洋地区运动心理学会前主席，中国心理学会体育运动心理专业委员会前主席）

序言二

初次见到刘羽还是 2012 年 5 月在国家蹦床队训练馆里。那时正值备战伦敦奥运会的关键时期，运动队的各项科技服务工作都在深入进行。因工作业务需要，经张力为教授推荐，我见到了他即将毕业的硕士研究生刘羽。按照约定的时间，一位身材颀长、衣冠整洁的年轻人彬彬有礼地来到我面前，言语间透着憨厚朴实、虚心好学的态度，给我留下了深刻印象。而更令我欣喜的是他对深入运动队开展心理科技服务工作的愿望和决心，要知道当时运动队的心理学工作是相当艰难的。了解到这个年轻人积极的态度、知难而上的信心、比较坚定的意愿和淳朴善良的为人，加上他专业对口又有下队实习的经历，我便同意带他作为助手开展工作，就像这次答应他反复请求我为此书作序一样。

运动队心理咨询/科研服务工作始于 20 世纪 80 年代初，到现阶段备战历届夏奥会、冬奥会、全运会以及各单项运动协会赛事，很多国家队、职业队都已配备了专职运动心理老师，或由相关专业人士开展长期服务。

我与足球结缘于 20 世纪 80 年代中期，在曾雪麟、高丰文执教国家男子足球队时，我曾多次为球队讲授心理课和做心理辅导。2002 年国家男足备战第 17 届世界杯赛前，我应中国足协邀请再次担任球队的心理老师，当时的外教米卢先生也给予了我工作上的积极配合。女足方面，我先后与商瑞华、马元安和马良行三任主教练合作，为球队提供心理科研服务。有的队员深感受益匪浅，至今还与我保持着联系。在工作中我深切地感受到，运动员在大赛前的心理准备，比赛中的心理调节与情绪的控制，以及集体球类项目的团队建设等，既是常见的问题，也是颇具挑战性的课题。多年来，我国运动心理学工作者结合国内外领域的前沿研究，总结出很多应用于备战实践的方法和经验，并在帮助不同运动项目的教练员、运动员取得优异成绩的过程中发挥了重要作用，在此自不必赘言。

运动心理学虽然可以处理运动员、教练员遇到的心理问题，但由于人手有限、精力不足，在面对如何时间更早、范围更广地帮助年轻运动员和运动队团体，让他们系统学习自我调控的心理学方法，获得可持续发展的良好职业生涯、体验幸福的个人生活，乃至提炼新时代的竞技体育文化，继承我国优良传统、弘扬民族精神力量等一系列问题时，掣肘于学科研究方法，难免心有余而力不足。

除此之外，如何书写我们的工作过程，记录运动心理学与运动队发展的经历；如何科普这一学科的工作原理，让更多的人了解运动心理工作对运动员、教练员的帮助；如何讲述我们自己的故事……这些都是我们没有深入思考的问题。已经得到普及、成为运动队"常规配备"的运动心理学工作者在大众眼里仍显神秘，大家对心理工作的理解存在某些偏差和误区，不利于这门学科、这项事业的推广与发展。

体育纪实文学/报告文学是20世纪70—90年代兴极一时的文体。它具有新闻的写实性和文学的艺术性，以个人视角进行完全独立的写作，发掘运动员、教练员在训练比赛背后超出常人想象的努力与付出，宣传他们的拼搏精神与无私奉献，反思体育事业步入低谷时的矛盾和问题，达到鼓舞人们工作热情、鞭策社会进步、推动文化思潮、释放改革开放初期的社会激情、讴歌时代精神的目的。

刘羽的想法和文字，让我依稀看到了那个年代的文学作品的影子，这一写作方式与我们通常理解的纪实文学或报告文学有着类似的方面。但完全不同的是，他自己是运动队参赛的亲身经历者，他所处的位置、视角远比纪实作家来得更独特、更深入和更真实。他不是中文专业出身，但心理学的受训背景让他知道竞赛背后的那些曲折心声。他做过质性研究，又吸纳了社会学、人类学的研究理论和方法，并在这些学科研究方法的基础上融会贯通，结合自己的工作背景加以创新。虽然我不是这方面的专家，对社会学、人类学了解不多，但看得出来，刘羽通过本书所阐释和归纳的理论是前人没做过的。

我听刘羽多次提到，主教练在足球发展中的作用至关重要。广东青年女足主教练李晖有着相对丰富的业务经验，了解"流溪河海"过程中对球队有益的发展方向，进而全力支持科研、医务、管理等工作的介入与融合。因此，刘羽才可以顺利开展工作，才可以与球队互相影响。

《流溪河海——广东 U18 女足跟队工作志》一书在某种意义上填补了运动心理学应用研究的学术空白，拓展了运动心理学学科研究的方法，甚至可以说，为运动心理学学者提供了工作日志的书写参考。刘羽非运动员出身，但他在运动队里摸爬滚打，耳濡目染，深受运动员对抗竞技压力和困难逆境时所展现出的勇往直前精神的鼓舞。看得出他一直在思考和探索运动心理学研究的新方法、新思路。这让我想起他的导师张力为教授，几十年如一日地精诚守业，身体力行，上下求索；也让我想起第一次见面时问他，可愿意进入体科所从事心理学工作，为我国竞技体育事业贡献自己的力量？

多年过去了，这部书在重复着他那至今回响在我耳边的坚定回答："我愿意！"

丁雪琴

2021 年 1 月 7 日，北京

（丁雪琴，国家体育总局体育科学研究所研究员）

序言三

再次跟刘羽相遇是在竹料桥头的早餐店。由于时间的关系，我们都行色匆匆地跑到这里如约碰头。我喝粥吃肠粉，他在旁边看着，画面特别有趣。在没见的这段时间里我们都有了较大的变化，他成熟了，看得出来这几年有所经历，而我正在变成"油腻大叔"的路上一去不回头。我们很快转入正题，他居然写书了，这个出乎我的意料，但又是我之前所期望的那样。我一直希望在第一线工作的教练员或者工作人员能把工作中所积累的经历和数据进行整理和归纳，然后写出一些有益于足球运动的相关文章，供大家分享，刘羽做到了。

很开心看到他以亲身经历撰写的足球故事，自己成为其中一部分的感觉也很特别。对我而言，心理学一直是一门非常神秘的学科，它是科学，又与哲学有关，也有人说它是玄学，因为它看不见摸不着，但又真实存在。我国运动员常由于心理因素而不能很好地发挥竞技水平，可能跟我们的教育水平和文化环境相关，这也是让我对心理学比较着迷的地方。在国内足球圈，心理学方面的理论建设还不是特别受重视。如果有人能在这方面有所建树，成为这个领域的专家，带来一些新鲜的内容，惠及大众，我觉得那真是功德无量了。继续加油吧，刘羽，干足球这一行一定要付出很多，但当你享受到足球带给你的成就感和满足感后，这些付出又算得了什么呢？

序言三

2020 年 11 月 25 日，广州

（区楚良，中国足协国家队守门员总教练，中国国家男子足球队守门员教练，中国国家男子足球队前主力守门员）

序言四

看到刘羽拿来的厚厚的稿件，我意识到他一定花了很多时间整理、写作这些内容。读着娓娓道来的文字，我起先以为他只是运用文学的方式做叙述。看到后面，我才知道他对事实的描写，已经达到纪录片一般的精准和真实。难怪他凭借"近水楼台"的优势，对中心资料近乎贪婪的借阅和不厌其烦的查询，力求以做科研的严谨态度去对待全书的一字一词。此书的意义，也远非只讲述一个足球队的故事那样简单。

首先，这是刘羽对他的工作做的记录。对女二队全队来说，这是一个难能可贵的回忆录。它记录了运动员在训练中的辛苦付出，记录了教练员为了能让运动员提高成绩、在足球技艺和人生道路上有所收获而苦心扶持的奉献精神。比赛有输有赢，球队参加竞赛的成绩起起伏伏，台前幕后的剧情曲曲折折，这些使本书扣人心弦，让人手不释卷。

其次，本书还记录了全运会备战过程中整个足球运动中心乃至全省青训体系的运作。书中记录了足球运动中心体教结合工作的推进，记录了反兴奋剂工作的严格要求，记录了日常管理、后勤保障的规范化过程以及制度的完善健全过程，记录了多功能复合型团队的组建与运作，记录了足球中心的一草一木……这些记录让读者明白，正是有这样稳定的、现代化的、有科技武装的、保障有力的训练与竞技环境，运动天赋才有了生长的肥沃土壤，球队才得以最大化地发挥整体战斗力。这对未来大赛的备战和青训质量的提升更是宝贵的经验财富。另外，现今疫情肆虐背景下的经济环境，致使足球运动的市场化改革遇到困阻，举国体制再一次成为热点话题；书中可以看到举国体制对我国竞技体育人才输送所起到的功能和作用。

最后，本书还有更深层次的象征意义。一方面，竞技体育意味着挫折教育，足球又是阐释意义最强、影响力最广的"世界第一运动"，号称

"没有硝烟的战争"，具有模拟社会现实的性质，因而，足球舞台上的拼搏精神、胜负意识、合作与对抗策略等具有重要的生命价值。观众希望看到弱者挑战自身命运，展现精湛技艺与顽强意志，能人所不能。女二队是足球中心的代表，不仅代表着中心的工作质量，也代表着广东省足球青训水平。她们克服种种不利局面，奋勇拼搏、团结共进、力争上游，代表了新世纪广东青年人的精神面貌，展现了永不服输的女足精神。另一方面，本书以点带面地记录了女足发展的现状，不仅联结着广东足球辉煌的过去，也预示了广东足球充满希望的未来。那些早年间脚下技术娴熟、特点鲜明的南粤足球时代印记，不经意间见于刘羽走过的历史长廊，见于页末卷尾。在关键的竞赛场次，在刘羽的评论下，女二队还获得与前辈比肩并耀的殊荣。这意味着体育精神的继承与传递，展现的是平日里看不见摸不着却融于血脉中的竞技文化。

　　此外，本书呈现给大家的，不仅有我们的历史、传统和文化，还有让我颇为欣赏的服务意识。本书字里行间都折射出作者在平凡工作岗位上甘为铺路石的服务意识、有使命感的工作作风，以及有担当的负责的态度。

　　广东作为改革开放的先行地，在经济、科技、社会、人文等方面无一不是先试先行，乘风破浪，立潮争先。在广东体育产业蓬勃发展、服务业占比提升、培训业发展迅速的大背景下，在"十四五"开局的关键之年，《流溪河海》的出版可谓是横空出世，适逢其时，对于要敢为人先、勇于作为的广东足球，颇具意义。

　　在这个机遇与挑战并存的年代，历史就在身边。我们每天都在书写着历史，见证着历史，记录着历史，而历史也在看着我们。一如我们每天都能看到奔流不息的流溪河，流溪河也在时时刻刻地注视着我们。这一切都更让我相信，在新一代足球人的共同努力下，一定会有光明的未来等待着我们。

2021 年 5 月 28 日，广州

（程志文，广东省足球运动中心主任）

书中人物所涉别称、绰号对照

林思跃：林指导
李　晖：大李指导、李指导
谢彩霞：谢指导、"肥婆"
李春成：小李指导、成成、"CC"
郑修泰：郑导
王医生：院长、老王
刘　羽：刘老师，羽哥
陈丽娜："阿呆"
李晴潼："大佬""蒙奇奇"
罗丽思："萝卜""阿思"
谢绮文："大将""胖胖"
卢瑜彤："妹妹"
周雅婷："老板"
何晴茵："何金银"
黄莹珊："大珊""阿波"

目 录

序幕 ··· 1

第一部分　外教时期

外教初降 ··· 4
A 队与 B 队 ·· 9
心理工作很重要 ·· 13
"你老友不高兴了" ·· 17
老爹与马杀鸡 ·· 21
翻译问题 ·· 25
北海见闻（一） ·· 30
北海见闻（二） ·· 35
不必出队的 2016 年 ··· 41
雷管炸药还差把火 ·· 48
外教的混乱之治 ·· 56
输到家的联赛第二阶段 ·· 64

第二部分　李晖重做主教练

由过去到现在：李晖的过去 ·· 69
由过去到现在：广东 U18 女足的现在 ································· 75
黄华丽的烦恼 ·· 84
国少队归来的李晖 ·· 88
人事变动与联赛第三阶段 ·· 93

心理课时间到！……………………………………… 98
　　胜负各半的联赛第四阶段 ……………………… 102
　　充满爱与希望 …………………………………… 107
　　台风与中秋做伴的联赛第五阶段 ……………… 112
　　没参加的出殡＆亲自送出的礼物 ……………… 119
　　全国锦标赛 ……………………………………… 123
　　又见湛江女将 …………………………………… 128
　　外训前后 ………………………………………… 133
　　全运会预赛分组抽签 …………………………… 142

第三部分　我开始跟队的2017年
　　2017年出队第一站 ……………………………… 149
　　联赛预赛阶段：蓝天、白云、绿草和出线 …… 153
　　"沉思成" ………………………………………… 160
　　与时间赛跑 ……………………………………… 164
　　调整、我不抽烟、林指导 ……………………… 170
　　出队第二站：济南 ……………………………… 177
　　全运会预赛第一场：广东VS山东 ……………… 181
　　出线！天津见！ ………………………………… 189
　　备考＆疗伤 ……………………………………… 197
　　联赛复赛阶段：考试与比赛交错的日子 ……… 204
　　争分夺秒的训练 ………………………………… 212
　　伤病、监控、心理课 …………………………… 216
　　一赴天津，观摩附加赛 ………………………… 223
　　重识李春成 ……………………………………… 225
　　联赛决赛阶段：决战武汉 ……………………… 230
　　有惊无险的小组赛与四分之一决赛 …………… 239
　　半决赛：又见北京队 …………………………… 244
　　点球决战：没人想到的结果 …………………… 249
　　最后的冲刺，最后的疯狂 ……………………… 256

出队第四站：二赴天津 ·· 265
全运会U18女足小组赛第一场：广东VS辽宁 ····················· 270
全运会U18女足小组赛第二场：江苏VS广东 ····················· 274
全运会U18女足半决赛：广东VS北京 ································ 282
全运会U18女足决赛：上海VS广东 ··································· 287

尾声 ··· 296
后记 ··· 301
致谢 ··· 314
彩蛋 ··· 317

序　幕

出队时的行李舱永远不够放。

"数人!"

"差妹妹!"

郑导转过黝黑的面庞:"她干什么去了?都说了 7:30 出发,怎么还不按时上车?"车厢后部一嘈噪杂,有人回话说她没拿摄像机,去拿摄像机了;又有人说她不负责摄像机,是回房间去拿自己的东西了。

"不是把负责物品清单发给你们了吗?怎么还闹不清楚自己拿哪一样的?"郑导不高兴了,左手抚摸着自己头发稀疏的头顶,右手拿着新换的手机划看着之前商定要大家负责携带物品的安排清单。

时值 2017 年 1 月 9 日,球队即将奔赴泸西参加全国青年联赛第一阶段比赛。37 座大巴车面朝大门尾朝公寓 A 栋,两侧的行李舱门高高抬起。球员们一早穿着及膝的羽绒服,把自己的行李推出电梯,拎下门口的三步台阶,推到大巴车旁,找准尚存的空间,塞进下层行李舱。

电梯一趟一趟地往返,李晖跟着最后一批球员走出大门。他穿着橘黄色 polo 衫,外面套了件羽绒马甲,浅色牛仔裤,脚蹬休闲鞋,背着单肩包。他把两轮黑色运动行李箱塞进行李舱架尚余的空间,转身走上大巴车。

教练组和工作人员一般坐在前面,球员坐在后面。李晖习惯坐在左侧第一排,他掏出笔记本看着日程安排和训练计划。郑导把挎包横放在座顶行李架上,坐在右手边第二排外侧,挨着他的是队医王医生。

谢彩霞端着浅粉色的小水杯,把背包放在靠窗位上,坐在了左侧第三排靠过道的座位上。康复师连姐坐到了谢彩霞身后。

李春成放好行李箱后空手上车,坐在左侧第二排。熊熙跟在他身后,拎着一个大的黑色背包上了车:"行李舱放满箱子了,医疗箱就放车上吧。"她在车厢后排过道上捡个空地,把箱子放下了。

璐璐姐背着双肩包,捧着从食堂里拿出来的白色塑料餐盒,装了些来不及吃的玉米、糕点、鸡蛋,急急地跑上车来。李春成看看车厢将满,就往他那排里面挪了一下,让出过道的位置给璐璐姐坐了。

林思跃也夹着自己的小包上了车,他坐在了右侧第一排。谢彩霞看看人员将满,习惯性地提前几分钟要当值队长清点人数。

郑导把物品清单写在 A4 纸上,又用手机拍了下来方便查看。在那两页纸上,第一页写了出队时的个人装备,第二页则写了队伍训练器材等装备,还标注了去程和回程的负责人姓名。

队伍器材(球、训练背心、标志盘、气筒、球针),出发:黄莹珊、詹晓娜(负责),返程:卢瑜彤、黄美琼(负责);

摄像机两台(包括所有连接线缆),罗丽思、何晴茵全程负责;

大小冰桶各一个,出发:谭青、黄秋嫦,返程:邹怡、谢海霞;

队长袖标两个,队旗6面,李晴潼负责;

医药箱,出发:熊熙、李晴潼,返程:周雅婷、陈丽娜;

科研物品,出发:陶祝丹,返程:刘植祯;

教练、队医出队公物,出发:黄莹珊、卢瑜彤,返程:谢海霞、黄美琼;

战术板,出发:陈秀冰,返程:陈巧珠;

谢绮文、黄华丽、谢莹协助完成任何所需队务工作,托运大件行李。

"妹妹"卢瑜彤很快返回车上,李晴潼喊:"人齐!"这时阿连说小戴没回到车上,郑导又不高兴了:"都讲好时间了,怎么他还没到?!"他转过头对坐在右侧第三排的王医生说:"怎么这样没组织、没纪律的?!""都跟他说过了胶布要带多一些。"王医生耸了耸肩膀,没再说什么。

司机看看表,问林指导:几点的飞机?"CZ3415 航班,11 点半,时间上还赶得及,"林指导说。司机发动了车,林指导又突然想起什么,回过身大声叮嘱球员:"检查一下自己的身份证啊,一会收身份证的!"

司机走下车去检查、关闭行李舱。本来遮挡着窗户的行李架翼门降了下去,"呼"的一声,我坐在右侧第四排,视线不再受遮挡了,也就能看得见靠车右侧、空地边上侧对着康复中心大门的宣传栏,从左至右,第一栏的橱窗里挂着"学习贯彻习近平总书记重要批示精神",第二栏挂着"中共第十八届三中全会报告解读",第三栏标题"竞技绿茵 激情学习",下面贴着运动员训练、学习和举行升旗仪式的照片,第四栏贴着"青少年反兴奋剂手册",第五栏贴着"足球运动员技术等级标准",第六栏贴着"五人制足球(室内五人制)运动员技术标准"。

按摩师小戴终于带着自己的东西回到了车上。郑导迎着小戴讲着:"全队都按时间到齐只等着你一个人吗?",他盯着小戴转向过道,又转向大巴车后厢。小戴没说什么,匆匆将手里拿上来的两大卷胶布放进车厢过道上的药箱里,坐到我旁边。司机踩下油门,7 点 32 分,车子向训练基地大门驶去。

运动员公寓 A 栋

车厢变得安静起来,郑导坐在四年来他每次在大巴车上都坐的位置。他向车窗外看去,看着大巴车驶过 2016 年年初建成的新康复中心,在操场处渐渐靠右。大巴车的倒视镜里映出运动员公寓 A 栋大门,它向后退去,逐渐变小,在镜子里显现出了六层楼的全貌,上书"广东省体委竹料体育训练基地"几个大字。不过几秒钟,大巴加速穿过竖有国旗杆的操场,转过康复中心与停车棚中间的小弯,视线里的公寓楼被康复中心挡住,墙边的蓝色驳骨丹在风中摇曳。清洁工站在道路边缘为大巴车让路,另一侧耸立的芒果树和草丛上的黄色落叶伴着流溪河向后倒退。大巴车驶过大铁门,在两侧挺拔的木棉树下右转出桥头十字路口,这一切都渐渐远去,消失在倒车镜里了。

第一部分
外教时期

外教初降

2015年10月27日,已经入秋,气温初降,前些天还下过雨。训练中心的清洁工阿姨挥动着扫帚清扫着前一晚飘散在马路上的大片芒果树叶。她们把落叶扫到路边,堆成一个个小堆。

源自粤东北的流溪河,在湖村入境过钟落潭镇。自竹料大道西北行,走竹三大桥过河,右转进入广东省足球运动中心大门,沿着流溪河向东北的直路,行百余米过车库,在操场略向东北弯折,左手边挨着车库的是康复中心,右手边有可供推拉赛艇上下岸的宽阔斜坡。再向前50米,一个圆形喷泉坐落在康复中心和运动员公寓A栋中间的空地中央,路面在此形成一个小环岛。转过喷泉,靠近流溪河绵延的绿化带围着人工湖形成一个小公园。走过左侧的食堂,十字路口向北是行政楼,向南是一层会议室和停车场。

燕子鸣叫着飞过院子。8点半,中心的班车到达,门卫推开大铁门,发出"呜呜咿咿"的响声。班车一直驶至喷泉,转进小环岛,停在小亭子旁边,中心职工鱼贯下车,步行去食堂吃早餐。

上午10点,在停车场旁的一楼会议室,将要召开广东U18女足新任教练团队见面会。

看看时间将至,我拿着刚刚打印好的训练监控数据报告,快步赶往会议室。抄近路经过运动员公寓大厅,看到挂在报刊架外沿的《足球报》

头版用大字号写着"三大悬疑"。曾诚①右腿单膝着地，左手高高举起，刚好从"大"和"悬"字中间伸过。

从小到大，我身边没一个熟人、亲戚在专业或职业足球圈里工作。2012年硕士毕业后来到广州，面试时广东省体育科学研究所的领导告诉我，作为运动心理学专业的下队科

图1　足球中心会议室

研人员，"大概率要派你去足球（中心）工作"。足球中心的同事见面第一句玩笑话是："你犯了什么事被发配到这里？"老同学曾笑我是个连球星名字都唤不全的"伪球迷"，讲起自己工作所在机构，也会换回对方戏谑的一句"你进去了吗？"。这让我多少有点忿忿不平，这么有仪式感的工作模式，就没人知道它已存在半个世纪，甚至更久吗？

我走进房间时里面已经坐了好些人。两位外教一老一少和翻译已经坐在东侧聊天，李晖、谢彩霞、徐荣生、郑导和其他科研、医务的同事则坐在西侧。我拿了数据报告交给翻译，就坐到西侧去了。

如果说刚参加工作时开会有什么教训，那就是要保持一言不发，有什么不明白的等下来再找人讨教。我刚到足球中心参加的第一场球队内部会议，是1995—1996年龄组，2013年全运会前被称为"男二队"的队会。我记得非常清楚，圆圆胖胖的主教练谢育新②坐在会议室长桌中央，介绍着球队新来的助教，球员们鼓掌欢迎。我迟到了，只好找了靠门最近的一把椅子坐下。当时还听不懂一句粤语的我很想就近拉个人翻译一下主教练都讲了些啥，看到身边坐着一位有点岁数的老教练，留着掺着半白发丝的

---

① 曾诚（1987—　），湖北省武汉人，2009年入选男足国家队，司职守门员。
② 谢育新（1968—　），兴宁梅州人，1987年成为首个留洋的国脚，司职中场。2019年获评广东足球70年十大杰出男球员。

寸头，两条粗犷的眉毛下黑色眼珠炯炯有神地盯着对面。我便问他是哪位教练，怎么称呼。他扭过头看了我一眼，用粗犷沙哑又很标准的普通话说"吴育华①"，又把头扭过去了。1985 年出生的我当时也不知道此人是谁，只傻乎乎地回了句"哦"，余下的会议时间里我再未讲一句话。散会后我在网上搜了一下这个名字，决定吸取教训，别在开会时问别人姓甚名谁。

会议开始了。翻译向大家简单介绍了两位外教。年长的一位，戴着宽框眼镜，一米八出头的身高，一头白发加银眉，高挺宽大的鼻梁，笑容可掬，有些像广州球迷熟悉的那位意大利外教的加宽加厚版，有点"长得让我们这些人都显得像魔鬼"的味道，真看不出他有五六个子女，已经年逾60。在他老家，很多人都亲切地喊他"父亲"，翻译说这是个亲昵的称谓，类似中文里的"老爹"。那词的德语发音念快了总让我把尾音听成［kr］。

年轻的一位 30 出头，鸭蛋脸，中等个，穿着一身红白色运动套装，虽然也是德国人，看上去脸庞线条平滑圆润，不像年长同事那般粗壮硬朗，一对浅蓝色的圆眸反而表露出些许狡黠。他喜欢去康复中心做按摩放松，加上名字音译的关系，很快得名"马杀鸡"。

翻译为外教和中方教练互作介绍。李晖、谢彩霞等一一起身和外教们打招呼。外教简单了解了一下教练们的执教，球员们

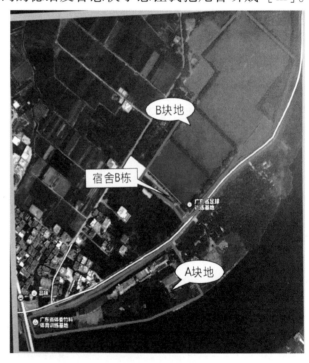

图 2　运动中心平面图

---

①　吴育华（1960—　），广州人，20 世纪 80 年代入选男足国家队，司职边锋、前锋。2019 年获评广东足球 70 年荣誉奖。

的训练、教育、病历、比赛计划等，也表示了希望在接下来的工作里和大家再进一步详谈工作，见面会就结束了。我心里的问号也来了：原来的中方教练怎么安置？如果继续留队执教，中外教练要如何配合？

李晖带翻译陪外教参观训练中心和球场，他们需要抓紧时间熟悉执教环境，以便投入备战不到两年就将举行的重要赛事。他们走过院子后门，爬上小坡，穿过北面竖着古城墙一样护栏的Y207公路，向东北步行百米，在减速路障前十余米走下斜坡，进入球场。力量房、三层楼的运动员宿舍B栋、小篮球场/训练馆从南到北依次排在西侧。球场南侧铺着塑胶跑道，其尽头有个15度的斜坡。再向东北便是各队球房，还有用两道射门墙围起的小场地。铁丝网上，挂着红底黄字的标语："天上不会掉下馅饼，撸起袖子努力干！"高过场边护栏的桉树，整齐地列成一排立于球场之间以作隔栏。在东侧的4号场地，他们观看了球队训练。所有正在集训的U18女足球员集合起来围在球场南面边线上，老爹简单地讲了几句："很高兴将和大家在一起共事。听说了这支球队曾打进全国决赛，希望在我们离开时，你们将成为冠军。"

两位外教被安排暂住在球场西南侧运动员公寓B栋二楼，他们稍后会入住新的房间。还有一堆手续等着他们办理，根据有关政策，老爹超龄，拿到工作签证会比较困难，只能以旅游签证暂住。

第二天训练结束已是5点40分，原本6点开始的晚餐也被通知推迟到6点半。我去运动员公寓A栋五楼找李晖。

李晖自打进中心工作，住房就没变过——在5楼，正对着电梯门。入室右手便是浴室，左手边标准配置三开门衣柜，二十平方的房间，两张床分别位于房间的南北两侧，一把三人座实木座椅位于中间，正对着茶几、电视桌，入门左侧，摆着属于李晖的书桌，墙上贴着他与女儿"小肥猪"的照片，桌子上摆着他与妻子在圣·索菲亚教堂前的合影。相框旁边堆着两大摞文件，包括体育局会议资料、教练员培训班资料、训练计划等。阳台朝南，正对着流溪河。

房间里飘着茶香，刚洗完澡的李晖正站在阳台上从洗衣机里一件一件地把刚刚甩干的衣服往外捡，逐件架上衣挂，再用挑杆顶到阳台的晾衣链上挂好。第一次见到李晖，还是我刚到这边下队工作，和同事坐在1号场地边上聊天熟悉情况，李晖右手拎着电子表，左手转弄着系在哨子尾部的尼龙绳——教练们都喜欢用一根尼龙绳将电子表和哨系在一起——笑眯眯地向场边走来，和同事打着招呼。他身高一米七八，卧蚕眼，笑起来非常温润柔软，没什么攻击性，璐璐姐说他是典型的女儿奴、岳父相。短袖上衣耸立着的领子和收腿长裤让这个中年人的体形更显利索、匀称。和其他广东籍教练不同，他说普通话没有本地口音，他在讲儿化音时舌头打起卷来没一点怯场和不知所措，老练得就像一个北方人。那天同事找了年轻裁判来训练中心为各支球队执法教学比赛，本来年轻裁判执法中心球队的赛事就算是免费磨哨子，球队也可以借机学习、适应不同的执法尺度，是一举两得的好事。当时担任女足一队领队的李晖却自作主张地拿了点劳务费给裁判。"这个傻×！"同事在李晖转身走开后恨恨地骂道。执法女一队比赛的裁判有钱拿，执法其他球队的裁判怎么办？李晖给他的工作带来了意想不到的难处，这就是李晖留给我的第一印象。

晾好衣服，李晖甩了甩手，叫我先坐，转身拿水壶煲水冲茶喝。

李晖交代了一份清单，要我打呈批。看看外教提出想要的东西，除去中心没有的50个网球，其他的如健身垫、云梯等可与其他队伍串换着用或找替代品。可老爹不干，说他的队伍就需要这些，且希望不要受其他队伍的影响。李晖无奈，让我打请示，看领导能不能批。

李晖同我说："璐璐姐不在，困难时期，很多工作需要大家分担一下。有些事情你多搭把手。"

璐璐姐的生活一直很规律，她每天早上7点半在东山口乘坐从东校场始发的中心班车，8点半到达中心，在食堂吃过早餐后，9点开始上班。她需要处理营养品采购，运动员们的生理生化测试，还管理着康复中心的科研器材、固定资产。近来康复中心的搬迁，更是给她带来了不小的工作量。登记、清查、盘点、核对各类器械，还要分配各队使用的营养品，连日的操劳，终于连她的革命本钱也发出了抗议的信号。参加完外教见面会后，她不得不请假休息，按计划从10月29日开始休假，到下个月底回来。

李晖和其他同事都很无奈。对足球中心的科研部门来说，璐璐姐的休假可能是代价最大的"因伤缺阵"。但生活仍然要继续，李晖这次和我商量，也是希望在她离开的这一个月时间里，我能多代做一些本属于璐璐姐做的事，顶到璐璐姐回来，一切照旧。我同意了。这意味着很多杂活、脏活、累活都要落到我的头上。李晖也知道这一点，像安慰我似的说："以后没事就来我房间喝喝茶……到广东之后喝茶吧？"

A 队与 B 队

德国教练第二次带队训练，就引起了教练组莫大的争议。训练时间从下午3点到5点半不说，内容之多、训练量之大都引起了中方教练的不满。老爹则梳着整齐的短发，笑眯眯地出现在饭堂，伸手像敲门一样在每张有他相识面孔的饭桌上敲敲，大家也纷纷同他打招呼回礼。早餐时老爹已经通过翻译告诉我，这两周时间里他都要熟悉球队，两周之后再和我谈心理工作方面的事。

再没有人比曾去德国进修的李晖更快了解外教的了。他告诉我，老爹今年67岁，持有A级教练员证，来自民主德国，曾在阿富汗担任国家队守门员教练，后来对方因资金短缺拖欠他的工资，他选择离开，回家做了一名体育老师。

马杀鸡曾在德国驻伊部队中服役，后来因肩膀负伤而退役。翻译说他通晓葡萄牙语、西班牙语、德语、英语四种语言，曾在德甲升班马杜塞尔多夫担任球队翻译兼球探，还曾在美国洛杉矶、澳大利亚等地工作过。

两人刚到足球中心，需要把普通签证换成工作签证，否则不能正常工作。他们要去出入境管理局递交材料，要去劳动局拿到合法工作许可证，接着要去体育局办理专家证，好多资料、表格、手续需要他们亲力亲为。除了足球中心的同事帮忙办理，翻译最初的精力也都投入到这些事情当中。在不训练的上午，他就带着两人早早坐上出租车直奔市区而去了。

也是考虑到外教入职后需要适应和熟悉球队，中心安排中方教练全部留任。省运会结束后的这段大集训期球队有60人，热身慢跑时球员有说有笑，浩浩荡荡的队伍甩开像贪吃蛇一样的长尾占了半个球场。教练宣布训练结束时，球员会一齐鼓掌五下，前两下一拍，后三下一拍，60人的掌声响彻球场。李晖说，你看吧，现在是最欢乐的时候，大家都愿意踢球；过两天开始往下刷人的时候，就不这样了。也难怪训练后球员三三两两地结伴，在橘色暮光下穿过公路回到 A 地块，踩着食堂门口隙缝间盈布青苔的水泥路面，齐声唱着："童年就八岁多欢趣，见到狗仔起势追……"

　　训练前后都有洒水护理草皮的时间，球场上的水龙头打开，扬起一道道喷泉。太阳也有点乏了，它渐渐西垂，收起了四射一天的活力，闪耀得人睁不开眼的光芒也降下了亮度，变成了柔和的橘黄色。到了 7 点，我们吃完晚饭出去散步，橘黄色的彩霞渐渐变为粉红色，闪着翼灯的民航飞机飞过流溪河，高抬着机头向西南飞去。桥上往来的车辆也开起了车灯，在静谧得像湖面一样的流溪河上投下倒影，好像在怀念刚刚还当空的与它们同一色系的太阳。流溪河水也被映得通红，从直视可见的天边到仰头才见的天空，粉红、藕荷、蓝色无缝相接，又依次渐变。天边的光线越来越暗，渐变色系在流溪河下流的尽头失去了活力，一点点地归为黑暗。

　　外教规定球队早晨 6 点半出操，内容大都是无球训练，以慢跑热身、核心力量为主，到 7 点半结束吃早餐。学期还未结束，球员们 8 点半去上课，中午 12 点下课，下午 3 点左右训练，周日安排教学赛。每周二、四晚上加练力量。这样一来，球员在这两天晚上到康复中心做放松治疗的时间便会后延很多。

　　因办公地点动迁改建，康复中心的临时办公地点设在办公楼对面一楼会议室东侧的大房间，那里原来用于存放球衣、装备的仓库，现在又用隔板分了一小部分给科研办公室，再往东则全部用来摆放医疗康复使用的床、器械。为了加强管理，规定早晚上班时间之外要锁门。10 月 28 日这天晚饭后，谢彩霞想过来做治疗，医务室门还未开，她就坐到科研办公室这边等待，顺便同我聊天。

　　谢彩霞出生于令世人难忘的 1976 年。她给我最深刻的印象，莫过于对美食的不同品味。有一次我说以后有机会请她吃北京烤鸭，她竟直言拒绝："太腻了，还不如海印桥南的蒸鹅好吃。"我第一次听到这样干脆拒绝北京烤鸭的答复，一时竟不知如何接话。她转动着大眼睛看向我，笑了，堆起高颧骨："没关系，这就是南北差异。"再次令我体验到南北差异的是一次打边炉。基地的安全用电管理没到后来这么严的时日，六七位同事在宿舍里围锅而坐，配上重庆火锅底料吃着从附近市场买回来的新鲜鸡肉和牛肉丸。谢彩霞再次表示了对这个吃法的不满,说广式边炉用的菜料完全不是这样。我拽过一个笔记本,请她慢言详述,谢指导随口讲出清单:"青瓜、萝卜、土豆、潮州牛筋丸、面筋、脆鱼肉、鲩鱼肚、黄鱼、毛肚、黄喉、金针菇、腐竹、海菜、鱼皮纹、菠菜、香菜、油麦菜。搞好这些食材才是真正的边炉呀。"末了她还嘱咐我们下锅前记得垫纸:"别搞得这么乌糟邋遢的难收拾。"有同事在她离开后撇嘴皱眉:"随便吃个饭还这么挑!"

说起足球,她像对吃饭一样挑剔,我不是第一次听她说球员的今不如昔。她讲自己做球员的那个年代,没有手机黏在身上,自己天天只想着去练球,连放假时都想。那时的球员都是打三届大赛的,训练远没有现在这么讲求科学、规律,各种跑的训练是家常便饭,比赛强度远不如训练时强度大,队里专门请了田径队的教练来教她们怎么跑,而比赛后加练两个3200米(12分内跑完3200米)则是让谢指导现在回想起来都想骂脏话的劫难。在她看来,现在的球员,比赛还打不满90分钟就喊累;球员的能力在下滑,传接球的基本功稀松平常,在球场上阅读、理解比赛的速度也慢,这是外籍教练都很快看得出的问题;场上执行力不到位,有球人、无球人的处理都欠缺火候;整体上看,如果说个人能力、技术不如北方球员,身体素质本就不出众的广东球员就更落下风。她也同意我的看法,说自己平时训练刻苦,对自己的实力有自信,上场时注意力焦点又都在球、对手身上,自然没有什么紧张焦虑的心态;而现在球员平时训练不努力,上场时处理球的能力差,没有自信,赛前自然会紧张焦虑,什么都会想。

我现在想的也比以前要多,因为事情越来越多。康复中心要采购训练监控用的仪器,还有李晖要提交给中心、外教列出来的一批训练器材都需要打文上报。

现在集训球员较多,水平参差不齐,中方教练建议将球队分为A队与B队,分开训练。其中A队以全运会备战主力为多数,而B队则建设为A队的预备队。11月2日晚7点半,李晖叫了大家一起到郑导房间,商量将球队分为A队与B队的事宜。那厢边,德国外教结束了一天的训练,又通过翻译找到我,要我帮忙借用电脑和投影仪,召集球员们到一起宣讲训练方法、技战术理念。马杀鸡还拿出光盘说要播放给她们看。

我因此耽误了一会，等我走入郑导房间时，教练组的意见基本定了下来。李晖见我进来，把他和徐荣生、谢彩霞、郑导一起商量并写好的分队名单拿给我看。教练们没有太多分歧。大部分广州/深圳队的球员都进入了可能会成为日后全运会主力阵容的 A 队；而多数原广东省队、没有参加大赛经验的集训球员，进入了 B 队。谢彩霞又建议做了一处改动，对调了 2 名球员。

李晖和我讲要为外教配置工作用电脑，否则以后我们自己也需要电脑用时，大家的需求有冲突，会有诸多不便。另外，中心安排的临时住处虽在球场三楼，但外教看上了运动员公寓 A 栋六楼的房间。李晖说这事由中心统一安排，不用我们费心了。

外教也热衷于开会。第一天的见面会后，双方就球队未来技术发展方向开会讨论，李晖先就他所了解的球队架构发言，讲了他自己的未来设想。马杀鸡对李晖的战略战术设想不屑一顾，认为防守反击和当今世界足坛的发展趋势背道而驰。他坚持要打地面传控和高位逼抢。老爹每天上午训练之前，会和马杀鸡商量、手写一份训练计划，交给翻译，用手机拍下翻译稿发去教练、球员群。下午 1 点左右，会叫上中方教练到老爹的房间里开会，布置一下当天的训练安排与内容，如果是比赛，则讲一下要求、首发与替补阵容等。

如果不用开会，一些办公室的同事喜欢饭后聚到水池边聊天，或者到中心院里的绿化带，在白兰树和木棉树下散步。踩着鹅卵石小径走到岸边的石板人行道，可以看到中午充足的日光照得河水泛亮，靠近岸边处有两三支树枝露出水面，乌黑的枝身在水面下影影绰绰。花匠说那是上游冲下来的断木，粗大的树根埋在河床下，上面的断缘便斜斜地支出头来。

不知从什么时候开始，我们的故事里都会有一位"大教练"。大教练喜欢穿圆领 T 恤，黑色短裤，每天按时下楼，拿上一份日报，或者是《足球报》，趿着拖鞋，去食堂吃午饭。饭后，秉承多年的习惯，回到六楼的房间，戴上花镜，坐在中心标配的三件套实木座椅上看会儿报纸。没有重要比赛的时光对教练来说既惬意又难熬。开着的电视机调在凤凰卫视，主持人分析着台海局势和各方军力对比。过了大概 30 分钟，大教练便摘下眼镜去里间睡上一会儿，再起来准备下午的训练。广东的居住房，顶层楼大都承受着高温的烤炙,而到了雨季,因为不同房屋质量有别,有时会出现些许程度的渗水。大教练的六楼也是如此。再加上房间的玻璃窗因为年头略久,窗轴长锈而开关不畅。大教练已经提过要把房间修缮一下,中心为了对宿舍重新做出规划管理,对此做了登记,准备日后进行翻新整修。

11月初的这天,他去吃午饭。还未到食堂门口,他就被工作人员拦住了。"咩事?听日要搬出六楼?"他想到的可能是期待已久的修葺终于到来。"唉,搬就搬吧。"他没有做什么抗辩,岁月让他现在的头发变得稀疏而灰白,让因长时间太阳直射而产生的斑散布在脸上,脸上皱纹增多,厚实的肩膀微微前倾,似乎更让他没有什么底气挺直腰杆去抗争。他听从安排搬到了四楼,在这里,虽然不再像以前那样站在阳台就能看到对岸的竹料大街,但至少,他仍能看到那金属色的流溪河。

心理工作很重要

11月6日下午,我到4号场观看了女二队与预备队的比赛。预备队是为女一队做人才储备而设置的,在一队打不上主力或非全运适龄组的小球员都会到预备队报道。她们大多只能作为女一队的替补(除非出现众多伤病)与陪练,鲜有资格代表广东队参加全国比赛。这支球队平时没有什么重要比赛,训练安排得也没那么紧凑,在李晖看来,管理也相对松散。有球员跟我讲,预备队里训练结束后大家各玩各的,没啥凝聚力。但到了这天跟女二队的比赛,她们来精神了,毕竟输给比自己年龄小的师妹可不是什么光彩的事。比赛时预备队的替补席异常狂热,本方队友拿球一攻到前场30米,我坐在女二队替补席一侧便远远地听到如职业队球迷一样的叫好、欢呼。相比较起来,女二队这边的球员就安静多了。

虽然1∶2告负,但4231阵型下的女二队能不断地在中前场创造出进攻机会。问题也明显:球员之间的配合还不够默契,有时机会出现了,接应或跑位没到而导致主动失误。定位球、高空球的防守能力还有待提高:第一个失球就是因为角球在前点没人顶出,门将出击没拿到球而失分。球员个人经验有待提高:中卫之一的李晴潼,虽然个人防守能力出众,但位置感略欠缺,加上和队友沟通不畅,她经常补位上抢,甚至防守到边路。

第二个失球就是对方前锋李志君凭借速度和个人能力趁机找到空档，晃过剩下的一个中后卫和门将射门得分。

我觉得预备队的球员看上去球技更娴熟一些，取得胜势也不奇怪，但李晖并不这么认为。他指出预备队的配合很少，基本都是横向传球，进球也是靠个人能力而非配合；二队这边合练时间短，配合尚属生疏，且有国家队集训，主力若都在，赢预备队一两个球是没有问题的。

9日一上班，王医生就告诉我说这天是采购的最后截止日期，没弄完的抓紧弄啊。好吧，上周还没搞定的女二队采购计划现在得抓紧了。于是忙不迭地重新修改清单、呈批、请示、签字，快11点时终于搞掂此事。

那厢边，外教又带了中方教练开会，继续讨论A、B队分组名单的事。我搞掂了呈批申请才过去，外教仅做了一处改动，划掉了两个A队球员去B队，拉了绰号叫"小子"的球员来A队。其他教练也没太多异议。看来外教和中方教练选人的眼光或用人思路相差无几。

老爹还一一过问在场教练们的生日，问到我时大笑，说我和他最小的孩子年龄相仿。接下来他的训练安排却又让教练们颇有微词：安排主题内容不明确，小场地标志碟摆得太多，却又不在图纸上标记出确切比例、距离，这都让中方教练略感困惑。几位教练想提点意见，又被他一句"我制定的决策，你们执行吧"给挡了回来。徐荣生想再看看他图纸上的标记，老爹一把将图纸收了起来。

外教也并非像李晖最初讲的那样没有训练主题。为了备战明年初将举行的比赛，他们制订了自己的计划。

冬训前6周：

第一周：11月2日至11月7日，以足球综合素质训练（耐力）为主。要求"全场练习，改善比赛耐力；训练综合素质和力量、耐力、速度、移动、协调性及灵活性；对抗训练；精神状态：必胜决心；单独谈话，球队谈话，学习比赛阵势"。

第二周：11月9日至11月14日，以力量与竞技训练为主。①力量训练目标：稳定女球员的力量发展；练习：各项跳跃及稳定性练习。②耐力改善练习：比赛形式3×7分钟负荷练习。③速度：发展有针对性的冲刺练习；练习10米、15米冲刺，然后射门。④身体协调性：目标：练习与游戏，改善技术及身体的协调性，各种比赛可能性；执行肢体伸展及放松运动。

第三周：11月16日至11月21日，以身体协调性训练为主。认识及快速理解球场形势的练习，如5对5对抗性训练；比赛情景的快速处理的练习；保持身体平衡，反应练习；变更速度的练习；紧逼练习，即弹跳力、平衡能力及方向识别能力练习。

第四周：11月23日至11月28日，以速度训练与冲刺训练为主。目标：改善技术协调性，即处于时间、准确度及可选性的高强度压力下处理球的能力；练习：带球与不带球的速度练习，各种情景下快速采取行动的练习；变速练习，快速决定，如各类移位的练习。赛场形势认知的练习。

第五周：11月30日至12月5日，以技战术能力训练为主。焦点：球员场上智慧与创造力的促进；攻防战术训练；处理球能力的改善；控制速度和前进方向；球协调能力的改善，压力下良好的处理球能力。

第六周：12月7日至12月12日，以战术训练（标准场景）为主。主要的攻防战术练习，符合赛场形势的比赛阵势与策略，保持各种比赛情景的标准战法（己方发角球、任意球、点球、界外球；对方发角球、任意球、点球、界外球）；最重要的阵型：4231。

11：50会议才结束，教练们一起去用午饭。我吃完饭路过喷泉时被郑修泰教练——大家都叫他郑导——叫住，让我喊了李晖一起去他房间喝茶。郑导说他跑了大老远从市区带了英德红茶回来，但喝起来并不是英德红茶的味道，这让他有点失落，甚至不想再跑去市里买茶叶了。我还没泡两壶，他就嘟囔埋怨着把茶盒塞给我，说送给我。我随口答应他下次换些好点的茶叶回来喝。李晖讲起训练时的点滴，引起了郑导和徐荣生的共鸣。他们不希望A队只留两个守门员，而且过早以队别划定水平三六九等，这可能会刺激女性球员的自尊心，打击训练积极性，甚至导致女孩子不想继续踢球。外教的思维逻辑认为我们来这里的球员都是非常想踢球的，显然这种状况并不适用于所有球员；训练安排方面，教练员培训班里的常识是一般训练主题包括两到三个，但每堂训练课最好突出体能、技术、战术、对抗中的一个，外教的安排常常是涵盖了中方教练已知的所有内容；外教的训练内容多以基础的传接球、射门技术为主，这是针对青少年业余体校水平的球员，备战全运会的省级专业队眼下需要灌输更多的战术和攻防演练；外教安排晚上进行力量训练，李晖担心休息前的力量训练课会让球员们吃不消，毕竟第二天早上她们还要上课学习，一旦过度疲劳，引发大伤病可就得不偿失了。几个中方教练都不愿意抛家舍业地跟晚上训练。早就有同事与我分析，外教的工资与本土教练相差悬殊，后者的收入只及前者的零头，又处于同一工作团队内，同工不同酬，肯定会引起心理不平衡，这对培养团队工作积极性没什么好处。

　　大家抱怨够了，李晖最后表态，要求大家顾全大局，统一思想，务必全身心、积极地配合外教工作，满足外教的需求，担当外教与球员之间沟通的桥梁。至少要做到"不拆台，别捣乱"。只要外教提出要求，我们都尽量努力按要求去做。说完正事，接下来闲聊，郑导还想着双十一网购，拿出手机给我们展示他看中的几双拖鞋，李晖和徐荣生全无这方面的心思与准备，看得双双摇头，赞叹郑导与时俱进的意识。将近1点，大家想着下午2点还要准备训练，便各自散去。

　　翻译发信息告诉我说外教准备明天上午9点半找我谈心理工作。我打印了一份心理工作计划出来，又做了些谈话备忘。第二天近12点，两个外教现身，翻译说他们刚刚去看了球员们的宿舍，因此耽误了时间。他拿了U盘，要我把上周六的比赛录像拷给他。马杀鸡在办公室里转了一圈，问起办公室里的仪器使用情况。老爹说这两天事情很多，下周一早上再找我谈一谈心理测试和其他测试的事。我答应了，以为他们会很快忘记，想不到隔天午餐的饭桌上，德国教练再次当众承认心理工作对队伍的重要性，又跟我确认了一遍下周讨论心理工作内容的安排。不知道他们要从我这里得到什么帮助。

　　11月12日这天上午下了小雨，下午我去球场时好像还在飘着雨滴。队医带了两个伤号做间歇慢跑，队长"冬菇"则兼做马杀鸡的助教，给队友传球做禁区分组抢球射门练习。她的传球有时似有意似无意地不准，经常被其他球员大喊有偏向。郑导带了四个门将在远远的小训练场地练门线技术。黄莹姗护球用了个假动作，当她想再变向时意外滑倒，逗得这半场的球员一起大笑，几个球员甚至笑得摔倒，从替补席的角度看，就像黄莹姗一个人晃倒全队一般。马杀鸡也很兴奋，见到我都会开心地大笑并向我回应："Hey bro!"老爹也总是笑眯眯地答应着。翻译不在身边，他就自顾自地拿出训练图纸，在上面比画一番，然后趁我们懵懂愕然的时候收起图纸微笑着走开。

"你老友不高兴了"

在女二队没有比赛的日子里，女一队更成了中心上下关注的焦点。她们参加的女甲联赛于11月12日打完最后一轮。中国足协在2015年对女足联赛实施全面改制，将16支球队按2014年联赛成绩的前八名与后八名划分为女超与女甲两个级别，当赛季女超联赛最后一名降级，女甲联赛第一名升级，女超的倒数第二名和女甲的第二名进行附加赛，胜者留在女超，败者留在女甲。2014年7胜5平15负排在全国第12名的广东队留在了女甲。在女甲元年，女一队将冲超的希望延续到最后两轮，但0:2负于冠军山东、0:0平冲超对手河南让希望破灭，最终12战4胜6平2负进8球失3球积18分排名第三，落后第二名河南队5个积分，没能打入升级附加赛。

足球中心一把手领导程主任接受《羊城晚报》采访[①]时表示："近年来我们在梯队衔接的建设上吃了亏。由于省运会和全运会在年龄段设置上存在错位，导致目前球队20岁年龄段出现了断层。原本22～24岁的球员属于成熟期，但广东队由于年龄断层，只能将18岁的球员提前送上球场。"程主任认为，关键在于基层输送出了问题，导致女足人才匮乏。"现在踢球的生源越来越少，造成各级体校招收学生越来越困难。由于独生子女多，现在家长对于文化学习越来越重视，并不愿意将孩子送到体校从事女足运动。基层生源减少，基层教练有劲使不出，不仅打击了积极性，也形成了恶性循环……过去的培训模式急需改变。"

---

① 苏荇：《改变青训模式引入外教改变理念 广东女足来了洋教练》，见搜狐网，https://www.sohu.com/a/45121482_119778。

广东足球名宿区楚良[①]也对《羊城晚报》表示，聘请外教首先是为了转变观念，并非期望外教执教能立马带来骄人的成绩。"我们目前在培训方式、管理理念等方面已经跟不上国际潮流，这从男足、女足的成绩上能够体现出来，因此，需要依靠引进外教来推动这方面的转变。过去广东女足曾有过辉煌，基础水平也不错，对足球的认识和培训，在八九十年代时也处于先进水平，但现在却有些落后了，球员和教练都需要再进修。"

临时顶替璐璐姐的工作对我来说像进修一样。同在这一天，我的工作迎来重头戏：为即将外训的球员采集个人信息，办理因公护照。教练组都不太常和电脑打交道，李晖希望我来帮助郑导完成这项工作。晚上，郑导叫我去他房间，把收上来的球员身份证扫描进电脑，还要填写"因公临时出国人员备案表""出访个人情况表"一起存档。

郑导和李晖一样住在电梯对面的套间。他把外间大屋布置得更像客厅，只在靠近洗漱间这边摆了一张床，自己则独住在里间小卧室。一进房间便可看见对面阳台门上挂着的毛主席头像，靠近阳台有一个大鱼缸。鱼缸的盖上摆放着一套音箱、一只华尔街牛摆件、名片盒、几个公仔，还有一个以"小蛮腰"为背景的相框，上书"羊城新秀"，下书"广东省海印女子足球队留念"，落款"广建集团工程管理部赠 2010 年 元月"。鱼缸里养着两条淡水鱼，一条鳄嘴鱼，一条银龙鱼，还有其他小鱼若干。换气造成的气泡徐徐升上水面，鱼相处和谐，慢悠悠地在鱼缸里游动。郑导在入门口放了一台小冰箱，把书桌摆放到电视柜的南侧，这和李晖房间里的布置不同。

郑导祖籍山东，在沈阳长大。早年在火车头体育协会踢球。女儿大学毕业后到深圳工作，他也决定南下寻觅更好的养家机会。他先在深圳宝安体校工作，后经人介绍，进了省足球中心带女足，一转眼这已经是第八个年头。他印堂黝黑发亮，估计这是在球场上摸爬滚打了多少年下来的结果。教练员级别上，他早早拿到 OB 级，有资格给低级别的守门员教练授课。他一张嘴便是厚重的东北口音，喊熟识的人"铁子"，吃早餐路上远远见了，冒出一句韩语："哈希米嘎！"（应该是"你们好"之意）李晖跟

[①] 区楚良（1968— ），广州人，1991 年入选男足国家队，司职守门员。2019 年获评广东足球 70 年十大杰出男球员。

郑导说发白纸给球员，让她们按照要求自行填写。郑导让队长领了纸，给每个球员发几张，填写方法都发到工作信息群里，女孩们有不懂的就在群里七嘴八舌地问，聊天记录很快乱成一锅粥。郑导转过身小声对我笑说：你看吧，肯定白写，要返工。

我当时还没太在意。第二天，郑导拿来收集信息的问卷要我录入，我傻眼了。虽然昨晚队长极尽耐心地解答，但收回来的结果还是不尽如人意。很多重要信息比如籍贯、家庭成员填写得都不完整，再加上没有表格，导致很多球员填写错误，拿多几页纸给她们都写不明白。几乎每一份都是一种不同风格的"答案"，球员填答的信息格式都突显自己的个性特征，同时也不忘把自己的某个信息漏掉。你没写父母的工作地点，她没写家庭住址，这个致敬颜真卿，那个不让你头晕眼花誓不罢休……我在录入的过程中也需要翻来翻去，太麻烦了！才看几份我就吃不消了，犯难该怎么把这些录入电脑形成统一要求的表格。

中午，郑导又送来教练组的信息反馈表，这却是一份份打印精良的表格，所有必填信息也都工工整整地手写罗列在内。没有对比就没有伤害，我问郑导："你们自己的表格就知道打印得干干净净，为什么不复印标准的表格给球员填写？"郑导还了我一句"为了节省纸张"，我："你就知道给中心节省，不想着给我节省了？！"郑导转身就走，留下一句："你劳逸结合吧！"

我气得够呛。想想前一天晚上郑导说过的话，他明明早就预料到了这个结果，却还要这样做，岂不是在玩嘢？看着这堆没用的废纸，我冷静下来想了想，问题还是出在这个没有规范化的纸上。我拿了几份填得乱七八糟的纸直奔球场，球队在4、5号场分开训练，李晖正一脚驻在球上看着训练，远远地看到我冒雨抱了纸过来，开玩笑似的踢了一脚球给我。球还没到我的脚下就被4号场场边的拦网挡住了，我没心情跟他开玩笑，但还是把球一脚踢还给他。走近身前，跟他讲明情况。他的眉头紧皱，说今晚没有训练，可以让她们集中填写。

待到球队训练结束，估摸着郑导洗完澡了，我去找他。他一听是我，没开门就问什么事，我模仿着他那韩式问候"哈希米嘎"。他小心翼翼地把门缝打开一个拳头的距离，问我何事。明白我的来意后，他马上表示这不是他的事，接着便想关门，我用力推开门，说不用你管，只要把电子版发给我就行。他让我直接去找队长冬菇——反正这事跟他没关系了。

我跑到办公室，双面复印了 45 份表格。接着召集球员，发下统一的表格，讲明要求，让她们重新填写，再录入电脑。早就有球员因为家庭、上学等原因选择退队，因此跟大集训时的 60 人长名单相比，这次录入信息的共 42 人，因国家队集训等事由没有交表的陈巧珠、谢绮文和熊熙不在统计之中。

有 29 人出生于 1999 年，12 人出生于 2000 年（1 人空白未填）；梅州是出生频次最高的地市；还有 6 人出生于外省，其中有 3 人注册代表深圳队参加省运会，她们的出生地都没有计入深圳；因为人为因素，这次集训中湛江籍球员只有 1 人（陈巧珠未计入其中），让近年来才开展女足的珠海升入前五名。（见表 1）如果算上自己所了解的那些球员，那么，广州、梅州、湛江、深圳、佛山当排入前五名，这也恰好是教练们心目中广东足球的五大"青训出产地"。

表 1　2015 年广东青年女足集训球员出生地频次前五名一览

出生地	频次
梅州	8
广州	7
珠海	3
佛山	3
深圳	2

事实上，据我所知，至少有 3 名非独生的球员在表上没填写兄弟姐妹的名字，因此，独生子女在集训球员中的占比应该是 16.7%，甚至更少；在家当老大的和二三孩数量倒是持平，算上自己了解的真实情况，头胎数应该少于二三孩，比例各占 40% 和 43% 左右。（见表 2）

表2　2015年广东青年女足集训球员家庭子女状况一览

子女状况	频数
独生子女	10
头胎	16
二三孩	16

粗略地看，1999年出生的球员远多于2000年的；独生子女从事专业足球训练的人数远少于非独生子女；广东女足青训来源有地域分布特征，广州、梅州、深圳等地都是输送大户。而且，交信息表的42人几乎就是广东省1999~2000年龄段女足的全部家当了。按照目前的趋势，再过两年，制订参加全运会的球员名单时可供选择的人数会更少。

16日吃早餐时我问郑导，可还需要把身份证照片和录入信息统一成文件夹再发给中心同事？郑导埋头吃饭，头也不抬：不用，你发给我就行。哦，发表格录信息时全是我的事，现在弄完了就都成你的啦？我没再作声，一肚子火地回宿舍把压缩文件发给他，都忘了有没有再发条信息通知他。

自那之后的一段时间，每次碰面，我和郑导打招呼，他却不再与我说话。训练前他常常一个人走去球场，有时在场边和以前带过的门将罗财英聊上几句。我猜他不高兴可能跟录入球员信息一事有关，时间久了，也懒得理他。倒是李晖一听我说起这事就哂笑："你老友不高兴了。"

老爹与马杀鸡

11月14日，球队安排体检。这一天我都在和队医一起忙忙碌碌，录入个人信息，帮忙汇总体检结果。晚饭时听人笑说昨天马杀鸡喝酒喝到吐血去了医院，饭后我们去看他，才知道他是因为连续三天带队训练，前一天遇到大雨着了凉，感冒发烧，饮食不进，基地里的队医都搞不定才去了医院输液。

外教都住单间。马杀鸡一个人守着球场203房，他简单地在自己的床垫上铺了张床单，房间里另一张床上摆放着他三个大号行李箱。他抱怨说床垫太硬，弄得他腰疼。我惊讶他当兵时怎么过来的，他回说那时有松软的睡袋。

他指着放在桌子上的相框说，那是他与继父的合影、和要好的导师（后来翻译告诉我说那是他在德国的经纪人）的合影，还有朋友结婚时的合影。即使感冒发烧，他也用从老家带来的平板电脑观看德国足协的官方网站上的训练教学视频。

他还不满足，又拿出手机给我们看他一些亲友的照片，包括他做歌手的妹妹以及前女友的照片。之后他又从行李箱里拿出几个大相框，足足摆满了半张桌子。

老爹住在隔壁，听到说话声走过来看看。他只会几个英语单词，配合他的手势，我们明白他是在讲马杀鸡吃什么、喝什么都会吐出来，唯有喝了桌上摆的一罐可乐没事。难怪这段时间有球员早上出操再去上课时感觉困顿，马杀鸡推荐她们可以喝点可乐提神。

赶上最近基地施工，马杀鸡的宿舍又没有热水，网络信号也不太好。他一面说想去买个新手机来用，一面拿起记了不少汉字的纸读给我们听。才来几天，他就已经会讲"慢慢吃"。说起学习汉语，他野心不小，希望有一天能用汉语指挥训练和比赛。

理想很丰满，现实很骨感。全年重要赛事都已结束，这个时候找个水平相当、年龄相近的对手打教学赛都成了难题。外教期冀每周末都有高质量比赛检验训练成果，然而没什么合适的对手可选。他们只能找基地里的2003—2004组小男足，或者来基地打比赛的业余队。

27日，在搬进新建好的康复中心后第三天，我第一次在基地球场看到谢绮文踢球。对手是钟落潭镇上的某派出所代表队。老爹决定由A队出战，以检验国家队成员归来后的阵容磨合。谢绮文脸上有几颗刚冒头的痘痘，她和同样来自广州队的娃娃脸熊熙分别担任左右边前卫，李晴潼自后场的长传突然变得精准犀利起来，似乎每次起脚传球，谢绮文和熊熙都会跑到位"扛着炸药"向禁区里突击。

来自广州从化的谢绮文家里还有一个兄长。做妹妹的她活泼好动，也特别黏人，尤喜欢黏母亲。父亲每次出差回来，她也拦住家门不想让他再走。为了把女儿的好动转变为对她有利的财富，父亲决定送她去参加体育活动。上学前后，她去学过芭蕾，也参加了学校的田径队。芭蕾舞虽没再继续跳，家里至今仍保留着她穿过的芭蕾舞鞋。她参加校运会短跑比赛，来挑人的教练相中了谢绮文。她顺利通过灵敏性、协调性等方面的身体测试，被从化区青少年业余体校录取。家长有选择的权利，父亲想要锻炼谢绮文的独立性，毅然决定送她去体校接受历练。

起初父亲每周都会来探望谢绮文，渐渐地，他减少了父女见面的次数。谢绮文也迎来"野蛮发育"，她顺利入选国少队并成为主力，拿到了青奥会冠军。市运会结束后，她进入伟伦体校，备战省运会。在广州队时她很喜欢郑智[1]，佩服他的领袖才能与气质。

省运会决赛中她的腿抽筋，疼痛难忍，走路都成了问题，在终场结束前不得不交出队长袖标被换下场，只能站在场边紧张地看着队友在点球决战中落败失冠。这成了她参加足球运动以来心头的一大憾事。她一直责怪自己，甚至有点恨自己，为什么不再咬牙坚持一会儿，熬到全场比赛结束，代表广州队罚完点球，也算对得起父老乡亲啊。

两个德国人对上半场球队的表现很不满意，中场调换了诸多B队成员登场。马杀鸡交代要求时还提到了场上球员让他们非常不高兴的防守，尤其提到了陈巧珠打得不理想的地方——马杀鸡的那句话被翻译译成了"陈巧珠打得很烂"，这让所有准备上场的替补球员都惊讶得张大了嘴巴。

就这场比赛而言，陈巧珠的发挥确实有好有坏。她的插上助攻一如以往地积极迅速，但这天她的防守出了不少问题，至少两次被对方突破到禁区形成打门；而另一个中后卫，来自深圳的"大头"更为糟糕，她最近训练时的传接球失误非常多，这场比赛中要为两个失球负主要责任：一次是在1对1中被对方突破，中路补防过来造成漏人被进球；另一次则是直接把球传给对方前锋，被对方重新组织进攻后又失一球。我后来同球员讲，应该是刚刚回来的国少队球员们还不太熟悉教练们的打法、战术，因此，大家配合不默契。陈巧珠在一些方面做得确实不太理想，几次防守中漏人，甚至导致了一次丢球。翻译则直译了马杀鸡的意思，球员也都觉得可能是翻译选择词汇的问题。陶祝丹对这种一视同仁的做法并不陌生，在她看来，我们更需要时间来磨合。

---

[1] 郑智（1980— ），辽宁省沈阳市人，2002年入选男足国家队，司职中场。2019年获评广东足球70年荣誉奖。

郑导坐在场下还在念叨"怎么把从国青回来的巧珠都换下去了"。马杀鸡则和我讲，中午开赛前准备会时球员们嘻嘻哈哈，好像都听懂了他的战术要求，但到了场上，打得像坨屎。他在换人之后又特地让球员把穿上外套、已经跑到4、5号球场中间坐着的陈巧珠喊过来。这个和全队平均身高相仿的湛江妹，两条剑眉下鼻尖圆壮，加上小麦肤色和下颌上的痣，让她看上去极富异国风情。队友开玩笑说她长得像印度、泰国女性，她会大笑着接受。但打了半场臭球时，她只想远离队友和球场，安静地看完比赛。马杀鸡的传唤让她更觉惶恐，忙穿戴整齐地跑过来，正襟站好，听从训话。马杀鸡一脸正色地同她讲明，要她服从教练员的技战术安排；同样的，他又喊了陶祝丹过来谈话。后来表现良好的李晴潼被换下时，他搭着对方的肩膀，夸奖她今天表现不错，希望再接再厉。

广东人认为在打牌时被人搭肩膀不吉利，会被带走好运。这种看法也扩展到了其他竞技活动和工作中，很多球队在赛前加油仪式时不允许彼此搭肩。马杀鸡并不了解这些，他的做法很直接干脆：如果你认真听取了他的讲解，比赛时也确实做到了，他会夸奖你，承认你在场上取得的一切；如果你没做好，他会把你换下，告诉你没关系，鼓励你下次再来。如果球员不认真听他讲，比赛时也没按照他的要求去做（或者做得不好），那么他会非常生气，甚至把球员叫过来，让翻译很认真地同她讲，希望她能按照他的要求进行合作。他认为，他已经执教过很多顶级联赛踢球的职业运动员，他们对他的执教都非常感激，而你们这群小小的女足队员不听他的话是什么意思？

赛后，马杀鸡还讲到了球员们在学习课堂上的表现让他不满意，因此，给违纪的球员提出了特别要求：如果表现得好，教练们心情说得过去，就给她们周末自由的时间；如果她们表现得不好，教练们不高兴，就要惩罚她们在周末接受训练、写作业。这让我有点惊讶，德国教练们特意强调自己在球员们面前的无上权威，把个人意志凌驾于球队纪律之上，这是他们的本意，还是翻译出来的？

在替补们上场之后，我听坐在一旁看球的同事讲，年轻的外教脾气很差，比赛中一度气得把战术板摔在座位上。我还在为自己来得迟，错过了这一场面而感到些许惋惜时，下半场比赛结束前，老爹为我做出了"补偿"：这场比赛表现不佳的中后卫大头最后一次失误直接被前锋断掉造成失球。老爹气得把手里的战术纸扔到地上，脸红脖子粗地对着场上大喊了一通，翻译忙不迭地传话："这种失误不应该再有啊！"

翻译问题

11月16日，外教二人加翻译来到新搬迁的康复中心临时科研办公室，和我谈起了心理工作。这次会面还因为"前狼后虎"的安排而变得时间异常紧张：9点半，中心领导为女一、二队的外训做准备会；12点45分，班主任老师组织女二、男三两支球队的教练召开关于他们学业的联席会议。这让我们从11点多开始的工作谈话受到了很大限制。

老爹首先发言，他说自己的球队将以4231阵型为主，球员互相支持，比赛时以两翼进行进攻，不断根据形势进行转移。中路以多打少，积极穿插和无球跑动，失球后马上回抢；利用一切机会多射门，多补射，而不是射门后看热闹。做到尽量利用最佳机会射门，锻炼球队80分钟[①]（是的，老爹说的是80分钟）比赛时间内的充沛体能、心理；避免像男队那样不计后果、不可理喻的犯规，在尊重裁判、遵守行为准则、不要乱叫的前提下，保持侵略性和进取心。

马杀鸡则说球队球员在比赛时不自信，踢球时很开心，但目标不明确；训练时有说笑，比赛时又会紧张；队内有很多小团体，不利于整体团队建设。他想弄清球员分属何种角色，明确分工，建立队伍秩序，就此加以学习和训练。这样遇到各种情况、挫折时可以彼此协助解决问题。

除了希望我对球员进行心境、疲劳状态的测试之外，他还希望我对球队做一下团队角色分析。马杀鸡拿了他的平板电脑，指明他要求的测试。翻译面露难色，因为并非心理学专业出身。他逐条读给我听，将测试类型分为九种：斗士、专家、观察者、执行者、开路者、组织者、完美主义者、发明家、团队球员。

翻译低头看着条目，吃力地说出他自己的解释，每一个分类里都讲到

---

① 女足比赛赛制以前是80分钟一场，老爹可能一时口误。

"保护者"一词，让我有点迷惑。如果是张力为、毛志雄编《体育科学常用心理量表评定手册》[①]里的量表，直接拿过来用就行，但他说的这个将人格类型分为九种的测试在国内足球运动领域没听说有人用过，和我所知道的测试也有些出入。

马杀鸡说不着急，我这里准备好了告诉他就行。我们结束谈话，两人起身告辞，马杀鸡伸出手来想跟我握手，他突然想起什么，很不好意思地抽手回去，"Oh, he's the head coach."老爹没说什么，笑着与我握手表示感谢，马杀鸡再与我握手。

送走外教，我查询文献，果然未见相关研究，又问了专业同门，也都讲没见过。如果是国外已有量表，拿过来用要先经过翻译、本土化，没十天半个月肯定搞不定。我又联系上翻译，告知他具体情况，他回答说只要分类功能相近、达到外教的目的即可。放下电话，摸摸头，自己知道的能对得上的、应用得比较广泛的测试也只有那么一种，还是个自己从未用过的测试。

接下来的几天我都在为此做准备。我问同门要了测试题，熟悉了指导语和计分方法，找人做了预测试和分析，对比结果和评价反馈，再告知外教可以进行测试了，但仍不能保证施测的信效度（可信性与有效性）。对方回复说这两天找时间再敲定具体时间。

导师讲心理测试时提到，很多研究生、老师为了做研究写论文，到队里做完测试就走人，以致教练一见心理老师来队里，第一句话就是"又来发问卷了啊？"。这种不管运动队实际需求，测试没反馈，或者只有简单描述性分析而没有问题解决措施的做法，被戏称为"管杀不管埋"。

我可不想被说得这样没职业操守。测试前我还去了解了新集训球员对心理工作的需求。广州队的球员在备战省运会时曾系统学习过心理课程，算是接触过这方面的知识。19日，我坐在场边和黄莹珊聊了一会。这个圆脸圆眼的小个子梅州女孩早上被查出有荨麻疹，小戴给她拿了药涂抹。她只能坐在场边看训练，这让她情绪低落。我问起她在广州队上过的心理课，她想了一会儿告诉我，省运会赛前心理老师给她们讲了"惰性"。我

[①] 张力为，毛志雄. 体育科学常用心理量表评定手册［M］. 北京：北京体育大学出版社，2004.

开玩笑地说什么都不做，不用去上课，不用去训练，身心都舒服，这个课还真是对她现在的胃口。她无奈地苦笑，我也适时地安慰她，要她耐心地养好病，健康复出才能踢好球。

往返球场的路上，李晖一瞧见我，哂笑说："你老友又不高兴了，最近连我也不理！"我不知道他是故意没话找话，还是郑导又因为什么事真不高兴了，心里只是不想再搭进什么乱子，干脆闭口没接他的茬。

23日上午，足球中心召开职工大会。程主任就2016年工作做了简要总结。男女青年队均在青运会取得第二，女一队在女甲联赛拿到第三，未完成"保八望六"的任务。回到临时办公室，李晖到访，问候刚刚结束休假、"复出"回来上班的璐璐姐近况，又交代给她一个打文报、呈批件的事项——她才复出工作，工作任务就甩到她身上了。李晖承诺会尽量轻用璐璐姐，还开玩笑地说小刘现在已经有些状况了！我正低头看手机，没想到他开出这么一句玩笑，言下之意当然是说我跟教练组有点矛盾，闹得不太愉快。

李晖离开后，我们继续收拾东西，还要搬家至新建成的康复中心。我同璐璐姐说起她不在这段时间里发生的事。说到郑导不搭理李晖，李晖问我怎么回事时，璐璐姐直言，我应该当着李晖的面讲明就是他的原因导致大家都不高兴。李晖让收集信息又不给球员发规范表格，郑导也不是专职领队，除了带门将训练，还要干这些事情，一两件还好，多了他当然也嫌烦。我们都感觉到现在李晖有事情不来找我，说明他知道了事情的原委，也就不想再制造麻烦。

安置好新办公室，转天午餐时见到了外教，又约了璐璐姐午饭后在新康复中心会议室会谈。我们商定了下周二、周五进行心理测试，下个月进行生理生化与体能测试。外教讲到了1月份的全国联赛，希望到时给她们再做一次测试，并视情况再给球员们讲课。另外，在施测程序上，老爹坚持要在下午1：30分进行测试，分成A组与B组，每组球员都按照一定间隔坐开，25～30分钟后交卷，换下一组人来进行测试。他们的理由是：（1）强调A、B队有别；（2）太多球员同时作答，会互相看其他人的作答，影响作答结果。我看老爹意愿坚定，同意了他们的要求。

12月1日做人格测试时还是出状况了：就在测试开始前半个小时，冬菇在通知群里说守门员不用去做心理测试。我知道郑导想让门将多午休一会儿，这可以理解。但最近我们的关系本就不大顺畅，现在牵扯到外教，怎么处理呢？

我告诉到场的两位外教守门员缺席。老爹最近因球员们上课迟到、上课睡觉而导致老师们频频告状弄得不胜厌烦，今天测试还有很多球员迟到，一听说守门员不来测试，当时就火了，脸马上吼得通红。翻译的声音仍很平静："我是这个队的主教练，为什么不听从我的安排?！"马杀鸡在一旁也异常愤怒，他和老爹的声音交杂在一起，翻译一张嘴已经忙不过来了。冬菇只好给守门员们发信息要她们赶紧过来测试。算上后来到场的守门员，总共40人。

4日，老爹由翻译陪同外出办理签证续期的事，我趁机劝马杀鸡将当天的情绪测试时间改在下午2点，马杀鸡同意了，并解释说他也觉得测试安排在1点半会影响球员午休，但那天主教练在场，他不得不和老爹站在同一立场。他还提出这个月球队外训时要去北海观摩国内其他省份球队的训练，以掌握信息情报。

李晖随后也同我讲了这事，说到时没有其他翻译，就得由我陪马杀鸡去北海。他翘起眉毛咧开嘴，似乎嗅到什么难闻的气味，又像要打喷嚏，脱口而出的话却是对此事不太感冒：冬训时各队都只穿训练服，后背没有号码，内容也以训练为主，你能瞧出什么?！而且我们队自己的框架还没出来呢，你去看对手的信息也没用啊。

李晖不满意当然是有来由的。4日那天的教学比赛，女二A队1：3不敌解放军队，这是一个让中方教练组很难接受的结果——他们认为以对方的实力，即使我们只上广州队和深圳队的替补也能取胜，但包含国青归队的全主力阵容却这样告负。

翻译回来拿了1日的测试结果给马杀鸡，他这时才发现结果里的东西并不是他想要的人格类型。马杀鸡又拿出首次见面时提到的心理测试，强调他想要的是"保护者"，我解释说测试前就讲过国内没有这种心理测试，只能用相类似的测试予以替代。马杀鸡飞快地看了翻译一眼，没再说什么就离开了。

11月初德国外教提出需要的训练用品也有问题。清单上除了50个网球之外，中心已有设备可以满足外教的训练要求，只是需要和其他球队协商分配使用。外教希望女二队不必受其他球队影响，随时都可以进行相关训练，李晖不想坏了"全力支持工作"的承诺，同意上报。但负责采购的同事没看懂清单，要我们提供详细参数，我拿着清单回去找外教核对产品相应照片，才发现翻译将护踝译成了"脚踝绷带"。翻译的工作合同由另一家经纪公司提供，这位翻译系商务出身，当时对体育和足球项目还不太了解，出现这种误解也属正常。我们及时做了修正再报文上去。

12月9日午饭后，李晖叫我把心理测试结果送去郑导房间，几位中方教练都在那喝茶。李晖说外教的训练安排存在好大问题，他已经多次与中心有关部门进行沟通，要求派人去球场监督训练，否则按目前的水平训练下去，半年内女足二队的实力将受到巨大影响。

坐在一旁的郑导突然问我这个电脑上闪烁着发给他的文件是什么东西，我看到是其他同事发给他的一个文件，这明显是他没话找话。我礼貌地回应了。他还想着我上次答应要拿茶叶给他的事，李晖也在一旁作笑道，老郑现在心理也不正常了，只有拿到茶叶才会重新变得正常。这应该是他发出的和解信号了，只要我还愿意按约定送茶给他，我们之间就可以继续友好相处下去。教练们为了对新同事显示友好、拉近关系，会互送礼物，以手信①、茶叶居多。郑导的年龄资历都在我之上，当然理应由我主动发起交换礼物。我知道郑导有好茶叶，中心里和他共事过的年轻队医也收到了他慷慨的回礼。填表格一事仍然让我心存芥蒂，我也知道起因不在郑导身上，但那事弄得我确实不太愉快，因此我不想再和他有什么瓜葛，如果只是工作，我愿意帮忙。

队伍那边外教还在每天训练前召开教练组会议，和大家通气，了解当天的训练计划。老爹会用图纸标出自己的场地设置，然而当徐荣生提出问题，或者想拍摄图纸回去好按照他的要求做时，老爹一把抓走了图纸，不给看。大家面面相觑，既然不让看，那么，下午就由他一个人去摆标志碟喽。

因天气变化，外教希望对30米冲刺测试的时间进行修改，结果遇到困难：基地里还有两支队伍要与女二队分享训练用的场地，特别是测试临

---

① 粤语中的手信指出远门回来带给亲戚、朋友的特产、小礼物。

时要用的风雨篮球场，女一队、男三队都想在下雨天去那边训练，外教求助中方教练，李晖拒绝出面协调，这不是他分内的事。晚餐时在二楼食堂，马杀鸡拉着翻译与一队外教沟通之后又向我抱怨：为什么一个偌大的足球中心，连个协调各队进行训练的工作人员都没有？

他并不知道，在中方教练看来这烫手山芋很难碰，协调不慎就会得罪人。前一个全运会周期，男足两支球队也有过一次就风雨篮球场训练时间上的冲突。那时没人出面协调此事，领队都不出声，还是两位在国家队做过队友的主教练彼此通了电话才谈妥。自那以后，很长一段时间里，遇到训练场地冲突的，多是由各队主管教练出面协调。

第二天翻译跑来问我，刘老师，在哪里能查到她们这个年龄段的比赛、集训数据？马杀鸡要查找足协官网，但看起来都是几个月甚至两三年前的信息没更新？我告诉他说从自己入职至今都是这样，还笑说，他要找到了记得告诉我。看来外教真心努力想瞧出点名堂，但他还不太了解情况：只要是国内正式比赛的信息、数据，如果自己没做记录、保管，第二天你想查询连门儿都没有。有老教练离职前制作了当届年龄段球员从小到大的比赛，在没有大容量移动硬盘的年代他买了成箱的光盘来做刻录，上交。等过了几年他被返聘回来，再去查找，却不见踪迹。

看着翻译摇着头失望而归，我心想他最近遇到的问题可真不少。

北海见闻（一）

12月11日晚，我接到李晖的电话，说要抓紧趁明天单位同事、领导都在，办理借款，取出我和马杀鸡要出差去广西北海所需的费用。李晖用周三、周四两天忙着跑这些文件、手续，拿到了全部签名。自璐璐姐回归，很多呈批、文件李晖都亲力亲为，这次也不例外，但最终还需要本人的签名和亲自出面才借得出钱。

我和马杀鸡如约在15日早6点45分出发。我们搭地铁到广州南站买了快餐，吃完东西已经快8点半了。想想还要过排着一大队人的检票口和安检，找到第12号检票口，我有些急了。马杀鸡被我一路小跑的态势吓到了，过了票检后笑嘻嘻地对我说："It's easy！"

我没心情和他开玩笑，只解释说从前遇到过一次险些赶不上火车的情况。上车闲聊。他说挺喜欢中国的，没准以后会留在中国，找个中国太太，建立自己的家庭和生活。他也设想留在中心工作，去看小孩踢球，把踢得好的选来这里慢慢培养。他说在德国也要为找房子付房租之类的事发愁，他喜欢 BBA（汽车品牌字母缩写组合：奔驰、宝马、奥迪），但只开得起大众车。这次出差前马杀鸡让翻译带着买了一款便宜的国产手机。他申请了微信账号，起了个 Luis Figo 的名字，用葡萄牙国旗做头像。他习惯了叫我阿瑟，尽管我提醒了两次尾音还有个 [s]，他仍然把它吞了，还说 "It's all the same!" 他讲得有道理，我也懒得再说。

他又讲起中方教练组对他的态度，感觉很纳闷，不知道得罪了谁，教练们对老爹会打个招呼，对各自的工作也都很尽职尽责，但对他却是爱搭不理，这让他感到很奇怪。

我知道教练们对外教有自己的看法。外教们的训练、制定比赛人员名单都不通知中方教练，测试时间变动也没有告知，这些都让中方教练心存芥蒂。马杀鸡和我说他见到李、郑、谢都会打招呼，但这三人从不回礼。本着你不尊重我，我也没必要尊重你的原则，他也开始不同他们打招呼。

他又同我讲起刚到国内时问起与球员们有关的资料、数据，查询的结果让他无比惊讶。他睁大了浅蓝色的眼睛，我甚至都能看到他正在放大的瞳孔，好像我是他活久见的异世界物种。估计奈杰尔·巴利第一次到达尼日利亚和多瓦悠兰人一起工作时[①]也没少露出这般表情。

下午 3 点半左右，我们到达北海。出租车开到贵阳路的尽头，出现了"中国足球协会青少年训练基地"的字样。司机靠在路边停下来，说什么都不愿再往拉萨路开 1 米，因为里面路不平，真扎坏了，这趟车钱都不够他补个胎。我伸头看看，拉萨路真如他讲的布满各种碎砖头、玻璃残片，且路面坑坑洼洼、崎岖不平，只好叫马杀鸡下车，拎着各自的行李，照着训练基地前台经理的指示，沿着拉萨路向西南直行。

马杀鸡同我讲起他的家庭。他说父母亲很早就离异，他从小和母亲在一起，而父亲很少联系他们，现在他每年和父亲通话的次数甚至还没我和

---

① 奈杰尔·巴利, 何颖怡. 天真的人类学家：小泥屋笔记 [M]. 上海：上海人民出版社, 2003.

父母一周的通话次数多。

　　生父是他足球的启蒙教练，但离婚后就不怎么管他了。他赴阿富汗参军负伤归来，退伍做了足球教练，跟杜塞尔多夫队冲上了甲级，作为球队翻译，他的采访得到了转播，吸引生父主动来电，说看到了他和球队上电视的画面，为他感到非常骄傲。接着问他有没有球票相送，想去看他球队的比赛。后来马杀鸡自己带队，执教过11～15岁青少年球队。老爹了解马杀鸡的经历后就邀请他一起来中国执教。生父听说他要来中国工作也是大为赞赏，希望能跟他一起来。讲到这里他用力推动左腮帮向右撇嘴，看起来很是不屑。他自己总结说和母亲的联系不多，感情不是太好。我向他表示了遗憾，又问他对父亲的感情如何，是否有畏惧和其他感觉。他坦承说比较复杂，有一些。我又问他，在与老爹一起工作的时候，有没有体验到那种情绪、感觉？他回说没听懂。我又解释了一遍，问他与父亲的关系是否会影响到他与老爹的关系。他摇摇头，说"Not understand."我便没再继续说了。

　　海浪训练基地有多块训练场地，每年接待来自全国各地的专业队到此冬训。基地所在的云南南路离车站很近。它的公寓区在西南一个住宅小区里，穿过拉萨路的北面，便是一排球场。再向北还铺着铁轨，不时有火车往来路过。一个穿着灰色工作服的中年和蔼大叔在路上认出我们，主动引路到前台，聊天中知道他是球场管理员。经理在电话里就表达了对那位司机的不满，这时也现身为我们办理入住（手续）。马杀鸡问我时间安排，经理说最新的要明天才出，现在可以给一份旧的拿去做参考。马杀鸡一进入房间，放下行李，就掏出自己的笔记本，还拿出一叠纸，放在桌子上，拿着训练日程，开始在笔记本上写起字来。

　　我走过去看他写什么，他说在为接下来的训练观察做些准备。他还告诉我那叠空白的表格纸是用来记录观察结果的。他又拿出一张已经做了记录的表格纸，告诉我说这上面都记了什么。

　　那张纸顶端写着"观察/评估表格"，分为三大列，最左侧一列分为三栏：第一栏用来记录基本信息，包括日期（2015-8-19）、比赛等级（德甲A级青年队）、对手（勒沃库森U19vs杜塞尔多夫U19）、结果（0:1）；第二栏记录观察者姓名（马杀鸡）、职责（球探）；第三栏记录观察对象（一个叫 Patrick Salata 的球员）、年龄段（U19）、出生日期（一）、场上位置（4-4-2 阵形中的左中卫），简评（"刚开场时紧张，第一次长传球直接传给对手……有两脚很准"等）。

第二列分为四栏，每一栏有 3～8 个条目不等，每个条目右侧则有 3 个表情不同的圆脸：嘴角朝下的代表该条目表现不佳；嘴角水平的代表该条目表现一般；嘴角上扬的代表该条目表现较好。第三列"其他事项"，则用来记录一些在选项之外观察到的信息。

第一栏"技术能力"，包括"变化丰富的盘带（盘带能力）""假动作""控球""短传""长传""头球""射门" 7 个条目，该球员只在头球一条中获评表现较好，射门一条打叉（没射过门），其余条目获评"表现一般"。"其他事项"里写道："第一次定位球回防太慢，第二次则有改观。"

第二栏"体能/协调性"，包括"速度""跑动/移动的灵活性""耐力/奔跑欲望" 3 个条目，该球员又是全部获评"表现一般"。"其他事项"："上半场对抗不错，下半场尽责。"

第三栏"战术能力"，包括"1 对 1 进攻""1 对 1 防守""摆脱和接应""快速地由攻转守""快速地由守转攻""配合（能力）""空间保护""门前/威胁性" 8 个条目。该球员在其中 5 个条目获评表现

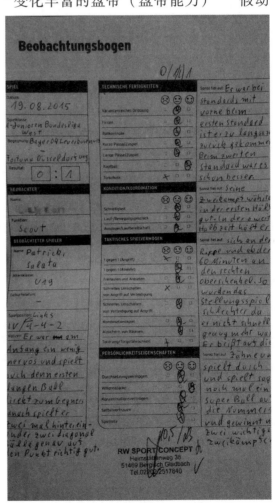

图 1　球探记录纸

一般，与进攻有关的 3 个条目打了叉。"其他事项"："自 6 分钟……右大腿……肋骨……所以阵地战糟糕，速度不够快，是在咬牙坚持。"

第四栏"个性特征"，包括"执行能力""意志力""专注能力""自信""球商"，该球员在"意志力"上拿到表现较好的评价，其余则为表现一般。"其他事项"："咬牙坚持，还传出非常棒的球，赢得两个重要的对抗。"

这应该就是传说中的"球探记录纸"了。（见图 1）

住房非常干净，两张大床上铺着雪白的床单，有一点海风带过的腥味。16 日一早起来，马杀鸡那边停了电，网络也断了。房间里没有洗漱用品，我后悔没带上自己的，只能去基地院里的超市买。马杀鸡带了一个硕大的蓝色箱子，什么东西都装在里面了：鞋子五六双，洗发水、手纸等一应俱全。真是个经常外出的"老油条"。

李晖打来电话，笑问我吃住得可都还好？我知道他最惦记财务问题。足球中心 12 月底就要关闭财务办理窗口，队伍外训，我和马杀鸡要 25 日才返回广州，最早也要 27 日回中心上班。女二队一月上旬来到北海外训所需的费用不是小数目，需要早点搞掂报销。

我们吃过早餐，穿过拉萨路到场地，一上午都在 13、14 号两块场地转悠。问了清洁工才知道在 13 号场地训练的是陕西队，而 14 号场地是什么球队就辨不出来了。我是头一次看国内女足冬训，没有名单听不清楚口音，又不认识主教练，各队在我眼里都长一个样。经理给的还是上一周的训练场序安排，做不得凭证。所以，了解各队训练时间安排成了首要的大问题。我又找到经理问，回说球场管理员那里有。马杀鸡在德国的习惯是可以塞钱给管理员以求得球队训练的场地和名单，他建议我也这么干。我们返回球场的路上碰到了这位第一天热情接待我们的中年和蔼大叔。他正陪着江苏省足协的工作人员巡视考察场地，见到我们，笑呵呵地打招呼。

我走上前和他讲了我们的需求，同时用左手抓了一张百元钞票握住了他的手，他起初满面笑容，待一看到我手里握的东西时笑容瞬间消失，转而用力推拒我。那张平整崭新的人民币在我们手里很快就被攥得皱皱巴巴。马杀鸡在一旁劝他"Take it"，大叔挣扎推脱着。看他坚持不受，我也就没再坚持。他说一会儿给我们复印，便挥手告别，追寻他原来陪同的江苏省足协工作人员去了。我也松了口气，心想这钱如果他真要了，没凭证做报销，还得我自己出血填这个坑。

中午，我在前台拿到了基地这一周的训练安排。7、8、9、11、12、13、14、15 共 8 块场地可用，每天分成上午 8：00—10：00，上午 10：00—12：00，下午 14：00—16：00，下午 16：00—18：00 四个时段。各队每天两练，当天上下午的训练场地不变，到第二天再行轮换。看这安排表上已经有 16 支球队抵达这里开始冬训了，前台经理说上海、江苏等队可能稍晚一些才到。马杀鸡要我把各省名称和训练场序念给他听，他在自己的笔记本上誊写了一遍。陕西和山西的拼音让他犯难，我为他标注了拼音。眼看问题都得到解决，他兴奋得碧眼圆瞪，看来我们的工作要正式开始了。

北海见闻（二）

这里的球队真如李晖说的那样，都只是常规训练，没有什么比赛。马杀鸡准备了一大沓球探记录纸，而如今对着满是训练内容的场地，他也没了刚出发时的精神。我们下午 2 点到达 7、8 号场地，观察山东、山西、江西、河南的训练情况。远处的 5 号场地有球队拿了角旗去准备比赛，马杀鸡马上来了兴趣，便喊我一起去看比赛。临到近前，我们才发现这个队伍竟也配备了一个外教。马杀鸡两眼放光，凑上去聊了半天，我则与对方的翻译聊了一会儿。原来该省近年也开始搞足球，这是两支年龄分别为16岁和14岁的校队，组建时间还未超过三个月，球员们水平有限，虽说也是准备全运会的队伍，但连刚刚熟悉情况的翻译都不抱太大希望。站在她们场边的是一个德国顾问。这位顾问看上去年龄与老爹相仿，戴着一顶红黄黑三色鸭舌帽，他的啤酒肚在红黄黑三色羽绒服上凸起了半球形。翻译亲切地叫顾问"老头儿"，说他是来执教教练们如何指导球员的，不会直接执教这支球队。

马杀鸡回来时，兴奋地同我讲，这位同胞是德国足球教练协会的人，他的工作包括评价其他教练员的执教成绩以及培训、考核方面的工作。如果几个月后下课，他可以去找老乡帮忙介绍其他工作机会。

我先是一愣，接着心底涌起什么，好像突然见了光亮似的恍然大悟：

敢情我陪你大老远从广州过来不是做球探，而是找工作的呀?!

冷静下来想想，其实他和我一样，也有账单要付，也有他的顾虑和担心。不要只从自己的角度出发考虑，也许他的直觉和判断是对的。又难得遇到这样的教练员培训讲师，如果能帮上忙，他不虚此行了。我这边无论工作进展得顺利与否，还得要像面对普通同事或者来访者一样去面对他，适当的时候给予他适当的鼓励与支持，至少接下来的十天时间，在北海，我别无选择了。

璐璐姐问我工作做得如何，我回答：他做球探看训练，我该干嘛干嘛。原因？今天没有比赛。

自我们出了北海站，迎面扑来腥味的海风，天空的阴云和地面的积水提醒我这几天又要下雨了。17日总算见到了晴天。上午继续去前台追发票的事，却被告知钱还没有到账。下午再问时，终于得到不一样的答复，发票要到明天才出来。李晖说如果周一寄到就没问题。

马杀鸡继续对他前一天认识的德国专家表现出深厚的兴趣，下午同我讲要去给那个德国专家帮忙为球队做一些女二队已经做过的测试，我同意了。他快步向5号场地走去，我不愿意插手其他球队的事，故意落在后面，慢悠悠地边走边观望。这支队伍并非要做什么测试，而是由德国专家带着一群教练，示范她们做一些体能、灵敏度方面的训练。马杀鸡站在一旁观望，或者跟着老头做相同的训练动作给小球员看。最终他成功发出邀请，与对方约好晚上一起吃饭看球，我看没什么其他事情就先行离开了。

我和马杀鸡在利源酒店大堂等了一会儿，老头儿与翻译才回来，解释说去送领导。他们上楼换了衣服下来，我们一起步行到附近一家上岛咖啡订好的包间，点了菜，电视也开始直播恒大对巴萨的世俱杯比赛。两个德国人一脱外套就堆坐在沙发远端嘀嘀咕咕讲起德语，我同翻译说中文，两两配对，场面也还算和谐。

翻译的本职工作是在大学里教授专业英语，他还会讲少数民族语言。他告诉我这次省里要搞足球，足协便找他帮忙，聘请的这位是德国足协的A级教练员讲师，曾执教阿富汗、哈萨克斯坦等国家队，此行的工作任务之一就是为校园足球提供培训。

我们点了四份意面、一份腰果、两份比萨、一打啤酒。店家上菜速度奇慢，先把赠送的四份伴面玉米汤端了上来，被外教直接推去一边——他们对能否饮用这种液体表示怀疑，那看起来像兑了洗澡水的牛奶。翻译有点水土不服，这两天吃什么都觉得不舒服，啤酒自然也就免了，我们一起喝起了温热水。老头儿笑他"water man"，和马杀鸡开了熟识的冰镇青岛啤酒畅饮。

邹正[①]脚踝骨折，我们四人都停止了聊天，看着电视，叹息他真不走运。翻译夸我口语不错，我赶忙自谦。接着"water man"讲起工作里见到的足球发展情况，直摇头。让他很困惑不解的是，校园足球教练们的学习态度。"将近百人的学习班哟，开课第一堂到场人数还不到1/3。我就觉得纳闷，这些教练又不是知名大牌的职业教练，踢球时也没啥知名度，有什么牛的呢？"

基础建设也是问题多多，有一笔投放在外、打算给队伍做冬训拉练用的项目，完全没有计划可言，先期投资建了三块场地，只有一块是标准场；训练场地还是选建在别墅区，周围附属设施也不完备。没有能住的四星级以上宾馆，稍远一点的五星级都要600元以上一晚。洗手间里装的蹲便池，大腹便便的六旬老人出来就对翻译讲，我们走！我出来工作可不是没有底线的！没有钱就不要玩足球了。翻译继续摇着头苦笑，把自己杯里的热水喝掉了大半。

他还向我提出自己的另一个困惑：足协想请他去做全职工作，而他自己舍不得学校里的稳定工资。显而易见，在学校里相对轻松、慢节奏地拿到的稳定收入，到足协后饱受压力都不一定能得到相同水平的工资待遇。所以，他自己更倾向于保留体制内的铁饭碗，继续当个斜杠青年，拿两份薪水。

比赛终场结束，胜负已定。我们举杯庆祝圣诞，翻译告诉我，你的外教想求我的外教帮忙安排去参加A级教练员培训班。老头过两天就要返回，因此，马杀鸡抓紧时间请他帮忙。最终结账时两个外教付了钱，马杀鸡付了260元，老头儿拿了200元。我们作别叫车各回住处。

12月18日，女二队出发去外训。在我们来北海前，马杀鸡就与老爹

[①] 邹正（1988— ），山东省青岛市人，中国足球运动员，司职后卫。2015年12月17日参加世俱杯比赛时遭遇严重受伤。

敲定了24名球员的外训名单。这一天朋友圈被她们刷屏，我本想留言"愿魔力鸟与你们同在"，但想想还是算了（魔力鸟是一位职业队教练的绰号，该教练于前一日因战绩不佳下课，我本想开一个无恶意的玩笑）。

马杀鸡一早8点钟就出去球场，却发现14、15号球场上都没有人训练。前一天下午还有教练在走廊里问我外教来干什么。我说是来看场地，心里明白有些教练发现了我们的存在。有些球队似有意似无意地变换训练场地和时间，好像不想让别人顺利观摩。这一天的好消息是终于可以把发票寄回基地，算解决了李晖的心头大事，他直呼"谢谢谢谢，谢谢刘老师！"

19日是个难得的好天气，马杀鸡继续他的球探之旅。又有一位国内教练在午饭时问我，外教看哪个队更好一些？我仍回答说他是来看场地的。

下午3点钟我们又去了11、12号场地，看了一会儿训练。场地上教练的满口脏话听得马杀鸡非常迷惑：为什么广东的教练在训练时就没他讲的那么多、那么大声？他们都在讲什么？我把脑子里能搜罗到的词讲了一遍，听得马杀鸡直摇头。他提出要去市里转一转。

马杀鸡决定前往银滩。他对我说以后要带球队来这里训练，要让她们在沙滩上踢球。我们看到一群人在沙滩上玩跳大绳、投沙包、丢手绢，远处，还有人玩越野车、降落伞。我让马杀鸡帮忙给我与大海合影，才拍了几张，就中断了。游客们注意到了马杀鸡的到来，都跑过来求和他合影。人数之多，让我应接不暇。人们后来竟把马杀鸡围了起来排队。有几个人一起合影的；也有单独拍照的；还有一位母亲，把自己不足一岁大的新生儿交由马杀鸡抱着合影。

一个黑衣紫粉色头发的女性，要求与马杀鸡单独合影。拍照后，马杀鸡笑出声来。我问他怎么回事，原来那位女性把手放在马杀鸡的臀部，用力掐。他哈哈大笑，连说"It's so funny."我则说他刚刚被人群围起来，看上去像极了电影里人们把他当作超级英雄、救世主，甚至是基督耶稣的场景。说得马杀鸡连连摇头，嘴里喃喃地念叨"Crazy."

周日不必训练，马杀鸡想去附近的博物馆转转。我则忙于即将截止的课题申请，让他自己去了。到新的一周，手头没有场地安排计划，马杀鸡和我都如没头的苍蝇般不知该往哪里撞。他一早急着打电话催我问场地安排的情况。我去前台找了一份拍下来发给他,他回复说已经到 7 号球场看新疆队对江西队的比赛了。我找到他,刚好江西队的一个小球员受伤倒地不起。马杀鸡跑步过去帮忙查看情况,我也跟过去,看这小女孩伤得比较重,脚踝已经使不上力了。马杀鸡反复强调要她别脱掉鞋,那样会让受伤的部位肿得更厉害,他给教练们建议去医院看下医生、拍个片子。话音刚落,便有队友背上小女孩回替补席去了。

比赛结束,马杀鸡又带我去了新疆队那边,原来那边也有个小球员受伤了,幸好只是皮外伤。马杀鸡让她做几个简单的动作,确认她的骨头没事,才带我离开。

为什么他如此爱多管闲事?这两支球队貌似都暂时没有队医跟队。这太要命了,习惯于在基地看着两名队医背着小包跟队训练,王医生坐镇大后方调配医疗资源,出来才知道,并不是所有队伍都有队医的。

10 点半,在我们身后场地上的解放军内部比赛也开打了。到 11 点我们往房间走时,看到场边有两个球员手持摄像机,一个坐在墙上,另一个站在场边树杈上,前身也趴在墙上,都对着这片场地拍摄。仔细一看,两个球员还不是一个队的。我说如今各队都很重视对手训练比赛信息的收集,而我们这次出来却没带摄像设备。马杀鸡说这个不是问题,他已经记录了有用的信息。

终于看到球队间的比赛,马杀鸡像在沙漠里走了三天才见到水一样兴奋。谈起这几支球队,马杀鸡信誓旦旦地说我们不会输给她们。尤其是面对江西队时,他说即使我们的守门员好好地睡一觉,我们都可以 10∶0 胜出。他嘱咐我不要和球员讲这些,否则大家都去游玩、购物,那么,最后输的肯定是我们自己。我说自己才没那么蠢。

中午我们在接待大厅休息,一个刚刚在场地夸马杀鸡非常帅、球员们都很喜欢的康复师走来与我搭话。他说自己现在做兼职体能康复师,也是起步不久,经验不多,为女队工作又意味着比男队的工作量大很多。他很想从外教、科研这边多加借鉴学习。马杀鸡把德国足协官方网站介绍给他,告诉他说自己有一套体能训练丛书,包含光盘录像,可以在下个月来冬训时再拿给他。康复师满口称谢而去。

马杀鸡很有人缘。各省的球员见到我们都会亲切主动打招呼。马杀鸡在吃饭时也经常被体能训练师、教练们围追堵截。我不得不停下来为他们做翻译,有时不免在想,是不是所有的翻译都会因为这个而食量有限甚至营养不良到骨瘦如柴?某队教练还叫球员拿苹果给我们吃。我和他开玩笑说自己都有点妒忌了,如果我是自己一个人,或者和一个本土教练,肯定不会有这么高的关注度。他却表示早已习惯这个了,在杜塞尔多夫时就经常被人围住索要签名、合影。

人群散去,他呆坐下来,看上去竟有些黯然。我问他什么情况,他则对我在平板电脑上玩的卡牌游戏来了兴趣。我教他下载,他坚持选择了德国服务器,这让他之后的游戏都面对非常缓慢、极易掉线的网络状况。他仍给自己起 ID 名 Louis Figo,打完了所有的入门模式中的练习,非常得意,扬言要和我一起玩。我笑他疯了,告诉他这个游戏对新手并不友好,而且我们所在的服务器天各一方,好友都加不上,更没有碰面的可能。他也不在意,仍然直言可以打赢我。

22 日同样在观摩各队的教学赛中度过。23 日早上各队大多正常训练,我们在场边走着,他看着手机,突然在场边坐下,连说数个"stupid"。我问他什么情况,原来外训的女二队打教学赛惨败,而老

在球场漫步的马杀鸡

爹的安排也让球员心生不满。马杀鸡在训练时要求门将在开门球时以短传起步,以控球为主,逐渐渗透到中场。老爹独自带队却要求门将大脚长传出去。老爹还喜欢在场边大吼大叫,但那盖过翻译声音的德语让队员们听不懂他要说什么,只能从那大嗓门里感到焦虑和沮丧。有时他又不等翻译完就继续说自己的,连理解消化的时间都不给。马杀鸡说昨天晚上与翻译通话时连电话也被老爹抢过,对他讲球队并无太大问题。试图掩盖问题,这分明已经是大问题了。原来这就是他最近心绪不高甚至失眠的原因。

老爹又总是要翻译做很多文献工作,导致翻译到现在都没有把我的心

理测试报告译出来交给马杀鸡。我摇摇头，也为此感到无奈。

"I shouldn't sign the contract with him together."（我不该和他一起签合同）老爹是门将出身，有 A 级教练员证，但以前从未做过主教练。在马杀鸡看来，老爹以前只执教男子足球，他的经验也是"上个世纪五六十年代的东西了"，他脾气暴躁，但不该把情绪传染给球员；还有，与马杀鸡完全相反的执教理念与思想，只会把球员们搞得晕头转向。

马杀鸡现在后悔，不该把自己与老爹的合同拴在一起：如果执教成绩不合格，他们俩都要下课。他甚至还存有一丝幻想，如果分开签署合同，他自己的执教得到肯定，那么他也不至于留不下来。基于中方教练们对他的反感与不认可，我说这是幻想。换言之，他们觉得老爹太老（过于专断，听不进意见），而马杀鸡又太年轻（只有 B 级证），因此，我推断即使分开签了合同，成绩不佳，老爹下课了，马杀鸡也留不下来。

怪不得马杀鸡在见到老头时会分外兴奋，原来他已经在为自己找下家了。他坐在场边的石凳上，垂下头，盯着手里的笔记本，完全没有了刚到北海时的意气风发。他问我该怎么办。球场边的铁轨上徐徐地开来一班火车，发出的"扑哧扑哧"声连同耳边的风声绞在一起。所里还有同事在等我回话，还有课题申报书没写完，该怎么鼓励这位情绪低落的来访者？我反问他："你带队是为了什么？球员们上场比赛又是为了什么？"他回说，在十五六岁这个年纪，她们需要学习，需要在足球比赛中成长，到了二十二三岁，才是能赢得比赛的时候。我急了，这是在为失败找借口吗？在足球圈里工作这么多年，基本规则不懂吗？"Winners take everything, losers go to die."（赢家通吃，败者去死）所以说，如果需要我给点什么建议，忘了那些要让球员从比赛中学习、成长之类的屁话，"Win the fucking game！"（赢下这该死的比赛！）他站起来收好手机和笔记本，大声地"Yeah""Yeah"着表示同意我的看法。他说自己应该有这个自信："我能做得到！我能延长自己的工作合同！我能赢得比赛！"

看上去我的话奏效了，他被我说服了吗？

不必出队的 2016 年

12 月 25 日，我与马杀鸡经过一天的车马劳顿，晚上回到足球中心。

这个周日是老爹的生日，马杀鸡已有所准备，我再不表示一下也有点说不过去。我问他老爹近来需要什么，马杀鸡笑说他岁数大了，眼神不太好，看中心配发的秒表总有些困难，经常问马杀鸡：这表上显示的是什么呀？所以他需要一个显示数字大一点的秒表。

我们打车去二沙岛。路上有人穷追不舍地发信息给马杀鸡，而 App 的翻译功能又让他觉得内容译得驴唇不对马嘴，只好递给我帮忙讲给他听。这是个女孩子的声音，关心地问他回程旅途如何，吃饭没有云云；还说如果再有机会，可以一起喝酒。出租车司机说他要是想交中国女友，应该先学会中文。马杀鸡居然听懂了这一句，回说他正在努力。

马杀鸡大鼻子碧眼，我们又是英文对话，走在体育用品店里格外引人注目。他一见有皇马、拜仁的球衣便上前询价。他拿下一套皇马球衣，花费 188 元。我买好秒表，他看上一套巴萨的保暖长袖运动外套，要价 250 元。马杀鸡想买回去送人，遇到这高过心理价位的，他变得理智起来。无论老板娘重复几遍说这衣服材质如何与众不同，他也打定主意只拿一套球衣。

他意志坚定时，我们的工作进行得还挺顺利。在北海的最后三天，我们也转了好运。21 日在前台听一个教练讲他们即将安排很多教学比赛，接下来比赛就像拧开龙头的自来水一般倾泻而出。22 日上午我们就看到不下三场比赛同时进行。马杀鸡重点观看了 14 号场地四川队与北京队的比赛，赛后回到房间他顾不上说话，埋头写了好多笔记。

下午两队又打了一场，这次双方均上了替补阵容。我们则去看了福建队和陕西队的比赛。福建队的主教练穿了蓝色的羽绒马甲，戴着相同配色的保暖帽，和他的助教、球员坐在球场靠近入口一侧的长凳上。他弓着腰，看上去很显老。上周在球场边他还与我们聊天，听说我们为广东队工作，便介绍他自己和郑导是很好的朋友，当年曾带队去意大利拉练，中央电视台都有跟踪报道。这次我们观看他球队的比赛，他也不忘与马杀鸡打招呼。陕西队主教练独自一人坐在场地边石凳上，见马杀鸡走过，很客气地打招呼，又转头接着看助教带队训练去了。

陕西队实力明显在对手之上，主教练没闲着，间或起身提醒球员。他的提示简短有力，也没夹杂什么脏话。我们坐下看了 30 分钟，陕西队就已经进了三四个球了。马杀鸡说陕西队将是个难缠的对手，和她们的比赛"not that easy"。他不用翻译便能感觉到这支球队的主教练要求严格，赛前部署清晰，球员执行明确。相比较而言，福建队看不出有什么战术安排，传接球失误多，还经常倒地放铲。让他纳闷的是，她们的主教练却非常安静，看到这些问题也没怎么讲话。他认为如果和福建队比赛我们胜算较大，但要求我别和球员讲这些以致她们放松警惕。

到晚上吃饭，我拿了自己的笔记问马杀鸡，我记录得如何？他问了几句我写的什么，便给予肯定，说他自己记录的也是这些内容。但看他写下比我多得多的笔记，我知道自己观察到的内容绝无他那般细致全面。

在海浪基地的这几天，各省球员对马杀鸡也是一直抱着好奇的态度，在进出公寓遇到马杀鸡时都主动和他打招呼，刚开始还有点玩笑使然，但到后来越来越正式，也开始爱屋及乌地与我打招呼"教练好"，我回说"你好"，稀里糊涂地当了"教练"。

女二队也有球员发信息给马杀鸡，直言很想念他。我把心理测试的结果翻译给马杀鸡看，他承认那几个得分和大家不太一样的球员遇到了问题，他也承认因为老爹一再要求翻译这翻译那，错过了借心理测试了解问题、解决问题的最好时机。马杀鸡为自己和老爹辩解，因为他们10月底才接触球队，而转年1月份就要带队参加锦标赛，要在全运会上取得好成绩，时间如此紧张，在业内专家看来这几乎是不太可能完成的任务。球员们也表示虽然教练们技战术打法与原中方教练相比有很大不同，要想吃透他们的意图真是需要很多时间。即便如此，在马杀鸡看来，本着"不让任何球员在不了解对手的前提下参加比赛"的精神，球探工作也还是一定要做的。

我们还是没看到上海、江苏两队的训练和比赛。24日下午马杀鸡应邀去看比赛。他2点就跑去球场，但淋了一身雨回来，敲门说什么队伍都没有。我询问了一下才得知比赛改在3点开始。这个年龄段的长春队不算是强队，面对山东队，她们的防守在开场阶段还有些奏效，能抢下对方控球权，但球员之间缺乏默契，不知道怎样接应队友或是创造空间，中场存在脱节，让山东队占据主动，攻势见长。上半场山东队创造角球并得分，后面长春队基本都在收缩防守，鲜有进攻机会。在马杀鸡看来，她们的配合明显需要训练与提升。他自信地给了很多建议，表示愿意继续帮忙改进她们的训练。他变回了我熟悉的样子。

新年前后，没有多少人上班的足球中心显得冷冷清清，只有小戴会带引个别例假反应明显或是头疼脑热的球员去药房拿些药材。小戴毕业于职业技术学院，他的师姐阿连早在2013年就已在船艇训练中心激流回旋项目帮忙备战全运会。新周期开始后，已有工作经验又踏实肯干的阿连很快就在足球中心收获好评。2015年5月，小戴和同学一起出来找工作。彼时中心在招工，阿连的师弟当然有很大机会。小戴和另两个同学都得到了工作，他一入职就被分配跟女足二队。

我打电话给李晖，想咨询他摇号中签后的买车事宜，没人接。璐璐姐说李晖在休假陪女儿，有时不接电话，不像小戴那样即刻回复。不料过一会儿他打了回来，我们聊了5分钟，末了，他又讲起这个月去北海比赛，预算已经报完，我要再去会很不方便。我说自己以工作为重，给了他"不会去北海很久"的保证，挂电话前听他口气说不上高兴。

这已是第二次说到出队的问题了。在元旦放假前谈话时他就讲过类似的缘由。我觉察到他其实不想让我随队去北海。当时我就说到自己以工作为重的态度，他也是半认真半开玩笑："刘老师你要考虑自己的工作时间哟！"这次本来算非工作时间的私人通话，他旧话重提。我仍然摆出以工作为本的态度，不免让他有些郁闷。现在出行加上外教有六位教练，再算上翻译、队医、科研，非全运年区区一支女足青年队要如此冗杂繁多的工作人员，肯定会招致中心同事和领导的不同意见。想起他颇有点紧张的口吻，我不免觉得有些好笑，下周一上班我还有时间改一下口风。既然不用我出队，就把工作做在前面：趁她们在广州时把心理课讲了，把测试做了。

作为心理老师，在运动队里能做的专业内容其实非常单一且有限，最重要的工作莫过于给运动员讲讲心理课。在课堂上需要讲授与竞赛环境有关的心理规律，告诉她们处理相关问题的技巧和方法。课下，及时回答运动员提出的问题，如有必要，可对其进行一对一的心理咨询。到比赛时，用敬畏的眼光看她们走上球场为改变自己的命运而努力，就像看初升的太阳。

1月5日早餐后，李晖坐在水池边上同我聊天，说老爹还是有自己的东西，但是训练安排存在问题，练不出来，比赛里也没有什么成熟的技战术配合，这让球员慢慢丧失信心，对训练也会产生自己的意见和看法。他的解释符合球员在《训练比赛满意感量表》上得分下降的现象。省里其他项目的一位教练同我讲，外教带队常见这样的规律：他起初就要求你加强基本功。运动员会觉得新鲜，因为省里、国家队教练不这么练。但练一段时间后没别的东西，或者成绩不见起色，运动员就会觉得你教得跟基层教练一个样！到后面外教也没辙搞不定了。请外教之风不止，除去真实的水平和带队成绩差异之外，还有个有趣的现象，大概是普遍认为外来的和尚会念经，且"口音越陌生，念的经就越灵"[①]。

上午李晖跑到康复中心治疗膝部筋膜炎，陈丽娜进来跟他讲又有球员因伤要去 B 队（留在广州）。他眉头紧皱，当着陈丽娜的面就向我抱怨鬼佬的训练有问题，导致球员伤病增多。我用手点他的腿予以制止，事后又和他说明"大人吵架就别让小孩子知道了"。他也坦承这样做不好，解释说一时没控制得住。

我心想这家伙天天念叨来念叨去的就这一件事，甚至连开个玩笑也都没啥创意：周二阿连请客吃火锅，没有叫我，李晖便挑拨我以后不跟她"一起玩了"。我当时一笑了之。到周三晚上吃饭时，这家伙当着谢彩霞和阿连的面又说起这茬。我继续没当回事。阿连开玩笑说"羽哥天天都吃好的"，谢彩霞也忙不迭地打圆场说是新锅，看看好不好用。一点小事说上两回玩笑，还要当着别人的面挑出矛盾，李晖这人真是个不太"和谐"的存在。

我还是跟他达成一致：1月8日球队出发去北海，留我在广州，如果球队有需要，到时再行安排。在李晖看来，球队现在产生的很多问题都与外教有关，而不是心理方面的事。在我要求出队前讲课/测试时，李晖没有反对，老爹也同意了。毕竟前一个月的测试已经过去了那么久，测试的结果早已过时，我肯定需要重新评估球员们的心理状态。

很多球员都愿意去 B 队跟徐荣生教练训练。徐荣生个头不高，身材精

[①] 费孝通. 江村经济 [M]. 北京：商务印书馆，2001.

瘦，放在人群里并不打眼。周末友谊赛一上场踢球，球员都叹说才发现他是根"老油条"。李晖说他们那个年代的人很多都有浓重的"广东情结"，像徐荣生退役后一听说师兄要组全运队伍喊他来帮忙，有机会回省里带队，外面的高收入不要了也要回来做教练。2015—2016年，他本可以另找队伍带队，只是一来中心要求所有中方教练都不得离开，合同规定三个月内不带队就自动解聘；二来当时李晖被外教要求跟队但不能带队训练，谢彩霞只能做助教，如果他再不留下来行使主教练权力，B队没人带管，人心涣散只在朝夕。

他带队，除非热身，极少让队员无球慢跑；每次训练时间固定，讲清要求，达到标准就结束。谢绮文、陈巧珠巴不得外教贬她们来B队安心训练两天；广州队那些在外教眼里的刺头，在B队主动帮助徐荣生维持秩序。在队里他也不全唱红脸，热身放松时调皮捣蛋他不会追究，训练时马马虎虎不认真他会严罚。李晖说徐荣生是个球痴，托亲戚花好价钱在香港订了五大联赛的一手资讯、录像、视频，闲时就窝在房间里看个没完，这让视足球为工作的李晖自叹不如。有次徐荣生说陈巧珠边路出球的问题，陈巧珠回应说她在国家队就是这般要求。徐荣生没作声，回到房间就叫了陈巧珠过来，播放新近欧洲职业联赛的技术剪辑，就着视频再讲解，陈巧珠这下不说话了。

说到李晖对外教的意见，就不得不提足球项目的规律。据统计，一场高水平的足球比赛，球员在90分钟内的跑动总公里数为7~12公里。其中快速冲刺在2000米左右，心率达180以上的时间约半小时。球员的平均心率和最大心率分别达85%和98%，氧耗超过300升，能量消耗在540千卡，赛后体重下降2~5公斤[1]。

从生理角度来说，足球项目就是在有氧代谢背景下的反复无氧代谢过程。这种间歇性、高低强度混合运动要有氧代谢和无氧代谢两种途径相结合来提供能量。无氧代谢过程完全依赖于现有的三磷酸腺苷（ATP）、磷酸肌酸和肌糖原的储备量，而有氧代谢过程则是从肌糖原、血糖、脂肪及一小部分蛋白质中获取能量；多数肌肉能量在很大程度上源于肌糖原，而

---

[1] TOMAS S, KARIM C, CARLO C, et al. Physiology of soccer: an update [J]. *Sports Med*, 2005, 35(6): 501-536.

其余能源中脂肪和血糖所占比重很相近。

另外，运动员的训练痕迹还有"保持期"。所谓"用进废退"，长时间得不到有效的训练刺激，相关的运动能力就会退化。不同的身体机能保持训练痕迹的时间也不一样，比如，依赖线粒体密度、毛细血管数量和糖原储存量的有氧系统可以保持 30 ± 5 天；依赖无氧酶、氢离子缓冲能力和糖原储存量的无氧系统则可保持 18 ± 5 天；而依赖运动控制、神经肌肉功能和磷酸肌酸储存的最大速度能力只能保持 5 ± 3 天。[①] "一日不练一个样"就是这个意思。总有人质疑不比赛的时候运动员干吗去了，答案当然是在保持训练痕迹。

现代足球强调高速往返，每支球队都需要强化中前场破紧逼、转移球，还有在对抗中快速摆脱、处理球的能力。球员若想在比赛中展现胜势，除了科学化的休息、营养、恢复，更重要的是教练员如何组织编排训练。和厨师做菜要考虑何时加入何种食材或佐料一样，主教练要考虑在训练周期不同时段安排不同的训练，到大赛前让球员保持理想的竞技状态，或者让教练员培训班的考官认为这样做足可以练出他们想要的东西，通过考核拿到结业证。

反观外教的训练安排，仅仅在第一周里安排了足球综合素质训练，包含耐力方面的训练；余下的几周，大多以基础技术为主，缺乏体能与速度耐力方面的训练。在中方教练看来，这种没有强度的训练，让球员的体能得不到储备与保证，长期如此会导致球队的整体训练水平下降。陈巧珠也告诉我，自从踢完亚少赛回来就没怎么进行过正常的训练，再回去踢比赛都被批评体能变得好差。

我终究不是教练，训练方面的问题，肯定不是我能协调得了的。李晖不想我去北海是有道理的，一方面我可以避免成为双方矛盾的潜在冲突点，另一方面也避免了在搞不定问题的情况下失去教练组对我的信任。当然，最重要的是避免了修改预算经费的麻烦。

[①] Issurin V. Block Periodization: Breakthrough in sport training [M]. New York: Ultimate Athlete Concepts, 2001.

雷管炸药还差把火

2016年的全国U18女足青年联赛共有22支球队参赛。参赛队分为A、B两个小组，分五个阶段进行比赛。其中，第一、第二阶段是同小组内球队之间的较量，第三、第四阶段是A小组的前五名对阵B小组的后六名，均为单循环比赛。根据四个阶段的比赛积分排列名次，前16名的球队将进入2016年全国U18女足联赛总决赛阶段的比赛。

1月17日，谢绮文、"萝卜"罗丽思进球，女二队2：0胜河南队。21日，在经过一轮轮空后，女二队0：3负于上海队。有两个失球归责于李晴潼，她的犯规导致球队被判了一粒点球。李晖评价说："外教刚过来不到3个月……技战术还没成形……要再等几个月才能形成稳定的打法……"谢绮文在比赛中间拉伤了大腿，第二场比赛报了名但未上场。坐在替补席上看球让她更清楚地观察到了母队与上海队的差距。那场比赛，上海队包括门将在内的几个主力也都没上场，即使广东队的场上球员都非常努力，最终的比分确是真实差距的体现。

23日，熊熙打进唯一进球，女二队1：1平福建队。这消息让人大跌眼镜。福建队相对羸弱，我与马杀鸡在北海观摩时她们都没什么出彩的表现。仍记得马杀鸡看得直摇头——进攻乱糟糟，防守乱下脚，失位、空档比比皆是，没想到这么一支让马杀鸡非常不看好的球队，没让广东队全取3分。同事说上半场有个进球被裁判忽视，下半场被扳平。谢绮文仍然没上场，球队近两场比赛也进攻乏力。

25日，李晴潼、陶祝丹为球队建功，女二队2：0胜山西大同队。

26日晚，北海下起了大雨。第二天早晨，球场黄褐色沙地上的水坑连成一片，场地边又深又大的水洼倒映着树梢，场地中央浅显的积水映衬着云层，和周边的沙地混成一系的灰白色，看上去更像枯水期时快要缺水干涸的河床。报道比赛的网媒开玩笑说："今天比赛貌似比较适合宁泽涛……"组委会通知各队取消最后一轮的比赛，将在下一阶段联赛中补赛。球队班师返穗，随即放假过年。

外教要回国续办护照，休假时间多一些。到2月下旬，马杀鸡先从德国返回，24 日就开始带 A 队进行训练。我远远地看到马杀鸡在 4 号场地带 A 队训练，徐荣生、谢彩霞在 5 号场地带 B 队训练。郑导手下有五位门将，看上去人才储备良好，但估计黄华丽和谢莹仍是 A 队首选。李晖去厦门参加职业级教练员培训班，可能要到周四、周五才回来，老爹也还没回来，这一周的训练内容仅限于恢复，看上去运动强度不大。大家放假归来，都还算轻松愉悦。马杀鸡远远看到我走来，向我招手问好，还送了他从德国带回的巧克力给我。

2 月 29 日，我们按计划给球员们做生理生化与心理测试。王医生负责采血，璐璐姐测试、回收体成分测试结果，我负责做心理测试。两个外教都到现场查看。反馈测试结果时知悉，外教要对 1 月的比赛做阶段性汇报，他们也有得忙了。

3 月，广州结束了料峭春寒，悄无声息地热了起来。14 日晚，在一楼会议室，老爹主持了队内总结会。他先给球员们在比赛中的表现打了分，接着又说他的工作计划。球员们趁他讲德语的空当，开始聊起天来。老爹几次大声喝止，他的声音照例盖过了翻译。第二天一早，在由中心领导出席主持的工作总结会上，他照搬前一晚的队内总结，另添加了一些汇报要点（Leitfaden）：

1. 现代足球的任务；
2. 循环赛休赛期间训练安排；
3. 对我们球员的期望；
4. 教练员道德守则；
5. 比赛指导原则；
6. 北海小组赛的准备；
7. 北海总结；
8. 分析、评价、个体批评；
9. 结论；
10. 下一阶段循环赛前的训练过程；
11. 影响我队成绩的各种因素；
12. 已完成的各项生化测试。

在"教练员与球员的道德守则"（Trainer kodex）中，他重点强调青少年队教练员规则（教练员道德守则），包括：模范作用、可靠、准时（教练员第一个到场，最后一个离场）、积极沟通（与球员、宾客、裁判等）、行为举止可做表率（俱乐部规则、对待训练器材等）、教练组对外团结示人（批评在内部进行，只涉及当事人）、俱乐部目标高于个人目标、非本队球员的父母应送去相关教练员处、批评绝不公开进行、所有会议上讨论过的话题仅为教练员保留并局限在队内等。"不要问俱乐部能为你做什么，应该问你能为你的俱乐部做什么。"

在"我们的10条基本原则"（Die 10 Grundprinzipien）中，他强调：

1. 积极、有吸引力、有效率的进攻型打法；
2. 队内战术思想、创意、天赋的自由发挥，和个人能力的引入；
3. 以球为导向的比赛，全队整体随球移动；
4. 全队站位紧凑，与邻近球员保持较短距离；
5. 对手控球时保持队形和纪律；
6. 己方控球时全队保持创意和自由发挥；
7. 球权更替时攻守快速转换；
8. 不同压迫区域积极拼抢；
9. 中间站位紧凑；
10. 多在前场展开进攻。

接着，他又讲到"青少年队教练员的角色"（Die Rolle der Trainer）：教练员是教练兼父亲和朋友；教练员了解他的球员的需求——感情上和竞技上；教练员是受尊敬的人，而且是"头"；尊重、重视和友好关注所有球员；通过符合年龄的内容和及时、持续的反馈来学习；定期进行反馈谈话；对教练员同样适用的是：谁停止了学习，也就停止了进步。

在"对我们球员的期望"（Erwartungen an unsere Spieler）中，他指出："我们对于竞技中心的要求和期望当然很高。竞技中心所能提供的成绩，只能是一直支持天赋的进一步发展，并对此做出贡献。然而，基本的却是球员接受这些支持和可能的决心，并满足其要求。"

"我们对球员的期望是：最高要求——首先是严于律己。"

"培训大纲的第一指导原则是：球员是自己最重要的教练员。他不能等着'被训练'，而应当对自己提出要求。自主行动是个人成功的关键。我们的球员是场上和场外的代表。不仅是成绩，他们的行为也会被衡量。因此，'公平竞赛'不仅是一句套话，而且还包含与运动员对手和裁判的恭敬交往。友善、良好的举止以及首要的诚实，是一个持有真实的积极态度的团队成员的特点，也是集体行动、团队成功和认可的先决条件。只有积极地面对任务和困难，才有成功的可能。成功是执行的结果。成功是能力、努力、自信和毅力的总和。"

在"北海循环赛总结"中，他提道：上场球员22人，8人参加了全部4场比赛；主教练评分最高为周雅婷，31分；平均分最高为刘植祯，9分；其次为谢绮文，8分。我队本阶段比赛最低目标为夺取10分，该目标可通过在推迟到下一阶段与杭州队的比赛中取胜而达到。总体而言，主教练对成绩表示失望，尤其是与福建队的比赛被1∶1扳平。其原因是：①未能保持队形的整体性；②攻守转换迟缓；③对抗不具侵略性；④弹跳力与头球能力急需提高；⑤水平发挥不够稳定；⑥注意力不够集中。

老爹强调：有体能，才有注意力的集中；体能消耗过快，自然导致注意力涣散。

老爹对球员有他自己的看法，在"球员评价、个体批评和前景"中他对所有得到充分上场时间的球员分级做了评价：

1. 稳定、优秀：黄华丽、"大头"、周雅婷、刘植祯；
2. 优秀但有轻微不足：陈秀冰（把握机会能力不足）、谢绮文（身体素质问题）、陈巧珠（缺乏纪律，发挥不稳定）、李晴潼（缺乏战术纪律，未尽全力）；
3. 良好：陶祝丹、陈丽娜、郭金华；
4. 未完全发挥水平：熊熙（对抗能力不足）、卢瑜彤（对抗能力不足）、"冬菇"（把握机会能力不足，头球需加强）；
5. 满意：罗丽思、"鸵鸟"。

上场时间有限：谢莹（二号守门员，上场一次）、黄美琼、邹怡、黄莹珊等；未上场：……

老爹对球员的"前景展望"：①以下球员态度端正、水平优秀，可在未来为中心所用："大头"、周雅婷、陈秀冰、陶祝丹；②以下球员如能持续进步，亦可在未来选拔进一队：卢瑜彤、熊熙、冬菇、刘植祯；③预备球员：陈巧珠（战术纪律）、谢绮文（身体素质与力量）、李晴潼（战术纪律与态度）。

最后总结：教练团队须积极引导以上球员，以让其顺利成长，进入一队。每个球员须为自己的成绩负责；与科研部门的合作甚好，已成功进行了一系列测试，确认了球员身体状况良好；与队医和按摩师的合作亦很好。

接着，他又打开另一个 PPT 文件，主题为"足球青年培训基础概要"。演示文稿介绍了体育馆、比赛与训练场地的设置，强调足球青训的哲学："年轻球员到珍贵人物的进步"，原始目标为"把青年人才培养成世界级球员""其他主要培训和教学内容为球员在球场上的人品行为"；着重说明了"培训概念""培训哲学""比赛方式""培训金字塔""基础设施""球探工作""培训人员/教练"七点内容。

第一点，"培训概念"，主张分阶段进行培训。对 7～11 岁的队员以小球场训练为主，培训重点为足球技能、球感、控球技术、假动作、技巧、接球-带球、走位和迎接球、小比赛、配合、速度；12～16 岁的队员处于加强训练阶段，强调"不同的战术培训——从 332 到 433 和 442 和 4231"，"比赛结构和站位游戏，带球与射门，使用假动作过人""传球种类与传球游戏，头球训练，1 对 1 情况下的行为"，"配合训练带有球或不带有球""人品发展与社会行为的自制能力"。要求"重分类和顶级人才的捕获""额外的个人训练和团体训练""与学校的合作"；17～19 岁的队员要"连接与职业训练"，培训重点包括"耐力，力量，速度，有压力下带球过人，接球与带球"，"有压力下射门，传球到禁区（传中），头球教学"，"针对位置的训练"；"1∶1 行为，防守状态，进攻状态""压制教学，守门员教学"，强调"人格魅力发展与社会行为"，"有针对性地加强训练与职业队的连接"，"学校配合"，"寄宿型球员"。

第二点，"培训哲学"。①建立训练重点。技术（运球、假动作、射球类型、头球）配合（奔跑与灵活性教学），战术行为，人品发展（纪律、团队能力、珍贵的品格属性）；②对人才的支持与帮助。"更多额外个人训练""在年长的球队受训（当有人才已超出该年龄队伍的水平，应该把此球员安排到高年级球队进行培训）"；③实施哲学内容。"有规律的球员水平鉴定""引导有规律的水平鉴定""医疗保健与检查""与家人和球队的合作"。

身边的一位同事低声对我讲："真是高薪请来的洋垃圾！领导要听联赛的比赛汇报，他在这里讲什么?!"我也感觉他讲的和中心要求主教练在赛事后的工作汇报完全不同。一般的惯例是先讲下最近一阶段比赛中胜平负、得失球概况，赛前目标完成情况，比赛中发现哪些问题，针对未来可能的对手，下一阶段有何训练计划和手段，等等。老爹没怎么讲这些内容，他讲了很多青训的要求。

老爹高大的鼻梁上下起伏，他的演讲里出现最多的就是"Spiel"（比赛）一词。他念这个词时最后的尾音拖得老长，就像是在单词后面多读个"了"字一样。

第三点，"比赛方式"。"以世界足球发展趋势为标准""以球为中心的防守行为"，要求"4人防守直线传球""球队编排狭窄区域""利用压制战术刺激对方球队（超出敌队人数1/2）""有意识与有攻击性的1∶1行为"。他作了图，用不同颜色的矩形标示"压制形状与区域""防守压制""中场压制""进攻压制"渐次变宽，并说明在每种压制情况下对人员保持阵型、走位的要求。

第四点，"培训金字塔"。划分了四个层级和其对应的年龄与训练内容："基础培训，首次目测：灵活性、速度、配合、球技、领悟能力；年龄级别：7～10岁；每星期的训练范围：训练单元""加强培训，目测：好的球员从11岁开始要通过我们学校的培训！11～14岁；训练单元＋与其他人才的个人训练""职业培训，目测：进步慢的球员马上接受我们的培训！15～19岁；训练单元＋个人训练""高职业培训，年龄级别：专业；专业运动员训练单元"。金字塔的底层标记了黄色，以示强调。

第五点，"基础设施"。要求"每个青年队伍拥有自己的更衣室""建立体育运动空间""配备桑拿和放松池""物理治疗师工作室";后面说明对更衣室、训练场地、"提供寄宿学校""学校"的详细设置,这里不一一赘述了。

第六点,"球探工作"。"春季和秋季的球探目测,利用赞助商(银行,有名的公司或类似机构)的帮助举行大型活动和有名的职业球员""建立一个球探队伍""与其他队伍的球员举行每星期的据点训练""进修活动与其他球队的教练沟通""建立与其他球队的配合与合作""夏令营""球探系统""目的:与其他球队和学校的合作,达到有价值长期培训的人才的捕获"。

第七点,"培训人员/教练"。设置了寄宿学校领导、寄宿学校副领导、体育总监、财务领导、组织、体育材料、体育设备、教育学家、老师、司机(小车、巴士)、清洁人员、场地管理员、厨房、体育医学、物理治疗、主教练U11、主教练U13、主教练U15、主教练U17、4名助理教练、2名守门教练、1名体育教练、1名技术教练、1名康复教练。

接下来又作图标示了"体育场地",球场上标着"SHERIFF"。他在这里讲明了一个青训中心的建设构成,包括"大体育场、小体育场、体育馆、寄宿学校、天然与人造草地、酒店、网球场、排球场、物理治疗和体育医学中心"。要求"给予青少年培训最完美的条件"。

程主任听完老爹的汇报,简单地讲了几句,就宣布散会,但要求外教和翻译留下,他要和外教们好好聊聊。李晖告诉我,程主任刚到足球中心时参加过领导岗前培训和调研,对国内足球教练员培训班课程、欧洲足球青训体系并不陌生。而且他之前在黄村训练基地做副主任,管理自行车、马术等一线竞技运动队多年,更希望在这次会上听到外教关于联赛战况的汇报,以及今后训练提高、整改的具体措施。外教在汇报里没提这些,更多的是将自己看成足球传教士,宣讲"青训圣经",自然要被留下来"吃小灶"。

说到青训,事关未来,是决定足球发展水平的头等大事,但不是建个现代化的青训中心就万事大吉。德国自2000年欧锦赛的惨败后痛定思痛建立全新青训体系,以几百个类似的青训中心覆盖全境,自上至下按年龄、技术等级划分青训阶段,逐级教育培训和选拔优秀球员,这对足球业内人士来说早就不是秘密。他们和企业、学校合作，考试不合格不许踢球的教育方针，确保绝大多数踢不上职业足球的青少年以后还能顺利就业，从事足球以外的工作，让家长放心地把孩子送入青训营。

欧洲青训以俱乐部为主导，马杀鸡跟我说过每个俱乐部梯队建设完备，一个年龄段有二至三支球队都不算多；欧洲足球强国发展女足时多凭借相同的体系，以男足带动女足，同样很快收获佳绩。老爹没讲——也许他准备下次再讲——自家的赛事体系。如何让更多青年球员每年都可参加足够数量的高水平比赛，增多交流学习机会，这是竞技能力在成长期得到极大提升的关键。

足协接受最小年龄为 7 岁的儿童注册业余球员。广东省内 21 个地级市自各下辖区选拔出来的代表队参加 10～15 岁的青少年锦标赛、"省长杯"足球赛，都是一年一次、以赛会制举办的业余比赛。比赛按小组赛单循环加淘汰赛、排位赛的形式，各地级市队一年下来累积约有 15 场的正式比赛机会。无论有没有特长生录取政策，很多家长都会以学业为重逼迫孩子放弃足球。打完省运会后赶上升学的十六七岁年龄段，注册球员数量便会明显减少，被戏称为"少年离家出走式"的青训。北方家长将加入专业队看作是"上贼船"一样的赌博，因为一旦无法成为职业球员，孩子就要面对荒废学业的恶果。家长更不希望自己的独生子女从事足球事业。想拥有德国、西班牙等国那样纷繁复杂、参赛队伍多如牛毛的青少年赛事，却没有教育就业政策在背后做支撑，老爹设想中的青训环境和体系只能成为乌托邦式的空谈。

3 月 16 日晚，李晴潼对我表示，教练组的安排让她有时非常困惑，不知道该如何是好。他们一会要求这样，一会又推翻前面的要求突然命令那样，让球员们在场上常常感觉很迷茫。23 日，我在球场同马杀鸡讲起周五做测试的事，说到上周主教练做报告，他评价"做得像屎一样"，完全不知道老爹重点要讲什么。老爹对他的想法不怎么采用，有主教练在前，中心又不看重助教的意见，这让他非常窝火。

25 日午饭后，李晖要我们一起去郑导的 207 房间喝茶。我对郑导还有点心存芥蒂，但尚能克服。郑导对我也还客气，又上茶又拿各种吃的。他想要我们帮忙把电脑重新安装回 Windows 7 系统——他早早升级到了 Win-

dows 8 系统，体验并不好。如果不是我跟他保持距离，他准会又找上我来做。璐璐姐依然好脾气，帮助他做备份，检查电脑，我就坐在一边给大家倒水上茶。

外教的混乱之治

中方教练又吐槽起外教，说现在的情况是他们固执己见，不愿听从中方教练与球员们的建议，而球员不服外教，在训练与比赛中也开始不大愿意听从外教的安排。有球员告诉我，甚至看到外教就觉得不顺眼。

李晖说他当时在北海接中心通知去参加培训班，后面球员不服从管教的事，他也没办法。外教安排以传接球等基本功训练为主，看起来跟业余体校或者足球兴趣班的练习内容差不多。他们的战术课主要以传控为主，但缺乏重点，比如特定情况下的进攻如何发展，是该突出边路，还是寻求中路？他们在训练时要求放慢节奏打地面传控，但到了比赛时又要求从后场大脚长传找前锋接应。球员也知道现在训练出了问题，很多时候不知道外教到底要练什么。外教安排训练的目标不明确，到比赛时老爹提出那么多要求，球员当然完不成。

外教搞团建也没少花费心思，看望受伤球员、自掏腰包买生日蛋糕看上去都很人性化，但关键的训练问题他们一直不做改进。近来早操晚练开始加量，李晖提出意见说临近比赛应该稍做调整适当减量，她们的学业已经受影响，晚上继续大量训练，球员更吃不消了。老爹回说早操与晚上的力量训练是加量，下午训练才做调整，一句话把李晖堵回来了。

郑导说，我们从没背地里教唆球员如何实行双重标准，他们却出尔反尔，对球员的要求做不到一视同仁，提起要求也是朝令夕改，还背着中方教练组拉拢球员。一次 B 队与 A 队踢比赛，外教看到 HC 和另一名球员踢得好，要求她们两人在比赛结束后留下来"加练"，又在训练结束后带了两名球员去外面吃饭，还鼓动她们不要听中方教练的话。他对外教的训练也颇有微词：那天见马杀鸡用网球训练，整节训练课他说了四十多分钟，队员都没怎么练，站那儿光听他说了；后面练了没几分钟，又要跟 B 队打对抗赛。经常有球员抱怨，甚至跑到 B 队说不想再跟 A 队练了。

回忆外教时期，关于混乱的起源各执一词。而让我印象最深刻的，莫过于 2015 年年底的那一系列测试。

12 月 4 日，老爹不在，心理测试在马杀鸡的支持下进行得非常顺利。我很快给出了结果，有的球员看上去状态非常不错，比如陈丽娜、黄美琼；也有的不太理想，比如谢绮文，她在"消极评价"方面的得分是 25 分，这是心理疲劳达到严重程度，甚至可能退出运动的危险信号。

转过第二周，我把测试报告交给教练组，李晖、郑导、徐荣生一看到心理测试上写着黄华丽、陈巧珠、罗丽思、谢绮文等心理疲劳得分较高甚至极高的结果，都唏嘘不已。徐荣生掏出手机对着测试报告进行拍照，问我可否把这结果送去中心。我回说一次测试结果仅供参考，还需要结合球员具体生活、训练状态进行评估。郑导则想起近来外教三天两头不让黄华丽打主力——按说三个可用门将里黄华丽实力最强，但外教按自己的逻辑给另两个门将更多的出场机会——结合她最近烦恼的表现，对李晖说："这事得为小孩做主啊！"李晖仍然要求大家不可与外教对抗，一切训练比赛安排悉听外教之便。他要我找机会多和球员聊聊，如果球员们讲出抱怨、不愉快之辞，利用我的专业技能给予安抚、调节，做做她们的思想工作，提醒球员们注意保持自己的身体、竞技状态。

外教提出在外训前对全队进行体能测试。12 月 10 日的 30 米冲刺测试进行得并不太愉快：外教通知球员们把原定 8 日、9 日的测试时间改到了 10 日，却没有通知中方教练。待到 10 日进行测试时，谢、徐两位教练因为这事在球场和外教们吵了一架：他们根本不知道测试时间更改的事，8 日正常训练没讲也就算了，而 10 日招呼也不打测试就开始了，这让他俩非常恼火，找到翻译表示不满。翻译说，不是在群里通知过了吗？然而两位中方教练并不在那个信息群里，外教遗漏了这一点。双方的沟通不算顺利，把球员们晾在一边吵了好一会儿。这事最终以老爹的道歉告终，测试结果也不甚理想，多数球员都用了 4 秒多才完成测试。

这还没完。马杀鸡坚持要带全队测 3200 米跑。黄华丽感冒还未痊愈，身体机能差。郑导对要求所有守门员参加测试的决定颇有质疑，碍于李晖的工作要求，他不高兴也只能忍了。足球中心这边没有专业田径场，我们约了大巴车送球员们去河对岸的船艇训练基地。黄华丽在测试时跑得气喘吁吁、站立不稳，要搀扶着才慢慢走回大巴。郑导两条眉毛拧成了一股绳，气得一路上不跟任何人言语。我也不赞成黄华丽拖着病体还要参加测试，让他找到了难得的同盟。

接着，我与马杀鸡赴北海，球队外训。联赛第一阶段，放假归来，我提出再为球员做心理测试以了解现状。2016年3月28日晚7点半，我给球员们做了这个月的心理测试。老爹到场，马杀鸡却没出现。

冬菇拿出一打问卷，说一个前女足球员现在华南师范大学做关于广东女足现状调查的本科毕业论文。她发下问卷，又带了师姐的原话，希望大家在踢球的同时兼顾好自己的学业，毕竟个人的文化知识发展才是最重要的。

球员们听了都没啥反应，她们不是第一次听到这样的说法了。也许真要到她们退役后走上社会才能意识到这个问题。我看这问卷设计存在好多问题，又没有设计者现身讲解，一些题目让人不知该如何作答。我没看过指导语，也答不出球员的疑问。

晚上我在办公室处理数据，谢绮文去做治疗路过，我们聊了一会儿。她也感觉到这位师姐发放的问卷与我的问卷不一样，至少她填答我的问卷时没什么看不懂的问题。

谢绮文同我讲起今天在训练场发生的事：老爹原本送她与陈巧珠去B队训练，现在临近比赛，老爹又要她们回A队，准备出队。老爹不放心她们的表现，又要求她、陈巧珠、鸵鸟三人一起签署协议，保证全力、认真比赛，球队才会给予她们出队的机会。她们听话签了字，没想到今天一到训练场打分组对抗，马杀鸡把手一摆：你们同主教练签了协议，但没同我签，因此，我不带你们踢球。眼看起了争执，老爹便把二人编进了自己所在一方的队伍。事发当场，陈、谢二人都觉得好生尴尬。另外，她们和很多球员一样，都感觉现在跟着外教学不到什么东西。我知道这里夹了太多矛盾，是换谁都解不开的死疙瘩，只能叮嘱她无论在什么环境下都要认真对待训练。

送走谢绮文，我继续处理数据。心理测试的结果不容乐观，训练比赛的满意感仍在低谷，心理疲劳的人数又见增多。我和中方教练组讲了自己所了解到的球员动向，又约了老爹3月29日上午在康复中心见面。

第一部分　外教时期

　　寒暄之后我简要介绍了测试结果和近期与球员们交谈中发现的普遍问题。老爹坚持自己是对的，并对球员们的想法嗤之以鼻。他坚持认为问题不在自己身上，后来干脆讲不说这个了。

　　会谈临近结束，老爹伸出左手大拇指，指向身边的翻译，两眼也一齐瞥过去，同时鼓起腮帮，翻一下白眼，嘴里发出不屑的吹气声。翻译说，我的翻译也存在问题。我提出这次不跟队去北海，老爹同意了。他笑着同我握了手，感谢我的工作。接着笑着走出康复中心，回他在球场的宿舍去了。

　　翻译留下来，我们在水池边踱步，聊了很久。一旁的凉亭东侧，栽着三株荔枝树，四周的护栏里则种着七彩簕杜鹃、龙船花、鸳鸯茉莉、簕杜鹃、米仔兰，时值花期，举目所及皆是色彩斑斓；亭台的西北角，独种着一株山茶花。

　　原来老爹经常当众表示对翻译的不满，翻译在球员面前对他讲的东西稍有疑问他便吹胡子瞪眼，还在总结会上对领导讲这翻译不懂足球——今天与我面谈时也这样讲了。翻译今天把这信息译了出来给我听，但在总结会那天并未如实翻译，否则后果不堪设想：领导会觉得这翻译水平不够，掣肘了外教们的执教能力。

　　翻译平静地同我说，也别太介意，他就是这样，年龄大了，听不进去劝。我说自己并没太想劝他，只是告诉他一些自己能透露的信息。我们在水池边上边走边聊，翻译同我讲起在北海的遭遇，也是大摇其头。

　　李晖到北海没多久就收到中心通知他离开去参加职业级教练员培训班了。没有了领队，翻译在比赛前后要客串这一职能，负责检查上场名单、运动员证件。除此之外，外教工作中遇到的很多问题，他只能干瞪眼。

　　马杀鸡年轻，又跟过职业队冲上过德甲，他更强调自己的现代足球理念，也希望能在施教过程中处于主导地位。队内对抗人手不够时，马杀鸡还可以下场踢球。在翻译看来，老爹的很多说辞基本上都是马杀鸡教的。他严格遵守德国足协的标准教材，兼顾启发式教学：球员不择时机射门，很多教练直问你为什么要打门？马杀鸡会问，除了打门，你还有什么选择？冬菇错失得分机会，马杀鸡让她训练后留下来，加练各种角度、不同位置的定点射门。不到十次就见效果，她在周末的教学赛开始持续进球。

马杀鸡对基本技术训练有自己的要求，买回来的网球也会在训练中分一人两个，一个手抛，一个脚下盘带，要求个人做到两者兼顾，颇有难度。

老爹希望给球员均等竞争的机会，甚至门将也是如此。他平均分配上场机会，让黄华丽、谢莹、谢海霞轮流上场守门；后来谢海霞能力达不到要求，郑导又因为体测、上场机会等问题强烈抗议，甚至在训练中要打分组对抗，翻译问他要"门儿"时（要门将参与合练）喊出"没门儿"的气话。老爹做了让步，遂改为黄华丽和谢莹轮流上场。

德国人强调学业。训练结束，老爹把球员们叫到一起，除了训练，也会说起最近上课表现不佳的球员，让她们出列，然后非常严肃地批评她们，要求她们一定要做好除足球之外的所有必修课程。在出队之前，老爹与李晖有过一次交谈，他认为需要给球员们一个正确的引导，不仅限于球场上，更包括她们在文化知识学习方面。在这一点上，马杀鸡坚决拥护老爹的要求。在德国，如果球员学习成绩不好，达不到毕业要求，俱乐部是不允许继续踢球的。老爹说他在学校当体育老师时也是这般要求自己的球员的。因此，其他教练不喜欢的学校老师与教练的联席会，两个外教却不厌其烦地过来参与。他们也常常在球员上课时跑去二楼教室旁听她们上课的情况。如果遇到有球员在课堂上睡觉，外教直接点名让该球员站立听课，直到这堂课结束时再坐下。

有球员吃早餐时把蓝色训练外套落在食堂了，马杀鸡捡回来，训练前将失主叫到全队面前归还外套，正色告诉她：这是你的工作，请你严肃认真对待！

周末时，马杀鸡请还留在基地的球员去吃快餐。他只带了 100 元过去，就算请两三个人吃饭也吃不了多少，更何况他要请大半支球队。最终，他只能买点薯条之类给大家作为餐前小食，好多球员等散场后自己去买吃的。

职业足球圈衡量教练工作能力当然不考虑你是否擅长请球员吃饭。以圈内的标准，马杀鸡缺乏执教经验。他在欧洲没有这样的工作机会，一来因为他非科班出身，二来他太年轻，没有多少工作经验。但他长了一双非常毒的眼睛，这可以让他胜任任何层次的球探工作，身边的教练很少有人会像他那样去观察比赛。"还有英国的顶级职业队（英超）邀请他去工作",但因为工作合同等原因未能成行。马杀鸡恃才傲物,只有他的德国经纪人才能镇得住他。

翻译也知道中方教练对老爹没什么意见,对马杀鸡颇有微词。他说中方教练对外教的工作是全力支持配合,大家都知道外教是临时工,合同结束就走人,而中方教练以后还要留在中心工作,为他们自己的前途着想,当然不会暗地里捣乱。马杀鸡观看中方教练带队训练,觉得他们兢兢业业认真负责,工作水平也令他称赞。但他纳闷为何谢彩霞等助教都对他非常冷漠。

广东足球圈尊师重长,对主教练要予以尊重和服从,至少在台面上让大家都说得过去。马杀鸡个性张扬,几次与老爹意见相左,甚至在公开场合反对老爹的要求,意图把个人意志凌驾于主教练之上,让中方教练组都自觉与之保持距离,这也是教练员职场文化的一种现象,尚不知道是否符合其他地域或运动项目。

"马杀鸡看出了不少问题。"翻译小心翼翼地看了看四周,我明白他不想讲太大声被其他人听见,便和他踩着鹅卵石小径步入亭台西侧的绿化带。小径两侧的台湾草草坪上,栽种着福建茶、黄榕、马尾铁、白玉兰、桂花、星花、九里香、米仔兰、黄金叶、棕竹、针葵、金边兰、灰莉、黄蝉、红继木、鸭脚木、花叶山姜、苏铁、三月槟榔、七彩大红花、鱼尾葵、大叶榕、蜘蛛兰、红绒球、桂花、茉莉花等二十余种绿植。

翻译说两位外教都觉得这批球员里有条件好的;也有人因为练足球较晚的原因,基础差,脚法有很大问题。他们看过国内的草根训练营,觉得中国不缺人才。谈起欧洲职业足球的青训,与中国相比,他们都觉得前者就像现代工厂,早已实现流水线作业,批量生产质检合格、品控过硬的产品;而中国这里连手工作坊都谈不上,做出来的东西也是有一搭没一搭,年份好了出一批人,光景不如意就只能饿肚子,更别说什么百花齐放了。这种现状如果想打地面传控会面临很大困难,因此两人制订计划,也是从长远角度出发,希望球员把基础打牢靠些。球员力量不足,所以要加强脚踝、手腕、下肢的力量,再从比赛里吸取经验,慢慢形成自己的风格。

只是这些训练内容在球员看来都是自己从前练过的东西,没什么新意。一周两次的力量训练、每天早操到后来都成了"毒药"。她们希望能提高自己的对抗、体能、技战术素养。中方教练更是着急,如果只想着练基本功,不去想着两三个月内乃至一年后的重要比赛,球队的竞争力会大受影响,矛盾点就在这里产生了。

广州队球员的基础相对扎实,她们最早厌烦了来用这种不对胃口的训练方式。外教也开始寻求用其他听话的球员。在他们的计划里,4231阵型中三角连线的核心位置上摆了深圳的周雅婷,还有来自佛山的HC。

德国人思维严谨,赏罚也分明,在中国人看来有时多少有点走极端,不近人情。在北海,球队集合训话要求大家安静,绰号"鸵鸟"的球员故意捣乱,她偏偏大声讲话。这惹怒了马杀鸡。他决定惩罚全队加练下肢力量。训练结束后,又要求球员整理房间。马杀鸡去检查。他伸手到处摸,摸到床下,看到手掌上都是灰,就要求球员把自己床底下也打扫干净。他又去小卖部买来卷纸,让大家把随队带来的球、器材都擦干净,必须达到摸不见一点灰的程度。

球员不听话,球队负上海、平福建,领队出去学习又不在,很多事情不如意,让马杀鸡火气上冲。有一次赛前布置,他和老爹当着全队的面起了争执。他坐在场边石凳上拼命地在战术板上边说边摆出自己的构想。老爹几次想伸手表明他的意图,都被马杀鸡激烈的动作和言辞打断,只能尴尬地笑站在一旁。自那次吵架之后,老爹禁止马杀鸡在场边出声执教。

他的禁令很快就"生效"了:马杀鸡一次醉酒摔倒,左眼撞得乌青。看上去很滑稽,不知道的还以为他被人打了。

两位外教都喜欢谢绮文、陈巧珠,但又对她们不服从训练安排而大伤脑筋。老爹和马杀鸡把谢绮文安排在中场位置是希望发挥她的个人技术优势,利用盘带和传球串联中前场。但队友做不到外教的要求,训练内容在比赛里执行不出来,眼看球队在赛场上吃瘪,争强好胜的谢绮文当然看不下去。12月球队外训,惨败。谢绮文急了,便开始凭个人能力单干,几乎包揽了所有进球。在中方教练看来,谢绮文是场上最卖力的一个。赛后老爹指责她不听从指挥,不执行球队赛前技战术安排,不按照他们的要求去做。这情况在广州就发生过,俩外教不止一次找她谈话,希望跟她建立良好的关系,赛后又会说她不服从安排。一来二去,谢绮文也受够了外教这样周而复始地折磨她。她开始不出操,就是出操也不跑。后来,她已经完全不愿跟外教们一起训练了。

另一个让外教又爱又恨的是陈巧珠。省队和国家队教练都认为按照她的个人技术特点，最适合她的位置是边后卫或中后卫。外教要求她去打边前卫，她徒有身体对抗和速度优势，却没有拿球盘带的技术，因此，在这个位置上基本是事倍功半。中方教练提了意见，外教却认为在这个年龄应该让球员多打几个位置，培养球员对足球的深入了解。陈巧珠感觉外教的训练方法让她无法保持在国青队的状态水平，她们从国少队归来，往往是带着国家队的训练计划，平时在地方队的训练，至少要保证一定的量和强度。因此，她们都不太愿意按照外教们的安排而改变原来的计划。

中方教练没少做二人的思想工作，她们也一度表示愿意配合外教的训练与比赛计划。结果她们按照教练的意图去做，对自己和球队却没什么帮助。比赛不利，外教又指责她不听从教练安排，对她表示不满。陈巧珠满腹委屈，这让她也对外教失去了信心。她从北海回来后开始借各种缘由不参加外教的训练：给女一队做裁判，自己回宿舍休息，甚至跑去找 B 队训练，这让两位外教很是生气。李晖从工作的角度出发，觉得如果任由球员自己做决定，早晚要出问题，中方教练也要负责。他一直在积极地说服谢、陈二人，要求她们至少在没有伤病的情况下要坚持跟队训练。

输给上海队一役，外教对李晴潼非常不满。但碍于没有更合适的人选顶替她的位置，李晴潼又没有其他太出格的违规行为，便继续留她在 A 队。外教认为以谢绮文为首的广州队球员不听从指挥，加上随后爆发的冲突事件让外教决定把这些球员——以广州队球员居多——下放 B 队。

"我们都感觉他很，怎么说呢，强势，有时有点不讲理吧。"球员告诉我。自从北海回来，她们和马杀鸡的相处就发生了变化。受北海惩罚全队事件的影响，马杀鸡与球员的关系已大不如前。很多球员开始不喜欢他带队。有一次全队集体旷了早操，又把马杀鸡气得够呛。反复强调纪律和基本功让球员也不胜其烦，HC 对马杀鸡发脾气："你教来教去就那些，跟你们什么东西都学不到！"马杀鸡也生气了，回斥她说教她们都是最基础的东西，她们却总也做不好。

马杀鸡仍像以前一样查课，但不再与老爹做伴。球员烦他，在下面说笑。马杀鸡蓦然指责谢绮文在讲脏话辱骂他。跟很多人学习新语言一样，他最先听懂的也是脏话。他确凿地说谢绮文骂了他一句，谢绮文否认了指责。马杀鸡咬定亲耳听到了谢绮文的声音，讲了他听得懂意思的那个词。他要求谢绮文道歉，否则他将拒绝带她训练。谢绮文也不让步，她不在乎低头认错，但绝不甘受不白之冤。两人僵持起来。老爹必须对自己的助教表示支持。谢绮文对处罚结果无所谓，她和其他广州队球员一样更乐意被"发配"到B队跟徐荣生教练训练。难怪出队前马杀鸡拒绝带谢绮文训练。

翻译的手机铃响了，是巴赫的无伴奏奏鸣曲第三组曲E大调。放下电话，他摇头，说老爹太固执了，听不进劝；他也想不明白马杀鸡为何要跟谢绮文这样较劲起来没完。他又生起气来，说老爹不止一次当着领导的面说他的传译有问题。"我当然不能跟领导讲这个，否则以后我还怎么继续工作？"翻译觉得足球里的专业术语并不难，也没那么多，他已经熟悉上手了，在北海时，马杀鸡对他的传译表示过肯定。老爹却对此一直颇有微词，刚刚在康复中心就向我示意过。难怪阿连有次见到翻译情绪失控、抄起一个空矿泉水瓶狠狠地踢飞。

翻译还曾向老爹进过建议，让马杀鸡放手去做，赢得比赛也是老爹的功劳。"反正在德国也不会给他们这样的赚钱机会"，度过这段，得到续约，后面什么都好说。老爹却不置可否。最后，翻译说刚刚老爹打来电话，叫他回去还有工作要交代，今天只能聊到这里了。末了，他还感谢我抽出时间陪他聊天。

输到家的联赛第二阶段

3月下旬，木棉树上碗大的花朵掉落下来，在训练中心门口、院子里的草坪上散落，看上去像一团团燃烧、跳跃的火苗。高达二十余米的木棉树繁花褪尽，仍然舒展树枝，挺拔地屹立着。康复中心旁的驳骨丹又开尽一茬，蓝色的花瓣散落在墙角，很快被清洁工扫走了。

4月1日，球队集合出发。老爹一个人坐在圆形水池边上，笑看球员里里外外地搬运行李。我看着他和过往的球员说笑着，想起在泸西马杀鸡坐在足球场边连讲的三个"stupid"，想起每天训练结束后就不见踪迹的李晖。眼前一个顽固不化、听不进劝的老父亲，一个自幼被弃，渴望更多认同感的小儿子，这样的教练组能带领球队走向何方呢？

3日，女二队2：2与浙江握手言和。谢绮文、罗丽思各进一球，陈巧珠继续被安排到她不熟悉的前卫位置上，自然也没发挥出什么技术水平。外教——确切地说应该是老爹——仍然对谢绮文不满，下半场打开没多久就将她换下去了。浙江队有更多的得分机会，广东队能守住平局已是好运。

对手在这个年龄组并非顶级强队，女二队仍然丢分。想想前一个月在北海连福建都打平，现在中方与外教有矛盾，两个外教有矛盾，翻译与主教练也有矛盾。这次出队马杀鸡主动表示愿意跟除了老爹之外的任何人同处一室。这个问题多多的球队真让人感到无奈。

我甚至感谢李晖，庆幸他在上报出队名单时没添加我的名字。闹成这样子，我去和什么稀泥啊！

5日下午3点半，女二队对大连。翻译找到马杀鸡，问他要能帮得上球队的信息。他拿了自己在北海观察到的记录交给翻译发到工作群里。中方教练、球员还以为这是老爹的信息。谢绮文说自己脚背肿了，不能上场，谢彩霞做思想工作都不管用。老爹要谢绮文上场的愿望没实现，一气之下没给她报名。踢球以来少见的连大名单都没进，朋友们开起玩笑，谢绮文也感觉很糟。

陈巧珠也没得到上场机会。她和郑导坐到教练席对面，比赛时大声地提醒后防线。场边还来了很多没有比赛任务的外省教练，他们很想看看外教带队的广东队能打出什么名堂。这场比赛谢莹迎来首发，李晴潼、罗丽思搭档中后卫，谭青、刘植祯分居左右边，"老板"周雅婷和佛山的HC组成双后腰，熊熙、妹妹出任两个边前卫，陶祝丹站在冬菇身后担纲前腰。

开场才1分14秒，大连队便由26号在门前补射得分。第19分钟，大连队7号大禁区前远射，谢莹站位过于靠前，起跳不及，再次失分。一旁观战的其他省份教练开始纷纷离场——已经没有继续观摩的必要了。第33分钟，大连队26号左路传中，7号头球破门。全场女二队0：3完败。

接下来三天休息。马杀鸡又一次感冒发烧，谢彩霞抱怨自己拿着只及人家工资的零头，一面履行着带队训练的任务。女二队和江苏队打了场教学赛，以4:2胜出。

9日，女二队对阵江西队。经过调养的谢绮文迎来首发，门将也改为黄华丽，后卫与后腰仍是前一场的人员配置，最大的变化来自前卫线：陈丽娜、卢瑜彤、黄莹珊自左至右站在了谢绮文身后。外教让老板担任队长。"老板"这个绰号来自她在深圳体校时期。一次冲凉后，她梳了个非常霸气的分头，惹得队友哈哈大笑，考虑到她对待学习考试的认真态度，自那以后大家都叫她"老板"。

郑导和谢彩霞都坐在教练席对面的比分牌旁边。郑导抱怨说HC没什么力量，球员还给她传那样不太负责的球，看得他"气死了"。开场前20分钟，广东队获得三次角球机会，谢绮文有一次打高了的左脚射门。25分钟后，山西队占了上风。佩戴上袖标的周雅婷却全然没有"老板"一样的霸气，她和队友构筑的中场控球乏力。江西队的左路攻势凶猛，频繁突破至禁区前沿，甚至在门前制造一系列险情，还获得连续角球机会。第30分钟，裁判哨声响起，广东队这边排了一队人要换：陈秀冰换下谢绮文打前腰，陶祝丹换下黄莹珊出任前锋。

郑导惊呆了："换谢绮文？他有病吧？"谢彩霞："什么意思啊？"郑导："她前面冲得挺好的。大珊也可以啊……"换人仍在继续，黄美琼换下李晴潼打左边后卫，谭青改打中后卫。郑导又惊呆了："我去，李晴潼他也换？喂，谢导，他怎么的，有毛病啊？HC都跑不动了，他看不出来啊？"

上半场接下来的时间，广东队的球员已经开始弯腰扶膝，郑导则继续抱怨为什么不换下体能已经不支的HC，盘活中场才能出球，组织起有效的进攻。中场休息，QXH换下HC，第84分钟，陶祝丹接卢瑜彤传球过掉防守球员突入禁区，起右脚打门被扑出，她又用左脚补射得手，1:0的比分维持到全场结束。

11日，女二队对阵武汉队，谢绮文再一次没有报名。黄美琼首发右边后卫，CSQ顶替李晴潼和罗丽思搭档中后卫，刘植祯和老板搭档后腰，陈丽娜和陈巧珠左右边前卫，陈秀冰在中间，冬菇在前。第33分钟，陈巧珠反击传中助攻冬菇得分；3分钟后，武汉队左路传中，17号头球扳平比分；第 60 分钟，武汉队大脚吊向前场，谭青没有够到球，对方 16 号倒地铲射破门；第 69 分钟，罗丽思长传，冬菇突入禁区完成射门得分，全场比分 2∶2。

13 日，女二队对山东队，谢绮文、陈巧珠到近终场替补上场，然而山东队 6 号、17 号各进一球。两人觉得又好气又好笑，气的是自己一上场就丢球，好像输的责任都在她们；笑的是自己上场打的都不是自己熟悉的位置，好像平时玩友谊赛一样。广东队全场机会寥寥，谢绮文觉得自己在外教手下永远都不会首发出场了。

第二天，我返回科研所向所长汇报工作。下午收到消息，说中心领导决定对女二队外教们的工作进行评估，以确定接下来是否继续聘用外教。评估的内容包括参考近期成绩，以及找个别球员进行谈话。说到球员的态度，现在的状况是广州队以外的其他地方球员也都认为这样踢下去没进步、没前途。

18 日，我回到足球中心见到璐璐姐，她讲起这次去泸西，打了五场球才取得一胜两平两负积五分的成绩。除去一球小胜山西，平浙江、平武汉都非常惊险，甚至全场都落后，到比赛最后时刻，对手的失误才送上关键的一分。负大连、负山东，基本上就是快"要输到家了"。

另外，李晖已前往国少队报到，担任助教工作。早在北海全国联赛第一阶段时，国少队主教练就去询问过李晖的意见，他同意了执教邀请，中心也给予放行。

外教带队共计打了 9 场正式比赛，3 胜 3 平 3 败，进 9 球失 13 球。3 场胜利的对手包括河南、山西、大同；3 场败仗则输给大连、上海、山东，对阵这些全国前八至前四的强队，每场至少输 2 球。综合外教带队成绩，以及球员对其执教的评价，中心正式决定不予续聘。

第二阶段联赛结束，广东队刚好位列 A 组第五名。如果跌出前五，下一阶段就要面对另一小组前五的强队。

我最后一次见到马杀鸡，是在行政楼楼下。他穿着灰色卫衣，手里拿着文件夹，正准备办理离境手续。我们打了招呼，他说："I'm leaving."

我表示遗憾："I'm sorry you didn't make it. We are losing."

他回答："No, it's not team's lose, it's coaches' lose."

我一时不知道该说什么，马杀鸡早就预见到了这个结局。他点了点头，转身向中心大门方向走去。

　　后来在食堂看到了孤身一人的老爹。他理了短发，没有翻译陪同，看上去非常孤单。他仍保持着惯有的礼貌，向一同落座的我与王医生问好。但直到他起身走出食堂，也再没哪个人同他讲话。也不见他再在每张桌子上敲两下以示打招呼。

　　李晖已奔赴山东潍坊参加国少队集训了。一同前往的还有陈巧珠、谢绮文。这段时间基本由谢彩霞、徐荣生、郑导三人带队训练。没有外教在旁，他们也得偿心愿，可以按自己的想法训练了。

第二部分
李晖重做主教练

由过去到现在：李晖的过去

　　李晖的父亲是梅州人，母亲的籍贯是辽宁锦西。新中国成立前，李晖的外公在长春税务部门工作，李母就在长春长大。1948年解放长春的时候，在帮助解放军一位政委清点税收财产及药品采购上，外公帮了大忙，也因此和政委结下了交情。不到一年外公就过世了，全家搬去沈阳，李母也跟着去了，后考入天津南开大学，主修生物学专业。那位政委调到了原广州军区后勤部工作，他一直惦念着与李晖外公的情谊，想着小女孩早早丧父，又孤苦伶仃地在天津上学，便叫人找到李母的档案，想把她从天津招到广州，在自己近前有个照应，也算对得住与故友的情谊。当时广州的生活条件并不好，李母本不想来，但一来工作与专业对口，二来又有父亲老朋友的关系，在生活、工作上都能得到关照。就这样，1964年，李母大学毕业后就告别老家，南下广州，进入中国科学院广州分院。李晖的父亲5岁随家人来到广州生活，后考入中山大学地理系，和李母同年毕业，进入科学院地理所工作。李父年轻时好动，精力充沛，经常参加体育活动，退休后还是地理学会的秘书长，帮助教育厅在从化、三水等地搞研学基地。李晖的母亲是典型的科研人员，主要搞香菇培育，还做过庆大霉素、皮革防霉等课题。那时大家都在一个系统，一起下到花都的五七干校农场干活。李晖的父母就在这里相识、相知、相恋。1972年李晖出生，在家排行老二，上面有一个大他一岁的哥哥。

在家里，全家人都讲普通话。他从上幼儿园开始和小朋友们讲粤语，父亲还教他客家话。科学院后面，有黄花岗烈士陵园、广州空军司令部，旁边还有警备司令部、市委党校、动物园。那时这一片的子弟都是放养，父母们上班时，李晖和小朋友就在大院里疯玩野跑，在围墙周边爬来窜去。小学二年级时他进了军民小学（现先烈中路小学）校田径队。到了三年级一开学，学校组建足球队，从田径队选人，相中了他。于是，李晖同时参加两支校队。那时 7 点半早读，学生们五点多出门，15 分钟左右到学校，新来的体育老师就开始带着他们七八个孩子晨跑，一直跑到广州体院，在体院的足球场跑一个圈，再跑回学校。换上干衣服，接着上课。动物园曾有一个后门对着学校门口，他们也会选择到里面去绕着那个 800 米左右的湖跑三圈。这两条路线，他们坚持了一年多。最难过的莫过于冬天，小孩们都不愿早起床。李晖那时身体条件还算好，脚下比较糙，但有一批队友相伴，加上家人的支持，就一直踢了下来。

后来军民小学代表东山区（今越秀区）去比赛，打完比赛，很多小球员都入选了区代表队，集训地点在均益路东山区业余体校，由来自大沙头小学的区队教练李少松和杨露荪带队训练。

当时的东山区，足球的起步相对于其他区还是晚了一些，但仍然为广州队和广东队输送了很多人才。大李晖一届的师兄彭伟国[①]、大他两届的区楚良，还有高建斌[②]、张建然等广东队的精英，都来自那里。到四年级，为了代表东山区参加广州市"市长杯"比赛，李晖就和队友全部集中到寺贝通津小学，学习、训练都安排在那里。半年后，他们拿到了广州市冠军。到了 1984 年，五年级的李晖得以入选广州代表队，参加全国萌芽杯比赛，拿到第四名。赛后队伍解散，各回各的学校，上六年级准备升初中。除了上学、踢球，李晖痴迷于公仔书（小人书），只要隔几周有点零花钱，他都会跑到庙前直街、东山百货买上一两本。那时还没有成套的小人书出售，很多单本较难买到。他和哥哥收藏了整套的《新唐演义》和

[①] 彭伟国（1970— ），广州人，1992 年入选男足国家队，司职中场。2019 年获评广东足球 70 年十大杰出男球员。

[②] 高建斌（1972— ）广州人，2000 年入选男足国家队，司职守门员，2019 年获评广东足球 70 年荣誉奖。

《三国演义》等。岳飞传系列的《岳飞出世》《岳母刺字》《黄天荡》三本，他至今尚未集齐。

体校从均益路过渡到了省体育场，广东元老林伯濂①带了李晖一年。那时想继续踢球的基本都集中考去了五十七中。1985年10月，省队教练梁德成将李晖这一批孩子选入省体校。而海珠区、越秀区培养的部分小球员则进了市体校，这些人后来都成了市足协的骨干。

李晖在培正中学念了一个月之后进了省体校，在两边挂学籍。因为队员比较少，省队里编制有限，所以一直到1991年，整整在体校呆了六个年头后，李晖升入广东二队，人事关系才从体校转到二沙岛。李晖在省体校读了中专（从前被称为中专的师资班，现在升级为高职院），受益于体教结合的新政策，他于1993年进入华南理工大学，主修经济学专业。他课外的兴趣也有了变化，梁羽生的《萍踪侠影》成了他读过的第一部武侠小说。到大学毕业，他把金庸的作品读了个遍。

梁德成，1940年生人，1963年首次入选国家队，参加新兴力量运动会。在那个没什么科学训练概念的年代，他在国家队踢到34岁退役。球员时代的梁是广东队最早的一个"铁闸"，同龄人叫他"小鳄"，以将他和另一个同样作风顽强、绰号"大鳄"的球员区别开来。梁德成以助教兼球员的身份与陈汉燊②一起辅佐苏永舜③，他们在1975年与辽宁队并列全运会冠军，1979年获全国联赛冠军。苏永舜升任中国国家队主教练后，梁德成短暂执教了以吴育华为首的广东男足一队，1985年受命组建1972年龄段的青年队，谓之当时的广东男足三队。学生都叫他"师傅"，喊来喊去，"师傅"成了他在行业内的尊称。梁德成平日里为人随和，带队时对球员管教严格。看到球员早餐吃面包丢掉硬边硬角，他都会严厉呵斥他们铺张浪费。他带李晖这一批人参加1986年、1987年的全国少年乙组比赛，均获冠军，助教严仲坚有机会去国少队给朱广沪做助教，后来转去给马元安的女足国家队做助教，完成国家女足的辉煌业绩。

---

① 林伯濂（1940— ），广州人，1962年入选广东队，退役后从事少儿足球培训工作，为省、市队培养出大量人才。
② 陈汉燊（1935—2019），梅县人，1969年开始执教，获评广东足球70年终生成就奖、荣誉奖。
③ 苏永舜（1935— ），广州人，1953年从中山大学入选男足国家队，1959年开始执教，1980—1982年担任男足国家队主教练。获评广东足球70年终生成就奖、杰出教练员奖、荣誉奖。

李晖与足球有关的技艺、知识，大多来自梁德成的言传身教。

　　1993年年尾，当时的二队已经与一队合练，使用同一套球衣号码。李晖身披16号。在人才济济的宏远队，没有速度优势，脚下技术也不出众，更缺乏经验的李晖担任永远无法首发上场的边后卫。当穿了他号码上场表现不佳的外援被批评时，坐在观摩席上的李晖也会被不知真相的熟人、球迷开玩笑似的一起指责。

　　1995年休假期间，未跟队报名的李晖在肇庆的一场友谊赛中起跳争球，落地时右手肘撑地导致挫伤。归队后怕受到处分的李晖不敢出声。手肘处肿痛得厉害，李晖请假停练，每天在医务室里龇牙咧嘴地接受治疗。

　　忙于征战甲A联赛的宏远男足没有多余的精力去顾虑他。他没有违纪，球队没有理由开除他，仍然保留着他的工作编制，却停掉了他的工资。李晖就一面在基地里晃，一面做治疗。他的手肘错过了最佳治疗时机，关节坏死，他的右臂永远都不能完全弯曲，又不能完全伸直。这对他在生活上没多大影响，毕竟从小他就会用左手写字、吃饭。

　　"师傅"送他们上了一队后又回来继续搞青训，在15号楼后的球场组了兴趣班带小孩，闲来无事的李晖和当时已经退役的欧阳耀星①一起过去帮忙。1997年香港回归前，他拿到了华南理工大学经济学学士学位，宏远男足也在年底完成了买断。1998年整个男足搬离二沙岛，李晖的人事档案也"出了社会"，迁入人才交流中心。体育人说运动员退役，多会用到"出社会"一词。运动员、教练员成长于运动队环境下，将专业运动队看作像学校一样的保护伞。在他们看来，训练场以外的世界更为纷繁复杂，用"出社会"加以区别。

　　离开球队后他学习了很多弱电系统、工程方面的知识，这在有线网络少有的当时也算是科技前沿。他搞起了网络弱电及布线。在那个房地产刚刚起步的年代，李晖不愁没活干。起初还比较顺利，直到他接了某小区的项目。完成工程后，资方拖欠工资，说现在建筑材料款和其他设备款好几亿都还没给，你这几百万的东西，往后等吧。在建筑行业，拖欠很正常，但干个体的李晖吃不住了。每个月公司的支出盈余都是有一定数目的，资

---

①　欧阳耀星（1965— ），广州人，1991年入选男足国家队，司职边后卫，1998年开始执教。

方迟一个礼拜付款，就等于这一周所有钱都要由李晖自己垫出去，后面对方付你一点款都不够补之前的钱。再往后接新的项目，哪里有钱去投入？个体户回款都需要时间，没有周转金，哪里经得起拖欠？工人都是请来的帮手，发不出工资时追到李晖家里去讨要。背负三角债的李晖想尽办法去追钱，甚至一度请老爸蹲在对方公司总部要钱，要了一周多才追回三十万，只够回来打点一下工人。这个项目拖垮了李晖，口袋里的积蓄被耗光，无奈之下他只好注销公司，洗手不干。

赋闲在家的日子很难熬，母亲会絮絮叨叨，说起曾反对他踢球的旧话。父母仍然鼓励他去大胆就业。只要不危害社会，认认真真地去做，二老都会支持。回想做网络工程的日子，李晖总感觉不到在这个行业里的归属感，感觉不到太大的动力。兜兜转转，他想起在二沙岛挥洒汗水的岁月，想起黑白相间之物在梦里闪现的时光，想起壮志未酬的遗憾。他希望做回教练。虽说做教练一样要在一觉睡醒之时就要思虑账面盈余之苦，经历过创业的艰辛，李晖知道只需要顾好自己的工作不用考虑其他，这样的工作让他更觉省心。

契机出现在新世纪。2001年，大师兄谢育新退役，当时肇庆的名峰足球俱乐部有些经济困难，没有教练。李晖借师兄的光，就有了一边带队一边学习的机会，正式涉足教练行业。名峰俱乐部征战乙级联赛，因为经济环境并不宽松，加上球队主力又都很年轻，冲甲没有成功。球队重新整合，李晖和师兄就一起离开了。在那支球队里，他们带了1983—1986年龄段的一批人，其中很多人还在踢职业足球。

2004年，谢育新转去执教中甲的甘肃天马队。当时从甲A降级的天马队着手准备保级。谢育新和李晖在那里工作了半年，因为当时社会上足球风气的问题，保级没有成功。半年后，他们离开了天马俱乐部。那支俱乐部在保级失败后启动了注销手续，后来以东莞东城的名义转去香港打香港联赛。

离开甘肃后，谢育新带原来名峰的班底，去新加坡打联赛。当时中国足协开始搞第一届室内五人足球，广州也在果王冠名赞助下组建了球队。李晖选择回广州，担任助理教练，拿到了首届室内五人制足球赛足协杯冠军。下半年，他开始以主教练的身份执教二队，拿到了全国第四名。

2005年，谢育新从新加坡回来，李晖同师兄继续联手，接受了一支西藏球队的邀请，从乙级打起。当时的资方来自北京，冠名惠通陆华俱乐部，志在冲甲。谢育新和李晖接手后带队打进乙级联赛的升级淘汰赛。

由于当时足球圈风气的影响，球队0∶1输球，没有获得晋级机会。对手球队后来冲甲成功，谢育新与李晖此时已经黯然下课。

这两次执教都没给他带来太多的经济收入。为了补贴家用，赋闲在家的李晖和发小做起了水果派送生意——为在花园酒店那一片的21家7-ELEVEN店送水果。他们每天5点多出门，6点半之前赶到江南果树批发，趁起得早进货又不多，还可以和卖家讲价。拿到水果回来，擦干净，用托盘装了，盖上保鲜膜。就这样把果盘包装得很漂亮的样子，最快都要忙到下午四五点钟，接着送去7-ELEVEN店里摆放在"百果园"的柜架上。店里对水果的品质要求严格，摆上的水果超过两天没卖出，无论卖相如何，都要换掉。李晖做得熟了，知道哪家店可以等，哪家需要调。就这样为21家门店送—撤—送—撤地服务，一周要干满七天，没有休息日。除去汽油钱、水果成本费，每个月有七八千块的收入。干了半年，李晖就不想做了。他得到消息，又有新执教机会了。

2006年，李晖又和师兄去了深圳，在盐田区体校，执教1993—1994年龄段的男足。这批男足后来由郭亿军/麦超执教，征战2013年全运会，现同样仍有人在踢职业足球。当时的体校愿意留下名声在外的谢育新，而对没什么名气的李晖，则没有工作编制，待遇也不高。李晖考虑留在这里工作对他个人的培养、发展都比较有限，便选择了离开。

经另一位师兄区楚良的引荐，呼和浩特滨海俱乐部欢迎李晖加盟。李晖在那支球队一直工作到2007年8月，彼时联赛打了半程，为了考取A级教练员证，李晖与主教练商量后，决定离开球队去接受深造。

李晖考完A级教练员证后就到2007年年尾了。恰逢广东省正在筹备组建青年女足，大师兄池明华[①]受聘回来做筹备教练，他邀请李晖回来做他的助教。李晖想想自己年龄也大了（35岁），在外工作积累了些经验，但名气有限，在足球圈里找个稳定的工作也不容易，难得有这样的机会回

---

① 池明华（1962— ），梅县人，1982年入选男足国家队，司职中后卫。1998年开始执教，获评广东足球70年十大杰出男球员、荣誉奖。

来广州工作,况且还是和池明华这样的"大伽"合作。他觉得从生存的角度出发,落叶归根回到省内,更容易磨炼、沉淀自己的东西,便决定接受师兄的关照,回到阔别近十年的省足球运动中心,转入女足圈工作。

刚刚回到省里工作的李晖遇到一系列问题。第一个是工作编制,他面临专业不对口的大问题。作为省内的事业单位,怎么可能会招聘一位经济学专业毕业的足球教练员?李晖去考取了广州体院运动训练专业的硕士学位,这样才得以在2010年成为省足球运动中心的正式在编教练员。初回体制内工作的李晖手头拮据,他谨小慎微,力求心安可靠,钱花在刀刃上。为了方便往返足球中心上班,趁着年中降价促销,李晖买了一部2007年款雪佛兰景程轿车。

由过去到现在:广东 U18 女足的现在

2009年的第十一届全运会,足协对女足赛事做了改革,首次增设乙组比赛,即U18年龄组。而那时广东1991—1992年龄段的资源有限,且各地市因为省运会和城运会的需要早早组队,省里便没有组建这个年龄段的球队,于是决定由池明华组建的U16(1993—1994年龄段)代替U18去参加乙组比赛。球队又缺守门员教练,中心领导推荐了当时还在深圳安宝体校的郑修泰教练。

搭好班子的教练组面对的是小同组对手两岁的球员,只有很短的备战时间(2007年年底至2009年,也就一年多的时间),大家的压力都不小。李晖和池明华都很要强,毕竟在全国范围内女足这个圈子里,他们只能带这个队出去了,不想输得太难看,被大家指指点点。然而在冬训时,当时全国20支球队,广东队见谁输谁,连排名第20的内蒙古队都拿不下来,双方都进不了球,只能打平。同事、领导看了比赛后说你们传球都传不稳,还练什么战术,先把球传稳了再说。

那批球员也争气,在那么短的时间里,在那么不利的条件下,和教练组一起努力,最终在2009年全运会上拼了一个第四名来。这其中当然也有偶然因素,如全运会赛制的变化,即平等积分下要抽签,但也需要球队赢下关键场次,才有这样的机会。在李晖看来,那时的球队基本功没有打好，战术也没有成型，然而，球员们仍然能咬牙拼搏到离铜牌仅一步之遥，那是很了不起的冲劲，那种集体主义战斗精神让他钦佩不已。

带着这份精神财富，李晖继续留在女足圈工作。到第十二届全运会，李晖担任女一队领队兼助教。当时处于新老交替、人员变动比较大的女一队历经池明华、欧阳耀星执教，最终在何伟文的带领下拿到全国第六名。池明华在短暂执教一队后被派去省体校培养下一届青年女足。参照从前的广东女足，成绩滑坡、衰落凋零已是不争的事实。然而，带这两批女足球员克服重重困难，让作为助教的李晖收获匪浅。

2013年全运会结束之后，李晖接到新的任务，组建一个1999—2000年龄段球队备战第十三届全运会的女子青年组比赛。这是他自2005年担任主教练以来首次面临熟悉的新问题。

广东省内球队众多，青训资源丰富，特别是在青运会上代表资质的安排，让省、市形成了两条清晰的不同的人员输送渠道。青运会（全国青年运动会）的前身是创办于1988年、自第二届起每四年一次的全国城市运动会。2013年，国家体育总局宣布将第八届全国城市运动会更名为全国青年运动会。虽说换了一个名字，但参赛各队没发生太大变化，仍然以原各地区参赛主要城市为主。每一届青运会（城运会）行文下来，省体育局或省人民政府做出决定，指派哪些地市代表广东去参加。如省局认定2015年的青运会就报广州，省内所有的力量就支持这一个地方去参加青运会。往年也是由广州市代表广东省去参加城运会。

省运会则是各地级市队都有的比赛任务。广东省运会最早可追溯至1906年。新中国成立后的第一届省运会举办于1956年，此后每四年一届，至2015起改为每三年一届。省运会和青运会都旨在发现培养优秀体育后备人才，为省队、国家队储备、输送新鲜血液。

省队的组队、选材一般晚于广州市和其他地级市队，各地方队在备战比赛时，出于需要也会同省队交流、抽调优秀的球员帮助完成比赛，方便地方出成绩的同时，更有利于今后省队的选材。因此，在每个全运会周期里，省队的目标是先为青运会（城运会）输送人才，在省运会和青运会（城运会）结束后，再集省内精英去组建全运会队伍。

地级市更早组队的另一个原因是，她们有自己的优势，即可以很容易在市区组织自己的比赛。不像省里组一个比赛范围就大得多，要到各个地市统筹起来才行。有的地方做得好的，比如深圳、广州、佛山，会提前一个周期，或者说提前四五年去组织队伍。组队方式当然是以训练营为主，暂时不会集中到体校。地市要看到省运会的年龄组设置方案才开始正式组队。

从人才输送结构上来看，广东省，特别是广州市的足球青训仍然保持着体校的传统，也就是我们熟悉的举国体制培养体系：11个区足协管理下的基层校园经12家（2015年改革后为8家）业余体校、2家区业余体校与社会联办俱乐部、多家社会民间俱乐部输送至广州市青少年足球基地（燕子岗），并最终进驻伟伦体校备战省运会；深圳的罗湖、盐田、龙岗都有区体校，加上青少年校园足球特色学校，选出人到深圳市宝安体校。各地市打完省运会再将精英输送到省里，与省体校的球员合并组成省队，在最后的两年时间里完成全运会的备战，在此过程中，尖子会得到机会被直接选入国家队。

代表省内各地市参赛的球员，要在省内参加利用寒暑假举行的资格赛至少一次；代表广东省参加全运会（省外部级）的运动员，则需要代表广东省连续注册三年，参加至少两年的全国比赛才具备资格。省体育局的注册在每年3月15日结束，之后马上组织参加全国骨龄测试。如果没有通过，可以提出异议，拿原来的片子去复读，但不能重拍。在身份证管理和骨龄测试越来越严格的今天，更改年龄的球员少了很多，可能一千人里不到两三个人。

在球队年龄设置上，中国足协设置男足为单数，女足为双数。国内组队按国际足联与亚足联的要求，以双年龄段建制，因此，球队组别隔两年一换（比如2014—2015年，1999—2000年龄组参加的是U16组比赛；到2016年，更名为U18组比赛，男足则由U17改为U19）。为方便管理，运动中心内部都将新一全运周期内平均年龄/组别最大的球队叫作"一队"或"成年队"，年龄小的往下顺延称"二队""三队"。

按照理想的状况，省里提早5～6年，即从2011—2012年开始组织省里的锦标赛，派教练出去选拔，圈上一个大名单。以一个训练营的形式，把这批孩子（不到10岁，年龄还小）拉进来进行一个集中训练，有重要比赛的时候就让他们回去，代表各个地方和县区打市运会的任务。这样人选较多、不确定性比较大的集训直到省运会那年，再次进行选拔，教练挑选符合参赛标准的人，正式组队。熟悉情况的业内人士都知道，真正看省队水平，要到省运会之后的集训。

在十三运周期，各地方市队的主要竞赛目标就是2015年广东省运会，广州队则还担负着代表广东省参加同年10月的青运会的任务。其他个别省、市代表队，因为备战青运会的任务，早早组建代表队。像上海队，在2010年第十四届上海市运动会结束后第二年就着手组建1999—2000年龄组，广州、深圳则于2012年开始组队。2013年年底，李晖接到组队任务后安排组建同年龄组的集训队。中心为他安排的助理教练有谢彩霞、郑修泰、郭建华，还有随省体校集训队员一起回到中心、不想再当主教练愿为后生做帮衬的池明华。而这时，省内的精英球员都在各地方备战省运会的代表队内集训，李晖只能从省体校直接拉来别人"挑剩下"的同年龄段球员，他将这一批于2011、2012年进入省体校接受系统专业训练的球员带入训练基地，组建起一支集训队。因为球员训练基础参差不齐，集训时间又短，2014年年初，李晖带队参加全国U16青年联赛预赛三战全败没有出线。在英德让人感觉抑郁的绵绵阴雨中，她们每场比赛都要失六七分，其中0：9惨败上海队堪称灾难的一役。比赛场面堪比成人与小学生的比赛：当时就已经集训三年的上海队脚法技术娴熟，配合默契，体能充沛，上半场就打进7球；比赛进行到下半时，广东队除了向前开大脚再龟缩回大禁区——是的，她们连大禁区都出不去，守门员开大脚还不过半场——让郑导头疼得要命——防守，或者将球破坏出边线以消耗时间以外，再无办法。

举办足球赛事，一般将青少年球队、水平不高的草根业余球队的比赛组织为赛会制，以节约人力、物力。如果是高水平的职业比赛，有一定的观赏价值和受众市场经济需求，则按主客场制组织赛事。青年联赛多以赛会形式举办，按照赛制，1月初赛，每个小组的前三或前四进入复赛，3月底或4月复赛，分4个小组单循环，7月决赛，复赛中小组前两名争1～8名，后2名争9～16名；联赛的前16名才有资格参加8月底—9月初举行的锦标赛。这意味着初赛就被淘汰的广东U16女足全年都无比赛可打。2014年一整年，李晖和弟子们都蹲守在流溪河边埋头苦练。2014年1月，李晖的女儿"小肥猪"刚刚出生，没有比赛任务的李晖竟因祸得福，攒下不少照顾家庭的时间。

那年还值得一提的，便是5月爆发的"洪水"。连日的大雨导致流溪河水位上涨，逐渐漫上左右两岸。中心早已发出警报，要求工作人员与球员不得再到河边走动、散步。大雨继续下着，球场那边布满了积水，A地块这边绿化带被淹没，停车场和喷水池这边也积了没脚背深的水。考虑到当时康复中心地势低，诸多康复、医疗设备一旦被积水浸泡，损失巨大，5月23日，中心动员当时尚在基地的1999—2000年龄段男足将康复中心的仪器设备搬运至运动员公寓A栋二楼。一时间走廊里堆满了各色治疗仪：微波、超短波、超声波、电针、电脑中频、干扰电、冲击波……足够开个运动理疗器械展览会了。事后，领导表扬了男足二队面对困难时团结奋进的大无畏精神。球员们想不到，在他们留在基地所剩无几的时间里，这亦是他们得到为数不多的嘉奖了。

恰好赶上那两天科研所开会。我第二周回到足球中心上班时，大水已经退去了，流溪河右岸一片狼藉。即使没有了警报，也没人再去河边散步了，因为"洪水"带来了泥浆，岸边的水泥石板路面都被埋住了。靠近河边一侧的绿化带也盖上十几公分厚的淤泥，花园里的池水变成了棕褐色，周边低矮的绿色植被也被冲得东倒西歪，河边鹅卵石小径上同样盖满了厚厚的淤泥。停车场一边死掉了三株白玉兰，池塘边凉亭一侧，蜘蛛兰大多活了下来，却淹死了好些毛杜鹃。挖掘清理过后再未施种，水塘边上空出一细长条空白地带。

这让李晖想起20世纪90年代初的大水。当时也是连日的大雨，导致珠江水倒灌，从排水管道冲进二沙岛，淹没了球场，甚至还钻出了碗口大小的塘鲺鱼，有人说那是吉兆。足球中心此次发水，池塘里所有的鱼都游到河里跑掉了，自然也没人谈什么吉兆。

好消息还是来了：同年8月27日，在南京举行的青奥会女足赛中，国少队5∶0战胜委内瑞拉获得冠军。这批国少球员以1999—2000年龄段为主，李晖注意着队内的广东籍球员，他在笔记本上记下了她们的名字：陈巧珠、谢绮文、李晴潼、陶祝丹，还有一个入选了集训，但没有参赛的熊熙。

第二天，中心正式宣布与中超俱乐部开展共建合作，两支男足梯队都将前往清远驻训，并由俱乐部配备教练。男足一队（1997—1998年龄组）于28日告别足球中心，男足二队（1999—2000年龄组）也在稍后开拔。二队转去清远足校后缺少愿意跟队的省队教练（男二队原教练组欧阳耀星、徐荣生和何锦伦都留在足球中心），中心调池明华去清远跟男二队做助教。

没有比赛任务的李晖将这支队伍完全当作青训队来带，每天训练课都在打磨她们的技术。那时球队里对外教学赛能成主力的，有冬菇、陈秀冰、卢瑜彤、小子（留着短发、看上去像男孩子，教练们讲粤语时喊她"靓仔"，说普通话时则称她为"小子"）、黄莹珊、詹晓娜、陈巧珠、陈美燕、黄秋嫦、郭金华、黄华丽等一批球员。

2015年2月19日，女足二队打完了U16联赛的最后三场比赛，再一次没有小组出线的她们又要面临在接下来的一年里无比赛可参加的局面。而在非全运会年的青年联赛里，一年少说都会有二三十场比赛，这对青少年女足球员来说是很难得的锻炼、成长机会。

李晖并非无欲无求，他是巧妇难为无米之炊。广州队为了备战8月的省运会和10月的青运会，从省里借走了12名球员。李晖曾要求晚点调离主力球员，至少应该保证省队拿到小组出线名额，有了接下来的比赛机会，再放球员去广州，然而他的要求被拒。陈巧珠、黄华丽、陈秀冰、卢瑜彤等在省里都是球队的绝对主力，没有她们，球队实力大打折扣，余下的球员面对外省球队毫无竞争力，连吃败仗也就不足为奇了。谢莹难得迎来首发，她也非常努力，比赛时的表现、能力也相对有提升，但于事无补。当时的队医同我开玩笑："接下来的一年我们又要稳坐大竹料了。"

省里又准备组建女子2003—2004年龄段球队，调郭建华去做主教练。这样一来，女足二队就只剩下李晖、谢彩霞、郑修泰三位教练了。李晖叫了送走男二队后赋闲在中心的欧阳耀星和徐荣生两位教练过来帮忙。他原打算请欧阳耀星过来做领队，徐荣生做助教。欧阳耀星因为要接其他组队任务而脱不开身，踢球时和李晖同届的徐荣生一口答应了。

到3月，李晖收到消息，中心即将聘请外教执教球队，而他的工作将由主教练兼领队转为全职领队。再加上5月要放球员回各地方备战省运会,到8月中旬前,女二队都处于人员分散备战的状态。他交代我们,在剩下的球员中,只有几个在未来全运会能留下来,有发展空间,甚至可能成为主力的球员,希望我们的工作更多地以这些球员为主。他点了6个名字,嘱咐我们接下来的工作重心放在她们这几人身上即可。在他看来,其他人能踢进下届全运会比赛的希望不大。3月22日,我仍然坚持着请谭茹殷、高琦两人抽取她们从国家队回来的有限时间,和师妹们分享自己成长的经历。我知道这样做的意义并不大,听得入迷的这些人没几个能踢得更久,或者至少能踢进下届全运会。我甚至都不清楚三四个月后省运会结束她们还会不会回到这里。

到了7月底,在中心食堂二楼第一次见到外教。这是个粟色头发略有点凌乱的四十多岁中年白人,慈眉善目。他在翻译、经纪人的陪同下来足球中心参观。吃饭时还冲我点了点头以示友好。看上去他不太熟悉使用餐具,一面吃一面举着筷子,对着面前的伙食和身边的翻译讲着什么。他只待了一天就离开了,我再也没有见到过他。球员告诉我说在省运会上看到过他来看球,当时都以为他就是以后省队的教练了,但不知为什么最终来执教的不是他。后来李晖告诉我,说原本要请那位外教的,他在德国做青训有一定名气,对足球中心的硬件设施也非常满意。他为了以后的工作准备,亲自去观摩了省运会,还圈点了一批他看中的球员,准备在他执教时选入球队。然而,选中的球员大多是1997—1998年龄段的,他被告知说这些球员都达不到参加全运会年龄的标准,不能入队。他很不满意,最终拒绝了这次执教机会。李晖分析说他可能一看自己想要的人来不了,担心成绩没有保障,就放弃了。

广州队为了备战青运会,希望尽早集中省内优秀球员训练备战,省队当然愿意给予便利。省运会结束后,深圳队6名球员前往广州队报到;省内除去备战一青会的28名球员外,其他全部到足球中心报到,开始全省大集训。李晖知道最终很有可能不是由他带领这支球队参加下届全运会,准备站好最后一班岗,利用这两周时间筛选出一批30人左右、更富竞争力的后备力量,充实女二队的人才储备。

然而,此时球队再生变数。原湛江体校女足负责人退休,受聘进入某中学工作，利用其对湛江球员的影响力，放风说，以后校园足球才是出路，要她们回来代表该中学参加明年的全国高中联赛，并许诺如果取得理想成绩，球队成员全部免试上大学。当时球队已连续两年没参加全国赛，又要面临全省大集训的竞争和淘汰，跟能力突出的广州、深圳球员相比，不少人觉得自己实力不足，看不到留队的希望。难得有这样的机会，谁不愿意尝试诱人的校园足球之路？陈美燕当时是省队生活队长之一，为自己和姐妹们的前途着想，她听从授意，逐个劝说队内湛江籍球员。她在队里颇具威望，说话服众。另外大家都觉得自己在队里前途未卜，人心浮动，认为与其在这里枯坐冷板凳，等着被淘汰，不如接受条件返回湛江踢球。

8月24日，女二队召开队会进行调整，会上宣布多名球员离队。"调整"在足球中心这个语境里，有多种不同用法。如果单纯将其作为一个名词使用，意为"休息、调节"；而如果作为动词，则意为"离职、淘汰、竞争失败后的下岗"。在这次"调整"中，湛江籍球员几乎全员退队。她们决定参加高中校园比赛，而违反中心和球队要求集体递交申请，自行离队。只有陈巧珠坚持留队——她是国家队成员，今后仍然要代表广东参加国家队的比赛，自然不会回去踢校园足球。

了解内情的同事知道，"虽然有的学校是申请了足球特色，或者是足球传统学校，但是对教育部门来说还是比较重视文化课考试"。文化课与球技如同鱼与熊掌不可兼得。有中考和高考的指挥棒，学生要下课后才能练球；全国招收高水平足球队的高校共有77所，2015年招收477名学生，2016年招收474名学生，2017年招收491名学生，而截至2017年7月，全国青少年校园足球特色高中就有3085所[1]，按一校一个毕业生算，录取率为6~7:1，远远满足不了足球特色学校所需要的升学率。教育部在增加具备组织高水平运动队的高校名单，但对很多球员来说，就是上了大学，竞赛环境与文化氛围没培植起来，训练水平和比赛经验得不到保证，想着本科文凭到手，亦不愿意再继续刻苦打磨球技。日本与韩国在优异的国家队成绩之下已拥有相对自信、积极友好的足球生态环境，孩子成长道路上有更多选择的空间和余地，校园足球环境让大器晚成的球员同样有机

---

[1] 孙葆洁，李剑桥，刘柱. 中国足球产业与文化发展报告［M］. 北京：清华大学出版社，2019.

会踢职业足球。而我们在2015年通过《中国足球改革发展总体方案》，实施改革时间短，各方政策衔接尚不完善，孩子成长选项单一，竞赛培养体系和教练运动员竞技水平积淀不足。所以，跟专业队的竞训足球相比，目前校园足球"更多的是形式上的东西"。为国征战世界杯、奥运会的主力，还没有哪个出自我们的校园足球培养体系。中心的湛江籍同事都对此事感到非常难堪，领导们却不愿下狠心发命令，要求今后中心对湛江籍的球员"永不录用"。毕竟，古往今来，湛江是广东竞技体育的重要造血器官，是输送年轻运动员的大户。如果关系搞僵了，以后很多业务也没法办理，省里会少很多优秀的苗子。

郑导很不满，因为他的一个门将HF就在其中，"……HF和我讲，'指导，其实我想留下来，家里也希望我留在这里踢球，但美燕把我的名字也写到退队申请上了，要求我和她们一起退队，我没得选择了'。"HF是湛江籍的一名门将，虽然打不上主力，但她听话肯练，身体素质也算出色，深得郑导的喜欢。我知道郑导不高兴了，但他接下来的话吓了我一跳："这些人早走更好，我们也早点留下自己想要的球员，等德国教练来了挑他喜欢的球员，没准到时他看不上我们，我们也要下课了。"看来2015年的秋天注定要发生很多变动，不止涉及运动员，还有教练组。谢彩霞早就萌生去意，守着这批基础参差不齐又没什么天赋的球员让前国脚心生厌烦，气极了的她甚至放话宁愿自己复出，总比天天看着球员犯重复的错误要强。我仍记得在那个盛夏的下午，她一面抱怨叹息着这是一种多么折磨人的执教经历，一面在漫布球场的日光里摇头垂肩离开球场时的背影。她想转去郭建华教练的女三队，毕竟刚刚组建的球队还未成型，灌输自己的理念更容易些。

2015年8月2日，第十四届广东省运会U16女足决赛，广州队和深圳队入围。广州队是该年龄组赛事的前两届省运会冠军；深圳队上次取得省运会冠军，还要追溯到2002年的第十一届深圳省运会。此次深圳队也是时隔13年后再次进入省运会决赛。

在小组赛中，深圳队就曾遭遇广州队。深圳队全场被广州队压制，仅一脚射门，就气走卫冕冠军。这次决赛，两队再遇。广州队当然志在赢球，实现三连冠。深圳队的教练认为双方实力存在差距，"深圳队打广州队就是业余队打半专业队，深圳队也只有三成的赢球把握"。

第36分钟，陶祝丹下底传中，谭青在后点轻松推射入网；上半场补时第2分钟，广州队任意球造成对方手球犯规，欧阳茵茵主罚点球命中扳平比分。

点球决战，深圳队出场五人弹无虚发，门将在第三轮扑出了罗丽思的点球，最终打破了广州队近两届的垄断，拿到了她们足球运动生涯中最为难忘的冠军。

两队的比赛代表了广东省在这个年龄段女足的最高水平，自然是吸引了全省的女足教练前来观摩。李晖在家陪"小肥猪"，没去现场看球。但他知道在这个年龄段广东队球员的优势与劣势，他知道球队的蓝图，他知道省队想在全运会上走得更远，无论现在和未来由谁执教，无论主教练曾取得过什么成就，都一定要把这些省内最优秀的球员收入麾下，实现那个历代足球人都在致力其中的过程。

黄华丽的烦恼

7月中旬，黄华丽就已经回到足球中心了。在她的队友都去省运会为各地方母队拼搏努力的时候，她一个人留在中心训练。我问她为什么其他球员还在备战比赛，你就回来了？枕骨扁平、额头宽大的她笑起来眉心上扬，形成了一个很大钝角的"八"字眉，看上去"囧"相十足。说是佛山队在报名时没有写上她的名字，最终导致她无缘比赛。

黄华丽出生在湛江，上小学时转到佛山的沥东小学。她喜欢上了模仿绘画，美术老师经常表扬，让她一度想尝试当个漫画家。尽管后来交上去的作业再无音讯，华丽对动漫人物、公仔的兴趣一发不可收。她希望把人物画得可爱一些，甚至经常抓身边的朋友来做临摹对象，可惜往往未能如愿。开队会无聊时，她都会在笔记本上画上两笔。小时候的黄华丽非常调皮，不听话，不做家务，作业也不按时做。暑假作业也是常常拖到最后一天，后半夜一边哭一边赶。作为长女，她还常常带着弟弟妹妹跑出去疯玩，回来时带着皮外伤继续被父母"修理"。爸爸妈妈为了管教她没少费心思，他们对华丽要求严格甚至严厉，但很支持她去探索自己的兴趣爱好，小学时给她报过很多特长班，仪仗队、合唱班自不必说，硬笔、软笔书法，美术，古筝她也去学过。

因为身体发育得快，长得高，学校的田径队教练和足球队教练都相中了她。小华丽想到练田径要天天跑步，太过辛苦，便选择了足球。一开始她想着去体验几天，再做进一步的思考。想不到第一天训练就上量了，黄华丽感觉自己上当了，打起了退堂鼓。体验期一过，妈妈对黄华丽讲，你都练了这么多天了，再不去也不好。黄华丽想想也是，就留在了校足球队。她适应着训练，一年后，在佛山队教练的推荐下，她和中后卫郭金华入选省体校。读省体校的第二年，另外两个门将谢海霞和谢莹也来报到了。她们的学籍都转到这里，一直到高考。

池明华做主教练，省体校的游指导做助教带队训练，胡指导负责守门员训练。球队宿舍就在广东体育职业技术学院（简称高职院）东南门，回科研所上班时的我见过这批小女孩们的身影。她们每天翻过两个斜坡，去田径场隔壁的外场训练，遇到下雨天就在综合馆训练，池明华还带她们绕着奥体中心越野跑。黄华丽难忘池指导经常自掏腰包给小球员买吃的喝的，训练比赛表现得出色时，他还给她们买过冰激凌。胡指导则会在节日里为球员们煮汤圆吃，或者在篮球场带她们玩游戏。

2014年春节过后，全队搬入省足球中心。郑修泰教练接手了她的守门员训练，还有后来慢慢熟悉的李晖、谢彩霞等教练。池明华告诉她们，在这里竞争激烈，会有很多淘汰，这调动起了大家的积极性。黄华丽也想着要好好表现自己，争取留在省队。于是在篮球场的塑胶地面上训练时她就扑球，不知道这样的场地对身体会有什么影响，起身时就感觉腿上怎么那么痛，再一细看已经擦烂了半条腿，她不得不休了好几天。

黄华丽的烦恼，莫过于大运动量、大强度的训练课。还在高职院时，在回宿舍的路上，她经常会想，多年以后的自己回想起这一天，这个时候的自己正在接受"大量"。训练时她快挺不住的时候，就会想：明天的自己回想起这一天，肯定会觉得自己正在接受"大量"。

2014年年初的联赛第一阶段，广东队没有出线，黄华丽却收到通知，广州队借调她去伟伦体校参加集训，备战青运会。

到2015年春节前打全国联赛，广东、广州一起出队，赛后广东队就解散过年了，黄华丽这些被借调的球员则要跟着广州队回去继续集训备战，整个春节只休了不到三天——当然是为了保持她们的训练痕迹。

广州队的孙指导更正她的一些技术动作，包括她的步点、扑球动作，这些改动给她带来了挑战，让她很不习惯。因此，即使后来把广州队的先发门将"小薯仔"挤上了替补席，黄华丽还是总觉得自己在广州队时比赛打得不好，她总是放不开，出击时总是有些犹犹豫豫，更多是依赖身前的李晴潼、陈巧珠们解决问题。

省运会临近，黄华丽回到佛山，和老朋友们一起热火朝天地备战。然而佛山队因工作失误遗漏了给她报名，直到检查服装号码时才发现没有黄华丽的名字。补救的办法都想过，最终的结果只能以失望告终。她也承认听到阴谋论的说法，导致她报不上名，但没有确凿证据。于是省运会比赛开始后，黄华丽只能一个人孤零零地回到省足球中心，开始自己训练、养伤。其他地方队的朋友问华丽：佛山队是不是把你藏起来，等到关键时刻再派你出来？黄华丽和她们讲了缘由，朋友们都不相信。佛山的队友在赛前把黄华丽的照片摆在桌面上，还配了香烛，像模像样地参拜门神，祈求黄华丽保佑球队取得好成绩。

要知道黄华丽不仅在省队是主力门将，在佛山更是全队的主心骨。拥有黄华丽的佛山队曾打进过省长杯的决赛，而没有了她的佛山队，小组赛三战全平，未能取得出线。

华丽关心球队，但更为自己的膝盖而费神。她在佛山训练时膝盖受了伤，但忘记了受伤时的具体情形。郑导提出要求为她做一个全面的检查。同事的结论是她的髌骨扭伤，因臀大肌力量不足导致膝关节磨损，并无大碍，只要坚持做康复训练，加强膝关节和臀大肌的力量，她会没有问题的。郑导也有了烦恼，黄华丽从广州队学来的步法，他怎么看都觉得别扭。"怎么去一趟广州队回来都不会打球了?!"他想让华丽用回以前的方法。运动员已经固化的技能动作，要调整过来可能要几个月甚至更多时间。郑导不得不做了妥协，让黄华丽各取精华，保留在广州队所学到的技巧。

省运会结束后，黄华丽又被备战青运会的广州队借调过去集训。在那次去山东的腹泻之旅中，球队大半人都拉肚子，还有队友患了阑尾炎，在潍坊做完手术才返回广州。黄华丽也中了招，感觉腹痛。但她咬牙坚持，打完了整场比赛。

青运会预赛很快到来。广州队的主场设在黄埔体育场，同组对手有解放军、内蒙古、青岛。黄华丽第一场就上了首发，但她打得不好，感觉放不开，担心失误，做动作也犹犹豫豫。想不到后面主教练仍然信任她，球队也两胜一平顺利出线。

到了决赛阶段，小组赛遇上成都（四川）队成了华丽的噩梦——倒不是因为比赛结果：在一次出击时她把争抢单刀球的成都队前锋撞成腿部骨折。球员倒地喊疼，裁判叫她起来，走近一看忙转身叫队医进场。陈巧珠已转过身去不敢看，华丽壮着胆子看了一眼，亦被吓得再不忍睹。赛后黄华丽坐在更衣室里不说话，教练和队友都来安慰她，说一般前锋得不到那球都要躲让了，错不在她，保护自己更重要。那时男足比赛里恰好也有人骨折，发了照片上朋友圈，华丽误以为是那个成都队的前锋，吓得哭了一场。广州队拿到一胜一平一负，还要看另两个小组第三名的成绩才能决定自己能否出线。主教练生气，破例骂了全队一次。

西安队1∶0战胜北京海淀区队送上大礼，成全广州队作为成绩第二好的小组第三名晋级淘汰赛。侥幸出线后，八进四完胜南京队，半决赛再遇成都队。小组赛里结下的梁子让成都队这次拼尽了全力誓要报仇。比赛中成都队的前锋和大头对脚一齐踢上皮球，竟将球挤压得爆了气。广州队这次没给对手太多机会，干净利落地以3∶0胜出。

2015年9月27日，青运会决赛，广州队对上海长宁区队。主教练告诉全队，打入决赛的她们已经完成了任务，接下来的比赛要求大家放松，像平常一样就好。然而到那个华丽接高球脱手、等她落地时再想补救已经失分的进球时，全队开始崩溃了，上半场她们被对手连进四球，至下半时陶祝丹打进挽回颜面的一球，最终以1∶5告负，广州队拿到银牌。黄华丽和队友们完成了这一阶段的比赛任务，她们愉快地聚在一起合影留念。返回广州前，她们收到通知，将在假期结束后集中去省足球运动中心，备战两年后举行的全运会。

黄华丽知道，烦恼仍然在等着她。

国少队归来的李晖

又一位球星打完了他职业生涯的最后一场比赛。4月中旬，午间体育新闻回顾着他往日的辉煌。电视上他张开双臂，在漫天黄色彩带中拥抱着属于自己的欢呼与荣耀。教练、同事们转回头，一面吃着自己餐盘里的东西，一面说起这个月开打的全国女足甲级联赛。

新赛季的女甲联赛不再采用赛会制，而是与女超联赛一样打主客场。在联赛开打前，女足一队收到坏消息：原本有意愿和省队共建的某职业队，因为合作细节未谈妥，取消合作。省体育局决定由广东体彩挂名赞助女足。4月3日，女甲联赛第1轮，女一队0∶1负于陕西队；16日，第2轮，1∶3负于浙江队；23日，第3轮，0∶1负于河北队。

27日这天是难得的大晴天，午饭后我散步到喷水池边的凉亭，谢彩霞一见璐璐姐过来便招呼她到一旁，嘀咕了一番，抱怨有的球员不听话在训练中偷懒；还有的球员身体欠佳，原因仍然是缺铁；李晖不在，她一个人带队训练不容易，希望科研这边能多去球场看看。璐璐姐这里天天为弄营养品采购的事忙得不亦乐乎，也只能答应着，回头和我商量轮换着去球场。

30日，女甲联赛第4轮，女一队0∶1负于河南队。5月7日，第5轮，女一队3∶0胜内蒙古队。

10日，广州市下了一夜的大雨，城区内汪洋一片，朋友圈各种堵车的照片、视频顶掉了前两天蓝狐队夺冠的消息。晚上8点多，李晖飞回广州。守门员教练小指导提议给他接风，陪他一起吃宵夜。8点20分左右，我开车载了李晖、小指导、郑导三人，到竹料路口的一家牛杂火锅店，要了靠路边的一张空桌。郑导的朋友带了老家的粉丝，正好和店里的牛杂一起下锅。郑导要了瓶牛栏山二锅头，其他教练都要了啤酒，我作为司机，不喝酒。

我坐在小指导与郑导朋友的中间，郑导则与李晖坐在对面。李晖开始讲起在山东，为国少队工作的种种见闻。他直言国少队训练量大、强度高，主教练对各方面细节要求严，脾气又火爆，每天的工作压力与在省队不可同日而语。与他一起为国少队工作的技战术分析师，干了没几天，因为球队战术打法与训练安排的问题与主教练有了分歧，大大小小的争论几乎每天都有。李晖笑说按分析师的性格，如果是在俱乐部，他早撂挑子不干了，但这是在国家队，"可不是你想做就做，你想走就走得了的"。分析师坚持工作到集训结束，就回原来所属的职业俱乐部去了。李晖在球队集训结束解散后，给陈巧珠、谢绮文放了两天假，他自己先回足球中心了。

近看李晖，整个人变黑变瘦了，这日子过得苦是明摆着的。国少队在集训期间又伤了两名球员，打对抗时人手不够，李晖也不得不披挂上阵。原本就有筋膜炎的膝盖如今更是疼得要命。离家近一个多月，爱人、孩子自是顾不上，虽然经常同家里通视频，但女儿最近不大愿意同他讲话，让他好不尴尬。

把酒举杯，李晖首先感谢郑导。"谢谢谢谢，谢谢老哥！"在云南，他第一个表态支持李晖赴国少队工作，并在李晖犹豫的时候做他的思想工作，劝他说这是个难得的机会和平台，他还主动提出愿和谢彩霞、徐荣生为主教练分担后顾之忧，这才让李晖下定决心接受执教邀请。

小指导第一次喝牛二，一口下去呛得险些咳出来。

这次国家队的执教邀请是意想不到的安排，似乎打乱了中心原有的部署。中心一直传闻要把李晖调回女一队做领队，把林思跃调来女二队做领队并辅佐谢彩霞做主教练。这些安排本来拟在云南的第二站比赛打完回来就实行，没想到队伍的联赛第二阶段云南之行吸引了一位不速之客——国少队主教练。这位教练希望李晖能来国家队做助教。另外，谢彩霞没做过主教练，女二队没有其他合适的主教练人选，让工作变动实施起来有了难度。程主任了解了情况，找李晖谈话，让他先放心去国少队工作，至少要待到完成国少队主教练交代给他的工作任务，接下来中心这边自有安排。彼时信息尚未完全公开，中心有人以讹传讹，说李晖是要上去做主教练。说起这段，李晖大笑："如果是主教练还用老郑做我思想工作么，那样我就会对你们讲'别拦着我！让我上去，让我去做主教练！'谁会和那么好的工资待遇过不去呢？！"

外教的失败，让中心决定走回"土帅"路线。李晖收到消息，要求他在国少队集训结束后回归省队，作为主教练正式接手女二队，征战这个月下旬的联赛第三阶段。

一起饮完第一杯，教练们开始互相敬酒。李晖敬了郑导，又依次敬了小指导和郑导的朋友。

敬小指导时，李晖说他为人光明磊落，行事大方。小指导把杯里的牛二一饮而尽，放下酒杯，仍忍不住那股辣劲，又拿了杯水来喝。

在座有两位守门员教练，话题肯定离不开守门，大家谈起小指导来到中心工作后带过的第一个徒弟。那女门将优秀的条件几乎让所有看过她训练、比赛的教练称赞不已，甚至看好她未来担当国门。小指导力捧她上位首发，甚至通过省里的关系推她上国家队集训。倒是女门将总顶不住压力，扛不住激烈的竞争和场外负面传闻直接闹起情绪要退役，训练状态更是一泻千里式地自由落体，拱手让出主力门将的位置。讲到这里，几位教练又是异口同声，指出那个球员不争气，愧对教练们想扶她做主力的一番苦心，是"不可支"的典型代表。她最大的志向就是结婚生子，哪里有"斗心"往上走？你又何必苛责自己？李晖举杯这样安慰小指导，小指导低头叹着气，赞同李晖的看法，又似自言自语，"是，是她自己不争气"，言罢一饮而尽，又灌了几大口白水，"等哪天她自己做教练了，才会明白个中的辛苦，她肯定也不会跟我讲这些的。"

我想着安慰他，禁不住多夸了小指导几句，说他是打过世界杯预选赛的男人，在他纠正下又说他连续打过两届啦之类。我只顾着自己口快讲得爽，讲完了才注意到坐在对面的郑导停了动作，夹着烟的手放在翘起的右脚上，烟徐徐升起，在橘黄色的路灯下显现成白色，好像郑导座前突然插了一炷香。郑导头微微前倾，锃亮的额头闪闪发亮，微微眯起的两眼盯着我，保持着这姿势一动不动，半晌才举起左手又抽了一口烟。

说到守门，李晖又讲到国少的门将受伤，郑便问有没有机会带黄华丽上去。李斩钉截铁地讲不可能，因为国少队要求打地面，对守门员要求很高，而众所周知广东队的门将脚法普遍不好。小指导喝多了两杯牛二，又和郑导争执起来：他坚持认为守门员最重要的还是在于门线技术。我掺和了一嘴：上个月去世的那位传奇名宿讲过，前锋是防守的第一人，守门员是进攻的发起者。小指导还是不依不饶，仍然坚持他"门线技术"至上理论。李晖插嘴说:"其实在青训水平,在我们这个基地,掌握足够好的门线技术就够用了。但如果要出去,打高水平职业联赛,门将不能发起进攻那会让球队失掉很多机会。"

郑导抽完一支烟,继续喝酒。大概是喝得多的缘故,他开始讲起我让他"不高兴的"的事来:"那次出国去日本,让你发球员资料来,你为什么不发给我?!这让我很不满意啊!"那次我早早整理好资料后在 QQ 和邮箱发给他两遍,但可能忘了发信息提醒他。这时李晖插话,过去的事了,不要提了。郑导被打断,加上李晖讲起别的话题,他也不好再讲什么。但这又让我想起那段不愉快的过往。我拿起手机,翻到邮件发送记录,那页上分明写着"对方已收"的字样。手机这时很不争气地没电关机了。我没再说什么。到后面郑导笑着说哪天领教领教小指导这"打了两届世界杯预选赛的门将",再顺势给我这个屁股上也来两脚。我哈哈大笑,餐桌后面的饭店牌匾放着暗黄色的灯光,郑导又微微低下头,皱着眉头,拿出另一支烟,在我的笑声里点燃了,深吸一口,吐出烟雾,整个人又笼罩在烟雾和街边路灯的光影下了。

第二天下午 3 点半开始训练。我和李晖坐在 3 号场边,看着球员慢跑热身。自年初的调整,又一批球员离开后,人丁日渐稀少的 B 队已经并入预备队,她们改去 2 号场训练,中心重新调配了 3 号场地给女二队训练。

李晖讲起这一年的工作计划,包括可能要先把队伍交给谢彩霞带,而他自己要忙于职业级教练员培训班的培训、作业、考试。他说职业级培训班是中心出钱报名,否则他自己觉得学这个意义不大——省里又没有顶级联赛的职业队,他拿了职业级的证也没地方用。到下半年,他准备带队伍拉到外面进行集训,我搭嘴说到时还要熟悉两三套阵形打法,他抿起嘴角,笑着点头。

热身结束,李晖起身指挥训练了。王医生走来场边了,这位来自重庆的队医主管身材清瘦,即使出队都会坚持每天锻炼身体。私下里大家叫他"院长"或"老王"。"院长看我们前景如何?"我觉得现在球队有了很好的条件,应该可以往前进时,王医生闭了眼睛,摇摇头。"没用的",他认为球队就是前五、前六的水平,还要看运气。

王医生讲新来的队医都要求他们除了该学的手法、新康复方法之外,尽量多看多学一些跟队伍训练比赛有关的东西，培训班能去他都尽量申请。至于教练员的学习精神，他觉得李晖稍好一点。我说到这批球员天赋不错的时候他又说没用的。"广东的教练都是会练不会调，没用的。这个队伍就是前五的水平，还要看运气。你八进四遇上浙江、上海、北京、大连，就死了。没用的。"王医生连连摇着头。

"我从九运会开始跟队。"在王医生看来，广东队每届全运会都是前八、前三甚至是争冠热门，但最后的结果都不理想。他还拿出当年跟陈玉良[①]教练打九运会时的老照片。照片上的王医生头发浓密，显得非常年轻，陈玉良教练也意气风发，看上去比现在更显精力充沛。老王指着照片里的人讲，这个，入选过霍顿的国奥队；那一个，现在还在打中超；还有，国家队的教练很喜欢他的……所以，广东一直不缺好球员，但是始终差一点。运气？也不全是。

教练员水平？"这个要另说的。"王医生收起手机，抱着肩膀。谁去决定训练和比赛？教练和运动员。我们做科医（科研与医务）的是什么角色？辅助。要搞清楚自己的角色定位。我们做出来的测试、诊断结果给教练们看，最终怎么决定、怎么调是他们的事。但你说李晖对生理生化这些东西，他真的懂吗？那次做生理生化测试，我问他这样测到底是为了什么？他讲不出，我一说测起来要为训练来用，他就急。你看看说到科研、科学化训练，有几个教练真正明白的？"要知道他们受过多少文化教育。"大多数教练都在球场滚到大，凭借体制的福利拿到大学文凭，不说对运动科学，就是通识教育背景也逊于常人。"现在愿意和我们在一起工作，已经是一种进步，很不错啦。"我同意：来足球中心工作这些年，见到将生理生化测试用于个性化、针对性训练的教练只有一个。

王医生道：麦超[②]？他又指着场上正在进行的训练：你看看这个训练，都是职业队用的，应该出现在这个年龄段的训练里吗？且不说外教水平是否有限，在云南我们聊过，外教也看出了很多问题，只是看出的这些问题能不能得到改进。现在外教走了，他们提出的那些问题谁来管？现在还不都是照旧！他闭上眼睛，又摇了摇头。我也没了话讲，便继续看训练了。

---

① 陈玉良（1959— ），肇庆人，1987年开始执教，2019年获评广东足球70年杰出教练员奖。
② 麦超（1964— ），广州人，1986年入选男足国家队。2019年获评广东足球70年十大杰出男球员。

人事变动与联赛第三阶段

5月6日早7点，球员揉着惺忪睡眼，到康复中心参加生化测试。从竹料医院请来的护士为球员们取血，璐璐姐将所有的血样收箱，交给司机班的师傅。吃过早饭的司机8点左右从基地出发，走华南快速干线转广园快速路行至奥体路，全程一小时左右到达818号大院的广东省体育科学研究所。

球员吃罢早餐回宿舍准备一番再到康复中心二楼的教室学习文化课。科研所这边，办公室人员收样，按测试名单和标号登记，再将血样送交实验室。如一切顺利、无其他队伍样品在前排队，10点钟前后这一批血样就被送上检测仪器。到下午3点左右，球队开始做热身时，检测结果也从实验室返回办公室。工作人员对比标号和运动员姓名，最迟到第二天上午，测试结果就交到璐璐姐手上，反馈给教练。李晖要看测试结果以权衡接下来的训练安排，璐璐姐依此做出不同球员的运动营养补充方案，还要盯紧兴奋剂禁用清单，调整采购方案以申请经费。

13日召开的中心办公会议对领导班子和部分工作人员的工作分工与岗位做出了调整。林思跃不再担任女一队领队兼教练一职，改任女二队领队兼助理教练。印象中，我到足球中心下队时林指导就在当时1995—1996年龄段的女二队担任领队，听说他做领队已经两届，而做教练的时间更久。这位个头不高的老教练常在班车开至东湖时露面上车，"地中海"发型凸显头顶皮肤上的老年斑，"海边"的头发也已变成了白色。每次见面，他都会嘿嘿地嘻笑着，光滑白皙的面上堆起颇具喜感的皱纹，叫我："小刘，又来中心啦？以队为家啊？"让我想起电影里的经典人物。中心的教练大多从做运动员时起为了方便训练、比赛而不戴婚戒。林指导也有这个习惯，让我不免好奇，他那乍看起来没什么褶皱、白皙的双手上还有什么故事？

转过第二周的周三，在球场边李晖同我讲起冬菇，说看她踢球，个人天赋相对有限，协调、反应能一般，基本功也稀松平常，很多跑位并不合理，意识并不出众。但她身体条件优秀（172cm，强壮），跑动积极，不怵身体对抗，是很多瘦弱型后卫的梦魇。外教时期教练组希望用射术和意识更好的陶祝丹，在下半场双方体能下降时派冬菇上去"捣乱"。现在中方教练组掌权，谢指导又提了 B 队的何晴茵到前锋位置上，冬菇面临着更激烈的竞争。李晖甚至找她谈过话：如果短期内再不改进她的弱点，可能会罢免她的队长之职，贬她去替补席蹲板凳。这不是什么新闻，早在合队之初，李晖就更看好另一个高中锋，他总觉得身高 180cm 的 ZYX 在身体协调性、足球意识等方面要优于冬菇，但是 ZYX 跑动没有冬菇积极，短时间内能力兑现不出来，这届全运会肯定用不上她，但这样好的身体条件在广东省内又难找，不忍调整她，便把她放在 B 队，期待她以后的发育。冬菇在合队之前就一直担任广东队的队长，在外教执教的末期也有了一定程度的进步，但这些都未被中方教练们看在眼里。如果突然把她拿下来，对全队都有点不好看。因此，李晖保留她的队长之职，让她留在 A 队，训练之外多负责些生活细节。我听出李晖的话里有点恨铁不成钢的意味。他刚刚正式接手球队，还在考察球员的阶段，对冬菇是弃是用，还要看接下来她的表现了。

　　李晖经常来康复中心走动，除了交由璐璐姐帮忙打印训练计划之类的文件，少不了和大家开开玩笑。说笑归一边，他执行起训练计划可是一丝不苟。除非极特殊的天气、人为因素，他提前在群里通知训练时间、内容变化，否则他会雷打不动地按早已群发的训练计划走。周五早上，李晖来到办公室交给璐璐姐一份文件，说要调整三名球员。中心早就表态，除去全运会报名球员，不想再养多余、打不上比赛的人。现在 A 队教练人手不足，把 B 队与女一预备队合并，预备队教练有权对 B 队进行人员调整。这次要离队的两人，一个是由于伤病，另一个是由于个人能力水平有限。最让李晖扼腕的 FLM，个人技术其实在三人甚至整个 B 队中都属上乘，盘带、传球、射门技术熟稔。但她缺少比赛经验，再加上后来膝盖的伤病，导致她渐渐式微，无法在 A 队立足，家人也希望她早点另做打算。李晖原来颇为欣赏 FLM，认为如果这届比赛用不上她，留下来悉心培养，下届全运会也是广东的有生力量，但现在他也不得不忍痛割爱。

　　14 日，女甲联赛第 6 轮，女一队 1∶2 负于四川队。

　　18 日，女二队一早离开广州，奔赴滕州赛区。她们即将参加第二阶段的全国联赛。在单循环赛制里,这一阶段她们要面对内蒙古、四川、解放军、长春、江西五个对手。

20日,女二队对内蒙古队。赛前队伍准备的比赛服是红色,到了赛场才发现对手也穿了红色。按照比赛规定,如果穿错服装是要被取消参赛资格的。于是,教练派替补球员回酒店取了蓝色队服。

李晖没有派上全部主力,他让出任前锋的罗丽思担任队长,并启用何晴茵担纲影锋。外教时期一直在B队不受重视的何晴茵终于迎来比赛机会,这个来自海珠区的小个子头发略微曲卷,她因此而一直留着短发,广州女生少有的大眼睛双眼皮是她最明显的女性特征。教练们叫她"靓妹"。队友则因为同看周星驰的电影时被出场人物笑呛了腰而叫她"何金银"。

开场第12分钟,广东队左后场反击送出过顶长传,何晴茵反越位成功,突入禁区抹过门将左脚小角度推射空门得手,打入了李晖治下的第一个进球。下半场何晴茵制造了一个点球,在广州队时训练都不敢罚点球的她这次亲自操刀命中;到第62分钟谢绮文替补登场时,广东队已经4∶0领先。不到三分钟,广东队9号接罗丽思的中路直塞左脚破门;第70分钟,她又接黄美琼右路传中捅射得手;第78分钟,她接陈秀冰发出的右侧角球,头球得分。只用了不到20分钟时间,谢绮文就连进三球。和她一起替补上场出任左边后卫的陈巧珠也有进球入账,到陈秀冰与谢绮文做二过一配合破门,罗丽思补射添花将领先比赛扩大到双位数,现场播报也看不过去了,索性没报最后的进球和比分。女二队最终以大比分战胜内蒙古队。

21日,女甲联赛第7轮,女一队0∶3负于武汉队。

第二天,女二队遭遇四川队。李晖对阵容做了大幅调整,黄华丽/谭青、陈巧珠、李晴潼、刘植祯/谢绮文、周雅婷/卢瑜彤、陈秀冰、熊熙/陶祝丹(4231)首发。第9分钟,谢绮文向左路分球被断,妹妹趁对方停球远复抢下球,横传交给中路插上的陈秀冰,后者突入禁区,左脚推入右下角。女二队领先了不到10分钟,四川队中场长传,谭青停球没来得及解围,陈巧珠想过来帮忙,被对方12号从身后断球,抹过二人,在小禁区前左脚推射扳平比分——1∶1。

四川队士气大振。青运会结下的梁子让她们面对广东队时本就拼劲十足，扳平比分后更是气势汹汹。第 20 分钟，陶祝丹中圈踢高球打在对方球员手臂上，裁判鸣哨，示意四川队手球，陶放下皮球想快速发球，四川队就近三名球员抢过来把她围在中间，裁判不得不再次鸣哨示意。

第 33 分钟，谢绮文中圈左侧抢断，人左球右、人右球左地连续两个人球分过，突到底线，虚抬左脚假传，吸引对方放铲，实则推球下一步，再起左脚传中，被后卫解围。整个过程一气呵成，看得场边队友大呼"绝了""这球好难""祯祯还没上去"！她高难度的突破与射门都没能再带来进球，1∶1 的比分保持到全场结束。

24 日，女二队对阵解放军队。李晖用 CSQ 和陈丽娜分担中后卫和右边后卫，李晴潼与罗丽思搭档后腰，谢绮文前移，陶祝丹打右边前卫，何晴茵打前锋。比赛过程并不轻松，广东队得势不得分，虽然占据场上主动，半场结束比分还是 0∶0 平。直到第 64 分钟，罗丽思前场抢断，弧顶左侧起右脚吊射球门右上角打破场上僵局；第 74 分钟，广东队发动反击，谢绮文分边，卢瑜彤横传，谢绮文在大禁区前迎球抽射破门；第 79 分钟，解放军反击，20 号打入单刀球。女二队 2∶1 取胜。

领队尚未到位，璐璐姐现在就干着一半领队的活儿：给球队订机票，安排住宿，训练时还要在场边为球队捡球。林思跃仍留在广州，还要为女一队的新领队扶上马，带一程。他最快也要到下一阶段的训练比赛时才能到位。徐荣生教练也将离队，他要去和欧阳耀星组建 2003—2004 年龄段的男足。李晖还收到通知，中心又有一批运动员转正名额，女二队这边可以转正 10 名运动员。他琢磨着自己队里用得上的人，列出转正顺序，决定回中心后先交前 10 个人的名单上去。

26 日上午 10 点，女二队与河北队的比赛在滕州一中的球场开球。李晖让刘植祯回到中后卫位置，谢绮文打左边，卢瑜彤打右边，陈秀冰又获得首发前腰的机会。第 36 分钟，谢绮文在左路拿球内切连过两人起右脚破门；第 52 分钟，谢绮文抢断突入禁区，假射晃过门将推空门得手。学校迎来课间休息，两球领先的李晖也决定让谢绮文休息。于是在校园广播电台播放的 *Try Everything* 歌声中，熊熙换下谢绮文。扩声器还放了《奇迹再现》、*I Believe I Can Fly* 等歌曲，但比赛双方再无建树。

27 日是谢绮文的生日。李晴潼买了她爱吃的蛋糕，连同其他要好的队友——大多是广州队的球员——一起藏在房间里，拉了谢绮文进来，打开灯，捧出蛋糕，送给她一个大大的惊喜。李晖和其他助教也现身一齐为寿星高唱生日歌，大家为她点燃蜡烛。关了灯，谢绮文戴上纸皇冠，埋头许愿，吹息烛火，和大家共享蛋糕。

无论做球员还是当教练，李晖都没经历过全队为球员过生日的传统。运动员在比赛中赶上生日，好友们便会为他举办个小型的生日 party，队里平日里玩得好的队友一起吃蛋糕，还视与教练的个人关系情况选择是否通知对方。球队主力过生日当然会引起重视，教练亲自参加甚至是献艺表演节目。而队内地位没那么高的替补，或是和教练相处存在代沟、隔阂的，会识趣低调地过完生日，看情况选择在比赛日之外的休假时间，订个包间，找上好友相聚。也有球队主力希望低调庆生，不想教练和小圈子以外的队友参与进来弄得大家不自在，更不想被别人说自己张扬不识好歹。无论怎样，她们都希望以喜欢的方式，度过自己的"成年"。

28 日，李晖延用上一场的首发阵容出战长春队。上半场陈秀冰角球助攻前两球，下半场谢绮文凭个人能力在第 74、第 86 分钟再入两球，完成大四喜，女二队以 4：0 战胜长春队。掐指算算，女二队近来所取得的进球，十有八九计在谢绮文的名下。我心想这支球队可别患上"谢绮文依赖症"，万一这个自称"胖胖"的女孩因为红黄牌停赛或者出现伤病，球队谁来得分？

29 日，女甲联赛第 8 轮，女一队 1：0 胜陕西。

30 日，谢绮文再入三球，李晴潼助攻两次，女二队 3：0 胜江西。在这一阶段联赛取得五胜一平，进 22 球失 2 球。

李晖的"实验"取得了初步成功。他以 4231 阵形为主，除去首场大比分战胜内蒙古队，第二场对四川才是他首次检验主力阵容。中场和后防是他的心腹大患，在稳固防守的前提下提高控制与出球是他的要求。相较而言，后防的人手更充足些。李晖通过比赛考察评估球员，他要权衡利弊预留后手，敢于试错同时保证成绩。为此，他不惜早早拉谢绮文到后腰位置上保证实验效果，但中场塌腰现象仍然存在，还导致了失球，让李晖决定在第 33 分钟就用罗丽思换下周雅婷。

刘植祯在边后卫上的防守表现尚可，进攻方面插上助攻的意识和出球都有待提高，于是，对解放军的比赛李晖起用陈丽娜。中场一直缺少可以成为防守屏障及进攻枢纽的人选。罗丽思虽然传球意识不错，但她缺乏爆发力，需要搭配一个可以弥补她弱点的搭档。谢绮文在国少队打过中场，但把她放到后腰位置上简直暴殄天物——队里再找不到第二个有她一般得分能力的人。李晖在训练中没少做尝试，但给球员改到合适的位置上谈何容易？就是把陈巧珠放在后腰上也明显没那种感觉和效果。从防守的角度出发，他仍然决定挖后防的"墙角"，让能力更强的李晴潼支援中场，首发了另一名中卫CSQ。

CSQ的失误导致解放军打入一球，让追求防守稳定性的李晖有所忌惮，从第四场比赛开始都用刘植祯打回中后卫。陈秀冰在第二场比赛里表现一般，除了进球没什么亮点。她在其他比赛里表现可圈可点，传球的视野、远射均符合球队需要。李晴潼是那个让李晖看到希望的人选，就算她不愿意打中场，李晖也告知对方"没人能打了，你上吧"。到第四场，他决定同时启用三个来自深圳的后卫，将李晴潼留在中场，派出黄华丽/谭青、陈巧珠、刘植祯、陈丽娜/李晴潼、罗丽思/谢绮文、陈秀冰、卢瑜彤/何晴茵，取得了他想要的结果，也基本确立了首发阵容。这套阵容一直延续至这一阶段结束，拿到三连胜。不过这次比赛还是单循环积分赛阶段，李晖的女二队还没有碰到全国前八名的传统强队。

心理课时间到！

6月1日上午，女二队返回广州，她们原地解散放假了。李晖向中心申请了三天假期，要求她们周五重新集合开始训练。因为队里还有高二、高三的学生，她们上午仍然要上课，下午才开始训练。李晖抽调周二、周四的上午安排训练。他要求罗丽思、陈秀冰、冬菇等人加练个人技术，或是全队的力量训练课。下午则安排有球训练，晚上仍是7点半左右开始的治疗、休息。

李晖习惯在从康复中心要来的废纸上写写画画，把心里的想法形成训练计划的表格，再公布给球队成员看。我的任务就是盯紧李晖的训练计划，趁队伍还在广州抓紧上心理课。李晖倒也大方，每次问他要时间，他会划出他所知道上午没课的时间给我。我们都不想晚上上课，这会影响球员们的治疗和休息，而且上课效果也不好。

11日，女甲联赛第9轮，女一队0∶2负于浙江队。

13日，我按与李晖商定的计划，带球员们看了一次纪录片。这两天璐璐姐忙着帮队伍做出队预算。我早和她讲过，自己一直不跟队，队里发生什么问题也没法及时了解。她说如果要出去工作，肯定要提早和李晖打招呼，把名额要下来。15日这天上午趁球队没训练，我去找李晖谈这事。璐璐姐又让我帮忙带上在赛区承诺要拿给他的黑茶。

李晖正在整理房间，我把璐璐姐的茶叶交给他，开门见山地问他能否带我去西安。他回说这次报了38人的出队名单，28名球员，教练团队4人，领队1人，队医2人，科研1人，中心还会再往下砍，新到位的李春成教练可能都去不了。他解释说这段时间主要打联赛，队伍只要争取进入全国前八就算完成任务，最主要的是锻炼球员。"如果到了全运会，肯定要你去，但现阶段名额紧张，可能安排不下……林指导年龄大，老同志嘛，我也告诉了璐璐姐，如果林指导要她做什么，尽量去做。一来他在领导那里好说话，二来到全运会，有经验的可以给提提建议。"

这再次确认了我在2016年不需出队的安排。运动心理学工作者随队出赛早有先例，但得到认可的过程却崎岖不平。近年来，欧美国家参加奥运会时派遣跟团的全职运动心理学工作者数量呈上升趋势。受此影响，国内亦开始重视运动心理学工作，近两届奥运会90%以上获得冠军的个人/运动队背后都有运动心理学工作的系统工作与服务。[①] 不过在国家队以外级别的运动队，受经费和工作人员建制安排等影响，全职运动心理学老师跟队，还是一个相对少见的现象。大多数情况是，心理老师会在国内或集训地和运动队一起工作数日。除非重要赛事，调节心理的工作仍要靠运动员和教练员自己。网络时代的到来方便了远程心理咨询服务，但效果有限，且很多具体情况心理老师仍然无法掌控。

李晖刚刚接手球队，对球员搭配、阵容磨合还有待考察，希望带多些

[①] 石岩．中美应用运动心理学交流的破冰之旅——"鹰与龙：美中奥运会心理训练最佳实践论坛"随笔［J］．体育研究与教育．2015，30（1）．

球员去赛区以供调用，这可以理解。另外，我知道在外教时期，郑导就不止一次对李晖说不要带我去赛区，"都没有心理问题带他去有啥用？"体育局和中心领导从训、科、医工作结合的角度，对球队做出较高要求。他们参照广州队在青运会上取得的成绩，希望几乎由原班人马组成的省队完成同样的战绩。在备战过程中，也要求李晖按照全运会备战标准，组建多学科备战工作团队。

这给了李晖不小的压力。广州队在青运会上的征途并非一帆风顺，打入决赛有一定的偶然因素。而且青运会后广深两队都有主力球员挂靴上学，未来仍有球员作此打算，可供李晖选择的球员减少，这加大复制进入全国决赛这一成绩的难度。李晖又提起教练员培训班的事，早在刚从云南回来时他就讲过，中心希望这一阶段以队伍为主，教练员培训班先放一放。因此，他费尽心思写出来的作业，一时也用不上。考虑到接下来的比赛，下半年的培训班他可能都没得去了。

16日，璐璐姐把我拉进"广东女二队"的工作信息群，还拉我进了"女二教练组工作群"。李晖安排了教学赛"明天下午和解放军队约了场比赛，14点45开球，对方服装紫黑紫"（紫上衣、黑色短裤、紫色球袜），上下半场两个阵容，还要璐璐姐给他们安排了心率表戴。我看了下出场阵容名单：第一场，后卫从右至左HZM、CTT、冬菇、黄美琼，后腰：周雅婷、小子，前卫：HXN、卢瑜彤、陶祝丹，前锋：ZYX；第二场，后卫：陈丽娜、罗丽思、CSQ、谭青，后腰：李晴潼、陈秀冰，前卫：黄莹珊、何晴茵、熊熙，前锋：陶祝丹。

谢绮文和陈巧珠在国家队集训，李晖从预备队拉多两人进来，还让卢瑜彤与黄莹珊对调了所属球队。他上周同我讲过，过几天转正球员名单出来了，余下的替补会有些情绪，不知道这个小对调会不会是在尝试安抚球员。让我有点掉眼镜的是冬菇被安排到了后卫位置——当然，从云南那场比赛开始，冬菇就已经失去了她的主力位置，李晖批评她在前锋位置上一直打不出自己的特点，达不到他的要求。他从B队里提了ZXY上来——这个大个子比冬菇慢一些，但李晖始终认为她的球场意识比冬菇要好，技术动作更协调，成长空间也比后者大。可怜的冬菇，外教时期在马杀鸡手下尚可一用，李晖却对她不感冒。

大头因为要考上海体院，打申请离开了球队。李晖也开始考虑减少使用周雅婷。一方面，因她个人能力有限，第三阶段的联赛里她没什么有说服力的表现能打动李晖给她留一个主力位置；另一方面，她以学业为重，也想考去外省上学。省内的高校中，广州体院、嘉应学院都有足球特招生且有自己的校队，华南师范大学也有足球特招。省队教练一般推荐球员报考这几所院校。李晖在这一点上和中心领导思路一致：不想踢球只希望上学的，中心和球队也不会重用你；全身心地以全运会、以广东省为重的，才有培养价值和比赛机会。否则辛辛苦苦培养你打出成绩就去外省上学了，教练白费心血，省里也浪费宝贵资源。

17日，林指导的女二队领队工作步入正轨，他开始收集教练组和球员的个人信息，为办理出队工作做准备。但队里会不会带他去西安，尚不知晓。

璐璐姐兢兢业业地为出队做着准备，包括为球员做生理生化测试，准备营养品，做出队预算，甚至是预订机票，等等。大家都觉得她做事靠谱，值得托付，甚至连我也在忙着备课之余，还不忘给她添乱。想不到一旦她顾不过来失误了，致命得难以补救。

21日，就在这天她忙得快晕了头的当口，我叫她去为球队配置营养品时跟李晖讲下晚上上课的事，路上帮忙顺便和电工讲下今天晚上打开食堂三楼会议室，否则等到4点45分电工下班，就找不到人开会议室的门，也很不好意思再打电话麻烦人家为这事专程回来一趟。

璐璐姐跑去球场后给我信息说她已经与李晖讲好，接下来忙着在场边给球员配换心率带。我跑去球场换她下班，路上也没见电工的身影。到场边我问她开教室门的事时她才想起。

就这一幕在过去的半年里发生过至少两次了。一次是在去云南出队前，她自己与教练组商定工作时间，却全然不管心理测试的时间。这次也一样，我耗费精力备好的课，眼看出队在即，要被浪费掉了。

我冲她发牢骚，抱怨她误事。看着她脸色难看地下班，我有点后悔。想想她事务繁忙，注意力已经有限，哪还能分心再想着为我提示别人要讲课的事？

22日，我继续努力，在李晖的支持下我于晚上7点半在球场健身房旁的三楼会议室讲完了这次心理课。不过这个讲课时间并不理想,她们要在出队前整理行李,下课后都匆匆忙忙地离开了,看起来心思全不在课堂上,授课效果能有多好呢?

23日,李晖到办公室里来坐,问前一天晚上的课讲得如何,照例"谢谢谢谢,谢谢刘老师"客套了下,又说他这几次出队以锻炼球员为主,到全运会不可能带28名球员出去,所以还要再调整6人下到B队去。而B队中有练得好的,他愿意再给一次机会调上来,也是给A队里打替补的球员一个信号——只要你不放弃,就还有机会给你。现在A队主力与替补的表现差距正在拉大,替补因为打不上比赛,训练里又不是主角,因而表现得有些失落。另外,他还叫我关注一下鸵鸟。自4月中旬她拉伤膝盖以来,一直处于康复训练中。他找这名球员谈过,队里没有那么多时间永远等待她康复、休息,如果她想打比赛,就抓紧时间做康复训练,归队参加训练和比赛;如果不想,过了这几个月,主力阵容定型可能也就没她的位置了。

胜负各半的联赛第四阶段

女二队于6月23日出队,奔赴西安。25日,联赛第四阶段的第一场比赛,她们对阵北京队。李晖指定"大佬"李晴潼担任队长,这位球队中后场中坚主力留着四四方方的短发,大眼宽鼻阔脸,李晖说她很像蒙奇奇。从后面看她那宽阔憨萌的背影,我起初还错把她认作深圳的那个后卫"大头"。比赛时似木讷似严肃的表情加上强过队友的能力和表现,让她有种难以言明的霸气,这为她赢得了广州队队长袖标,粤籍教练也在训练比赛里唤她"大佬"。第一次见到教练喊球员老大的,我一时还有点不适应。

女二队排出黄华丽/谭青、陈巧珠、刘植祯、陈丽娜/罗丽思、李晴潼/谢绮文、陶祝丹、卢瑜彤/何晴茵的4231首发阵容。冬菇做了第一场比赛的技术统计,发到工作信息群里;璐璐姐发了现在全国联赛的排名给我。能看到女二队的传球次数更多,传球成功率更高,射门次数、围抢次数等数据也都在北京队之上。第14分钟,北京队3号右路传中,32号跟进弧顶右侧推射左角得手，一分钟后李晴潼长传至左路，谢绮文带球突入禁区射门，被挡出，她再补射扳平比分；第 25 分钟，谢绮文中路突破时被犯规，制造前场 23 米任意球，她亲自主罚，射门被挡出，球落到刘植祯脚下，她右脚兜射，打进右上角，女二队取得领先；第 54 分钟，李晖用陈秀冰换下卢瑜彤，谢绮文打右侧，何晴茵在左，陶祝丹前移。谢绮文、何晴茵各有一次改写比分的射门机会，她们没把握住。第 79 分钟，北京队右侧角球，20 号在禁区前右侧接球射门，将比分定格在 2∶2，女二队憾平北京队。

27 日，女二队对陕西队。卢瑜彤前一场比赛表现一般，她在右路的防守要为第一个失球负责。李晖让熊熙替代妹妹打右边前卫，是首发阵容的唯一变动。第 14 分钟，谢绮文左路带球突破射门被扑，角球。何晴茵主罚，陕西队 3 号头球解围不远，谢绮文在点球点上头球打进；第 59 分钟，刘植祯犯规染黄，陕西队左侧 22 米任意球，5 号主罚直接命中；第 66 分钟，陕西队门将长传发动反击，21 号抢在陈巧珠之前顶到球，陈巧珠回追，破坏掉了对手脚下球，但落到禁区左侧的 15 号脚下，后者倒地扫射，将球打进左下角。女二队 1∶2 不敌对手，李晖遭遇接队后的首败。球队现在积 28 分，列在第 10 位。

好多球员都在抱怨裁判判罚不公，有人甚至在赛后说气得想去打裁判。球队失了两个球，暴露出后防的问题：连续两场比赛在任意球上失分，防守对方反击也同样犯错。徐荣生说第二个失球和对北京队时的第一个失球几乎一模一样。

另一个原因则可以归结为球队报名名单上有三个人赛前报名没有报上，陈秀冰、黄莹珊、小薯仔，其中刚好有两个是李晖想用来做替补的。比赛中璐璐姐分明已经看到徐指导带了陈秀冰在场边热身，可没一会儿她又坐回去了。裁判回讲她没报上名，李晖又让换大珊，结果被告知说也没报上名，这下搞得李晖彻底无语了。

球队为了方便管理器材，会在训练用球上写"广东"二字；为了区别于基地的其他队伍，又加写"女二"二字。时间久了字体褪色，但仍能辨认。这场比赛中场训练时弄丢失了一个球，没上场比赛的球员把场地周围都找遍了，也一无所获，真是什么诡异的情况都让队伍碰上了。28

日上午，教练们带打了比赛的球员去看录像，看到对陕西失的第一球，讲到守门员表现存在问题，这又惹得郑导不高兴，他接下来全天都黑着脸。

璐璐姐继续叮嘱陈丽娜、秀冰、黄莹珊、李晴潼、刘植祯、卢瑜彤、罗丽思、谢绮文、熊熙、ZYX每天午觉后到她房间来吃营养品。我发信息给鸵鸟，她说现在家里，要周三、周四才回。这家伙看球队不在，给自己放假的时间也够久的。

29日，女二队对天津队。上一轮赛后，遭遇家庭变动、有亲人离世的谭青对李晖表示"很累，想歇一歇"。李晖知道她的苦衷，答应了她的请求。这一场，他让黄美琼和陈秀冰首发；李晴潼打入三球，卢瑜彤、陈秀冰各助攻一次，球队3∶0取胜。

7月1日，谭青重回首发，周雅婷出任后腰，黄莹珊打右边前卫。罗丽思出任前腰，她打入全场唯一进球，女二队1∶0胜新疆队。

4日，女二队返回广州。她们在前一天最后一场比赛中0∶3不敌江苏队，20场比赛10胜5平5负，积35分，刚好排在全国第八名，获得跻身总决赛的资格。也就是说，球队还有机会，向全国前四继续努力。

不过也得看到现在的全国四强：上海、大连、山东、北京，他们拥有更强的实力。第五到第八名的江苏、新疆、陕西、广东若要更进一步，除了自身努力，也要看运气。特别是新疆队曾3∶0完胜上海队，令人刮目相看。

5日午睡起来，看到新闻说河源市发生地震，我想起球场那边的告示牌上写着这里是"自然灾害发生时避难场所"。下午我去球场跑步，偶遇周雅婷。受在西安赛区只打了一场球的影响，球队放假三天，她决定留在基地自己加练，也算陪着其他做康复的球员。周雅婷和我讲起她通过了学业水平测试，但测试结果不理想：政治、地理、历史分别得了A、B、C的评级，她原以为都至少能得B；讲起比赛，她觉得本来平的能赢，负的能平，但很多机会被浪费掉了，大家也只能接受这个结果。对陕西、江苏的比赛暴露出很多问题，面对高压迫打法的对手，我们出球质量不好，跑动不如对方积极，身体对抗也不如对手。另外，无论进攻还是防守，我们的配合都比较少。"他（李晖）接下来肯定会把我们练得非常狠。"球员都知道，李晖完成了他的预定目标：进入全国前八，这样，球队下半年还有个全国前四的奔头,如果顺利完成目标,明年还能有个种子球队的身份,在预赛分组抽签时占据有利的先手。

11日,王医生带了队医招聘候选人来参观,交给同事带着转了转康复中心、办公楼。同事回来同我说他自己都不管那人,只交给别人带着参观这里,可见,他对这位候选人并不上心,貌似也不太想用此人。也难怪送走候选人的当天,王医生找我说要给北体大发工作招聘,这次把工资待遇提高,并可以面议。他说领导问起招聘队医的事,催促他赶紧找个高水平的医务来,还说这待遇可以提升。王医生摇着头表示并不乐观:能招到什么水平呢?!

12日,足球中心召开女二队联赛第四阶段总结与讨论会,书记亲自主持。从谢彩霞、李春成、徐荣生、郑导几位助教的陈述开始,然后是王医生汇报医务工作,璐璐姐的生理生化科研工作,我的心理科研工作,林思跃的领队工作,最后才到李晖的主教练工作。领导在主持会议开始会讲普通话,进入中后阶段,如果没有刻意的要求和强调,广东籍的教练、办公室同事会切换成粤语至会议结束。

谢彩霞主要讲训练,从3打3、4打4、5打5配合开始练起,到这次比赛遇到的问题。她直言守门员在比赛中反应慢,指挥后防不力,经常在定位球上失分。这无异于揭郑导的短。也难怪,郑导面无表情,身体微微前倾,日光灯照不到;他本就黝黑的面肤,这时显得脸色更为沉暗。

到郑导报告工作内容时,办公室的同事插嘴问他守门员的训练存在什么问题。郑导也有点嘴拙,好在领导没有深究,他说小孩还需要时间之类的,算是过去了。到王医生、璐璐姐都还顺利,我也尽量少讲,毕竟主角在后面。

李春成个头与李晖差不多,略有发福,但让我觉得他比李晖矮胖的原因就在于他那个大圆脑袋。不说话时机警敏锐的单眼皮小眼睛,连带隆起的肚子,再穿件红衫,让他看起来很像《愤怒的小鸟》里的大红。他话不多,作为一个刚来队里不久的新教练组成员,他说自己只负责前锋球员的个人技术,发现的一些问题,还有待慢慢解决。

李晖是全场会议的重头戏。他从备战、比赛、收获与不足、解决与提升、夏训计划五个方面做了汇报,先从2015年10月青运会结束讲起:

中方教练配合外籍教练全力展开备战工作，但经过了半年与队伍的磨合与合作，由于赛练理念、区域背景、文化差异、管理方式等等原因，两名外籍教练自感不能适应队伍现实的目标追求，对完成全运目标任务不能胜任，在友好的协商中离开。现在的情况是：（队伍）经过此半年，在过低的训练水平与低强度的演练中非但未能有所改善基础技能，甚至还没形成基本的阵容和打法；过分轻松的训练，让运动员丧失了斗志和自信；年初的冬训和前两阶段（第一、第二阶段）联赛参赛，在准备不足的情况下，既没达到锻炼目的，更没办法让运动员感到收获与成就，让队伍丧失了应有的自信和凝聚力。

到 2016 年 5 月中方教练组接队开始，先确定目标，即重新搭建团队，精选 28 名运动员组建备战队伍，明确打法，发展核心，初步形成阵容……制定围绕着整体阵型发展同时强化专项体能同步走的方式进行演练……克服夏训气候无常的客观因素，将斗志和进取心重新激发。在原有较低的训练水平上进行快速改善，防伤病是重要的环节，在医务和科研同伴的支持下，尽可能地运用好现有资源进行有规律的监测和调理。明确要求：以防为先，治疗为辅；利用科学手段帮助队伍快速回归正轨。

他接着又讲了团队的人员配置，各自职能；球队名单，主要出场阵容；最近两个阶段的比赛结果：总积分 35 分（第一、第二阶段共 12 分，第三、第四阶段共 23 分）。合计四个阶段：进行了 20 场比赛（单循环），胜 10 场，平 5 场，负 5 场，进 39 球，失 22 球，净胜球 17 个，全国 21 支参赛队伍，基本按计划和预期效果进入全国前八。

在收获与不足部分，他讲：

球队通过胜利逐步找回自信，通过实战运用，坚定了打法的实效性并磨合了团队，能明确下一步队伍训练中需优先着力解决的问题，有利于为全运备战而进行针对性的准备；更加感觉到了不进则退、稍息则亡的道理。在相信自己、相信团队、坚决执行战术的前提下更加激励起队伍的上进心和赶超对手的决心；时间紧任务重，团队融合与战术的磨合同步精进将凝聚力提升，对队伍的发展和向前快速赶超奠定基础。"

球队在训练水平上与前四名的上海、大连、江苏、北京等有较大的差距；在体能（力量）层面，现阶段在全国前十名的队伍都基本完成了战术磨合与体能（储备）的搭建……从而带动比赛场上对抗性更强，速度更快、节奏更紧凑的特点……去获取胜利机会；而我们因时间还没到……所以对比之下，我们当下显出劣势；在战术上，由于时间短，只进行了部分的区域攻防战术的灌输……所以在转换部分会出现被动和迟缓的现象（此内容将在这一期的备战中完成）；对定位球、角球、界外球、点球的演练仍需加强，以备不时之需。同时，在球场上我方对定位球的（防守）失误也屡屡发生，值得重视并提高……在有执行力的前段能保持领先的良好开局，但随着体能和意志力的下降，受小富即安的思想影响，以致战术执行力涣散而被追平甚至被对手反超（如对北京，对陕西）；心智方面，过去半年多的不正常的环境影响了进取心，导致信心不足，对队伍没有信任……仍在顺逆境中不自觉地表现出不自信和焦虑，失去应有的能力……预判的准确性与决策速度显出一定的差距。

球员个人方面，个人技能在战术中的准确运用不合理；攻：主动传接失误太多，门前机会出现时把握能力弱；防：不同区域和情况运用不同的防守技能不合理……位置技术还需要时间去磨合与演练……对高球的第一点球判断和第二点球的控制不能表现出主动和预见……门将脚下基本技术必须加强，技能稳定性差；身体基础素质（综合力量）亟待提高，与队伍战术磨合不充分，在禁区内的自信气质与霸气必须加紧建立……个人应对赛场变化的决策速度未能达到现有强队的水平（在接下来的转换训练中更要抓住决策速度进行指导）。每个人……训练水平未能在比赛中完全体现（特别是第一场比赛之后）。

"充满爱与希望"

7月13日，李晖邀我和璐璐姐中午去他房间喝茶，徐荣生也在。我们一起啜饮李春成泡的养生茶。

李晖调侃说郑导讲要带三个守门员，周一、三、五进行加练，中心外求他带一下的小球员也都被推掉了，"不想让领导们说起来自己球员没带好，还给外面带"。在赛区，各队有了共识："广东队守门员弱，再盯死谢绮文"便可拿下胜利。再加上总结会在领导面前被谢彩霞和其他同事轮流找碴，郑导脸上肯定挂不住，现在压力山大。

大家又说起最近这次球员转正的事。体育局下各训练中心的规定都是走训制，球员通过中心的集训、比赛考核，教练的提议、申请，交体育局审批，才允许球员转为运动中心正式在编的运动员，享受事业单位编制待遇。每个运动中心的运动员编制名额有限，当有人退役、转会而退编，经省人社厅批准，才会空出名额。因此，各队需要转编的人数也视时机、数量而定，一般由各队主教练依球员对球队的贡献与重要程度而制订转正名单及次序。1999—2000年龄组女足最早拿到中心编制的可以追溯到2014年，尚在国少队效力的谢绮文、陈巧珠、熊熙第一批拿到了转正资格。到了2016年5月，中心通知队里，这一批有10个转正名额。李晖递交了转正顺序名单，陈秀冰、黄华丽、李晴潼、卢瑜彤、罗丽思、陶祝丹、刘植祯、何晴茵、陈丽娜、谭青位列一至十名，这些人都是球队主力，或是未来重点考察对象。郑导要求将谢莹的位置提前，被李晖拒绝。

"你老友又不高兴了。"李晖苦笑着说。自滕州回来，郑导因为转正球员的事有半个多月没再和李晖说过话。李晖又开玩笑说你们东北老乡怎么都这样小气的？我不择言地回敬说郑导和我不是老乡，他对我而言也是一个南方人。李晖又笑了，末了，他表示说带了一套衣服给我，过两天寄过来时再让我来拿。

15日，足球中心召开党员大会，要对支部进行换届选举。足球中心的前任书记严仲坚一早推门进来和璐璐姐打招呼。我也站起来打招呼以示礼貌。

新来的同事不认识此人，问我他是谁。我说自己也没怎么和他一起工作过，但知道他当年曾做过女足国家队的助教，带队拿过世界杯、奥运会的亚军。我还见过他与克林顿、贝利的合影。新同事惊得嘴巴张得老大，璐璐姐也表示不知道他有这样一段辉煌的经历。

三天前的办公室会议，财务室要求各科室上报2017—2019年财务计划，这让王医生、璐璐姐忙得焦头烂额，恰好又赶上中心给各科室、宿舍换装空调，叮叮当当之声不绝于耳，好不心烦。这些不善沟通的工人们操着极重的地方口音，璐璐姐和我听不太明白，只觉得他们用水钻打眼也不提前打招呼，搞得地上全是水不说，还差点泡到体成分仪。璐璐姐怕实验室仪器被搞坏，赶紧叫我来帮忙，弄了好些塑料布盖到实验室里。中午休息时间，她也留在办公室看着装修。

我午休回来，璐璐姐说下午3点多训练，要我提前去李晖房间去拿那套衣服，还说有一份李晖要求打印出来的文件，要我顺手给他送上去。我发了信息过去问他是否已经回到基地，没想到一会儿工夫，李晖拿了两个塑料袋推门进来了。他从家里回来，一脸倦容，好像还没睡醒。他进来拿了璐璐姐给他打好的文件签字，全程都没讲一句话。我说早知他回来在房间里休息，我就自己上去取了。他努力撑着眼皮，回说在房间里看《欢乐颂》，皆因老婆、孩子都在看，引得我们一阵取笑。我打开他带给我的衣服，当场试穿。照理说，此处应该回礼示意，我也做了准备。但我不想这么快就表示感激，想着以后寻机会再还礼给他。他又同璐璐姐说下周约了球队进行比赛，到时需要测下生理指标。他准备离开，我又赶紧预约了18日的心理课，还跟他讲了这次要给球员做心理测试。

小指导上周回归中心，带着莫大的喜气，他的好事近了。这周李晖等人都在，小指导便决定晚上请他们吃宵夜。我坚持不喝酒，继续代驾。

我们坐着车在竹料镇上兜了一圈，最后还是回到那家牛杂火锅店。他们在一起吃饭，三句离不开足球。李晖恨那些替补球员不争气——没有无缘无故的恨，李晖没少为她们费心思。刚接队用人时，他方方面面都要考虑，除了平时比赛尽量都给上场机会，语言也成了一大因素。同等水平下，如果全用讲粤语的，会让讲普通话的感觉不受重视，而且人数众多的地方队球员会因此得势，为球队今后的管理埋下隐患。在场上看替补做不到位李晖便点名字直接开骂，有时他故意把话骂给其他人听，有则改之，无则加勉。但在我听来，跟个别教练那些让人听得面红耳赤的国骂相比，他用粤语骂出口的真算不得是脏话，这主要跟李晖训斥时就事论事，不攻击球员自身有关；再则非母语带来的主观感受："你盲佐了咩""你训佐了啊"，肯定不如"你瞎啊""做梦呢"来得刺耳。

足球教练在场边执教时的语言肯定以简练精确为主。提示时一次一人，对最近的一个回合或一个比赛动作做简要提示，语句形式也以"主语+多个谓语动词"常见。提示动作方向时，以球场方向为参照，向己方球门一侧、中轴线方向的动作，他提示为"收、返、回、内、身后"，向对方球门一侧，外周方向的动作，他提示多为"去、拉、向前、推、身前"。有过踢球经历、又接受过系统训练的职业教练从赛场、训练中读取的信息远多于常人。球场上发生事件时，职业教练能凭专业直觉第一时间发现转瞬即逝的问题根源，就像棋艺大师复盘一般精细准确。他们对赛场的同一问题都会有所察觉，只是反应不一，提示语言也因个人对问题判断与对竞技足球的理解侧重点而有所不同。

早在2014年李晖刚组建球队时，就有球员私下里问池明华：李晖指导以前进过国家队么？猴精的池指导回说"当然去过，去过国青"。后来他笑对我说"李晖哪入选过国家队"，不过是知道球员要看人牌面下菜碟，"维护主教练的权威"罢了。而现在，李晴潼、陈巧珠、谢绮文、陶祝丹这些人拿过青奥会冠军、青运会亚军，深圳球员还拿过省运会冠军，都见过世面。像李晖这种踢球时经历并不显赫，执教时成绩也没什么值得一提的教练，执教这些"大牌"面临的压力远大于2014年的集训队。这次国少队抽调他上去执教，再因为中心领导要求加强自己队伍建设而离开（不是因为能力不足的离任），让他有了国字号背景和经历，不经意间有了执教的权威和资本，否则他现在也不好做。我曾和李晖表示过这种担心，怕他的管理风格以后会镇不住这些球员。李表示在球场外可以由助教们把握。他对助教们直言，私下里，可以鼓励、给球员们讲好话，但到了球场上，他还是要坚持自己的原则和方向，"只能有我一个人的声音"。

另一个挑战，则来自国字号集训球员。她们的行程、训练安排会与地方队发生冲突，一般省队教练会做出让步，允许球员按国家队训练计划自行安排。很多球员会在归队后出现各种不适，和母队的合练也不如以前默契自如，这也是存在多年的问题。

饭罢，我们回到李晖的房间喝茶，他又讲起之前中心还有两三人想到女二队来做领队——听得我直咂舌头。球队需要的是对他的工作有帮助的人，后来中心要派林指导过来，一切变得顺理成章。毕竟他是省内唯一的国家级教练员，还有着别人所没有的经验，和中心领导沟通起来也更方便。

19 日，璐璐姐去参加营养品招标会，王医生去参加培训班，队医们跟队训练，上午的办公室里空荡荡。我分析了心理测试数据，结果发现黄华丽的心理疲劳状态最为严重。中午饭罢，我在 A 栋公寓大门口碰到李晖，和他讲了黄华丽心理测试结果的事。他一摆手："她那不是心理的问题！看看陈秀冰和其他人帮忙调一调，黄华丽你不用管。"看着他走去电梯的背影，我想还是守在公寓大门口问一下球员吧。守门员是全队至关重要的位置，一般进球时没人想到她，失球时倒是常见其沮丧的身影。这一位置需要稳定可靠的表现，对球员的身体素质、心理能力等方面的要求极高，现代门将不仅要承受镇守最后一道防线的巨大压力，还要扮演进攻发起点的关键角色，俗话说，一个好门将顶得上半支球队。虽然自己从未期待她能达到罗伯特·恩克①那样的技术水准和生涯高度，但我衷心希望这个位置上的运动员能保持身心健康。黄华丽对她自己的测试结果兴趣索然，只是嗯嗯地答应了一声，也没讲太多就去搭电梯了。

接下来的一周多时间里，璐璐姐又被梅州客家队借调过去帮忙做营养监测。临行前她嘱咐我多去球场看看。

周五下午 3 点多，女足二队与海印男足 2003—2004 组打教学比赛，排出黄华丽/刘植祯、郭金华、陈丽娜、黄美琼/李晴潼、陈秀冰/黄莹珊、罗丽思、卢瑜彤/何晴茵（4231）。对方年龄、经验都不在我们之上，但由于对手是男足，比赛还是有一定的锻炼价值的。球队在上半场打进一球，但下半场因体能不足、防守出错而被攻进一球。赛后李晖认为这是一场质量很高的比赛，全队的体能和技术都得到了锻炼与考验。但对我来说这并不乐观——主力球员打满了 90 分钟，体能达到了极限，因此，晚上的心理课她还能保持全神贯注的状态吗？于是我找到李晖，要求取消原来的课程安排，改在这周的其他时间进行。

22 日，我抓紧时间讲课。下午，冬菇承李晖之意就为球队统一买件休闲 T 恤衫一事征询大家的意见。徐指导、小戴和其他球员们纷纷献策。徐指导发了件深蓝色 Polo 衫的照片，被大家吐槽，我还似正经似反讽地夸他"好眼光"，其他球员则直接说他眼光烂——在我们看来，那是"60

---

① 罗纳德·伦. 门将之死：罗伯特·恩克的故事 [M]. 张力，译. 上海：上海译文出版社，2013.

后"甚至"50后"阿爷、阿婆、大爷、大妈穿的衣服，颜色死气沉沉，图案也没什么个性亮点。冬菇发了几个候选，还问大家喜不喜欢现在很流行的品牌。"大佬"李晴潼冒出来说，她不喜欢那种竖中指的图案，更希望穿那种有正能量、"充满爱与希望"的服装。有队友发了件纯黑色，中间带白色心形图案的照片讽刺说，你就想要这种吗？这让我想起有个时尚品牌以红心为标志，看上去非常"正"。于是找到照片发给大家看，得到了李晖与璐璐姐的支持。但球员们都没反应，倒是冬菇直喊头疼，说被大家搞得心烦，先去睡觉了。

这几天下午去球场看训练，晚上的心理课也如约正常进行。徐荣生直到周六早上还问冬菇定下来买哪件了没有。在得到否定答案时叹了口气，眼往上翻，半是失望半是期待。当着他的面，我没讲太多。只想他前一周去了恒大足校，对2003—2004年龄段的男足进行选材，再过两个月，他就不再是女足二队的教练组成员了，还这样惦记女二队买T恤的事。

25日晚，上课前陈巧珠穿了件休闲罩衣，但显然穿反了。有队友提醒她，她便当堂换起衣服来。坐在她身后的球员大声叫我："刘老师！"我条件反射地抬起头来，看到刚好已经把衣服拉过头顶、露出肚子的陈巧珠，便把头扭到右边去，心想这鬼把戏有多无聊。球员们一阵哄笑，有人说刘老师有什么不好意思的，想笑就笑吧，别憋着啊。

放心，等你们出队了，我有的是时间大笑。

27日，李晖来到办公室找璐璐姐了解出队前生理测试的情况。我顺便同他汇报了下关于前两日连续为女二队讲课的事。他讲起玩笑话仍然不离"你老友""又不高兴了"，让我怀疑广东人是不是一辈子只凭一两个笑料而活。郑导现在都是自己一个人吃饭，平时训练前后也是独来独往，只与王医生走得近些。

台风与中秋做伴的联赛第五阶段

8月2日，第4号台风"妮姐"在深圳市大鹏半岛登陆，广州市这两天也小雨大雨下个不停。上流的李溪拦河坝开闸放水，流溪河水位增高，流量加快。3日早上，我吃完早饭，准备去康复中心上班，看到运动员公寓A栋大厅摆放了新的宣传板报，贴了谭茹殷的照片，旁书：

> 广东玫瑰　奥运绽放
> 来自广东湛江的谭茹殷说自己被选去练足球是个巧合，却一路跌跌撞撞走近了舞台中央。19岁在女足世青赛上被评为单场最佳球员，20岁上下就已经在世界杯赛场上首发出战，坚定专注的她曾说："我觉得足球是我长这么大做过的最棒的事！"
> 谭茹殷记忆中走上足球路只是因为小学三年级时被父母送去体校，校长让一位足球教练来看看她适合练什么，她便被教练直接带上足球场，在广东省队时，有些婴儿肥的她被人戏称为"肥婆"。自称"女神经"的她不急不恼，还和另外两位外号为"肥佐"和"肥妹"的队友组成"三肥集团"，并且"在圈内还是有点名气的"。
> 没有入选过国少队的谭茹殷却连续入选了两届国青队。在跳级入选1992级年龄段国青时，她是队里年纪最小的球员，笑称自己那时就是队里"吊车尾"的。但是在1994年龄段的国青队中，她却无缘2013年亚青赛的阵容。2014年世青赛她终于如愿以偿搭上末班车，开始在世界赛场闪耀光芒。与巴西、德国和美国共处"死亡之组"的中国国青队出人意料地在小组赛第二场5∶5战平德国国青队，赛场上视野开阔颇具大将风范的谭茹殷荣膺那场比赛的最佳球员，这张奖状她早已交给父母珍藏。
> 4个月后，她第一次站在国家队的舞台上，而且首秀就是面对世界冠军美国队。那是2014年12月的巴西女足四国赛，首场比赛中国女足1∶1战平美国队这位多年的老对手，令人振奋。谭茹殷坦言："当时年轻，没觉得对手很可怕，安排我上我就上了，就想着一定要发挥好，别拖累队友。"一年半的时间里已经代表国家队报名过39场国际比赛，谭茹殷觉得最难忘的就是今年3月奥运会预选赛上对阵朝鲜读秒点球扳平比分的时刻："我又哭又笑地跑向观众席去向球迷致谢，都担心那表情要是给照下来肯定太难看了。"
> 在她眼中，五场比赛三胜两平提前一轮出线的奥预赛是"不可思议"的旅程。现在面对接下来更加波澜壮阔的征程，她表示如果可以进入最终名单，希望自己能对队伍有所贡献，最重要的是中国队能够"走得越远越

好"。踏实勤恳的"肥婆"就这样一次次用刻苦训练和认真比赛告诉世界，推动她一步步向前的不是幸运，而是心无旁骛的专注和坚持。

同一天的潍坊，下午 3 点，室外 31℃高温，广东 U18 女足首发黄华丽/黄美琼、陈巧珠、刘植祯、陈丽娜/李晴潼、陈秀冰/谢绮文、罗丽思、卢瑜彤/何晴茵（4231）迎战辽宁队。谢绮文这一天过得诸事不顺：第 8 分钟，她给罗丽思创造机会，后者打偏；第 31 分钟，她突入禁区横传，李晴潼倒地铲射被门将抱住；第 37 分钟，她又送出身后直塞，何晴茵单刀射门被拒；第 53 分钟，她制造了距门 26 米的任意球，左脚打门被门将托出横梁；第 57 分钟，她在左路带球突破后射门打高。

李晖不住地高声提醒黄美琼、陈丽娜两个边后卫快点扯出空当，或在谢绮文拿球后早点向前。第 63 分钟，谢绮文左路直塞，妹妹前插获得单刀机会，裁判举旗示意越位。李晖站起来抗议："这球越位吗？她触球的时间你看到没有？"郑导径直走到边裁身边，指向球场说出球一瞬间妹妹在大连队防线后面。第四官员走过来伸出右手请他们坐回教练席。两人都知道无法改判罚，郑导坐下来，嘴不闲着："这绝对是个好球。"李晖苦于难得见妹妹前插得那么坚决却尝不到甜头，他瞪着眼直视第四官员半晌才回到教练席上坐下。

才过了一分钟，黄华丽得球，她短传给弧顶附近的陈丽娜，大连队 14 号冲上来断球横传，8 号射门被吹越位。李晖皱着眉头喊："华丽！打出来嘛！你观察了吗？！"第 67 分钟，他用陶祝丹换下陈秀冰，看妹妹对抗中被对手像欺负小孩一样推倒在地，他又在第 72 分钟用熊熙换下妹妹。

终场前 20 分钟，大连队或传切或突破地在广东队门前获得了几次有威胁的进攻机会。李晖继续"广播"："提起精神了喂！集中精神！"

大连队的加油助威也在球场周围平齐不断的蝉鸣声中断了档。第 83 分钟，5 号抽筋倒地。重新开球后，大连队利用左侧任意球头球攻门，黄华丽将球扑出；第 90 分钟，广东队右侧角球，谢绮文一脚兜去左侧底线出界。她往回慢跑，一边喊："我的我的！"炎热的天气让她收不住脚力，也让双方最终都得分乏力，比赛以 0∶0 收场。

5 日，女二队对北京队。李晖在准备会上指出球队进入状态慢，把握机会的能力有待提高，上一场五六个机会都没有把握住，这还是欠缺比赛经验的表现；黄美琼在比赛的前十分钟甚至都不知道在干吗。但他仍然信任黄美琼，只调了陶祝丹代替表现一般的陈秀冰出场，何晴茵和罗丽思依次回撤。

然而，当天的比赛还是输了。让人恼火的是，失球都是任意球造成的：第29分钟，陈丽娜对北京队26号犯规，2号开出任意球，陶祝丹起跳没顶到球，26号在她身后回头望月顶入右上角；第61分钟，陶祝丹与陈丽娜夹防北京队3号时犯规，3号任意球直接破门。女二队0:2负于北京队，罗丽思赛后说打到比赛末段都没脾气了，只想着比赛早点结束。

7日，中心食堂大电视上早午晚的体育新闻反复播放着谭茹殷打进的惊天世界波，帮助中国队2:0胜南非队。下午我去球场跑步，看到紧挨着球场力量房的公寓墙上，开辟了一块用于贴海报的宣传栏，那里现在也贴上了谭茹殷的大幅海报。女二队工作群和足球中心群却是静悄悄的，在比赛期间，大家都是默契地报喜不报忧。我知道不妙，问起璐璐姐，才得知球队溃败的消息。

璐璐姐说她和徐荣生坐在看台上，双方失误不断，因此来来回回交换球权。比赛上半场在徐荣生看来就像是在打乒乓球。江苏队的体能明显好过我们，到比赛后面，女二队都跑不动了。徐荣生也不再讲话。

陈丽娜因伤不能上场，李晖用刘植祯打右边后卫，李晴潼打中后卫；卢瑜彤、黄莹珊分居左右两边前，谢绮文打前腰，陈秀冰在她身后，陶祝丹在前一场的防守让李晖放心不下，遂又让何晴茵打前锋。

开场16分钟黄莹珊造点，谢绮文低着头向中圈走去，面对国少队友，她没太大胜算。大家面面相觑，最终陈秀冰站到点球前，但她打向左下角的射门被扑出。江苏队替补席上一片叫好："徐欢，你最棒！徐欢，你最棒！"大家都想不到，整场比赛，这样的喝彩声她们至少还要再多听几次。

第24分钟，江苏队中场长传吊入禁区，刘植祯、陈巧珠争顶，江苏队14号抢到第二点，在左侧回传，无人盯防的5号推射左上角破门；3分钟后，江苏队右侧角球，罚向前点，漏到江苏队17号小禁区内推射左下角得分；第29分钟，江苏队左路斜长传，李晴潼解围踢跐，球飞向自家禁区，江苏队球员弧顶抽射，黄华丽扑球脱手，球入左下角，短短的5分钟，江苏队3∶0领先。

第33分钟，陈巧珠和罗丽思做撞墙二过一后在右路斜长传，全场面对动辄两至三人包夹"待遇"下射门机会寥寥无几的谢绮文在点球点右侧头球打入右上角。广东队扳回一分，但球队接下来的表现让这成为只是挽回颜面的一球。

第41分钟，李晴潼上抢，江苏队右路送出直塞，5号单刀球打入右上角。

中场，李晖让HZM换下何晴茵打边后卫，刘植祯回到中路，李晴潼提到后腰，罗丽思推到前腰，谢绮文顶至突前。第64分钟，江苏队右路传中，14号在刘植祯身后和HZM补防前抢到第二点，小禁区前射门得分；第67分钟，李晖用冬菇换下李晴潼；第76分钟，江苏队反击，前场2打4，17号直塞陈巧珠身后，5号禁区左侧低射，黄华丽做出动作没扑到球，她趴在地上回头看着皮球滚进球网远端。

江苏队打进第六球

第78分钟，小子换下罗丽思；第86分钟，熊熙换下黄莹珊——李晖能做的只有宣布放弃比赛，女二队1∶6负江苏队。

输球的原因很多。教练组粗略总结，觉得别人在进步，而我们原地踏步或者小碎步向前，不进则退，水平提升自然赶不上对手。细节上，两场比赛三次定位球失分，又暴露出球队后防的老大难问题，尤其在对阵前八的强队时更为明显。先前广州队球员建立起对江苏队的心理优势，从这场比赛开始了然无存。看到球队以这样的成绩惨败，我心里也难受。

女二队一平两负，将参加5~8名决赛。8月9日，女二队对山东队。陈巧珠在前一场比赛抻到右腿，没有首发出场；李晴潼与刘植祯搭档中后卫，谭青入替右边后卫，陶祝丹再次首发。第43分钟，罗丽思直传穿过山东队整条后防线，陶祝丹小禁区前推射得分；第54分钟，山东队21号利用角球头球扳平；第67分钟，谢绮文争顶头球被12号撞倒，李晴潼打入点球。女二队2：1胜山东队，接下来要与辽宁队争第5名。上午打完比赛后，有的球员自行去看江苏队对上海队的比赛了。江苏队继续凭借长传冲吊的打法冲击对手，1：0赢下比赛。

队内训练时罗丽思拒绝射点球，甚至还哭了。原来是去年省运会中决赛对深圳时萝卜的点球被扑出来，球队输球，她从此落下了心理阴影。璐璐姐说等她回来你有事做了，我回说这要看她自己。上学受训时导师就讲过，受助者发自内心的意愿才是改变的基石，追在运动员屁股后面的不叫帮助叫骚扰。

11日，女二队对阵大连队。陈丽娜复出，李晖仍让李晴潼打中后卫，谢绮文与罗丽思搭档后腰，陈秀冰打前腰，熊熙、何晴茵一左一右，陶祝丹突前。第36分钟，大连队2号直塞，7号从右侧插入，在小禁区线上回传，8号在点球点左侧推射破门；第52分钟，大连队前场右侧40米任意球吊入禁区左侧，7号在小禁区前顶入大门右侧；第65分钟，大连队6号横传，7号射门打入左下角得分。女二队0：3落败，最终名列第六。到目前为止，在今年的正式比赛里，女二队打全国前八的队伍就没赢过。在教练组看来，江苏、大连、北京等北方球队体能充沛，面对这样的对手，我们的场上作风不够硬朗，一出现失球会产生放弃心理。

12日，我遵从科研所安排飞往山东烟台为其他项目工作。同一天，女二队搭乘12点40的飞机，因赶上暴雨而延误到近傍晚才抵达。

输球并不好受，输球后再赶上航班延误，让短暂的假期显得更为珍贵。女孩们回到家里都要在群里@教练组，报一下平安。她们 8 月 16 日就得归队报到，第二天下午开始恢复性训练。这意味着她们要告别短暂而舒适的常人生活，再与刚刚留下负面印记的足球重逢。谢绮文发圈开玩笑"钟声响起归村的讯号"；谢莹也发圈说"我对这个世界要绝望了"，后面还配了两个心碎的表情。她知道，因为前一阶段门将和防线的拙劣表现，接下来等待守门员的，是更为严酷的高强度训练。

  19 日下午，女二队迎来教学比赛，对阵湖南队。谢彩霞指挥替补阵容应战，李春成则带了主力在另一块场地上进行专项练习。湖南刚刚组队不久，实力有限，即使是我们以替补应战，开场不久就取得两个进球。但是很多球员经历了放假归来的恢复训练，昨天又是上量的力量训练，身体有了反应，没到半场都跑不动了。对方中场传出第一脚，前锋找准时机前插，整个防线就剩下一个后卫和一个门将；郑导坐在场下看得直着急："这防线怎么跟校园足球似的，谭青你是在慢跑吗？回防跟一跟啊！"还好小薯仔表现正常，几次射门、单刀机会都被她处理得当，没有造成失球。ZXY 意外地得到了一次极好的单刀机会，但她打得太正，被门将扑出，更意外的是她居然又截到了皮球，射了第二脚，也被挡出，这引起了场上场下一片叹息。

  这几天训练、比赛都看不到李晖。璐璐姐说他家里有事，请了假。谢彩霞又跟她讲起过训练中的问题，她抱怨有的球员不听话，在训练中偷懒，她一个人带队不容易，希望科研这边多去球场边看看训练。

  22 日上午，冬菇找到我，谈了 30 多分钟，直到李晴潼来找她而作罢。她想在锦标赛前就离队，她的地方队教练劝她想清楚再做决定，中心熟识的教练也劝她和李晖再谈一次后离队也不迟。目前队里没有她的主力位置，有限的上场时间里，她也是万金油般的从前锋打到后卫。家里不想看她再这样蹉跎时间，要她回去上学或是半工半读。她苦于两边都是未知数，焦虑得晚上睡不着了。

  家家都有难念的经，人人都有自己的苦恼。前些天郑导提起近来教学赛里出现的防守问题，对边后卫与中后卫的呼应配合讲要求，陈丽娜顶嘴，说守门员不一样是做不好？气得郑导训了她一顿，还跑去谢指导那里告了她一状。说起防守，本来是人人有份的事，这一阶段对大连队比赛的第一个失球，黄美琼这边犯错被人突破，对方4号球员冲进禁区完成射门时，中路漏人的何晴茵还在走路，起跑回追时已经来不及。李晖不止一次强调全队的防守积极性，谢彩霞当然也看重这一方面。下午训练前，谢彩霞再次对纪律、态度上做了要求，还要陈丽娜当众读了道歉信。那封道歉信用词考究，情真意切，对她自己冲动下的顶撞行为表示歉意，并表达下不为例，绝不再犯。她读完之后，将那一张纸塞入场边下水道的间隙，抓起训练背心套在身上，和队友们说笑着继续训练了。

璐璐姐跑回办公室收拾东西准备下班。看着她匆匆离去的身影，我这才想起还没有问她，参加广东人的白事需要做什么准备。上午上班时她告诉我，李晖的母亲于昨天夜里去世了。

没参加的出殡 & 亲自送出的礼物

李晖的母亲不像他父亲那般四处走动，时间久了各种老年病找上门来。随着年龄的增长，病情也开始恶化。渐渐地，父亲也不太敢离开家，生怕老婆身体出现什么状况。2015年年尾至2016年年初没有太多训练任务，李晖准时甚至早早下班走人，除了照看随妻子住在深圳的孩子，也是为了陪着母亲。

在李晖看来，老人家不动手术、不进医院还好，进一次医院就弱一次。检查结果到了眼前，家里人必须选择是手术还是保守治疗。坚强的母亲希望做手术，李晖皱着眉头在手术知情通知书上签了字。

病痛折磨得母亲睡不着觉，需要李晖和哥哥轮流守夜照顾。到了白天父亲换他们回去上班。李晖工作一天，晚上下班在中心食堂吃口饭就开车去医院换父亲休息。景程车的油箱装不下他的焦虑，一半为见不到的"小肥猪"，一半为健康状况恶化的母亲，溢出来的则让他在足球中心时无法切断这些念想。护工不会守夜，家里人各有各的事忙，再没其他人能指望得上。连续20多天，李晖有点顶不住了。回到足球中心，没有训练的上午他除了睡觉什么都不想干，心情烦闷时也只能靠老婆、孩子都爱看的国产剧解闷。他开始考虑辞职。

医生在术前又讲了一遍风险，早已没有更好选项的李晖在手术知情同意书上签字。手术非常成功，在手术室里观察两小时后就被推了出来。然而四小时后，麻药劲一过，母亲衰老的身体还是出了问题。李晖皱着眉头在病危通知书上签了字。

医生从 ICU 病房里出来通知李晖一家：抢救实施成功，但也仅限于维持生命体征，很难恢复意识。而且在抢救的过程中对老人的身体造成了损伤，70 多岁的老人，且不说还能不能恢复过来，活着也很难受。李晖在放弃治疗同意书上签了字，转过身来看着已是七旬、每天往医院里跑而煎熬得疲惫不堪的父亲，还有从南京奔波回来的大哥，亲人的身影和整个世界像液体一样融化了。

8 月 24 日，璐璐姐给我发消息说李晖的母亲明天出殡，问我是否参加，如不参加是否愿意给帛金。按照广东人的习俗，白事的帛金，以单数结尾，与逢年过节喜事封利是的偶数相对。中心的很多教练、同事都将参加出殡。谢彩霞、郑导带队训练，璐璐姐交了帛金给李春成，我也顺了方便，转了相同数目的帛金，请他代为转达奠仪。

26 日上午，我给球员做个人心理咨询，下午坐在球场边，看谢彩霞指挥球队打教学赛。林思跃走过来嘿嘿地笑着，问我女一队总输球，怎么解决球员们的消极思想问题。我非常认真地从自己的专业角度出发，说起应该如何应对这些问题。他说这些问题他在队里开会时也都讲过。我又举其他集体球类项目的例子，说人家去内蒙古打比赛都要坐火车去，与他们相比，女足球员真是不知道幸福多少。他告诉我说女足出行坐飞机是省内体育局给的特许，每次出行都要基地领导特批的。感觉林指导对我说的问题不太感冒，很难聊到一块儿去，我便不作声了。

球员们结束了热身，谭青就坐到我们身边，微噘着嘴，眼神也有些落寞，好像是因为打不上主力而不愉快。李晖同我说过，他现在急需用人。球员主动说自己累了不想打了，他能理解背后的苦衷缘由，但作为主教练，到了场上当然要用心无旁骛的人，谢彩霞当然会遵从主教练的用人安排。

29 日一早，我看到李晖那辆黑色的景程车停在车库，便跑去他的房间。他看上去消瘦了一些，和往常刚回到中心时一样，正在房间里收拾整理，去阳台晾晒衣服。我拿了新买的普洱茶给他，"谢谢"，他噘起了嘴，那表情很惭愧，又有些窘，好像我第一次送礼让他感觉有点不自在。在山东时听说李晖的母亲生病了，教练组成员、科医都送了茶叶给李晖。李晖私下里开玩笑，基本都全了，好像就差刘羽了。说者无心，我这个听者哪能那么无意。出殡前一晚，我托李春成转了帛金给李晖，这次又拿了茶叶，也算带到心意了。他留我坐下喝口茶水，我屁股一沾座，他就说起9月11日要出队去参加全国锦标赛，从9月第二周开始他要接回训练，要我帮忙打印训练计划出来，告诉璐璐姐在下周五出队前还要做一次生理生化测试，还要我做好准备，明年开始跟队出赛。我一一答应。又坐了一会儿，起身告辞。出门前，我看到一张一寸黑白照片立放在他书桌旁的电视柜上，前面摆放了茶、香和水果。照片上，一位眉眼和李晖很像的老妇人，留着蓬松的短发，稍稍歪着头，那微笑一样的温润柔软。

8月底，除了帮助璐璐姐给从体校选上来集训的2003年龄段女足小队员做FMS测试，整理数据之外，还要筹备女二队在参加锦标赛之前的心理课。当我同王医生感叹时间过得太快，自己的车子都保养了两次，还提起随着年龄增大，感觉时间会变得越来越快的心理学研究成果时，王医生表示认同。他说起现在来到基地的两支男队（1999—2000年龄段的男足二队和2003—2004年龄段的男足四队，均由欧阳耀星、徐荣生组建、选拔），回忆起2012年那时他还在跟陈玉良的男一队（1997—1998年龄段），我说起清楚地记得2014年8月因为战略共建的关系，那支球队被送去清远训练基地时的情形。那天太阳挺大，男足的球员们站在水池前的空地上，领队耷拉着脑袋站在一旁，陈玉良高昂着头，哪怕他和球员一样被晒得出了很多汗。王医生和我较起真来："那天你也在吗？我清楚地记得，2014年8月28日。我记得这么清楚是因为2012年我就跟他们队了，那时他们在顺德组队，叫我过去。"我笑说那时中心队医很多，现在人才短缺，各个队都缺人，王医生这几天招新人还应接不暇，更别说亲自去管一支非全运的小男足了。

时值暑假，球员不用上课，让我觉得可以随时预订、使用球场那边的教室。31日一早，我才找到球场工作人员鱼叔讲了9点要用教室讲心理课的事。等我带着课件再见到鱼叔，他说我离开后不到15分钟，其他球队先后联系他要教室的使用权，都被他挡了回去：刘羽要用这教室了！

我向鱼叔表示了感谢,才意识到用个教室也要面临这样激烈的竞争。天气炎热,大珊与众不同地穿了件长袖外套。上课了,就她一个人病恹恹地趴在桌子上。我了解到是肠胃流感搞的鬼,她正在联系小戴——都这么难受了,我还强迫人家听什么课,赶紧放人吧。

下午3点,我遇到李晖一起走去球场。我说起险些导致心理课取消的小插曲,李晖说现在队伍多、人多,资源有限,以后再讲课,要我提前早一点搞定场所。走到铁丝网门口,遇到鱼叔,我再次向他道谢。踏上球场,说起大珊肠胃流感,李晖坐下来,皱起眉头,垂下脑袋,看起来气急败坏,非常沮丧:"本来前一周她训练刚刚好一些,跟上节奏了,有点提高了,就在这个节骨眼上她闹这样,一停几天,前面的训练效果又没了,还得重来。"李晖很欣赏黄莹珊,喜欢她的技术特点和防守态度。也难怪他着急,下半年的体成分测试显示,黄莹珊是少有增长瘦体重(肌肉)的球员。她的训练效果好不容易提升一些,却被这样的伤病打断。

我问李晖要她们的联赛录像来看。训练前他对全队再次强调纪律,提到了因不必要伤病而缺席训练的大珊,给出了500元的罚款。

璐璐姐送来批文,林指导签了名。

关于女足二队调整运动员的请示

女足二队对现有全运备战名单中三名运动员作出调整:鸵鸟、小薯仔二人因伤病影响,无法跟上球队日常训练与比赛计划,经教练组与队医共同讨论,决定调整离队;冬菇因训练上发展空间不足,个人能力有限,培养价值不高,经教练组商讨后同意其退队申请。

转天中午喝茶,说起调整的三名球员之外,李晖说还有其他人要么因学业打了退队申请,要么能力有限在队里没什么作用,要么则是有点潜力而短期得不到兑现。为了不影响训练质量,李晖不得不另做打算。他想起了前一年说服湛江籍球员离去的前任队长陈美燕。听说她们回去代表学校参赛没取得理想成绩,免试上大学的事也无从兑现。他让陈巧珠去做个说客,打听一下陈美燕是否还在踢球,是否还想打全运会。球队用人本就紧张,一旦出一两个伤病或停赛便有大麻烦,但李晖不计前嫌的做法还是让我颇感意外。

　　守门员方面，李晖想从 B 队调谢海霞上来，但又有点忌惮她那种做事不计后果的作风和个性。郑导想调另一个性格安静稳重些的。这是个矛盾，看俩人怎么协调了。最后郑导妥协了。

　　想想球队马上出队参加锦标赛，所里和中心这边没其他事务，我决定休假。9 月 5 日，我办理好休假手续，下午两点多，等到李晖归来，和璐璐姐一起上楼去找他，递上已经布满签名的呈批表。李晖拿笔签了，随后说起这两天中心开会时书记要他这次出队带上我，按照全运会的建制节奏走。幸好我早就提过自己要休假的打算，李晖和书记解释这次出队不一定能带上我。我当即重申了 2016 年就讲过的"态度"：如果李晖需要，我便听从安排，跟随出队。听得李晖直瞪双眼，便要问我拿回呈批表，即刻让中心再订一张机票，李春成、璐璐姐也抬起头来直视我。

　　就这样表明态度却还没把话说完的时刻，我赶紧又附加了时间条件。按我们早就达成的协议，到明年联赛第一阶段开始时再跟出队。在座的几位都大笑起来，埋怨我说话大喘气，浪费听众感情。李晖先前的要求是想多带几名球员出队感受比赛氛围，这几天调走 3 个球员之后，球队内人手不足，有时训练打对抗弄伤一个都有麻烦，出队名额也空了出来。但 10 月队伍回来进入冬训，一直到年底都是高强度备战全运会的集训，过完春节更是进入"冲刺年"。而手上的探亲假一年一次，不可累加。一年难得几天假，此时不休，更待何时？

全国锦标赛

　　9 月 3 日，女甲联赛重启，女一队 0：2 负于河北队。

　　10 日，女二队出队。球队购买的 T 恤也到了。这是一款前胸印有宠物狗的 T 恤，让教练们大跌眼镜，徐荣生一提此事便觉无语，李晖笑说马上出队穿这样的 T 恤实在不吉利，但新买的衣服，他也无力阻拦全队穿上身。我也觉得因自己的提议没被采纳而大失所望，发了个 11 只穿着球衣的小狗图片出去，算是吐槽。

　　李晖原打算顺利拿下浙江队和长春队，如果和本组实力最强的北京队打平，用净胜球将北京队挤到小组第二，广东队在八进四的淘汰赛里就能抢占先机。

他还拿到了与广东女足共建的俱乐部补贴分配方案。预备队按一队待遇的24%比例发放，女二队按照36%发放，这样，每个月教练和球员只多出千余元到几百元的收入，且预备队教练和女二队教练收入相同。

预备队没有任何重要比赛任务，而作为全运会备战的重点队伍却也只有这般待遇，让李晖很不满意，觉得这样不公平的分配方案，他宁愿不要。他拒绝在俱乐部补助分配方案上签字，并请林思跃出面和中心领导沟通，他自己也做了要面谈此事的准备。

快到中秋节，李晖和大家讲了中心和体育局对球队的关心，还有俱乐部补贴的事，他说比例略有不当，正在沟通协调当中，同时也以此鼓励大家为自己的前途继续付出努力。"女儿们，中秋节快乐！赛后补吃饭，有拖没欠啊！大家继续加油。"

然而12日下午，女二队对阵浙江队，赛前球队就处于没睡醒的状态：先是当天值日的黄美琼没拿训练背心，她以为今天是陈巧珠、谢绮文值日。于是璐璐姐打车来回40分钟去取了；接着是陈巧珠找不到自己的比赛服，她坚持说拿到更衣室了。小戴寻了几次都没发现，还是璐璐姐想了想便跑回大巴车上，竟真的在那儿找到了。在她看来，每场比赛都遇到新鲜事，也是服气了。

李晖排出黄华丽/黄美琼、陈巧珠、刘植祯、陈丽娜/李晴潼、陈秀冰/谢绮文、罗丽思、卢瑜彤/陶祝丹（4231）的首发阵容。第15分钟，陈秀冰中路送出直塞，卢瑜彤插上射门被扑，对方后卫解围造成乌龙球；第26分钟，陶祝丹断下门球，弧顶右侧射门打入左上角。2：0领先的女二队开始放慢节奏，李晖大声提醒要妹妹积极前插，或者要"阿呆"陈丽娜赶快回收。

惩罚很快到来。第39分钟，浙江队15号开出右侧战术角球，12号在禁区大角上让过皮球，黄华丽大声叫着"丽娜"，提醒她盯准自己的人，7号已经提上弧顶右侧迎球抽射打中左立柱弹入球网；在球员因又一次定位球失分而互相指责抱怨后不到15分钟，又是7号，右路插上接传球射门将比分扳平；第75分钟，9号左路起高球吊入禁区，陈巧珠在对抗中倒地，拿到皮球的11号左脚推射左下角。浙江队3∶2反超比分。

女二队似乎被打醒了。最后15分钟，陶祝丹、谢绮文的射门都无功而返；李晖用熊熙换下李晴潼，谢绮文移至中路。第84分钟，浙江队禁区内手球，谢绮文打进点球，女二队终于拿到一分。

李晖大为光火。在中心领导到赛区视察的关键时期，球队竟然以这样的方式痛失好局。小组赛积分榜上落后北京队不说，更让他在领导面前丢人现眼，哪里还有底气讨价还价索取合理补贴？赛前他就和球员们讲过任何待遇都要靠自己争取，接下来广东队的脸面就被她们自己狠狠扇了一耳光。

3个失球都和防线失位有关。郑导赛后又在抱怨，说后防线太渣，一直在给黄华丽找事情做。而相关的调教工作，一直是后卫出身的李晖直接负责。

李晖没法接受这种先赢后输的失败方式，整支球队在场上表现得没一点上进心，比分领先、体能下降都会影响她们的表现，慢慢地，都不愿意跑了。林指导说，现在就是暴露问题、解决问题的时候，产生这样的现象也是好事。李晖当然要去解决问题，他逐个找上场球员面谈。谢绮文在球队领先后射门变得随意，先后错过了3次得分机会；李晴潼在比赛时撞掉半颗牙，被送去医院补上，回来还要疼个三五天，她捂着嘴不出声听李晖说她防守时回收不到位导致失球的问题；陈巧珠则是赛前闹出的风波，加上比赛时她在和对方11号的对抗中全落下风，原本肌肉力量占优的她两次一对一都被撞倒，第三球她负全责。李晖从她的训练到思想准备再到比赛里的吃瘪说了个遍，讲完一遍又一遍。陈巧珠知道自己理亏，她咬着嘴唇默不作声。如果实力不济，输球大家都没话说，在赛前自估可以全取三分的比赛却打到这种程度。陈巧珠走出李晖房间时已经在磨牙，下一场比赛她要让对手好看。

14日，长春队中后卫3号在第32分钟对谢绮文犯规积累两张黄牌被罚下，此时她的球队已经0∶3落后。谢绮文全场打入5球，李晴潼也有2球入账。罗丽思、陈巧珠都贡献2次助攻，陈秀冰、陶祝丹各有1次助攻。上一轮首发球员憋了一肚子的火总算出了口气，她们以7∶0战胜长春队。

9月15日，我发了信息祝球队成员"节日快乐，健康幸福！"第二天晚上，我突然发现小戴发到群里的球队合影不像从前那样模糊了。璐璐姐告诉我原来是用了新买的国产手机，拍摄的清晰度自然提高很多；她又讲起有球员在第一场战平浙江之后抱怨说缺乏凝聚力，但具体是妹妹还是陈丽娜她也记不清了。现在女二队大概率将在淘汰赛第一轮迎来老对手江苏队，教练组上下都有点担忧。

提起心理状态，璐璐姐说："看那堆主力很会调节，都没啥紧张的，很无所谓""那天对浙江，结束后被李导骂完，大佬绮文那几个还笑哈哈的""美琼倒是因为有两个失球和她有关，拉伸放松，一直低着头。"

现在基本所有收手机之类的工作都由"生活队长"黄美琼来做。领取营养品时，陈秀冰说缺铁补铁，缺钙补钙，缺钱能补吗？璐璐姐笑说这些营养品都是钱。她发现这些球员比较喜欢听黑人音乐和韩国流行音乐，"但就是节奏雷鬼①些"，又知道她们好多喜欢看 The Walking Dead（美剧《行尸走肉》），"口味也是不轻"。而好多队员搞定考试后天天窝在房间里打手游，"这打到眼都花了吧"。小时玩红白机长大的自己总有点偏见，觉得那都算不上是真正的游戏。我心里盘算着，与其任由她们天天跟着小戴打手游，不如叫她们试着玩玩足球游戏。

16日，女二队0∶0战平北京队，3战1胜2平积5分以小组第二名出线。

18日，八进四的淘汰赛，女二队对江苏队。这是全运年前最后一项赛事，大家都想打进前四，为球队积累信心和士气。如果小组赛攒上7个积分，足够多的净胜球，拿到第一，本不必碰到江苏队，这是哪个队都不愿意过早碰到的"硬骨头"。璐璐姐说这些家伙自己不争气，有啥办法。李晖在赛前准备会上把球员训了一顿。他还希望借此良机积累向领导摊牌谈判的筹码。准备会上他对全队许诺，如果赢下江苏队，将为全队放假10天。

重赏之下，必有"勇女"。第9分钟，李晴潼、陶祝丹连续挑过顶传球，卢瑜彤灵活地从对方后卫身边挤过，左脚射门，球被门将舒展猿臂没

---

① 雷鬼：Reggae 一词来自牙买加某个街道，指日常生活中一些琐碎之事。雷鬼音乐由斯卡（Ska）和洛克斯代迪（Rock Steady）音乐演变而来，融合了美国蓝调节奏的抒情曲风和拉丁音乐的元素。

收；第70分钟，江苏队传中，刘植祯起跳争球，被对手肘击打在嘴上倒地；第78分钟，江苏队门将出击，卢瑜彤像只小兔子似的向身形比她大一倍的门将撞去——参照以前遇到对手抬脚起高球时都会弯腰躲避，这回她的表现真是"不怕死"。女二队打出了自组队以来表现最好的一场比赛，其过程跌宕起伏，让在旁观赛的小戴大呼过瘾。0∶0的比分保持到全场结束，双方要以点球决出胜负。

谢绮文先拔头筹。第二个出场的刘植祯打向左下角的射门却被扑出。她在江苏队球员兴奋的尖叫声中捂着脸走回中圈，被对方手肘打肿的嘴唇一碰便会火辣辣地疼上一阵。场外球员抱怨说果然打点球我们没有优势，质疑让刘植祯第二个出场的决定。何晴茵反驳说祯祯很稳的，"她射点球很淡定的"。接下来黄华丽飞身扑出了江苏队队长10号的射门，陈秀冰冷静地射入第三球。第四个出场的陶祝丹打向右侧的点球也被拒绝了。队友都说以这样的方式被淘汰出前四非常泄气，这让何晴茵又想起省运会，辛辛苦苦备战了四年，她们只输了一个点球。黄华丽没有扑出第五个射门，最终女二队点球2∶4不敌江苏队，无缘四强。

看来球队还是处于全国前五到前八这个档次。听说大连队3∶1战胜上海队，说明前八至前四名的球队之间差距在缩小，不再有哪支球队一家独大，各支球队都有机会。

20日，第五名至第八名排位赛第一场，女二队对阵山东队。虽然听说最近山东队换帅，球队打法也有些改变，但教练组自信能拿下这场比赛。

开场仅19秒，山东队3号左路起球传中，打在刘植祯的脸上，她本就肿胀的嘴唇登时开裂流血。她在场边稍做处理就返回比赛，李晴潼打了3分钟的中后卫。

以长传冲吊打法为主的山东队凭借中路的两个高点，将陈巧珠、刘植祯当成首要攻击目标。来自两侧的传中或快速转移让女二队招架得多少有些狼狈。第10分钟，珠、祯二人在禁区右侧包夹山东队17号时，9号从另一侧插入射门得分，但被吹越位在先；第26分钟，山东队利用女二队中场在边路夹抢，6号短传至中路，9号得球前插险酿单刀球。

常规时间内双方战成0∶0，再进点球决战。女二队前四人全部命中，第五位出场的刘植祯这次选择打向右边，她的射门击中横梁，弹在地面门线外。她捂着嘴低头转身往回走，山东队的球员已经在弧顶上抱作一团。旧伤未愈，又添新创，女二队点球4∶5负于山东队。

22日，女二队在全年最后一场正式赛事中2∶1胜四川队，李晴潼、谢绮文各进一球，四川队18号扳回一分。女二队最终获全国第7名。北京队2∶1胜陕西队获得冠军，于允获最佳教练员，马晓兰获最佳运动员，浙江队孙琦获最佳射手，陕西队梁佳卉获最佳守门员，来自沈阳的刘欢获最佳裁判员，河南队、河北队获公平竞争优胜奖。第三至第八名依次为：大连、江苏、上海、山东、广东、四川。

李晖知道，按照中心以往的惯例，没有前四的成绩撑腰，他放假10天的申请肯定要被驳回。因此他盘算着理想的情况是在国庆节前放假四五天，国庆节时再休3天左右，这样可以给球员们博回一周左右的假期。但最终的决定权仍然在中心那里，领导决定假期的长短，很大程度上要看最近一阶段球队的成绩。

24日，女甲联赛第11轮，女一队1∶2负于河南队。

又见湛江女将

一位被租借去武汉队的河源籍球员在对阵梅州客家队的比赛中受伤。9月18日，他接受了手术，朋友圈上一片祝福之声，愿他早日康复。

放下手机，我开始构想球队回来进入冬训后的心理工作安排：首先要和李晖好好聊一聊，看看他有什么想法。近来球队遇到的问题，细分析起来貌似是球队的日常管理出了问题。运动心理工作并不仅仅体现在心理课堂上，它的实现要在生活、训练、比赛中的点点滴滴里去完成，也只有主教练带头去做产生的效果最好。

李晖个性非常谦逊低调，平时也比较尊重其他教练、科研、医务工作人员的意见。别人讲"李晖的球队"时他都非常反感，反驳说这是中心的球队。他还曾亲口承认自己比较"懒"，训练比赛之外忙着顾家，带球员们看比赛录像、阅读、组织活动之类的活儿只能交给助教或者科研人员去做。

这不难理解，人的本性其实都喜欢犯"懒"。在这备战全运会的重要关头，还要继续犯懒，恐怕你省下的汗水，到决赛都要变成泪水甚至血水。现在球队有自己的特点，打前八以外的球队还好，但八进四时面对强队，关键时刻需要比拼意志、团队凝聚力，没有那一口气在，像李晖说的那样没有反抗精神，只怕一击即溃。9月20日，女二队点球输给山东队，赛后陶祝丹、陈巧珠、罗丽思、谢绮文等球员讨论比赛，还有球员在一旁打闹嬉戏。作为主教练，李晖还用

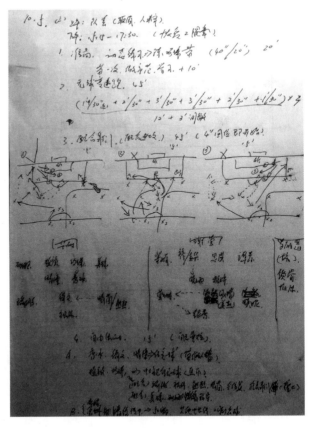

李晖的手稿

"自己只负责技术"作辩解，在我看来太煞风景，这不是"懒"，分明是"软"。在这种领导风格的带领下，队伍看起来越来越像一个笑话。但另一方面，自己不跟队，在很多问题上自己的理解都非常片面。越是这样，越是需要及时了解球队"头人"的想法。

然而，球队这些天都在放假。到了4号，球队重新开始训练，中午我兴冲冲地跑去李晖的宿舍，看到的却是独自一人喝茶的李春成。直到一点多才见李晖拎了大包小裹开门进来，身后还跟着他的老婆与女儿。小肥猪披散着头发，显得脑袋有整个身体一半大小，她懵懂地坐在床上，等着父母帮她更换衣物鞋袜好进行午休。这显然不是谈话的时候，我赶忙告辞。接下来的数天，李晖除了训练，就是与回深圳过寒假的女儿通视频聊天，完全不给我插嘴的机会。我也渐渐放弃了提建议的想法。

小戴说教练组在赛区开会商量过，让他去网上找找可以参加的拓展活动，以增强球队集体凝聚力。他上学时也参加过类似的训练，但在我看来，那些走悬木、上钢丝的游戏对这些运动员来说太危险，要达到教练组要求另有办法，不必非走此路；加上即将到来的国庆假期也是李晖眼里难得休息调理的机会，让小戴查找的结果最后也是不了了之。

有限的国庆假期对球员来说分外宝贵。睡个懒觉、回家陪爸妈、游玩、美食都因明年即将到来的考试而受限制。在宿舍的闲暇时间，陈巧珠喜欢钻研厨艺，她照着网上教程学习烧烤燕麦曲奇，每出一炉都被疯抢一空，带动了大家对美食的向往与热情，连谢彩霞都对她的手艺赞不绝口。吃了美食，大家的嘴巴像变戏法一样甜得什么话都出来了，夸赞"珠队友"贤惠持家、体贴温柔，是中国好队友，以后也是中国好女友。

因此当10月7日看到有球员在群里发了个陈巧珠给趴在按摩床上做治疗的队友铺盖毛巾的视频，我不觉得惊讶，只是看那人的背影有些眼熟。第二天早上到食堂吃饭，我吃惊地发现坐在巧珠对面的那个女孩竟是陈美燕！她也笑着和我打招呼，原来陈巧珠执行的"说客"任务很容易就成功了。听说这次还叫了同样因没取得理想成绩而没免费上学的黄秋嫦回来。当然现在还只是集训，这两个湛江球员能不能留得下，要看她们自己的表现。如果她们都做到了，那真是个很美好的故事。

购买的团队休闲T恤就没什么好结局了。这次全国锦标赛的结果没达到李晖的预期，让他对那件前胸印有小狗图案更为不满，他干脆禁止大家以后统一穿这件T恤，以防继续带给球队噩运："输成狗！"他的话让我与徐荣生教练忍俊不禁。

璐璐姐也有槽要吐：现在有的球员完全不听话，拿的营养品不吃不说，还教唆其他球员也别吃。辛苦璐璐姐做的营养品补充方案，从仓库清点出来每次都要拿回去一些。她重点表扬卢瑜彤。"妹妹"这一绰号来自体校，当时她入校较早，是所有球员中年龄最小的一个。我看过那张合影，她站在师姐的臂弯里，简直是所有人的"妹妹"。李晖训练之余叫她"小眼睛"；其他教练开她玩笑"天王盖地虎，妹妹一米五；宝塔镇河妖，妹妹长不高"。她气急了，嘟囔着还嘴，嘤嘤细语又把大家逗笑了。别看妹妹迷迷糊糊的，整天因为训练迟到、丢三落四而被骂被罚，常自言自语

"今天怎么又这么不清醒",但她相对听话,交代的营养品也都会及时补充。也难怪她最近状态日渐提升,身体更为强壮。徐荣生谈到她竟会啧啧称奇,说她下脚速度之快,队内无人能及,且连续变向时不需要像常人那样花太多时间变换重心。我曾亲眼看到她从左侧中场边线处一路内切,防守球员在她身后像灌木丛般移动着,很快就看不到她那被掩盖掉的娇小身躯,直到点球点上皮球突然像炮弹一样射向门框。李晖也曾满怀期望地叹说那个连续快速变换重心方向不是练就能出得来的能力,如果妹妹完全打得出来,中前场的一个主力位置肯定是她的。

10月9日,女甲联赛第13轮,女一队1:2负于四川队。

女二队这周就要上交下个月外训的人员名单——今年还是要去日本。我跟璐璐姐开玩笑说自己不跟队是历史遗留问题,从外教带队到现在都是如此。现在马上要跟队,我得想想除去心理课,自己在球队里还要做哪些常规工作。这些工作与运动心理学还有什么契合点。

10日,早上饭后在康复中心大门口的宣传栏旁,我拉住小戴想和他聊聊自己的工作计划。黄秋嫦走出A栋公寓,喊住小戴问个不停,什么时候照相,队友们在哪里上课,什么时候下课——她的学籍转回这里,自然要在这里继续学业。我起初站在一边等着她问完,哪知她问到后来越问越起劲,越问越没完,竟问起:"她们是一个人上课还是几个人一起上课的?"我也失去了耐性,呵斥起来:"你没上过课吗?还问这种问题(废话)?!"摆了下手,示意她别再打搅我们。黄秋嫦低下了头,一脸沮丧,悻悻地走开了。我拉了小戴到一边问:"她们喜欢什么?"

"吃喝、逛街、臭美。"

"我是问,她们喜欢玩什么游戏?"

"手游呀。"

小戴走开了。我开始设想如何吸引她们玩一些与足球有关的游戏。

中心按体育局对外交流中心的要求,安排今天给球员采集个人照片。康复中心这边结束十一假期后又面临一系列事情,大家同样忙得不可开交。我难得在办公室见到李晖,他见面就掏出U盘让我帮忙修改一下训练计划,然后发送给队伍和中心有关部门。我完全照办。我问他一会儿要做什么,他说约了程主任谈话,主要就俱乐部待遇的事进行交涉,稍后还要把会谈的结果跟球员讲一下——仍然不给我当面交流的机会。他对由一队主导制订的补助分配计划非常不满,至今耿耿于怀。我看训练计划说起这周末要进行的友谊赛,问是否需要监控,他气鼓鼓地拒绝了。

看看照相那边都搞掂了,李晖和程主任进了科研办公室斜对面的会议室,俩人在那里待了近一个半小时,看上去他们谈得和和气气,但实质上充满火药味:李晖问程主任,省里聘请来自地级市的主教练,算上市里给的补贴,已是近2万的月薪;现在为广东省带队,早晚还要过来提价,到时加的只多不少。一个市级教练就拿这么多,而像他这样省队的主教练一个月只有6000多块的收入,成什么体统?大家指望着队伍出成绩,以前没钱时没比较也就算了,现在有了钱,却分配不均,这让教练组、球员们怎么满意?!如果一直是这个方案,我宁愿不要!

早就知道李晖对此事的态度,但李晖宁缺毋滥的大度,还是让我颇为吃惊,没想到管理风格偏软的李晖还有这么强硬的一面。程主任解释说方案并非自己制订,需要和俱乐部、中心有关部门同事进行沟通后才能另做决定,看看能否重新更改一下赞助费用分配方案。这意味着需要更多时间,而且同事前面辛辛苦苦做出来的方案,被李晖否决了。

晚上看到谢绮文发圈:男二队是宝,女二队是草。她在抱怨训练下得晚,食堂有时不给女二队留饭,倒是仍能保证男二队吃到新做的菜。她稍后知道主教练与领导谈话的结果并不乐观,至少李晖想要的条件可能并不会全部得到兑现。

李晖白天要训练,中午要和女儿通视频聊天,晚上训练结束又要赶回家,我基本找不到和他长谈的时间。12日晚上,我一面吃着饭,一面盯着食堂电视播的体育晚间新闻,他把车钥匙放在桌上,右手端了个碗,盛了些饭菜,坐下来左手持筷挑着饭食,说岳母不在家,他晚上要回家帮忙看女儿,还要想下过两天开会做全年总结,更要制订年底的冬训计划,要"憋"出方案。这些天除了训练、陪女儿之外的时间基本都要弄这些东西。他又说书记前天见他,提到明年要按全运会建制,出队比赛得带上我。

他急急忙忙地扒了几口饭就起身离开,也没给我多少时间回应说话,却留给我一个印象深刻的画面：电视上，结束了新闻发布会的高洪波[①]离开会场，一个人坐在大巴车的第一排，沉默不语。

李晖倒掉碗里剩下的残渣，把碗筷放进垃圾桶旁的收纳盒，走出食堂。

14日，中心召开女二队锦标赛工作汇报会。早上吃完早餐去李晖房间，他拿着手机在和女儿通视频；到中午饭后，他还是和女儿通视频。这些天他都是如此，甚至给我感觉故意不给我和他聊工作的时间与机会。我被迫等待，一等就等到了这天的会议总结。

会上照例是书记主持，主教练做些陈述，然后书记开始提问。从他问起，这次会议就围绕着点球铺开来。

没有赢球的成绩，换是谁面对提问都会觉得无奈，再多的辩解也显得格外苍白无力。书记还数度讲到心理与守门员训练的结合，郑导连连点头。

我想着自己的建议，还是在所有其他教练、领队、队医、璐璐姐都离开了之后，独自又返回来，坐到书记对面，听他们对李晖讲够了守门员的问题后，讲了出来。其实不外乎两点：一是取消"场上队长+生活队长"，效仿美国、德国女足和西班牙男足，建立联合队长制；二是通过心理课、团建活动加强球员平时沟通交流。其他在场同事在一旁听得叫好。我知道这样"先斩后奏"的方式多少坏了团队规矩，会给李晖带来麻烦，但这些天我也被他逼得没时间、没地方讲，又关乎球队未来，也牵系切身利益，哪有不讲之理？

李晖又锁了眉，但这一次，他还用左手撑了下巴，不知道他是不是真的在思考？

外训前后

10月17日，因呼和浩特承办男足国奥比赛而推迟的女甲联赛第12

[①] 高洪波（1966— ），北京人，1991年入选国足国家队，司职前锋。2003年任男足国家队助理教练，2009年任男足国家队主教练。2016年2月再次担任男足国家队主教练；10月11日，男足国家队客场0∶2负于乌兹别克斯坦队，赛后高洪波宣布辞职。

轮，女一队4:0胜内蒙古队。同一天，前一周周五和所里同事讲这周要给足球中心的球员们开办讲座的事，今天就要定下来。一方面，王医生要尽量组织中心的队伍都来听课；另一方面，还要确定所里派同事过来的时间。两方面都有变数，远的不说，女一队刚打完比赛放假，这两天办讲座肯定没人回来参加。

刘植祯在前一周对男足三队的教学赛中与对手拼抢时右脚受伤。她无法正常行走，每天都遵医嘱挂了拐往返康复中心做治疗。可她常常不用拐杖，偏偏喜欢单腿一跳一跳地跑来康复中心扎针治疗。

19日，我在足球中心这边度过了一个忙乱的上午。

为了躲避高温天气，球队选择下午4点训练，6点左右结束。虽然也通知了食堂后延晚餐时间，还是有不少球员回房间洗漱后嫌麻烦而不愿再去食堂吃饭。李晴潼就是典型，她有几次到食堂发现没东西吃，索性不吃晚餐，这埋下了隐患。午夜时分，李晴潼犯了急性胃炎。眼见王医生晚上做完治疗开了车离开，又不好在那个时间找其他教练帮忙，中心更无车可派。小戴弄了王医生的自行车来载了李晴潼去医院。在用过吊瓶，仍然无明显疗效的情况下，只好给她办理了住院手续。于是从凌晨到早上，她都是在医院里度过的。我想她到现在都没有吃早饭，便让熊熙和何晴茵两人拿保温饭盒给她打了点白粥、热水带过去，管她要不要做胃镜，先放在那里，探视安慰一下再回来。医院在竹料大道西，走路往返至少小半个钟，反兴奋剂和运动营养讲座9点就要开始，如果她们因为探视而迟到那就得不偿失了。

再加上我要接待两位来自科研所的同事，也没法分身亲自去送，便叫了其他同事开我的车带她们前去。

早上下了雨，从宿舍到康复中心有雨篷的那条路，本来就是光滑地面，现在有了积水，更滑了。我一面忙着同从科研所来的同事打招呼，安排他们吃早餐、去会议室做准备；另一面又喊住刘植祯，让她注意脚下，别在有积水的瓷砖上穿着拖鞋单腿蹦跳去医务室做治疗，这要是因为滑倒而再伤一次可就麻烦了。

讲座如期进行，熊熙与何晴茵也及时赶回。体科所除了生理生化等测试，还肩负为全省各大训练基地进行膳食营养与反兴奋剂的宣教工作。如果说前者是告诉运动员怎么吃，后者则是提醒什么不该吃、不该用。

通用于运动队的营养金字塔规定了每天各类不同的营养摄入量，以克（g）计算。每天最佳的摄入比例是第一层油脂类25g；第二层，奶类500g；畜禽肉类150～200g，第三层，蔬菜类400～500g；水果类300～400g；第四层，谷类和根块类450～600g。另外，一日三餐的摄入量按早午晚30%：40%：30%的比例进行摄入为最佳。

反兴奋剂条例规定：不管是否误用，运动员有义务和责任对摄入体内的物质承担责任。目前反兴奋剂形势严峻，各机构及各单项体育联合会对重大赛事中被抽检运动员的尿样进行长达十年的保存，即便是退役的运动员，保存的样品复检发生阳性，仍然将受到严格的使用兴奋剂的处罚。宣讲的重点在于药源性和食源性误服误用。同事举了几个都自称误服却因克伦特罗阳性而终身禁赛的例子，告诫大家对违禁药品、食品"时刻注意，重在预防"，服从使用药品、处方的标准流程。

李晖知道李晴潼的情况后，请林指导出面，当天去医院走一趟。李晴潼顶着乱蓬蓬的鸡窝发型，一脸憔悴，她已经被折腾得没多少气力讲话，奶奶也从家里赶来到病床边照料。林指导转达了大家的关怀，医疗费都将按报销程序由队伍负责，要她安心休养。

球员出伤病都还是小事。在山东，有一次谢绮文和罗丽思训练迟到，谢彩霞当众说要罚款。两人辩解说是迟迟等不到电梯才迟到。李晖表示将从两人的训练补贴里扣，私下却对这事很犯难。如果罚吧，就是李晖自己也有因为电梯耽误时间的时候，球员不服，因这些场外小事起摩擦不划算；不罚吧，当众驳斥助教的要求，有损教练组的管理权威。他决定通知中心先扣除罚款充队费，过两个月看这两人表现正常，再还回去。讲起谢指导，李晖也是摇头：她当着他的面向书记告郑导的状，说守门员在比赛中如何失分导致球队告负，说其他各队都知道广东队的命门所在。郑导为什么一直不高兴，不用解释我也知道了。

我理解李晖的苦衷。他自己做助教时可以不管不顾，有球员不服他，直接告诉对方可以不用跟训练。现在做了主教练，情况完全不同。他要考虑用人，要考虑成绩，很多事情处理起来都比以前棘手。李晖是这个单位的在编工作人员，资历又浅，因此组建球队时，不能像编外本土教练或外籍教练那样选择自己中意的人做助教，只能由中心安排教练组成员。谢彩霞直言快语，郑导给他坏脸色看，李晖都没办法，毕竟在同一屋檐下，他得罪不起抬头不见低头见的同事。又接近年尾，领导通知他要抽调王医生去备战省港杯①，他更不能阻拦。

29日，女甲联赛第14轮，河北队1∶0胜浙江队，冲超成功，浙江女足将与女超倒数第二名的江苏队参加附加赛，确定另一个参加2017年女超联赛的名额。女一队2∶0胜武汉队，最终14战4胜0平10负进14球失19球积12分列女甲联赛第7名。

31日，传来另一个令我震惊的消息，王医生已经向中心打了报告，到12月底合同到期后不再同小戴和两位一起来工作的同学续约。近来医务室招人，据说就是为了顶替他们。和师姐阿连任劳任怨的作风不同，同期入职的两位同学有自己的想法，他们很快不满足这里的工资待遇，又觉得在这里学不到什么东西，时间久了，渐渐心态失衡，消极怠工，分配给他们的工作都没有完成。王医生和其他领导都开始不满意这种工作态度，决意在他们的试用合同年底到期后，不予续聘。11月中旬消息传出后，各队都不舍得已经熟悉自己队情乃至关系交好的队医，教练们纷纷出面为他们说情。李晖也一样为自己的队医奔走，这事他交好运的原因在于，小戴虽也有日渐怠工的趋势，但他还未完全被两个同学"同化"，主管也想着杀鸡儆猴，便留下小戴，开掉了那两个不服管教的毕业生。李晖算捡到了便宜，无须再等待接纳新来的实习生从零做起再熟悉工作。

林思跃了解到了情况，叫小戴到自己的房间谈心。他告诉小戴，年轻人初入社会，工作中要听从指挥，勤快一些，多做事情，有所担当。俗话讲"态度决定一切"，同学不被续聘，便是态度的问题，希望他能引以为戒。

女二队主力在这一天的教学赛里输给了男三队，而替补则输给了男四队。最近陈秀冰基本上每隔几天就说自己大腿有抽筋痛，队医们又给不出确切的诊断，传到李晖那里，也只好让她休息几天。于是刚刚有点起色的

---

① 省港杯（Guangdong‐Hongkong Cup）足球赛是广东省和香港特别行政区之间的一项传统赛事，由已故著名社会活动家、香港知名实业家霍英东创办。比赛自1979年开始举办，通常在每年元旦前后的周末举行。

训练状态，又没了。今天比赛，李晖从预备队里叫了邹怡上来顶替陈秀冰参赛，但她没有后者那般的技术与能力，球队中场的控制能力弱化很多。

受前些天中心开会总结的影响，李晖还要求球员就过去一年的比赛做全面的书面总结。这天中午，他在房间里捡了一份给我，说这是写得最好的了。我一看，是刘植祯写的。

总　　结

到此时，回头看看过去，我们这个队一起走过已足足有一年之久了。抱怨着每天熬得慢，一年也似眨眼般消逝。为了打好明年的全运会，在过去的日子里为更好地提升锻炼价值，我们参加了全国联赛和锦标赛。

从4月开始，比赛几乎贯穿之后的每个月。这种分隔时间短且持续的比赛，对我们身心也是种考验。

就比赛而言，我们算是一支新组合的队伍，不过经历了这么多比赛，大家默契度也高了许多。在全国比赛中看来，我们是有优势的，个人能力和技战术方面，经常能够先得分，但是，到了下半场或者后几十分钟时，就容易丢分了，显得被动起来。我觉得在这个时候就看大家能不能咬牙坚持，注意力更应该高度集中，往往一场球的结果就在那么几个瞬间。大家在场上作战，就应该要像一个团体，一颗心，一股劲。而鼓励的话语更容易激励。在场上要出声，多是提醒声，多是鼓励声，我作为一个场上的中后卫，这点做得不好。比赛的结果无法改变，但从中的过程能汲取更多对于我们有帮助的经验，发现自己的问题。

我也打了不少比赛，所发现的问题也越来越多，对于现在来说，是件好事。在场上，我的传球方面总是显得犹豫，因为想处理得更好更合理些，但是这样可能就错过了最好的传球时机，还有我的观察也不够，提前观察了就能更快更好地去应对。在场上作为一名重要的防守球员，在对同伴的保护和补位做得还不够。目前的我在各个方面都有待提高，不断地想，反复地练。

在前段时间里，有个必须让我去正视的问题。全国锦标赛上，两次重要点球都没打进。或许我当时打进了，可能我们队会有更好的结果。可以说，这次的比赛，我有很大一部分责任。既然已经过去了，那我也应该好好想想。如果当时第三次还让我去打，还没打进的话，我该怎么办。没有怎么办！因为结果就是那样了。这段经历值得我深刻记忆。在这之后，就该好好调整心态，勇敢地面对，至少那不是最后时刻，还有时间，还有精力，这对于我来说，就是财富。

接下来就应该开展新的进度了，总结过去的不足，开拓未来的希望，在到达目的地的过程中，也许会很累，会很煎熬，可能熬着熬着就熟了。

李晖待我看完，问我总结得怎么样？要不要再去找她聊聊？我说人家天天一瘸一拐的不容易，都总结得这样深刻了，还要找人家聊什么？李晖笑笑，告诉我一个坏消息：分析师将于这个月动身去德国进修，明年2月回来，且一旦确定有职业球队工作合同，他就不会回来省队工作，帮忙打全运会一事基本泡汤。我怔住了，李晖笑说分析师本来接男足职业队的合同，我们这里区区一支女足，还是青年队，哪会有那么大的吸引力？接着他像没事人似的又开了手机，笑盈盈地找小肥猪视频聊天。我看他与我没再言语，喝了两杯茶便告辞回去午休了。

不过第二天，他的情绪还是出来了。下午我去看训练，小戴带着陈秀冰、小子在一旁做康复训练，球队则在打小场对抗。谢莹一次出击后得球大脚解围，球歪歪斜斜地向边线飞去，李晖少见地训斥她："（此处略去七个字）？！精神点！"

他没少跟我抱怨球员的走神，或者每个月总有那么几天干脆不在状态，有时莫名其妙地又来了状态。他认为球员听话，肯定会有进步。比如陶祝丹、妹妹，如今她们的个人能力都有所提升；但如果不按照教练的意愿去做，或者明显与教练们对抗的，情况就没那么妙了。总有人在抵触力量训练，比如杠铃下蹲（深蹲），在其他球员都照做且力量提升非常明显的情况下，偷懒的再想跟上就显得吃力了。突出的一个问题是她们的膝盖再经受大力量训练后都会感觉酸痛，这是缺乏力量的表现。当然，这也与训练方法有关。李晖告诉我国外也不会让所有球员都统一进行力量训练，毕竟不是所有人都处在一个力量水平上，同样的重量一个人可能会觉得不够，另一个人会受伤。因此，国外的球队大都是把力量训练这块交给球员去做，球员自己聘请训练师，帮助他们提升个人力量素质，保养身体。足球场终归是身体对抗的天下，忽视力量训练只能带来恶果。在锦标赛上就有球员被一个以前她从不担心的对手撞得飞了出去，足以说明她赖以成名的身体对抗出现不足。

李晖也有苦衷：他虽然力量课上得多，但没要求球员做大负荷。现在队里负重下蹲最多做到 50 公斤，他也不敢强求大重量。女性的骨盆比男性宽大，髋关节相对较大，另外女性前交叉韧带本就比男性窄，膝关节稳定性差也差一些，因此，相对于男性更容易造成膝关节外翻，受伤风险更高。南方运动员先天身体肌肉素质、力量本就不如北方人，不注意保护，再加上很多教练一般都盯着绝对力量和灵敏度，一味地加大重量，膝关节稳定的训练在平时训练安排里不够甚至缺失，这个关节就会成为女性运动员伤病频发的重灾区。但力量负荷就像军备竞赛，你上大重量了，我不上或者上不到，比赛时身体对抗就会吃亏。李晖说以前国内很多球队都上重力量，把主力的膝关节都伤了一遍，到比赛时全戴上像女排一样又大又厚的全护膝，球还没踢呢，先捂一身汗。以前做一队助教时，李晖有次带陈春梅上了一次 60 公斤的深蹲，被严仲坚书记发现了，狠狠地训了他一顿，自那以后他再也不敢做重力量训练。

10 月底的连续降雨，让各水系的蓄水量大增。11 月初，上游的拦河坝开闸放水，日流量一度达千万立方米。站在河边，能明显感觉到流溪河的水位又见涨，变得湍急而又有些混浊的水流拉出一道道转瞬即逝的细线，似乎也没时间留给阳光照射出波光闪耀。

就在出队前的一周，刚刚结束了国家队十天飞行集训的谢绮文、陈巧珠回到了广州。她们向李晖提出休假一周的申请。这二人打了一整年的比赛，自李晖接手球队后省队的比赛基本场场不落，还要参加国少队每期十天左右的飞行集训，在国家队的比赛里也要担任主力。到了年尾，自然比谁都渴望休息。李晖没有答应。他思量着即将要去两个国家参加外训、外赛，如果让主力球员放长假，意味着她们的身体、技术状态都得不到保持。谢绮文又不高兴地撅起了嘴："我们真的很累啊！"

在接下来的训练里，谢绮文和陈巧珠表现得没精打采，丢球了，也不会积极地跑动、回追防守。这不是两人第一次闹情绪。10 月下旬去国家队集训前的一次训练中陈巧珠擅自和谢绮文交换了位置，谢彩霞提醒无效，报告给主教练，李晖叫停了训练，让两人回到自己的位置上去。自那以后，李晖在训练中对二人不管不问，他想着国家队28日集合，马上眼不见心不烦，何必再起冲突，训练的事让她们自主选择。

李春成对李晖讲，如果作为球队核心的这二人得不到有效约束和管理，那么，以后整支队伍也不会服从管教了。李晖当然同意助教的意见，但如何处罚、整治是个问题。

他坚持"只有在平时训练里保持良好状态的球员才会得到上场机会"的原则。马马虎虎应付训练的，状态得不到保证不说，更容易在接下来的比赛里受伤。考虑到即将到来的全运年，对这两个在队里没有替代品的家伙更不能松懈。

11月16日下午，球队落地东京羽田机场，当地5～6摄氏度的寒风中，入住Sunoak（柏之叶）酒店。第二天到茨城县筑波市的关彰Challenge竞技场训练。18日下午3点半出发到茨城县龙崎市，晚上6点和流通经济大学队比赛。

比赛按45分钟一节，打了三节。李晖派出谢莹/黄美琼、郭金华、谭青、陈丽娜/李晴潼、罗丽思/熊熙、陶祝丹、卢瑜彤/何晴茵的阵容。他没有让谢绮文、陈巧珠首发登场，以此传达了警告的信号。第29分钟，他将这二人和陈秀冰、黄莹珊换上场。4分钟后，谢绮文为广东队赢得前场任意球，李晴潼吊入禁区，陈丽娜回敲，陈秀冰的射门打在对方后卫身上弹入球门；第42分钟，日本校队反击，7号中圈挑传，18号在大禁区前左侧右脚挑射破门，1∶1。

第二节，李晖让首节被换下的球员重新登场，并更换了门将。第22分钟，黄华丽出击撞到对方球员落地，左手肘受伤，谢莹又回到球场。第33分钟，日本校队利用左侧角球，由8号在后点打进，2∶1。

第三节，李晖留陈巧珠、陈秀冰、谢绮文、刘植祯在场，其余位置上尽遭轮换。陈巧珠助攻谢绮文打入一球，最终比分2∶2。

赛后在Sutamina（太郎龙崎）店用晚餐。午夜前回到驻地酒店。

19日中午，女二队前往千叶县，下午3点在千叶市中央区南生实町和千叶明德高校比赛。晚7点回酒店用餐。

李晖调了谢绮文（前腰）、黄莹珊（右边前卫）首发。比赛开场不到

2分钟，对方门将拿球脱手，谢绮文左脚捅入空门；第36分钟，她在前场断球，自己冲入禁区打门得手；李晖在半场换掉5人，第47分钟，替补登场的陈秀冰中圈断球，带至弧顶起脚，中右柱入门；第60分钟，对方中场撞墙配合过掉周雅婷射门得分。到摄像机没电关机前，场上比分3∶1。

20日，用完午餐，全队前往茨城县水户市小吹町的Ks竞技场观看J2联赛水户VS山口的比赛。下午4点比赛结束，5点半左右球队返回，仍然先在Sutamina太郎用餐，晚8点回到驻地。

21日中午集合，出发前往埼玉县新座市，对阵十文字学园队。晚8点返回。

比赛又打了三节。第一节，李晖让谢绮文（左边前卫）、陶祝丹（前腰）、卢瑜彤（右边前卫）首发前卫线。开场10分钟广东队前场逼抢断下球，何晴茵交给李晴潼射门首开纪录。接下来在越下越大的冬雨中，女二队组织不起有效的进攻。对手频频通过中后场防守反击、传中、角球得分，第41分钟，谭青误入乌龙；第44分钟，被对手利用传中球得1分，导致球队大比分落后。

第二节，李晖用熊熙换下谢绮文。第10分钟，球队因角球失分；第26分钟，李晖做出大幅轮换，黄莹珊、谢绮文、陈秀冰、陈巧珠上，熊熙、陶祝丹、罗丽思、黄美琼下。广东队的进攻渐渐起势：第28分钟，谢绮文中场直塞，越位的何晴茵让给后插上来的卢瑜彤，后者单刀低射打入左下角；第30分钟，陈秀冰策动反击，黄莹珊在李晖的指挥下走内线进禁区打入一球。

第三节，李晖换上ZXY、詹晓娜、周雅婷，对方也起用替补，双方互有攻守但均再无建树。

22日，全队总算迎来放假，原地休息调整一天。

23日，球队用完午餐，下午乘机回国。就在同一天，体育局召开冬训动员会，足球中心空无几人。女二队在短暂休息一天后，25日集结，领取了新的比赛服。27日，她们又出队了，这次的目的地是越南。

28日，女二队对阵越南广宁省女足。首发：谢莹/黄美琼、陈巧珠、谭青、陈丽娜/李晴潼、陈秀冰/熊熙、谢绮文、卢瑜彤/何晴茵。第21分钟，陈丽娜中圈长传，卢瑜彤禁区停球助攻熊熙破门；第36分钟，谢绮文造点，但她射门时滑倒，打向中路的射门也被扑出；第50分钟，谢绮文前场抢断，左脚破门。

29日，女二队对阵越南河南省女足。首发：谢莹/陈巧珠、郭金华、谭青、陈丽娜/陈秀冰、罗丽思/谢绮文、李晴潼、黄莹珊/陶祝丹。第20分钟，球队便失1分；下半场黄美琼换下郭金华，詹晓娜换下陈丽娜，谢绮文和罗丽思射门未果；第73分钟，越南球队利用广东队回传失误打进单刀球；第89分钟，谢绮文凭个人能力突破得分。

经过一天的休息后，12月1日，女二队对阵越南河内省女足。李晖派上在越南第一场比赛的首发。开场5分钟陈秀冰就获得射门机会，但第6分钟就因为陈丽娜的失位而失分；第31分钟，河内女足任意球助攻头球破门；第41分钟，陈秀冰助攻谢绮文低射扳回一分；第43分钟，李晴潼打进熊熙错过的左侧角球，2：2；半场何晴茵换下罗丽思；第58分钟，黄美琼助攻谢绮文反超比分；2分钟后越南省队在大禁区边缘上的射门再度追平；第70分钟，越南省队左路传中，谢莹判断失误，导致直接失分；第72分钟，本场比赛表现出色的越南前锋在禁区前右转身左脚射门打进右上角，帮助球队以5：3获胜。

全运会预赛分组抽签

球队结束的元旦假期，重新集结开始训练。12月5日上午，我找到李晖，同他讲了下这个月的工作计划，也得到了同意。聊起球队的近况，李晖告诉我说他又调整了四名球员：小子、ZXY已彻底弃用，被下放去了预备队；HXN身体条件不足，而且在李晖不在时的训练态度也存在问题，很快也要被调去预备队；HZM在队里打不上主力，她和家人商量也决定离开。于是，球队越来越缺人手训练——球员们也都知道教练用来用去，主力加替补轮换就那十五六个人。也难怪11月28日璐璐姐让我帮忙打报告，申请抽调恒大足校女足球员过中心来集训。在李晖看来，很多球员的态度发生了微妙的变化，有些打不上球的替补基本就在那里混日子了。这成了死循环：李晖希望用所有高质量、有限的比赛机会锻炼主力阵容，替补球员的能力、表现肯定不如首发，打不上比赛训练热情总会受到影响。可以预见的后果就是水平会出现两极分化，主力越来越强，替补越来越弱。李晖告诉我这是很多球队面临的难题，主力阵容拿下一人，战斗力就会大为受损。

李晖一直希望大珊、妹妹能发挥她们的"小快灵"特点，这次外训也给了她们不少比赛机会，两人表现尚可。问题仍然在中后场，郭金华、谭青的中后卫组合以后肯定不会出现在正式比赛中，周雅婷还是没能拿出让李晖满意的表现。她欠缺一传的意识和准头，防守中卡位、补防的意识一般，也没有李晴潼、罗丽思那样的身形和对抗，更没有她们后排插上的远射和抢点能力。她兢兢业业的态度倒是可以提供一些防守，但遇到中场强硬一些的球队，我们就要面临"塌腰"的后果。李晖迫切需要陈美燕、黄秋嫦的成长和补充。湛江球员在省内素来以球风硬朗著称，青训成果也以防守见长。这二人在训练中搭档后防都要被队友忌惮、调侃一番，但距离湛江以她们为荣仍有不小的水平差距。

这次去日本外训，李晖晾着巧珠、绮文小半场不用——也是因为人造草皮，比较硬，天气又冷，怕她们受伤。结果主力门将黄华丽受伤了，检查结果发现左手肘关节有骨碎片，韧带水肿。现在每天做超短波、磁疗手法，以期消除水肿恢复活动度。替补门将谢莹上去后丢了一堆球，有些根本就不是射门或者连对方都没指望能进的射门。李晖说那天他找了"你老友"郑导谈话，讲到了对谢莹的不满。现在不只是教练对她不满了，连队友都不高兴，好不容易做到位的防守，却因为谢莹的不专注和走神而丢球。李晖期盼刘植祯的复出，这样后防才能变得稳固。王医生说她尚需要一到两周，这让李晖烦恼，但又没办法。他也怕催问多了得罪王医生，毕竟同在一个单位，大家实质上说都是平级的同事关系，王医生管着一个部门，他的地位甚至还高过李晖。而且在这个基地里再找不到第二个有医师证的队医来。有证件的医师都愿意去正规医院，学到的东西多，职称晋升、待遇方面也有保证。队医的工作内容相对固定，待遇不高，流动性很大。另外有反兴奋剂药物清单的存在，也限制了队医的用药。"你看老王天天忙的，这些年他给外面培养了多少队医！现在招队医都忙不过来，他那头发也向林指导的方向发展了。"到了年底又有省港杯的任务找上他，估计事情更多。

我们又聊起分析师。事情有了转机：分析师表态会在年后回来加盟球队，即使没什么酬劳，他也要回来，因为难忘是广东培养了他。李晖大笑说他的简历，近一两年时间就已经填上数支职业队。分析师显赫的工作履历和现在寸金难买的日程安排让李晖自知想邀其加盟全靠感情牌，难度很大，中超中甲的工作合同比U18女足的友情邀约更有诱惑力。我们也都承认，如果他真能按时回归，我们的战略战术分析能力会有质的提升。

当天下午的恢复性训练，只有16个人参加，除了伤员，还有部分球员去嘉应学院参加年底的文化课学习。训练安排的主要内容就是抢圈①。李晖甚至拉了没训练的吴育华教练来，和谢彩霞、李晴瞳、陈巧珠、谢绮文、罗丽思七个人一组；另一边，小戴、小李指导则和另五人一起，剩下七个人在另一侧，才算勉强完成训练。

6日晚餐时见到小戴、李晴瞳、熊熙三人坐了基地的车回来。原来熊熙在下午训练跳杆时摔倒，磕坏了门牙，小戴带她和李晴瞳去做检查顺便补牙。晚饭后，我与其他队医一起散步，熊熙经过我们身边时遭到大家善意的取笑：小戴和其他队医纷纷说自己有很多好吃的，比如苹果、核桃之类，都是她现在不能咬的东西。还有人调侃她：明年拿奖牌了咬它时可别太用力！大家都笑了，我心里则想，但愿借此吉言。

李晖自从越南回来后身体就一直不舒服。他讲起在越南一直要坐车，自己和球队都很疲劳。加上回国后感冒，身体非常虚弱，周一见他时还能听出来他只是有点感冒，到周三早上食堂里见面，他已经失声了。我仍然没有放过他，像周二早上王医生开他玩笑说他扁桃体肿成了那样，建议他干脆"切了"算了。他也回口说你这小子学坏了。王医生被借调去参加省港杯的集训不在基地，李晖叫小戴帮忙拿些感冒药来吃。

球队上午做生理生化测试，备考球员照常上课。到了下午，我去到场地，原以为会是其他教练主持负责，结果发现李晖仍然自己坚持带队训练。这天的训练主题是界外球，内容分"快速射门转高压防守"和"深

---

① 足球训练方法，在限定区域内一组人围成一圈，控制皮球传给同组人，另一组1～2人负责抢球，只要碰到皮球便可换人继续进行。也称作"捉老鼠"（下同）。该方法实战性强、趣味性高、组织灵活，有不同变种。

度防守转反击"两部分。听他讲话都已经很吃力了,更别说喊。训练偏偏是需要他喊出来的事,于是在球场上就听到他声嘶力竭地、用那沙哑的又有点像怕别人听到而压低声线的嗓音在吼,提醒接应的球员如何跑出空位接球,远端的球员除了站立之外还应该怎样呼应扯动进攻。只在场边站了一会儿,我便觉得耳膜被那声尖音细的噪音刮擦得难受,不知道场上球员会做何感想。

12月中旬,流溪河拦河坝需进行检修,遂关闭所有闸门蓄水。下游的水奔去天字码头汇入珠江,河道里的水很快流得几近干涸,裸露出土黄色、崎岖不平的河床,布满大大小小的水坑,像刚刚下过暴雨后的球场一般。靠近右岸边平时只能看见一点枝头的枯树露出了全貌,漆黑色的枝身被河流冲得斜向下游,没有一片树叶的树枝张牙舞爪地支在河床上,还有一部分被埋在河床下,完全一副失去生命多时的嶙峋骸骨。大桥下,还有人守在斑斑点点的小水坑边拉了线垂钓。

省足协在12月15日这一天改选换届,李晖和基地里的同事都去开会,在第十届第一次动员大会上,他见证了新一届广东省足球协会主席的当选,省足协将启动"脱钩"改革第一步。李晖匆匆返回中心,想得更多的是接下来的训练还要做什么改进。

这些天一讲起队里的训练问题,他就少不了抱怨:两极分化越来越严重,国字号球员归来总会有各种不适应。他对此的解释是教练组带队时间短,能用的人少,想锻炼也没几个人选。这主力比赛打得多了,阵容定下来了,替补们也知道自己没有希望,于是主力和替补的差距越拉越大,主力们都觉得自己是不可或缺的,态度也会慢慢出现问题。诉求?当然是希望少练多休息。这亦是当初外教提到的问题,中方教练用人比较固定,有时甚至还看名气;而外教几乎不定固定出场阵容,于是人人自危,都担心自己没有出场机会,但负面影响是女球员会感觉自己不受信任。结果两个月下来,球队都没有固定的首发阵容,这也为比赛失利埋下苦果。我担心李晖会走向另一个极端,仍然希望他尝试我在总结会上提出的建议。李晖苦笑,他对球员们苦口婆心说过:"打全运会,拿到什么成绩都是对球队好,更是对你们自己前途有好处。现在所有的努力、付出,从大了讲是为了球队、为了广东足球,往小了说就是为了你们自己。"他自己做过球员,知道正值叛逆的年龄，这些说教能有多少入耳入心就是哲学问题了。他说大家也是搭班子打全运会，双方互相看不顺眼，等明年全运会结束了，各自该干吗干吗去。听到这儿我默然无语。

到 19 日下午站在球场边与小戴、璐璐姐谈起球员们的训练，小戴也知道除了国家队回来的球员之外其他球员都不成问题。我又看到还在另外一块场地上进行恢复性慢跑的李晴潼，感觉她性情似乎没什么大起大落的波动，很符合心理训练的理想状态，那种不悲不喜的气质适合应对重大赛事。小戴笑着反驳说，其实她是比较能忍，只是忍得多了，就会"嘣嘣嘣，嘣嘣嘣"，他惟妙惟肖地学起了欧美流行乐曲开头的调调，听得璐璐姐与我都笑了。

出发去越南之前，李晖让球员重选一次球衣号码。按默认惯例，主力球员可以选择自己喜欢的号码。替补则顺延用剩下的号码，有什么号用什么号。选择号码的原因五花八门：有的喜欢自己的生日和相近的日期，或者某个吉利数字及其倍数，有的则单纯就是喜欢这个号码，还有的是用偶像的号码。另一个有趣的现象是有人天天和队友上场比赛，一到闲聊或总结竟会不知道队友穿什么号。黄华丽仍然穿着代表首发门将的 1 号，陈丽娜选了 3 号，陶祝丹选择了从小穿到大的 6 号，黄美琼选择了与自己生日有关的 8 号，陈秀冰选了 10 号，李晴潼就是喜欢 13 号，熊熙 15 号，陈巧珠 22 号，刘植祯 23 号，郭金华因为身份证尾号和哥哥的偏爱而选择了 24 号；谢绮文把 6 号让给了陶祝丹，自己选择了 25 号；一样非常喜欢 13 号的何晴茵选择了 26 号，谭青 27 号，谢海霞 33 号。这套号码了一经确认，将至少使用到明年年底。

确定了比赛号码，还要确定比赛对手。12 月 26 日对省足球中心的各支球队来说，是非常重要的一天。李晖作为球队代表，去参加了在北京大学体育馆举行的全运会预赛抽签仪式。他在工作群里不断地发布着前方抽签的消息。

上午 10 点，男子 20 岁以下组，广东是第二档球队，最终与新疆、北京、湖北分在湖北赛区；男子 18 岁以下组，广东是第三档球队，最终与陕西、上海、海南、香港一同分在广东赛区。女子成年组，广东是第二档球队，最终与上海、河北、四川、浙江分在四川赛区；女子 18 岁以下组，根据《第十三届全国运动会足球竞赛规程》规定,按第十二届全运会女子 18 岁以下组决赛名次和省、市首个名称拼音字母顺序进行排序,将参赛队划分为 5 个档次,每个档次 4 支球队,第五档为 3 支球队,分为 4 个赛区进行抽签。天津队是本届东道主,不参加预赛;按拼音排序,福建队又身列广东队之前,排在第三档最后一位,广东队位列第四档,最终与河南、解放军、山东、山西一起分在山东赛区。

下午早早出去球场,与场边的同事聊抽签结果,然后坐在场地边上看女二队训练。李晖不在,郑导这天又有事请假,球场上只有李春成与谢彩霞带队训练。李春成先是安排半场 6 对 6 对抗,然后是全场对抗。他做了点微调,将原来主力阵容中的李晴潼拿掉,换成"老板"周雅婷打后腰。谢绮文、卢愉彤则与替补一队,就她们两个人搅得主力这边后防鸡犬不宁,卢瑜彤一人就创造了两次得分,谢绮文打进一球,短短几分钟内黄华丽把守的大门洞开数次,也让我不由得对同样坐在场边、因例假停练的陈巧珠感叹"我们的门将怎么了"。陈巧珠说她懂得,我们大家都懂得。我也就没再说什么。陈巧珠提到球队存在的一个问题:现在只要在主力阵容中稍稍动一个人,球队的整体效果会受到很大影响,战力水平会出现大幅下滑。她正说着,老板坐镇的中场再告失守,卢瑜彤长驱直入射门得手。巧珠顺势讲道:"你看看。"

郑导早在抽签结果一出炉就击掌叫好,谢彩霞也认为球队抽到了上上签。至少我们避开了北京、上海、江苏、辽宁这些全国前四的强队。但河南、山东也不容小瞧,小组赛里一旦轻敌稍有闪失,后面的比赛都不好打。我回到办公室,和璐璐姐说"看来这一组相对好一些"。

"不是吧,"璐璐姐从电脑后面抬起头,不太同意我的看法,"这几个对手,广东队都没少吃苦头。你忘记上届全运会的女二队就是和山东、河南分在一组,最后被'做掉',没有出线吗?"

对哦,上届全运会。当时璐璐姐也跟队出去参赛的。当时的情景她记忆最为清楚。

2013 年第十二届全运会女子足球乙组(U18)预赛,广东与河南、山东、北京同组,单循环赛制,小组积分前三名出线。比赛在那年 4 月下旬于河南赛区开打。

广东在 1995—1996 这个年龄段的比赛里从未赢过河南队。赛前准备时，自知无力与东道主死拼，广东队只求小比分告负，将净胜球控制在 -1 球以内，后面若与其他队同分，则也好再做比拼。然而到了首轮比赛，主教练临场起意，想力争爆冷拼下河南队。他排出全主力阵容，河南队自然不客气，同样积极应战，最终 2：1 胜出。另一场比赛中，北京队 4：0 胜山东队。

本想拼尽全力取胜却不如意的赛果很伤士气，它耗光了广东队的体能、精力。次轮她们吃力地 1：1 战平山东队——如果没有罗财英的精彩表现，广东队就要两连败了。河南队 2：1 胜北京队，已经提前出线。

关系各队出线命运的最后一轮，北京、广东、山东都有机会晋级复赛。北京积 3 分，只要再拿 1 分即可出线，而同积 1 分的广东、山东则要努力赢球，方可避免看他人脸色才能决定自己的命运。

河南队是种子队，且是当届全运会亚军，以山东队的实力，根本不可能与之抗衡。最坏的局面，莫过于受首轮比赛的影响，河南队会铁了心成全山东队。情势也如大家所料：山东队在第 16 分钟利用一次角球头破门。河南队占据着场上绝对优势，却一直没追平比分，最终 0：1 告负。另一边，广东队 1：1 平北京队。北京和山东同积 4 分携手晋级复赛，广东队惨遭淘汰。

当时跟队出赛的璐璐姐看着教练组无言地走上大巴车。谢彩霞抹着泛红的眼圈坐在左侧，领队林思跃颓然无言地坐在她前边，郑导仍然坐在前排靠右边的座位上，无言地盯着身边的车窗。那是璐璐姐第一次看到那么大年龄的男人哭泣。那时坐在大巴车座位第一排的主教练，正是大教练。

第三部分
我开始跟队的 2017 年

2017 年出队第一站

"前一个周期的阿财可以的,"郑导在 2009—2013 年全运会周期执教的罗财英当选过全国最佳门将,身体素质极佳,"有一次和越南国家队比赛,她一个前鱼跃,这小子从她(对方前锋)身上飞过去,像跳高扎猛子似的,那是什么身体素质,我×,那爆发力,女足守门员还有谁能做到(那个)?"回想郑导的那个语气,好像听说有人在酒吧用一支铅笔就杀了三个人一样感觉不可思议。

然而爱徒在一队因种种原因得不到稳定的出场时间。"现在那一天天待着,可废了。家里不太想让她继续踢,她自己也不想踢了。"郑导又抽了一口烟,吐出烟雾,眯起眼。午饭后,大鱼缸里的鳄嘴鱼和银龙鱼好像也刚刚吃完东西,都在不紧不慢地游着。"那个周期白玩。那个队不错,挺好的。没掉过前六,成绩比这个队稳。打过第二,中学生第二,输给江苏了。江苏是冠军队,打加时输她们一个。"

那一届江苏、河南、辽宁、北京和上海是四强常客。在郑导看来,如果那一届全运会预赛出线,广东争个第五、第六名应该没问题。当时上海队与广东队打法相近,两队每次交手就像在照镜子,总能打出 5∶4、4∶3 之类的大比分,观众都说这比赛比冠亚军还好看。"不是乱比的,那批小孩确实真的好。"

然而,全运会预赛的失败让那支队伍的人员流失殆尽,目前一队算上罗财英只有两个该年龄段的人。"那批流失了不少。她们不想留下来上一队踢球……有时就是这么怪。再加上成绩也不行,人都流失走掉了,也不会怎么管你的。"

郑导掐灭了烟,准备休息,我也起身告辞了。末了,他嘱咐我这次出队要负责一部摄像机,记得临行前到他这里来拿。我答应了。想想郑导为了收集全国女足的信息情报,也是拼了:出队前天天在网上找无人航拍飞机,比较价格、续航等数据,就差写呈批打申请了。这次出队前他提早从康复中心借了三部摄像机。璐璐姐笑说这是单次出借摄像机数量最多的一回,能用的家底都拿出来了。郑导还监督检查球队随行用品,他敦促球员把球房里的标志碟、训练用球都带上。

2017年1月3日,早餐时见到李晖,他又强调了一遍这次出队要带上我。饭后他又邀我去他房间喝茶,说起这次比赛任务,同上海、四川、浙江、福建分在一个小组,前四名出线,压力不大,关键在于整合、锻炼全运预赛阵容。他说林指导那边有工作需要,璐璐姐还要去帮忙,叮嘱我协助她做好摄像机的分配和使用,以及信息情报的收集工作。

提起林指导,李晖说他是"六朝元老"——以主教练身份带队参加过四届全运会,又以领队身份参加过两届。我惊叹说这样的老资历,全省都少见吧?李晖道:"何止省里,全国都没几个!"他是现在省内唯一的国家级足球教练员,去年年底举行的"足球之乡"60周年先进集体、个人表彰,"突出贡献足球教练员"一项按严格的评审条件只有两人获奖,一个颁给了曾雪麟①,另一个就给了林思跃。我感慨这样优秀的大人物,原来每天也同我一齐挤班车进基地上班。李晖笑说:"他有一句常与我们讲的名言,'教练员的职业生涯,往往以失败而告终'。"

从李晖房间里出来没多久,林思跃发来确认信息,我将一同出行,9日出队,20日返回。飞机下降时,眼尖又来过昆明的郑导指出远方一排排牙签般大小的柱状物体说是风车,我直到落地坐上大巴车才看清楚确认他讲的是对的。

我们入住四十米大街的一辉酒店。在这里的第一大惊喜是见到了分析

---

① 曾雪麟(1929—2016),梅县人,1955年入选男足国家二队,1959年开始执教,1983—1985年担任男足国家队主教练。2019年获评广东足球70年终生成就奖、杰出教练员奖、荣誉奖。

师。我们早在2013年相识，每次见面都很亲切。去年10月就听说他有可能回来助阵全运会的消息，想不到这次联赛他就会随行。这次出队，计算起来女二队配有1名领队、4名教练、3名队医、2名科研，加上他一个专职的技战术分析师，林指导遇见其他队伍的熟人都自夸这保障团队阵容怎一个豪华了得。第二天上午在房间休息整理，下午适应场地。李晖为了让球员保持状态，要求以后早上出早操去跑步，比赛日第二天则由没有上场比赛的球员去跑。这天训练回来，我同分析师交流了下，他对这支球队的看法也比较悲观失望，除了防守高空球、定位球，很多细节还未成型，他直言觉得时间"太赶了"。

11日早上爬起来，我践行前一天对李春成许下的承诺：和球员一起去跑步。

6点多，李晴潼从她自己房间里出来逐个敲队友的门，提醒她们要起来晨练。我和李春成也换好衣服，同她们一起下楼出发了。

天还很黑，球员们一开始跑得还很慢，我也能跟得上。我们花了半个小时跑到体育馆斜对面的山庙，在那里拍照留念后再一起跑回来。她们在回程开启了加速，我开始还担心她们跑到马路上会被车撞到，就加速赶上去，到后来回程的1/3，我自己也跑不动了，于是慢慢地走了回去。到了酒店，看到球员们已经在楼下牵拉放松，我回过头，看到了慢慢跑过来的李春成。球员们看着他哈哈大笑起来，纷纷说他跑得还不如我走得快。李春成看着我也是颇为惊讶，他没想到前一天还说肯定跟不上，最终走回来的我，居然比他先到。球员们也一直在开他的玩笑：去租辆车吧！

早饭后，林指导和分析师就去场地——泸西高原足球训练基地，观看四川队与浙江队的比赛去了。

上午9点半，李晖在他的1216房召开教练组赛前碰头会，分享、讨论他的比赛计划，提到在青年联赛一场比赛最多可更换五人制度下的用人策略；他还讲到了裁委会强调的一些比赛规则，越位（球员在对方半场越位，可以在他回到本方半场时再进行判罚）、点球（主罚球员可以在罚球时将球横传给从禁区外插上的其他球员），这些都给了主裁很大的判罚尺度与空间。他根据可靠情报讲到首场比赛的对手福建队是主教练从河南拉出来的，以未入选省队的球员为主，在重要赛事前十六名里基本见不到的球队，真正意义上的"鱼腩"。按说实力不强。但去年德国外教执教时期还是1∶1逼平了我们，不可马虎。为了让主力球员得到充分休息、锻炼、挖掘潜力，他决定起用替补阵容。

比赛是下午3点，在5号场地举行。球场周边还有很多配套设施尚未完工，西南面是一幢还在起建的高楼，球场则是两块一并排，一直延续至远方，在球场的东北面，有一个同样未完工的住宅群。再往北面，则是大块的没有开发的红土空地。李晖安排我和璐璐姐去拍摄河北队对解放军的比赛。我们提前去踩点熟悉地形，先去了球场西南侧，看那边的水泥台并不能保证镜头高过场边的铁栅栏；我们接着折向正北，沿着栈道走到未完工的住宅楼下，正寻路上楼，冷不防楼上已经架好机位的其他省队工作人员对我们大喊："从另一侧绕过来，后面上楼。"我们又向东走了段红土地，绕进住宅群，再转回来上到这幢靠球场边的三层小楼，发现已经有三四部摄像机架好了。

这次在泸西见到的另一位熟人，是上海队的一位跟队科研，和我同样是运动心理学专业出身。我们相识于学术会议，想不到今年第一次见面，竟是在全国女足青年联赛。他给我发信息，说正在看"你们的比赛"。看来他也同样要为球队收集信息情报。

河北队追求地面传控，下半场梅开二度，赢下了这场比赛。分析师来我们这边观看比赛，说广东队那边比分还是0∶0。

比赛结束时，我听到5号场地传来欢呼，但没看到穿红衣的广东队球员有何表示，倒是蓝衣球员在相拥庆祝。我暗道不好，难道球队告负？

广东队本场首发：谢莹/黄美琼、谭青、郭金华、陈丽娜/陈美燕、周雅婷/黄莹珊、何晴茵、卢瑜彤/陶祝丹（4231）由谭青担任队长。

福建队开场就摆出5后卫，一如预想地收缩防线。广东队很容易就获得了球权，利用球场宽度从边路找机会；妹妹和大珊每次下底传中，禁区里人满为患，皮球多半被对方的防守球员撞出来；陈美燕、周雅婷的后腰组合可以保证拦截、横向转移，但纵向出球却成了难题。中场的主动失误较多，又没有远射，致使广东队没什么有效的办法来破解对方的防线，大多数时间都是在场上的外围传球，后场倒脚，鲜有传进前场30米的表现。

李晖下半场没再怎么出声提示了，第56分钟他用邹怡换下黄莹珊，两分钟后又用罗丽思换下陶祝丹，把何晴茵摆上前锋位置，罗丽思居中组织进攻。萝卜上场10分钟就打门创造角球，可惜被卢瑜彤罚出界外。第69分钟，郭金华长传至禁区，何晴茵的单刀射门被扑出。这几乎是广东队全场最好的机会了。

看看仍然打不开局面，李晖继续用换人向场上球员明确传达自己的意图：第69分钟，他用陈秀冰、谢绮文换下陈美燕、周雅婷，罗丽思与陈秀冰搭档后腰，何晴因后撤，谢绮文突前。第73分钟，他又用陈巧珠对位换下黄美琼。换人的目的非常明确，就是进球、得分。第71分钟，谢绮文在中路接陈秀冰直塞打门得手，但被吹越位在先。

天不遂人愿。陈巧珠上场前不到两分钟，开始下雨，场边的球员拿出准备好的防雨布盖在训练用球和上场球员衣物上。第75分钟，福建队角球，从录像上只能看到球在飞入禁区后变向，在前点滚入球门，福建队1∶0领先。

替补上场的攻击手们努力地创造着扳平比分的机会。第79分钟，谢绮文射门偏出。第82分钟，罗丽思的射门被门将没收。第84分钟，陈秀冰主罚角球被后卫顶出；伤停补时，谢绮文仍然在左路寻求突破传中，并创造了角球。然而都于事无补，到比赛结束，广东队也没能打入那扳平比分的一球。福建队球员欢呼雀跃，好像赢得了冠军一样兴奋。全场比赛双方射门次数10∶1，广东队占尽优势，仍然难求一分，换是谁输掉这样的比赛都会觉得郁闷。

联赛预赛阶段：蓝天、白云、绿草和出线

球队痛失好局，输给了这个小组里最弱的一支球队。李晖在返程的大巴车上陷入沉思，其他教练也大都保持沉默。车厢声响不多，个别球员在说话，音量也不高。我坐在李晖身边，感觉得到他略显低落的情绪。他给予机会、希望能锻炼替补同时赢下比赛的想法落空了，还给人以一个态度轻敌和决策失误的印象，其他球队甚至会认为广东队和福建队打默契球。

我担心球员有心理负担，在群里发布晚7∶30后提供心理咨询与帮助。为了帮助队员达到放松、寓教于乐的目的，我还在测试用的笔记本电

脑上安装了足球游戏，最多可支持四人同时使用。

没想到第一个到我房间的是李晖。李春成也过来和他一起聊天，讲起今天这场失利、球员们的表现。李春成认为面对这样的球队，我们却没打出自己的技战术，就是心理上的问题。李晖认为还是球员的表现、执行力方面的问题。在他看来两个首发后腰陈美燕和周雅婷防守上倒还兢兢业业，但进攻上却没有进行有效的组织和调整，陶祝丹在前面孤立无援，何晴茵更是几近消失。对于失球，他恨铁不成钢，为郭金华感到可怜又可恨。

我看到郭金华发新朋友圈，大意是她付出的努力没人关心，没人在意她累不累、苦不苦，只是看到她做得不好的地方。第二天看到本轮的赛事资讯信息，我才确定丢的那个球，是郭金华打进的乌龙球。同样让人感到惊奇的是同一轮比赛中四川队4∶0大胜浙江队，早餐时教练组都对此感到惊讶，议论着四川队取得的进步。

等我见到郭金华，她表示失球已经过去了，私下里队友也安慰过她，现在全队的焦点都在下一场对浙江队的比赛。

1月12日，上午无事，下午例行训练。

我找到分析师，向他请教前一天比赛失利到底是什么问题。分析师认为，一来球员们的身体对抗有待提高，二来局面不同于平时训练，替补本来就疏于战阵，对阵弱旅，要破密集防守，稍显复杂的传控要求反而不利于她们的发挥。球队虽然有控球优势，但中场组织不出有威胁的一脚传球，两边也没有杀伤性的突破，只是在谢绮文等主力上场后才制造出一些有威胁的进攻。至于心理层面，是不是在这背后有所体现，他也是刚刚接触这支球队不久，还需要继续观察。

13日又有比赛。上午，我与分析师、璐璐姐、谢海霞去场地分头拍摄北京、江苏、山东等队的比赛录像。

下午，广东队对阵浙江队。李晖需要拿积分，首发了大部分主力：黄华丽/黄美琼、陈巧珠、谭青、陈丽娜/陈秀冰、谢绮文/卢瑜彤、陶祝丹、熊熙/何晴茵。考虑到李晴潼还有痛感的膝盖，李晖决定下半场再派"大佬"上。第26分钟，熊熙接到卢瑜彤右路传中射门成功。第62分钟，广东队获得左侧角球，李晴潼替换卢瑜彤上场，为了尽快进入状态，她站在

刚刚上场的李晴潼（13号）

对方大禁区线上频繁地小跳以达到热身效果，一面跳还一面左右摇摆着四肢和头，活像个摇头晃脑的超大号公仔。谢绮文改打前锋，何晴茵移去右边路。第87分钟，同样是左侧角球，李晴潼把门将没扑到、打到立柱上弹出的球顶进。陶祝丹、卢瑜彤各浪费了一次得分机会；陈丽娜在一次回防中踢到对方小腿，导致其受伤下场；谢绮文在下半一次进攻中伸腿抢球被对方踢到，当时一瘸一拐，但她咬牙忍痛坚持完剩下的比赛。黄莹珊最后10分钟替补上场，大局已定，广东队2：0击败浙江队，拿下2017年首胜。

李晖一直想努力淡化主力不在场对球队的不利影响，至少从这两场比赛来看是失败了。替补阵容不争气地输掉了最不该输的第一场球，让福建队在这个全运周期对我们保持不败。教练组估计这支福建队出线的希望不大，全运会预赛也难有作为，只怕以后我们想复仇都很难遇到这支球队。

晚上，分析师给球员看了些视频。他用世界杯、欧冠的高水平赛事说明问题：现代足球，最大的特点就是快速地攻防转换。一流强队在丢球之后快速回追、抢球、拿球，再就地组织进攻，平均可以在6秒内抢回丢球、7秒内完成射门，而一般优秀的球队在10秒内就可以完成从防守到射门的转换，而且这一表现/意识贯穿全场比赛。他指出球队当前存在的问题，除了训练、比赛里的细节，他强调要求大家在战术执行意识上要更坚决。

14日，休息。球队上午去场地训练一个小时，玩玩捉老鼠的游戏，练习下传球，就回到酒店了。连续的比赛、训练结束，多数球员最大的心愿就是睡上一觉缓解疲劳。但如果不设置闹铃，她们很容易睡过头，结果是更为困乏的身心体验。阿连与小戴安排了放松按摩时间，如果赶上夜场比赛，他们

跑步回酒店

要忙到近凌晨1点才能帮助全部上场球员完成放松。

15日这一轮比赛广东队轮空，李晖安排璐璐姐去7号场拍了上海对四川（2∶2平），我到5号场拍了河北对陕西（0∶1）。球队上午照常训练，结束后李晖要求球员将球鞋、大衣放上大巴送回酒店。她们换上平底鞋，10点半左右从球场跑回酒店，全程10公里。我与璐璐姐打了车回去，路上还能看到正在奔跑的球员。她们戴着耳机，专注于路况，看到我们，还兴奋地招手。

第二天上午训练结束后，王医生突然提出下午要与科研医务人员一起去看电影。他拿出手机开始查找电影信息，还问我近来上映的电影哪些好看。球员们一听说有电影看，纷纷叫起好来，都表示想去。李晖同意了，叫林思跃和璐璐姐组织大家下午一起去看电影。我平时带球员看的都是老电影，也不太了解新上映的电影，叫王医生与球员商量着决定了。

熊熙选择了一部获评分较高的战争片。下午去电影院的路上，璐璐姐反复强调在全运备战期间不能随意吃喝外来食品与饮料，要求她们只能喝自己从酒店带来的水。

电影有点血腥，看到关键的镜头时女孩子们一惊一乍的尖叫声吓到我了，这部抗日战争电影活生生地被她们看成了恐怖片，但又在某种程度上调节了大家的情绪与士气。

17日上午对四川的比赛开打。看看上一场李晴潼的表现，李晖决定让她这一场首发；训练状态更出色的陶祝丹出现在中锋位置，谢绮文出任前腰。赛前，没露过面的裁判长现身场边。第25分钟，李晴潼中场斜长传，陶祝丹知道自己处于越位位置，她没有碰球，目送皮球向左侧飞去，熊熙前插接球打进，但边裁举旗示意此球越位。回看比赛录像，即使是在中线这个视角，都能看到熊熙在传球一瞬间处于越位线后面，陶祝丹没有影响球。广东队被吹掉了一个精彩的进球。郑导急了，他本来坐在广东队替补席右侧的草地上，这时站起来跟"第四官员"理论："……没越位啊，她都没有动的，裁判，你这样不行啊！什么意思啊！？她都没有动的！多好的球，越位！？"

李晖知道这样的现场判罚无法更改，但涉及积分出线的关键场次，弟子们再把握不住机会他也坐不住了。第29分钟，卢瑜彤右路斜长传，谢绮文在大禁区前漏过，熊熙在后点单独面对门将直接起左脚射门，球向左侧角旗方向飞去。李晖起身大喊："熊仔，唔系噉处理嘅！喂，一拿之后拉返扣向中间了嘛！？"

第42分钟，广东队反击，四川队16号对陶祝丹犯规，李晴潼说"裁判给牌了"，裁判没反应。上半场补时一分钟，四川队17号铲倒李晴潼，裁判判罚广东队后场球同样再无表示。四川队教练还在诧异："这球怎么会？"

裁判长对他大吼："你占便宜时你不说，就说裁判……"

四川队教练："我占什么便宜了？"

裁判长："坐坐坐，坐这儿坐这儿！怎么这么多事儿！"

四川队教练："中国球员以后只能站着打球了？！"

裁判长："你别在那儿叫！你说队员会犯错误，裁判也一样，啊！知道不？都是人！"

四川队教练："以后还什么时候做动作？队员就都站在那儿打球了？这是好动作，主动的……"上半场就在二人的争辩中结束了。中场休息，刚刚在裁判长那吃瘪的主教练不服不忿地用四川话大声指点球员，声音顺着细风传到另一侧，传到王医生的耳朵里。我走到靠近路边的裁判员座席，听到了裁判长走过来与三位当值裁判的交流。她很不高兴，指出三位下属之间的沟通与交流没有做好，意见不一致，没有按照完善的流程进行判罚，导致出现错判，漏判。裁判长走开后，我说那个球看上去没什么问题。其中一个助理裁判想谈谈自己的看法，主裁举手制止了。看来她们不想再制造麻烦。

比赛继续进行，第 53 分钟，广东队获得右侧任意球，陈秀冰佯攻，陈丽娜在大禁区前无人盯防，陶祝丹选择自己直接射门，皮球飞过球门。郑导："丽娜怎么不举手呢？"陈丽娜："我已经叫她了。"谢彩霞："没事没事，唔紧要！"第 89 分钟，广东队右侧角球，谢绮文后点头球顶偏，女二队只能接受与四川队打平的结局。

同组另一场比赛，上海队 2∶0 战胜浙江队。

19 日下午，球队迎来本阶段最后一场比赛，对阵上海队。李晖沿用了前一场的首发。第 9 分钟，上海队 10 号利用黄华丽站位过于靠前，在禁区前吊射破门。第 85 分钟，陈巧珠后场长传，替换黄美琼上场不到 10 分钟的刘植祯头球摆渡给谢绮文，后者射门打中右立柱，谢又跟进补射得手。最终两队 1∶1 握手言和。

前一天训练结束后，大家在现场观看了福建队对四川队的比赛，眼见四川队派上全部主力，却只与对方打个 0∶0 平手，浙江队最后一轮轮空，只能接受积分垫底、被淘汰出局的命运。那天上车回酒店时球员讲到这个小组的出线形势，妹妹说我们已经"稳了"。

原想着晚上要收拾行李，就不想再开放给球员来打游戏了。但陈巧珠、郭金华、周雅婷、黄华丽热情难却，我还是同意了她们的请求。她们四人合作用英格兰队打世界杯，小组赛 2 胜 1 平积 7 分列小组第一。看看时间不早，谢彩霞一会儿可能要查房，我答应她们可以以后再玩这个，先存档。她们憧憬着拿世界冠军，回各自房间去了。

另一个球员闯了进来，说想打会儿游戏。我说时间太晚了，还要收拾东西打包行李，下次吧。她有点不高兴，和我说想自己买游戏主机。接着，她讲起对主教练的不满，说自己得不到重用，只被安排去打自己最为不擅长的位置，导致自己状态低迷，迟迟找不到感觉。回忆起自己在地方队时的过去，说那时做替补也可以表现出彩、打赢主力，以及跟随徐荣生教练时的自由位置，与现在对比，她觉得李晖并不懂球员心里在想什么，而且不了解各个球员都有什么能力、可以打什么位置，平时训练明显不信任替补球员。

这不是我第一次在赛区听球员讲对主教练的不满。球员不安于现状，对自己现在队中所扮演的角色感到不开心是很常见的。队内多数替补碍于自己能力有限，说话分量、影响力也可有可无，最多

1月19日首发阵容

在训练之余发发牢骚。不用我说，她也明白主教练只有一个，每个人都可以有自己的想法，但在具体实施上全队必须服从他的意志与决策。我问她想过跟主教练沟通，让他知道这个感受，或者主动去了解他的想法吗？她又觉得无所谓了。

想想队内不止一人有情绪。在昆明机场，我同李晖讲了有些球员对他的不满。李晖问是谁，我遵守保密原则①没告诉他，只说你猜也能猜得到。他没再继续纠结这个话题，说她们的身体状态现在还没上去，在比赛中的对抗并不占优势，仍然缺练。他举了个我也看得到的例子：按说陈丽娜的单人防守在队内算好的了，在对四川队的比赛中对手一个急停就能把她晃飞。

我没再说什么，只感觉这种彼此都对对方心有不满的氛围会一直影响着球队。去年年底李晖半开玩笑半认真地讲过，有球员与教练组之间互相看不顺眼，大家也只是搭班子打全运会，打完比赛她们能被一队教练看得上就挑了去，如果没被调上去就各自散伙回家该干吗干吗。这种阶级敌人的心态显然不是最好的相处方案，虽说也有矛盾重重的运动队能取得成功，但那只是少数，目前的情况肯定会限制球员的发挥与个人发展。

---

① 心理咨询师保密原则，未经来访者许可，不得泄露来访者信息。

联赛第一阶段顺利出线，李晖有忧有喜。喜的是刘植祯复出，状态还算出挑，后防有了保障；忧的是李晴潼的膝盖，属磨损造成的老伤，像个不定时炸弹，全运会预赛前后如果再出什么状况，对球队阵容会造成非常大的影响；球队的板凳深度仍然非常有限：谭青在中后卫位置上还是不如陈巧珠、刘植祯让人放心；不走运的郭金华让李晖失望，不知道什么时候会再有这样的比赛机会。陶祝丹开始上位，黄莹珊算得上一个可以轮换的替补。黄华丽除了最后一场对上海队的任意球失分，大部分时间里表现得中规中矩。

"沉思成"

跑到泸西这里待上十天，别人眼里觉得像是旅游，其实跟队参赛最大的乐趣当属看比赛。这里没有一线城市的繁华热闹，球场边横幅上写的"蓝天、白云、阳光、绿草"，如假包换。我们走在狭窄、平坦的路上，窗边的风景以连山、绿树、红土、风车为主，转过一条坡路，还能看到羊和牛。

主教练和领队住单间，其他人住双人间。郑导安排我与李春成同住，我知道他睡觉爱打呼噜，当时也没当回事。到了晚上贪玩，晚于他而眠，还没合稳眼，新室友的呼噜声已起。即使后来慢慢入睡，3点多还是醒了，耳边呼噜声不断。眼看睡不着，我开了阅读灯坐起来看书。李春成被灯光照醒，翻个身继续睡了。早餐他开始吐槽我起得太早，还开了灯搞得他睡不着。郑导一听笑了，还说原以为我会被小李导影响，没想到现在成哥告起了我的状。

吃饭间了解到他年轻时踢前卫前锋出身，甲B联赛里摸爬滚打到退役，去年被主教练运用私人关系拉来这里专职调教前锋与个人进攻技术。我好奇地在网上搜索了一下他的名字，贴吧评价说他"组织进攻方面才华横溢"，2002年左右"因为得不到主教练的赏识而决定退役"。他话少，自评"曾经显瘦"，说当年球队曾经只差一球冲甲成功。刚接触他时感觉这个人很闷，常常板着脸，很严肃的样子，误以为让他发笑是件难事，后来发现他喜欢在球队群里发搞笑视频，顿时感觉上当受骗。他最大的爱好似乎莫过于静坐饮茶，那"曾经显瘦"的大圆脸配一双单皮眼，加以静默时半专注半惺忪的表情，倒也有几分萌态。

球队要求不参加比赛的球员早起随他晨练，跑步一小时。早有球员劝成哥搞辆单车，他不听。11日第一次摸黑起早，从酒店跑去阿庐古洞返回，出发前放话可能要走路回来的我没想到自己居然没成倒数第一，回望身后除了两个守门员，最后跑回来的竟是李春成，笑趴众球员。李一脸的不相信，只感叹岁月无情，摧残了他曾年轻的躯体。第二次晨跑，他吸取教训，找郑导帮忙借来了单车，骑着跟在队伍后面，又被球员们笑了一通。

12日训练前房间里的电视刚好放着《琅琊榜》，成哥一下子着了迷，要我帮忙在他手机上下载了播放App，借了小手机架，每天追剧不止。小戴与我都拍下了他坐着、躺着各种姿势看剧的照片，发去队群里惹得大家哄笑。他也不以为意，仍然沉迷其中。

郑导讲很多曾与他同住的教练都受不了他的鼾声，但看在我和他还算处得来，打算以后也安排我们俩同住。我笑说他弄醒我只有打呼噜一种方法可行，而我则有一万种方法让他睡不着觉。成哥苦劝我早上醒了就躲在那里别动，过一会儿就睡着了。我答应了，实际上爬起床蹑手蹑脚穿戴整齐，虚掩房门到走廊去了。每天早晨都见到12层走廊窗户对面那条布满理发、美容店，形似城中村的小街灯火辉煌，与周遭漆黑的街区形成鲜明对比，像岩石裂缝中的岩浆般醒目。偶有几人行过，甚至曾听到诡异的哭声，间或看到个满头黄毛的身影在走廊尽头一晃而过；手上的资料文献读得乏了，起身活动，再听着电梯的语音："15楼的门要开了，fifteenth floor opening，电梯向下，门要关了，请注意安全，going down, careful"，周而复始，到渐渐天亮，楼下灯熄，窗外风起云变。成哥再无异议，十天下来与他倒也相安无事。

李春成的成就，我难以望其项背。他整日惦记着霓凰郡主、梅长苏和靖王的命运沉浮，我还笑他怎么一看这大陆剧便念念不忘，却被其他同事一齐鄙视：近年来国产剧少有的大作，怎能不一气追完？这家伙功夫不负有心人，到18日把所有剧集全部看完。不仅如此，他与我一样对房间里电视上的电影资源感兴趣，每日手机充电的间歇，他都拿着遥控器，找找当年带给他的那些感动。他喜欢看《亚瑟王》,我们一起看了《鸣梁海战》,重温了《斯巴达300勇士》的片段。他不太喜欢漫改电影,看到超级英雄们一齐跳向敌人的慢镜头便叫太夸张而按键退出了;他对爱情、悬疑惊悚片也不怎么感冒。训练、比赛时要拔房卡走人,回来插卡重启,可以再找到"播放记录",《角斗士》因此被他"反复"播放了N遍。我说人类渴望血腥暴力,千百年来都是如此,竞技比赛只是换了种文明的方式,其实还不是一样在娱乐大众;成哥你也是个"角斗士",上场玩命才有牛排、烤肉吃。成哥嘴角抽了几抽,终是忍住没笑出来。我不甘心,又讲"还是个足协三年不给冲甲名额,遭新任主教练弃用而黯然退役的角斗士",他大笑。

  酒店房间的Wi-Fi有时信号不好,需要点击操纵面板上的开关重启调试。这厮自己坐在沙发上看得正过瘾,关键时刻剧情受阻,便要离得近的我帮忙按一下,再看我也懒得动弹,竟直接叫起"大哥"来。他儿子都上中学了,还要我做他的大哥,一周多的时间里为这"小弟"做得最多的事就是重启Wi-Fi。饭桌上有次对面的同事笑得差点喷饭,成哥笑说幸好你忍住了,不然刘羽要替我洗衣服了。我告诉他:"你做梦!这里是女足U18联赛,以为是叫你去试训的俱乐部呢,还有人替你洗衣服!?"整桌人都笑了。16日早餐,因前一轮球队战胜浙江队,而本轮上海队与四川队打平,郑导来了兴致,以鲜牛乳、热水代酒,和其他教练、同事撞杯致意,大家也热情回应。成哥抿了几口放下杯子准备吃东西,我又恶言相怼:"干了啊!你留这底儿是养金鱼还是要停军舰啊?"成哥满饮此杯:"一大早就要搞死我。"饭后回房间,我因为手上捧着水果而不便拿房卡,眼见成哥瞪着小眼只在一旁站着,又喷他:"帮大哥拿一下啊,真是不醒目!"成哥笑歪了大脑袋完全照做。转天回来他没带房卡,我又在洗澡而不得入,怒道:"怎么照顾你成哥的?"

  成哥"感恩"我不开阅读灯弄醒他、不吸烟熏他,早上起来主动煲热水来暖胃,我调笑说他让我想起自己的娘亲;他晚上睡前必要打电话给老婆,听我夸他顾家好男人竟有点不好意思;训练回来纠结到底要不要洗脏袜子,我也笑说他真像个小姑娘;到后来服他追剧的热情,回到房间什么事都不管不顾。连我也心痒惦念起来那一集:庆历军围攻,照直觉讲最后肯定是被击败，但援军到底来了没有？关键时刻到来之前，编剧给几个人领了便当？于是听得他看到第44集，也一屁股坐到他旁边一起看。他扭过如风扇一般的大脑袋，小眼对我露出笑意，分明在讲：到底是谁对这剧集念念不忘的？

17日队伍晨练跑步去阿庐古洞，成哥问门卫买了鱼食，一个人坐在池塘边上喂鱼，被王医生笑说是在思考人生，获评"沉思成"。我调侃他"沉思·今晚吃什么鱼·成"。成哥喜欢喝养生茶，滇红、生熟普也是来者不拒。常见两鬓渐白的他喝到五至六泡就呆呆地坐定，盯着眼前不作声，直如沉思一般，不知他沉思的是曾经球迷们的山呼海啸，还是家里几日未见的小孩？想来那只差一球而未拿到最终胜利的遗憾，至今还伴随着鼾声的起伏常常在他梦里出现吧。

20日返回广州后，还有不到一周时间过年。李晖召集了教练组一起吃饭，李春成带了他的妻子出席，介绍给大家认识，算是正式融入这个工作团队。他的妻子也是运动员出身，原来在击剑队，退役后转去银行工作。她向我表示感谢："谢谢你在云南照顾春成！"说得我倒有些不好意思。李晖也借机向我们介绍他所熟识的李春成："本质上很好的一个人。"值得注意的是，李晖与李春成每次见面会互道一声"阿戚"，球员为区分两位同姓李指导，称呼李晖为"大李指导"，春成为"小李指导"。眼看新年将近，大家把酒言欢，互道新年快乐，也预祝年后全运会顺顺利利，马到成功。

我以为已经很了解他了，只道这次云南之行的室友也是个"青训失败产物"。后来才明白，当时的自己对他一无所知。

"沉思成"

与时间赛跑

1月26日下午5点,在老家的机场高速上我接到了王医生的群发紧急通知,说总局新来一批禁用药物,要求队伍严格禁用。璐璐姐追问跟女一队的同事,是不是把这批药物发去了昆明海埂体育训练基地?得到确切答复后要求对方去到赛区后不得使用,马上再发回来。还好通知收发得及时,否则有兴奋剂成分的营养品就像有毒的粮食一样,对运动员来说,误服的后果只会带来"死亡"的下场。

再回到足球中心上班,已是2月6日,大年初八。新年开工第一天,恰好赶上第51届超级碗决赛。我在食堂吃饭时都把电视调到广东体育频道,坐在餐桌旁的球员也看到了比赛。

爱国者队找不到什么机会,自己又频频失误。对手三节不到就拿下4次达阵以28:3领先25分。39岁的布雷迪被逼得传球给线卫队友去做组织,甚至自己带球跑阵完成15码三档进攻——在困境面前,他不断想办法,不断挣扎。爱国者终于达阵成功,附加分却被踢飞。布雷迪全场被擒杀6次,吃尽了苦头。爱国者抓住对手在第四节的失误持续追分,防守组也没再失分。布雷迪把握住队友为他创造的传球机会,11号完成了一次把人吓到吐出心脏的接球,帮助球队惊险、顽强地扳平了比分。虽然最后冲阵失败,比赛进入加时,但贝利切克教练让人们看到了冠军球队为取得胜利而做出的不懈努力。

我找到李晖,问他近来的工作计划。他说时间紧张,可以给我用来心理课的次数肯定有限。他随手抓了张纸,但看正面印着党支部民主生活会征求意见表,便放在一边,另拿张没用的测试报告,在背面草草画着训练示意图的空白处给我画写着全年的工作规划。

还有不到一个月的时间就是全运会预赛,这段时间他要用来上量上强度,合练全队技战术;预赛结束,国少队集训,还有部分要参加高考,上午都要上课学习,4月中旬要打联赛第二阶段,到4月底之前都无法保持正常的训练状态。5月重新合练,前两周也只能以恢复为主,第三周开始上大强度,国家队队员的回来,进入备战冲高阶段,改善战术,强化力量,要兼顾体能,细做局部,抽去6月下旬谢绮文、陈巧珠再去国家队集训,还有两周能做整体,到7月要参加全国联赛决赛阶段,回来剩下20天时间,又要去天津参加决赛阶段——如果预赛出线的话。他说细算下来,全队合练、保质保量的时间也就六周左右,不可谓不紧张;能给我用的时间非常有限,除了在广州集训,再就是重要的比赛前间隙了。他还说分析师也回来跟球队一起工作到全运会预赛,看看这两天安排他的住宿。另外,分析师要给球队讲课,也要我多加配合。我同意先把课时让给分析师,看看他有什么需要。

分析师没选择住在中心——他嫌住在基地需要申请房间,给球队添麻烦。他在人和订了酒店,下午自行去场地观看球队训练。他和李晖、林思跃进行了交谈,讲了很多改进球队训练的内容。球队的隐忧他早看在眼里,问题是如何改进,而且是在极为有限的时间里。

我看到CTT、CSQ、HXN从5号场预备队那边结束了训练走回宿舍。自李晖确立核心阵容后,她们都不再跟A队训练了。从恒大足校抽调过来的试训球员达不到李晖的要求,也都遣返了。

现在训练中替补一方是黄秋嫦打中后卫——球队原来人员配置最为宽裕的位置,而今却捉襟见肘。李晖在过年放假前就要求全队在假期里保持每天一定的有氧训练,他在开年后的训练就要上量上强度,如果经训练/测试发现球员在假期里没有保持训练,甚至因跟不上训练出伤病影响团队备战的,

战术讲解课

则要追加罚款。他说到做到:第一天上午的训练课他就以身体训练开场,下午则安排整体战术和快速射门训练。

林思跃宣布了全运年球队球员补助,按照体育局的相关政策,根据球员在队中的地位,补助待遇也不同:能打上主力的最高,主力替补、替

补、板凳、预备队依而次之。此举意在激励球员全身心投入训练或展开竞争，以求增强球队战力，取得好成绩。另外，球队任命陈巧珠、李晴潼、刘植祯、黄美琼四位队长，每月可领取队长奖励。

中心还对食堂管理做出调整。自2015年省运会以来，中心一直开放着两个楼层的食堂，一楼给女二队和男三队，二楼给女一队、预备队和男二队使用。进入全运年，中心按照体育局的有关规定，提高了全运备战队伍的伙食条件。

无论吃什么，在中国这样的人情社会，餐桌都是社交活动的重要组成和载体。有老教练告诉我，当年在国家队，吃饭时"东北话一桌，粤语一桌"。女二队队内并无语言隔阂，所有人都会讲普通话，又都听得懂粤语，但在饭桌上，仍能看得到明显的地域色彩。大致可分为三个小群体：广州队、深圳队、省队或其他地方队。

中心的食堂有三层，除一层东侧设为厨房、三楼用作大会议室之外，一层西侧、二层均作餐厅。这里摆放着黄色的餐桌，每张桌子下架着大梁，连着两条长凳，允许四人同坐用餐。在一楼餐厅东侧、二楼中间摆放自助餐盘，保证每餐有八菜一汤供应。广州队通常选择自入门数第二排，靠近自助餐盘的第一张饭桌坐。主要成员有李晴潼、谢绮文、罗丽思、何晴茵、熊熙、邹怡。多数母语为粤语，她们告诉我也喜欢讲普通话。在李晴潼眼里的谢绮文大大咧咧，敢说敢做，多少代表了她们的性格，即敢于表达自我。她们是最早对外教提出异议的球员群体，在她们身上能明显感觉得到那种现实、经世致用、不空谈、向往美好生活的广府文化。[①] 这一团体构成相对固定，有时预备队中曾和她们一起参加省运会的前锋廖美欣、中后卫欧阳茵茵加入，让阵容变得更为庞大，甚至要占据两三张餐桌。

深圳队通常选择与自助餐盘相隔较远的第二、第三张餐桌就餐。集训初期是其人员构成最多、团体规模相对较大的时期，后随着部分成员离队上学或调整至预备队，二队尚有陈丽娜、刘植祯、谭青、周雅婷、陶祝丹。语言方面，陈丽娜讲客家话，周雅婷讲潮汕话，刘植祯与谭青来自湖南，和队友沟通以普通话为主。她们性格相对内敛，加上因场上场下时有

---

① 黄淑娉. 广东族群与区域文化研究 [M]. 广州：广东高等教育出版社，1999，273.

走神被教练们戏称为"阿呆"的陈丽娜喜欢独来独往,周雅婷与其他省队球员走得近,身为后卫的刘植祯、谭青有时会与黄华丽、谢莹同坐,这显得这一团体的构成相对不那么固定。

省队或其他地方队,成员大多于 2015 年 10 月前就在中心或省体校参加过集训,语言构成较为复

球员们的桌角社会

杂,有广州话、潮汕话、湛江话、客家话,普通话成了通用语言。这一团体通常选择远离自助餐盘、离西侧大屏电视较近的餐桌而坐。常见成员:陈巧珠、陈秀冰、郭金华、黄美琼、陈美燕、詹晓娜、黄秋嫦等。黄莹珊、卢瑜彤因曾去广州队参加集训,因而与广州队球员关系也较好;初来集训时常与同乡结伴的谢莹渐渐与同为门将、也住在一起的黄华丽、谢海霞三人同行。总体来说,球员们的"桌角社会"存在着一定的习惯模式,同一地区出身、友谊交往、相同场上位置等因素影响球员的结盟与坐序。但这些组织结构并非一成不变,也存在流动与变化。

2 月 7 日早上安排生理生化测试,我听到做完测试去食堂吃饭的球员讲,如今只剩下一条腿可用了。

一条腿也要用。上午分析师找时间在教室给大家强调了在泸西比赛中攻防存在的问题,并做了新的要求。下午 1 点 40 分她们就要出场地做热身,准备对阵天津队的教学比赛。比赛打了三节。第一节球队以替补阵容为主,熊熙接陈美燕传球躲开门将打进一球;第二节主力登场,谢绮文打进大禁区前任意球;第三节主力、替补各半,对方的后场半高球吊进禁区,黄华丽与后卫沟通不佳,出击过早被对方前锋顶进空门。李晖在赛后安排加练 5 组 400 米冲刺。

最后的加练看起来更像是惩罚,因为她们在比赛里的表现并不好。分

析师失望地同我说，上午他讲给球员们听的要迅速回防与收缩防守并没见效，甚至一次都没见球队做出来过。我安慰他说讲解后球员也需要有个理解、吸收和适应的过程，还没有经历系统训练，她们也不太可能一下就在比赛里做出来。分析师理解这种状况，但时间紧迫，不可能让球员适应到3月都还搞不定。我们还有三四支全运会预赛的主要对手需要逐一介绍，讲解特定的应对策略。第二天晚饭时，他和我表示明天再给球员讲解技战术，请我代为联系教室。

分析师对山东队的分析如期顺利进行。他对山东队的人员构成、主要打法、常见配合都做了详细说明，球员们也都洗耳聆听。下课后分析师缓了口气，这些天他都窝在房间里看录像、备课，也没怎么休息。他又想到个问题：如果谢绮文受伤或者表现不佳，球队有什么应急方案？

这是很要命的问题。从组队至今的比赛来看，谢绮文是球队不可或缺的角色，一旦她被重点盯防、状态低迷或者遭遇伤病，女二队不是"谢绮文依赖症"发病，而是相当于被卸掉一条手臂。我估计主教练对这个问题也没有太好的答案。中午去找李晖商量在分析师之后有什么具体的空时间可以继续自己的赛前心理训练计划时，才知道出现了新的麻烦：原来学校知道3月中旬要打预赛，提早调整课表，下周即开始在周一、周三、周五上午上课，他要调回到周二、周四全天训练，因此留出来的时间只有我不喜欢的晚上。看我犹豫不决，李晖说看我工作需要，只要时间定下来，就在群里通知球员。

璐璐姐说我应该遵照诺言送茶叶给郑导，再说人家无论如何也是拿了茶叶给我在先，我理应回礼。我很不情愿，那意味着示好，接下来又要帮他老人家"干活"。但碍不过璐璐姐的"道德指责"，我拿了一盒乌龙茶，送给郑导，算是完成了"礼物的流动"。郑导很高兴，刚好女儿为他买了新的手机和平板电脑，他想把手机上播放的视频录下来转发给球员却困难重重。他问我能否搞个软件来录屏。他新升级的电脑系统却无法打开下载好的 exe 文件，看上去像中了病毒。我告诉郑导自己也无能为力，他后悔早早追时髦导致很多软件都不兼容，现在又得琢磨怎么做回老系统。

再到李晖房间喝茶，他讲起球队守门员的训练也存在好多问题。现在黄华丽只有一次扑救，连续扑救的能力有待提高；谢莹基本不能用，谢海霞也好不到哪去；他同郑导提过两次，但没什么效果，又怕再讲惹恼了他，于是不再说了。在一旁的小指导也倒起苦水，说郑导有次回来因为没有停车位发了顿脾气。我说如果自己发现没停车位用也会不爽"发烂砸"① 表示不可理解，又拿之前的老梗调侃我。我也懒得再跟他们开同样的玩笑，喝了杯茶告辞。

流溪河面上偶有不速之客，有时只是单人单篙的扁舟，有时是只船鼻朝天、撇下两抹白浪的快艇。2月14日早上，皮划艇队又来河里训练，他们先逆流而上，再沐着逐渐丰盈透亮的阳光顺流回来，在身后暗青色又闪着粼粼波光的水面上留下一道道细长的白痕。郑导在球场边同我讲起办公室找人来给他修电脑，他的电脑中病毒不说，中心买回来的战术分析软件到现在都用不了，他觉得是这软件从国外带来了病毒。"铁子啊，有时间再帮我看看怎么把视频导入平板电脑里，我剪辑了她们在日本的视频，回头给华丽她们看看。"近来中心整修球场排水管道，南北两侧都挖了沟，球场缩短了十米，这也引起了郑导的担忧："平时训练两三步就进禁区了，到比赛时会让球员怀疑自己，哎，怎么还没到呢？"训练场地的变化轻则引起运动员训练效果的改变，重则会让运动员在比赛里受伤。我赞同他的观点，这让他叫我"铁子"叫得更起劲了。

这个月接下来的工作平淡无奇：李晖在周二、周四上午安排和预备队的热身赛，之外以整体战术和身体训练为主。17日，在足球中心举行了女二队冬训总结与全运预赛准备汇报，20日晚7点15分，我安排了一次心理课。

24日，郑导又找到我说中心为球队配的新电脑到了，现在除了已剪辑好的视频，他还想用录屏软件把通过VPN播放的国外守门员训练视频录下来转发给球员，可尝试了种种软件都不管用。我帮他安装了自己常用的软件，但随后只要郑导打开VPN播放视频，录屏软件就会出现黑屏——原来不是App的问题，而是翻墙后播放的视频不被录屏软件所支持，这又达到了我的技术瓶颈。郑导看看我也没办法解决问题，只能放他的"铁子"回去了。

---

① 发烂砸，粤语，意为发怒、发脾气、发飙。

调整、我不抽烟、林指导

2月28日,按计划球队赴韶关调整。我们一早7点半出发,走京港澳高速,坐了3个小时的车。行程安排全队在这里的温泉酒店住上一晚,第二天上午再返回广州。也是近来的训练强度增大,下个月全运会预赛在即,李晖希望借此机会给全队放松。

大家在车上睡得迷迷糊糊。下车后从洗手间出来,我看到李晖逮着邹怡说着什么,然后走开了。待我走过去,邹怡已在双手掩面哭泣。罗丽思和熊熙在一旁安慰着她。我想起口袋里还有没用的纸巾,忙塞给她擦泪。

熊熙笑说:"羽哥,你这是上完洗手间用剩下的纸吧?拿来给怡姐擦眼泪?"

我:"这是干净的纸巾,一次都没用过的。她怎么了?"

"李导训了她一通,因为她出基地大门去买东西被偷走了手机。"原来上周末训练结束后她与队友出基地购物,遗失了手机,她返身去找却无功而返,只能哭着回来。李晖三令五申要求大家外出注意安全,而且中心也开始严抓宿舍使用违规电器,强调安全生产,结果开年就出这样的事,他怎能不火大?

邹怡拿过纸巾擦着丰盈的脸,还因为哭得一口气倒不过腔来而咳嗽着。她的眼圈周围又红又肿,眼睫毛上挂着几滴莹亮的泪滴,眼角还粘连着几根头发。罗丽思在一旁搂着她的肩膀,安慰她:"李导也是为你好……哎,不哭了啊,没事了……"

入住酒店时又来小插曲。林指导原本要安排我与郑导同住一间房,我听到郑导叫我的名字要与我同住时,本能地高声说:"我不抽烟!"郑导在球场边很少抽烟,但他在宿舍会搞得王医生落荒而逃。郑导伸出左手做邀请状,戴着帽子的头微微下垂,说:"我知道……"我并不领情,仍然大声说:"我不抽烟。"这下让他感觉我不愿同住的原因并不仅仅是抽烟的问题,登时一脸尴尬地转过头去,转而想与小戴同住一间房。林指导为了调节不同意见,便要与我同住。李晖与李春成住同一房间,璐璐姐与谢彩霞同房,球员们两三人同一房间,就不细说了。

我与林指导回到自己的房间。放下行李，林指导打开电视、空调，坐了一会儿。说我不抽烟是好习惯，他讲他自己想抽烟，就要披起大衣出房间。

惊得我连忙制止他："林指导想抽烟就在这房间里抽吧。您这样叫我情何以堪！应该是您在房间里抽烟，我出去才对呀。"看林指导还在犹豫，我便抢先开门出去了。在走廊里遇到郑导，我和他打招呼，他板起脸又不理我。

李晖照例和小肥猪通视频聊天。放下手机，我们聊起赛前"仪式"的传统。他也理解团体、个人在参加重大活动前都会有一定的仪式行为，或者祈求神灵保佑，或者力图内心平静安稳。很多运动队逢大赛前会选择组织不同的活动，有些是休闲娱乐，有些则与宗教民俗（拜神礼佛）有关，但目的都是求在接下来的赛事中平安、顺利、成功。李晖告诉我说大赛前的拜神传统在很多运动队由来已久。很多教练会在赛前或是年初去佛寺求愿，在赛后和年尾再去一次还愿（也不难想象运动员借机转菩提树祈求顺利通过考试）。活动纯属自愿，除极少数个人原因外，无论有无宗教信仰，大多数教练、运动员都服从团队/传统安排，这也是运动队文化自觉性的一种体现。

过了个把钟头，我再回房间，林思跃指导已经躺在床上看电视了。我也坐躺在自己的床上和他聊天。

林思跃问我，科研所的所长，可还是印象中的现任？我给予了肯定。他又说，记得原来有位老所长，叫欧阳孝的。"他最早搞了运动饮料，后来搞了健力宝出来。"我回说是20世纪80年代的一任所长。配方是根据他写的论文[①]研制的，后来有了产品才推向市场。

林思跃看着电视，我们陷入一阵沉默。我想起李晖转述他的话，就问他可曾讲过"教练员的职业生涯，大都以失败而告终"。我在学校第一次下队实习时就听教练讲过类似的话。

他承认自己是偶有念叨，纠正我所理解的"要退休了，生命终止，才有失败"的看法。他的理解更多是"竞技体育不可能有常胜将军"，从冠

---

① 欧阳孝，陈荣锐，黄笑杏，等. 大运动量训练后血气与血乳酸的变化及加速其恢复过程的研究[J]. 体育科学. 1981（1）.

军只有一个的概率论来说，失败才是常态。他所见证的很多教练，虽然很能出成绩，但"某一场比赛或是某一次比赛失败了，他就退下来了。在这个层面上，我说的意思，就是以失败而告终"。即最终以胜利宣告自己职业生涯终结的教练凤毛麟角。

林思跃和足球中心的很多同事一样，出生在梅州。说起这个地方，说起足球，就不得不说起五华县。据记载①②，1873年德国传教士毕安和边得志创办元坑中书院时在其院内设置球场，教学生踢球，经考证，这是我国内地目前最早的现代足球教学记录，这使梅州市五华县成为中国内地现代足球的发源地。广东省自然是近水楼台先得月，在改革开放刚开始春暖华南大地时，女足运动在全省就开展得红红火火。1981年，广州市体委决定组建两支女足队伍，有200多位女性前来应试。经过两天邀请赛，选出球员组建为省、市两支集训队。第二年8月，又优中选优地挑出18人组成广东省队，在没有正式编制的情况下参加在北京举行的全国女足邀请赛，广东队负于陕西队，获第二名。1983年元旦刚过，在广州举行的全国女足锦标赛上，广东队获第九名。5月24日，广东省编委批复体委，正式建立专业女子足球队，任命陈汉燊为首任主教练，吴琴担任领队。

彼时女足运动在地处清远的英德开展得亦非常火热，同年的广东省首届女足赛就在这里举办，从1984年起英德还连续承办了"新春杯"女足邀请赛。1986年国家体委批准，在英德望埠镇建设女足训练基地，同在1983年建队、吸纳了五名广东女足入队的国家女足，便安身、发轫于此。1986年，中国女足第一次夺得亚洲杯冠军，她们坐火车返回英德基地，据内部史料③记载，"当年球员捧着奖杯坐火车返回英德，从火车站到县城4公里的路上，英德县群众自发在道路两旁敲锣打鼓，迎接女足的归来"。她们也自那时起，开启了在亚洲连续七次夺冠的辉煌篇章。

1960年生人的林思跃在那个广东足球人才济济的年代因为伤病和自

---

① 客家精英手机报. 五华元坑村，原来是中国内地现代足球的发源地［OL］. https://www.sohu.com/a/132408727_366506.

② 梅州足球的前世今生：现代足球发源地 足球人才济济［OL］. http://sports.sina.com.cn/c/2013-05-09/10216559263.shtml.

③ 董良田，邵建明. 足迹：广东足球史记（1873－2015）［M］. 广州：广州海印实业集团有限公司，2015.

身技术特点受限而早早退役，二十六七岁的年纪就做了助教，辅佐容志行①带区楚良那一批 1966—1968 年龄段男足。那时广东女足交由关至锐②带队，拿了 1985 年锦标赛和 1987 年第六届全运会两次第三名。到新的备战周期换了新的主教练，他拉了林思跃过来做助手。然而，女仔不好带，1989 年，她们在西安输球，球员在总结会上吵成一团，对前后场的防守责任争论不休。新教练愤怒地摔了战术板走人，后来离职。在招待所光线昏暗的客室里，林思跃小心翼翼地搜寻桌腿凳脚，在过道间蹲下身子，吃力地用白皙的手够捡起散落一地的棋子，吹掉沾染上的浮灰，将它们再拼成一套能用的战术板，拼成自己理想中的阵容，拼成接下来 16 年广东女足的样子。

1988 年，奇星药厂开创了企业与运动队共建的"奇星模式"，受此启发，荷花纺织装饰实业公司与广东女足达成最初的共建协议。那时头发浓密的林思跃，带着助教肖健林终日泡在球场，琢磨、实践着训练理论与方法。李晖说林思跃带队时没见过笑脸，谢彩霞曾说他一吹哨子全队都激灵了，哪还敢聊天说笑，赶紧开始训练。他管理训练一丝不苟，做力量训练要求球员每做一组都要打卡划销；打分组对抗，他都要算好球员的力量水平，将负荷能力相近的人分进一组，以求最好的训练质量。

1991 年在梅州市举行的全国锦标赛决赛阶段，她们在首场失利的情况下连胜四场，拿到队史首冠。就是算上吴伟英③、陈霞④、韦海英⑤三位国家队常客，那支球队的平均年龄也只有 19 岁。

1993 年七运会，广东队一路战胜河北、上海，半决赛对辽宁，林指导记忆中这场比赛吸引了粤辽两位体委主任到场观战。广东队 1∶0 胜出。

---

① 容志行（1948— ），广州人，1972 年入选男足国家队，司职前卫、边锋、前锋。1979—1981 连续三年被评为全国十佳运动员，1984 年被评为新中国 35 年杰出运动员，2009 年被评为新中国 60 年最有影响力的体育人物之一，2019 年被评为广东足球 70 年十大杰出男球员、荣誉奖。

② 关至锐（1953— ）湛江人，1976 年入选男足国家队，司职后卫。2019 年获评广东足球 70 年荣誉奖。

③ 吴伟英（1970— ），兴宁人，1984 年入选女足国家队，司职前锋。2019 年获评足球 70 年十大杰出女球员。

④ 陈霞（1968— ），湛江人，1988 年入选女足国家队，司职后卫。2019 年获评足球 70 年十大杰出女球员。

⑤ 韦海英（1971— ），海南屯昌人，1988 年入选女足国家队，司职边锋。2019 年获评足球 70 年十大杰出女球员。

争强好胜的施桂红[①]，上前起跳干扰一个界外球，被出牌警告，加上之前已累积的黄牌，她被罚无法出战决赛，也因此难过哭泣。在林思跃的印象中，如果施桂红出战，决赛90分钟内就能见胜负。残酷的竞技体育不相信"如果"二字，失去主力得分手的广东队久攻不下，被拖进点球决战告负。

那场比赛让林思跃自90年代以后第一次感受到了衰老。每天思虑训练、比赛，失眠早已是家常便饭，每次洗头都可见漂在水面的很多头发。

1996年，广东女足更换了赞助商，广州海印实业公司与球队达成共建协议，成立了广东海印女足俱乐部。当年她们拿下全国锦标赛第二，全国联赛第四名。

1997年，林思跃从俄罗斯学习归来带队，广东队全年只输了八运会半决赛对东道主上海这一场，最终名列第三。在那一年她们拿到了联赛冠军和超霸杯冠军，林思跃被评为女足超级联赛最佳教练员。

2001年，进入新老交替的广东队在联赛里拿到第二名。坐拥主场之利，九运会决赛小组赛出线后急于求成输给四川队，无缘四强。比赛失利后林指导暂别岗位"缓一缓"，广州市足协盯上了得闲的林指导，请了他过去帮忙。他们也知道留不下林指导多久，便请他多熟悉广州籍球员，回到省里也多做提携。果然到2003年足球中心新任领导上任，便给正在学习青训的林打电话请他回来。

2005年十运会，赛会规定各队中24岁以上球员不得超过4人，更让各队本已数量锐减的"70后"都成了"稀有物种"。广东队如履薄冰，预赛时最后一轮战平湖北队，附加赛才确定决赛资格。

林指导略伤脑筋。他打电话求援，对广东队怀有深切感情的赵利红[②]产后7个月复出，联手谢彩霞成为球队双翼。决赛阶段处于死亡之组的广东队在其他队眼里已成了鱼腩弱旅。她们首场爆冷2∶1战胜东道主江苏，次轮战略性放弃，最后一轮广东对阵河南，江苏对阵上海。两场比赛在江

---

① 施桂红（1968— ），天津人，1986年入选女足国家队，司职前锋。2019年获评足球70年十大杰出女球员。

② 赵利红（1972— ），英德人，1992年入选女足国家队，司职前卫。2019年获评足球70年十大杰出女球员。

苏体育训练基地同时开球,谢绝观众与记者入内。广东队这边 2∶0 领先河南队,被扳平,最后绝杀逃出生天。林思跃感觉自己的心脏快要跳出胸膛了,多年以后体检时听医生说他心脏早搏,归因于职业关系,他就会想起这场球,想起赛后隔着铁丝网接受记者采访时都在喘着粗气,想起自己努力平复的剧烈心跳,想起接下来他的球队输给辽宁队,无缘四强。

那一年时值45岁的林指导发型日趋"地中海"。在备战 2008 年奥运会全国女足工作会议期间,他代表广东女足领取了足协颁发的突出贡献奖。此时他已见证了广东女足由巅峰转入低谷的发展轨迹,也见多了同行同仁以失败告终的命运。恰好熟人池明华奉命组建青年队,他决定结束自己的执教生涯,改做领队。好运的池明华在关键的两次同积分下抽签都拿到了上上签,最终获得 2009 年十一运女足青年组第四名。成年组则由欧阳耀星执教拿到第七名。

林思跃笑说他做领队,这已经是第三届了。"打完这一届,我还有两年(退休)了。下一届,就让年轻人做吧。"

至于国家队,1992 年林思跃成为助教,一直做到 1995 年年初。1994 年,林思跃的两个女儿出生,领导找他谈话,说他在国家队、广东队两头跑很辛苦,不如回来专心做广东队的主教练。1997 年全运会后,国家队又找到林思跃劝他,小孩大一些了,可以回来执教。否则他一离开,国家队再找个熟悉女足情况的教练也不容易。顾家的林思跃思来想去,还是决定留在广东专心执教。

我问林思跃,他朋友圈背景上和两位球员合举奖杯的照片是什么时候的事?他回说是 1993 年亚洲杯,两人分别是赵利红(左)和施桂红(右),那时都才 20 出头,已经入选过亚洲和世界最佳阵容。其中,赵利红连续两届亚洲杯拿到最佳运动员,施桂红则在 1995 年第十届亚洲杯上获得铜靴奖。

1993 年亚洲杯,林指导与赵利红(左)、施桂红(右)合影

在那个主打四中场双前锋且不愁首发阵容的 1994 年，成都举办过一个叫大会战的循环赛。当时国家队抽调了广东 4 名球员，最后四强还有北京、上海、国家队。赛事规定，每支球队与国家队交手时都被让一球，即 0∶1 开场。连领导都同电台讲好，全程跟地方女足，最后才去国家队，这样方便颁奖。然而，广东队 1∶0 胜国家队，决赛又战胜上海队拿到冠军，1991 年之后再次成为这项赛事的冠军，让大家始料未及。

回忆执教前后，广东队对上海输多胜少。林思跃带队拿到 1997 年联赛和超霸杯冠军时主客场双杀上海是为数不多的胜利。当时在东校场以 2∶1 战胜上海队，客队在体育宾馆气得吃不下饭。

那时女足的球市更是难以想象的火爆。早年广东女足的主场设在东校场，后来转去越秀山。脚法出众、打法悦目的广东女足基本每场比赛都有把席位坐得满满当当的观众捧场。7 点 45 分开球，很多观众 7 点前就敲锣打鼓地来霸位。1999 年，主场迁往佛山，在那里打了 5 年，同样是场场爆满。工作人员非常欢迎球队到场比赛，这样每场比赛可以带给他们六位数的收入。除了交通管理、灯光、安保等费用，仍能从每个上座观众赚到六七元钱。

那是什么原因让现在的女足比赛无人问津、门可罗雀了呢？林思跃认为，最关键的地方还在于训练，毕竟"比赛是训练的镜子"。"管理？谁不知道是管理。关键是哪方面。"是队伍管理、教练管理，还是人的管理？为什么女排下来后很快又上去了？他还讲起 90 年代男足国奥去东南亚打比赛，过广州集训一周以适应天气。当时他们就住在二沙岛 1 号楼，在同一个场地上训练的林思跃近距离观摩过国奥队的训练，时任主教练与众不同的安排、要求给他留下了深刻的印象。"他（带出的球员）是天才，有天赋！七八个都有天赋？十个都有天赋？"职业教练很少说"天才""天赋"这样的词，他们往往用"能力"一词，潜在的意思和"如果你没做到，怎么能称那是天赋？"的观点相类似。林思跃也不觉得天赋就能决定一切。在他看来，问题的关键在于找到一个领路人，一个称职的、亲力亲为的主教练，比什么都重要。在那个位置上，主教练的视野、精力会决定一切。能有好成绩，当然是"专业的人干专业的事"的结果。

我同他说起年前后训练强度大，球员多有身体反应。林笑了，"你家小孩不想学习,你提要求他做不了,还考不考试了?"教练员要懂得训练的原理,能看得出运动员身体、运动技能掌握的情况,知道如何去加强、改进它(训练效果),这是从运动员过渡到教练员需要具备的基础能力。"我告诉你,这个东西,教练他都知道的。不想改变,一样吃饭。你想改变,就这么简单。如果你连这个都不知道,就不要做教练了。对不对?"林思跃嘻笑着对我说。

出队第二站:济南

短暂的调整之旅很快结束了。足球运动中心迎来让人焦虑的3月。我和璐璐姐都感觉时间不够用。她忙于出队前的测试、营养品清点、抽调、邮寄,我这里也做预赛的心理测试、干预等方面的准备,大家都没什么空闲用来抱怨。从韶关调整回来,李晖按照计划降低了训练量,但仍保持训练强度。以整体战术/局部战术为主,穿插有氧耐力与少量核心力量训练。

3月8日,李春成又群发红包以求好彩头。黄秋嫦发问是否可以把摄像机的架子放进行李箱。她知道行李舱空间有限,摄像机这种精密仪器要随身携带,队友也劝她尽量都拿上座位,否则大巴车加速、停车产生的强大惯性不知道会对物品产生什么样的影响,真挤压坏了,到赛区没得用就麻烦了。晚上睡前我看着收拾好的行李箱和万籁俱寂的中心大院,想着12小时后的出发,又要进入全队统一着装、灯火管制的生活;12日后的归来,广州会不会已告别料峭春寒,进入绵绵盛夏?

9日中午,我们飞抵济南,入住南门街的泉城大酒店。这里地处市中心地带,北面是东泺河与黑虎泉,西面沿着泺源大街穿过泉城广场即是趵突泉,东面有一条佛山街,街上有个叫银座的Mall,初到济南事忙,没时间去那里逛。

每次出队时的住宿房间安排是个大问题。球员的房间倒还好安排,一涉及教练、科医就需要领队斗智斗勇了。事关经费标准、当地酒店配套设施,还得考虑同房室友间的关系。主教练、领队按规格独住单人房,队医需要一间按摩室,也可安排单间,剩下的都要两个人一间。小戴在广州曾与我同住一间宿舍,最近几次出队他都表示可与我再续前缘,却均未能如愿。这次他被分配与李春成同住——小戴说他秒睡且爱打呼噜，有趣的是成哥也表示与我同房没问题。而我则被安排与分析师同房，他也没什么不良嗜好，有时要加夜班赶工，而我早起时他已入睡，刚好互不影响。

我们在泉城大酒店用完午餐。很久没吃到这样地道的鲁菜了：猪肘、烤鸭卷饼、河虾、干肠、炸酱面、花卷、火爆大头菜等等，当然还少不了山东大葱、煎饼。粤籍同事有点吃不惯北方菜，郑导讲解山东菜的特色时如数家珍。他的父母都是山东人，因"闯关东"留在东北，骨子里的冒险精神无疑是留给后辈的宝贵财富，他也认同也许这能解释为什么很多东北人如此乐于尝试新鲜事物。在大巴上，听说来接待的山东省足协工作人员姓钱，他大笑说自己姓郑，"俺俩搁一块刚好'挣钱'"，把这个也视作好彩头。我保持沉默，没参与他的话题，尽管我的外祖父、外祖母也是山东人。

稍事休息后，下午3点球队到酒店对面的泉城广场进行简单的热身训练。

泉城广场的热身

看看接下来几天行程安排紧张，我同李晖要了当天晚上7点半的时间，给球员进行心理放松练习。自2015年集训开始，我用了一年多的时间给这批球员讲解运动心理学常识，教她们如何运用冥想放松自己、调整赛前心理状态。姒刚彦等编写的

赛前心理训练

《运动员正念训练手册》[①],简练精要,在我看来是市面上最适于应用到竞技领域的正念心理训练用书。

球员都已熟悉我的方法、要求,现在刚好临阵使用。整个过程都非常顺利,黄秋嫦制造了一点小插曲——因回队时间晚,她错过了大多数心理课,对我的训练要求一无所知,因此在热身练习时她笑出声来。其他保持平静的球员都未受到干扰,我严肃提醒她,如果仍这样给全队带来不便,就把她驱赶出去。她换了位置坐,不作声了。我仍像在广州带她们做心理训练时提出一样的要求,让她们按我的指导语进入冥想状态,结束后回答我预先留下的问题。当我询问有谁想到问题答案时,3个球员举起了手。前一次锦标赛时错失了不少进球机会的熊熙便是其一,她举起手的同时也鼓励自己:"这次一定要进一个!"

10日早7点15分,球队在酒店一楼集合,去到楼下转角的喷泉公园散步、拉伸。赶上这两天天气好,阳光充足,无云轻风,大家很享受早起逛逛公园。我们沿着小河边信步慢走,璐璐姐、阿连都爱拍照,我陪着她们在河边、泉眼旁、小桥上且走且拍,渐渐地落在大部队的后面。待到近8点才回到酒店,球员已按照原定的7点45分开始吃早餐了。

早餐同样非常丰盛,比萨、卷饼、馒头、花卷、油条、煎蛋、各种新鲜菜蔬、水果应有尽有,粥、汤、粉、面一应俱全,更有榨汁机可供使用。在4楼餐厅的尽头,一处橱窗上还放着罐装哈啤酒以及三大瓶泡酒。这让我们惊讶不已,会有谁一大早就来喝泡酒呢?

下午第一次去踩场训练,从酒店出发不到四公里,十余分钟的车程,便可到达山东省体育中心。为了躲开拥堵路段,我们北走南门大街,从趵突泉南路绕回泺源大街,西行至民生大街再向南。路过泉城路,杭州丝绸生活馆上还能看到没有拆除的巨幅广告牌"看见李健2016世界巡回演唱会7-23"。

丰盛的饭食并不能保证带来理想的训练效果。训练从2点30分开始,3点30分结束,以简单的热身、跑动传球开始,20分钟的全场攻防,15分钟半场射门。有球员脚风不顺,将球打飞挂上场边围栏,我们费了点周

[①] 姒刚彦,张鸽子,苏宁,等.运动员正念训练手册[M].北京:北京体育大学出版社,2014.

折才弄下来。李晖对训练质量不满，要球员加练短距离冲刺折返跑 30 组，并告知负责接送的大巴我们将自行返回。

训练结束后，李晖允许球员打车、步行回酒店，但不允许骑共享单车。我和李春成、罗丽思、谢绮文、李晴潼、邹怡几人一起走回酒店。一路上女孩们不停地开着李春成的玩笑。她们不断地追问李春成与老婆相识、相恋、结婚的过程，李春成也坦白相告，说他与老婆很早就认识，后来在二沙岛一起做运动员，再后来才有了像男女朋友一样的接触与交往。李春成去江苏踢球，过年时回来探亲，被岳母催"差不多啦"。当时他还没反应过来，甚至反问"什么差不多了？"再经点拨，第二天赶忙去领结婚证。球员们听着还嫌不过瘾，他又讲老婆练击剑出身，在家里吵架了，她一亮招式，他只能拿个拖把架过去，逗得大家哈哈大笑。谢绮文问起他是否认识江苏的陆亿良教练，李答说当然，那时他们是队友，又说对方的体能比他好得多，跑完长跑，他还想同李春成聊天，而后者已经累得说不出话了。谢仍不满足，继续八卦。我也不时回头调侃李春成几句，大家就在这样的说笑中走回到酒店。

晚上 7 点半，黄莹珊用腿搭着桌边，盯着电视直播的中超联赛，等候着她心爱的黄博文上场。周雅婷则还在想着高考报名的事，找到我说要借电脑一用。她报考志愿的信心发生了动摇，问我哪个选择更好，毕业后的就业是否有差异。

晚上 8 点，赛区裁判委员会召集所有教练员、运动员开会，在会上讲明本次比赛的规则变化与相关注意事项。负责讲解的是一位国际级裁判员，她讲明了几个与以往判罚尺度不同的事例。比如"一名球员在本方罚球区内破坏了对方一个明显的得分机会的犯规，且此犯规是企图踢球或是与对方争抢球，现在将被出示黄牌"。

"任何缠绕在球袜上的材料，颜色必须与球袜颜色保持一致。（指的是各种材料，不仅仅是胶带）""紧身裤的颜色必须与短裤或裤边的颜色一致，且全队的颜色也必须一致。""在比赛进行中，允许球员在更换/整理装备后，在得到裁判员的信号和裁判人员的检查后可以重新加入比赛。""由于意外情况造成球员的球鞋或护腿板脱落，比赛继续进行，直到下一次停止时。"

自感无聊的李晴潼拿铅笔在酒店派发的白纸上涂涂抹抹，已经完成了两幅画作。

接着是对"犯规""球门球""手球犯规""替补球员或球队官员干扰比赛""中圈开球""罚出场—在比赛开始前""替补球员""掷界外球""处理受伤球员"等特殊情况或有改变的条例进行逐一说明。关于"越位"：中场线对于越位是"中立"的，球员必须位于对方半场内才是越位位置。所有球员的手臂（包括守门员的手臂）不是判断越位位置的考虑因素。

"比赛结束后的罚球点球"：一次罚球的结束是当球停止移动（包括球被守门员控制球）、出界或有违例发生，罚球球员不能第二次触球。裁判还播放了一个与《天下足球·Top 10》类似的事例，门将扑到球后起身庆祝，皮球依着惯性滚跳进了球门，说明此类进球算数。

会议结束后已近9点半。我们回到房间，看到周雅婷还坐在那里点击着网页。其他队友都已经填报好了志愿，她仍然犹豫着要不要确认执行自己的选择——一方面，她担心自己因为一些传闻中的原因被淘汰；另一方面，最初心仪的北京体育大学分数又比较高，她觉得自己有可能过不了线。我希望她坚定初衷，便讲些了报考的实例与她听，到后面不自觉地举自己为例，说明选择母校后对自己生活的改变，这让她下定了决心报考北京体育大学。我才觉得这么做似乎有点违反心理学工作原则，又安慰自己权当是为母校游说招募了一个优秀生源。

晚上，照例是谢彩霞和璐璐姐去查房。谢绮文这两天都在说她自己睡不着觉，璐璐姐给她营养品也不管用。其实不止她一人，过来济南的粤籍工作人员都不适应这里的干燥气候，晚上睡眠也出了问题。谢绮文说想在睡前喝一杯热牛奶，李晖忌惮上届全运会给球员买酸奶却喝坏了肚子，没答应。璐璐姐只叫她喝杯热水，吞一片褪黑色素片。

全运会预赛第一场：广东VS山东

3月11日上午，球队前往济南省体育场进行适应性训练，时间只有一小时。训练内容相对简单，热身之后的分组对抗，射门练习，最后安排冲刺跑。训练结束后，李晖把球员们叫在一起拢成一个大圈训话。李晖自己背对着球场出口，其他教练、队医、科研则站在侧面，他面向球员通知大家下午 4 点参加赛前准备会，强调昨天晚上 8 点参加赛会主办方的规则宣讲，又提醒大家注意饮食卫生与安全云云。有个戴着眼镜、脱发比较明显的工作人员从球场入口一路走过来打断他说时间到了，请广东队马上离开，回到驻地再行训话。李晖转过身来面朝那人，迈出一步，说我在对球员讲话，说完了自然会走。谢彩霞在一旁说主教练还没讲完话。那人也觉有点理亏——毕竟广东队已经结束了训练，走下了草坪，于是让李晖把话讲完。李转过身，又说多了几句，续上被打断的话题，再叮嘱一下大家。结束训话，他转过身朝出口走去，对那工作人员表示自己的不满：自己没有影响其他球队训练，而且在讲话中被打断，这是非常没有礼貌、没教养、没规矩的行为。他的这一举动让球员心生佩服——在全队面前，他维护了自己作为主教练的尊严。工作人员离开后，谢绮文开玩笑似的同他说："你应该再拽一点！这才是我的主教练！"

午餐后，李晖召集工作人员碰头会，讲到了明天的比赛任务与计划，说到了排兵布阵，说到了伤病，说到了各方面信息的利用与影响。房间里人多温度高，又是饭后开会，我只觉得昏昏欲睡。守门员是一大问题，因为球队防线存在隐患，门将的出击可能受到限制，大家商讨、寻求解决这一问题的办法。年初刚入队工作时，分析师认为罗丽思的速度偏慢，他提出可否由妹妹卢瑜彤代打中场，增强拦截。这一想法遭到李春成的反对，他觉得分析师到队较晚，看球队训练、比赛不多，尚未发现这二人在防守能力上的差别。妹妹虽然有速度优势，脚下频率轻快，但她防守意识相对不足，打硬仗拼血性的比赛指望她负担起串联、往返全场不太现实；罗丽思也许会慢，但至少尽心尽责，她的防守可能会有些迟到，但永远不会缺席。林思跃、谢彩霞也同意李晖的观点，即在现代足球竞争环境下，中场位置对罗丽思的速度要求没那么高，四名后卫上抢紧逼的速度和范围都足够弥补萝卜的速度劣势。另外，璐璐姐的调配方案给了罗丽思足够的营养补充，在有充足体能、保持健康的前提下，李晖更愿意使用脚法娴熟、防守认真负责且具备身体优势的罗丽思。

回到房间看午间新闻报道，昨天晚上就在相距不远的济南奥体中心，广州恒大1∶2不敌山东鲁能，这也是前者首次在中超联赛中输给山东队。

下午4点，在酒店5楼1号会议室召开赛前准备会。李晖在会上宣布了球队首发，分析师又一次讲解了对山东队的简析，统一战术思想。

2017年3月12日，山东济南，气温0～12℃，4～5级的北风。早上我们乘坐大巴车去山东体育中心，门卫确认来访者身份才开门放行。8∶15，我们钻进客队更衣室，球员开始自嗨了——其实她们在车上就开始了。陈秀冰把音箱放在更衣室中央的桌子上，整个房间都听得到那欢快、节奏感非常强的音乐旋律。分析师还提示我注意有趣的更衣室文化，我才发现球队主力都坐在靠入口较远的一侧，而一般比赛打不上球的替补则坐在靠入口近的一侧。脚踝受伤不能上场的大珊这场比赛被安排在看台上录像，在更衣室里她就拿着摄像机逐个拍摄她的队友。其他人对着镜头兴奋地大叫："加油！""广东队加油！"轮到李晴潼，她来了句："阿波不配采访我这种世界级的球星！"身边的队友发出一阵哄笑，阿连也笑了，说李晴潼怎么那么混蛋。房间里播放的DJ舞曲，让听者都想伴随着鼓点跳上几下。不过稍后足球训练中心和体育局的领导进入更衣室里讲话为球队加油打气时音乐就被停掉了。

我走入球场，分明感受得到向北吹的大风。便走到替补席对李晖说："注意今天的风向，提醒球员们面朝风防守时要提前预判，别被山东队打出长传进攻。"李晖眉头微皱，眼睛扫向球场，没有作声。山东队球员身材高大，打法又以长传冲吊著称，球风硬朗。分析师应该早已提醒他注意这个天气，对忌惮高球的客队来说不是好事。但半场换边之后，我们或者变被动为主动，或者变主动为被动，谁知道呢？

球员们在更衣室里换了训练服。裁判长进入更衣室，检查参赛队的球衣号码和参赛证。谢彩霞已经在场地上摆放标志碟。她从中圈开始，走十步放下一个，转向左，每走五步放下一个，再转向中圈方向，放下两个标志碟，接着转向球场右侧，放下两个标志底线，再转向球门，还是走十步放一个。这样，她贴着大禁区线摆放了一个长方形的矩阵。负责值日的球员早已将球袋、训练背心、冰桶拿到球场替补席边上放好。

9点钟，球员钻出球场，谢彩霞带着主力球员，从矩阵的左侧跑向右侧，做着各种拉伸、热身活动。李春成带着穿了训练背心的球员们在场地另一侧做着抢圈、折返跑等练习。郑导指挥着谢莹、谢海霞在大禁区外三个点轮流向禁区内大脚起球，要求黄华丽准确出击拿到球。

结束热身后，谢彩霞要求球员两人一组，或一人抛球，一人头球，几个之后交换；或一人抛球，一人脚踢球。接着几组冲刺跑，另一侧李春成也结束了热身，两边的球员合作一处，开始做传切射门练习。主力球员通过两三人的倒脚配合从标志碟构成的矩形边缘切入禁区完成射门，黄华丽、谢莹轮流把门，谢彩霞则和其他替补球员站去大门后帮助捡球。大概过了20余分钟后，练习结束，四名主力后卫又按照场上位置一字排开，谢彩霞又拿了球抛给她们，要求后卫们互相呼应，冲出来处理吊到眼前的高空球。其他不必训练的球员开始收球，回替补席，整理球员的物品。整个热身练习在30分钟内结束。谢彩霞还给谢绮文和陶祝丹单独示范如何倚住防守球员假意背身拿球，接突然后转身前插的连贯动作。球员返回更衣室，换上比赛服，穿上运动外套和棉服，准备登场比赛。

9：57，入场仪式开始。体育场内奏响国际足联公平竞赛曲《Fifa Anthem》，12名志愿者分成两队，每队6人，各自举着国际足联会旗和中国足协会旗走在最前面，接着是赛事举办地的赛事协调人，跟在身后的是执法该场比赛的四名裁判，包括走在中间的、拿着比赛用球的主裁，走在她两边的是边裁和"第四官员"。再往后，则是两支参赛队的球员，各排成一路纵队，广东队这边队长陈巧珠走在最前面，后面跟着黄华丽、陈秀冰、李晴潼、陶祝丹、黄美琼、刘植祯、罗丽思、谢绮文、陈丽娜、熊熙。

志愿者走进球场接近中圈位置后举着旗分列两旁，主裁判则在尚有四五步距离到会旗时停下转身，赛事协调人走回到边线和中线的交接处，两支参赛队的球员各自走向裁判的左右两侧，一字排开，举手向赛事协调员举手示意。

球场主持："女士们，先生们，请全体起立，奏中华人民共和国国歌。"球员、裁判、志愿者集体向右转身，对着球场北面的五星红旗行注目礼。《义勇军进行曲》奏毕，客队鱼贯前行与裁判、主队球员依次击手致意。陈巧珠和最后一名山东球员击掌后从队伍另一侧返回到边线南侧，其他球员返回到广东队替补席，山东队球员则依次与裁判击掌致意，除队长留下到边线北侧，其余球员则从裁判身后返回山东队替补席。主裁掷硬币决出双方球权、场地朝向，双方队长与四位裁判握手，各自返回己方替补席。裁判之间也相互握手，各就其位。工作人员从场边推出第四官员席，摆在运动员通道到球场和两队教练席之间的交叉点上。

山东队那边上场球员已经脱下了棉大衣，露出白色球衣。这时双方教练组、球员已经手搭腰或手搭肩围成一个大圆圈，由球员带头喊一声，大家一齐喊上三声口号。陈巧珠没赶上和队友一起肩并肩，口号就已经喊完了，她只好在大圆圈外自己跳着跟着喊了三声。广东队的上场球员脱掉棉服，露出蓝色上衣与黑色短裤，排成两行，第一排下蹲，统一右膝着地，第二排直立。郑导和小戴各自拿了相机和手机为她们拍照留念。很多球员喜欢在身前有人遮挡时踮起脚尖，这样从照片里看上去显得自己更高一些，或者至少不要与守门员的身高相差太多。

山东队球员和教练、队友喊完口号已经跑上球场，上半场她们将自南向北攻，而广东队则由北向南攻。双方场上球员又在各自半场手搭肩围了个小圈，又喊了三遍口号。观众席上山东队的家属、梯队的小球员们敲鼓高喊"山东队加油"的口号，双方分散开呈比赛阵型，裁判吹响哨音，比赛正式开始。

山东队以442阵型开场，以长传冲吊为主，高举高打，依靠中前场球员强壮的身体素质，冲击广东队的禁区。广东队则以4231阵型首发，当山东队进攻时，广东队阵型最靠前的陶祝丹都要按赛前战术部署站回不到五米进入大禁区弧顶的位置，激烈的身体对抗让陈丽娜第一脚解围就被对手撞倒在地。其他靠近球的球员有序地收缩包夹，抢下皮球后，李晴潼、陈秀冰长传发动反击，熊熙、陶祝丹、谢绮文甚至黄美琼都要与对方的后卫赛跑。

第23分钟，黄美琼掷出界外球，李晴潼切入禁区，在两人贴防下传回到小禁区边缘，陶祝丹右脚推射中边网，激起现场一片惊呼。

山东队继续向广东队禁区里冲吊高球，被罗丽思和陈巧珠化解。第31分钟，山东队前场30米的任意球，陈巧珠伸腿挡出，接着她又指挥队友注意防守第二点。

广东队寻找山东队身后空档，依靠反击冲击山东队禁区。山东队的后卫回防及时，站位谨慎，熊熙、陶祝丹也没太多办法。第37分钟，广东队右侧角球，罗丽思抢到第二点迎球射门，被门将托出门框；接着李晴潼头球被收，谢绮文禁区外远射打高，双方半场打平。

中场休息时李晖肯定了大家的表现，要求继续坚决贯彻既定战术，稳固防守的前提下继续反击寻找山东队后防间隙。

谢绮文注意到看台上多于往日的观众人数，也知道领导在场，更清楚这是预赛最为关键的一场比赛，对双方而言压力巨大，谁都输不起。攻防转换间歇，她习惯性地将左手垂到一边，只摆动着右臂往回慢跑。她注意到对手在紧张和压力作用下动作僵硬，和己方一样，技战术很难打出来。她心里明白这种比赛就是咬牙拼防守，看谁能坚持到最后。

她在比赛里被重点盯防，一拿球就要面临包夹防守。反过来，她在防守中也不遗余力，几次努力回追帮助陈巧珠、黄美琼抢回皮球。第50分钟，谢绮文与黄美琼做套边配合，她下底传中给陶祝丹，后者在小禁区前倒地射门被没收；第62分钟，黄美琼传中，谢绮文头球被没收。

第71分钟，山东队右路长传，9号与21号做二过一配合后正面黄华丽，但她的射门与小禁区线相平行冲出底线，看台上的尖叫又为这全场最好的一次得分机会转成一片叹惜。

来自办公室人保科的海燕姐[①]坐到了我的身旁，国脚出身的她少不了自己的点评。在她看来，比赛胜负的关键要看压力之下谁敢做动作；谢绮文的一些选择略简单直接。"她这球只知道对着门一个方向去，容易被防死。你看！"第65分钟，谢绮文在左路带球突破，被对方"关门"撞倒，裁判没做判罚，右边的陶、熊二人均处于传球路线上。山东队发动反击，寻找高中锋21号做支点，过渡给8号打门，被黄华丽抱住。

谢绮文、李晴潼、熊熙的射门尝试都告失败，时间一点一点地消逝，北风呼呼吹起，球员们的辫子转身间都被吹到身前，眼看比赛就要以平局告终。

伤停补时阶段，黄华丽开出门球，罗丽思争顶，球落向右路，熊熙拿球，传给李晴潼，广东队13号拿球转身抹过一人，在大禁区前吸引两人

[①] 邱海燕（1974— ），广州人，1997年入选女足国家队，司职前卫。2019年获评广东足球70年十大杰出女球员。

上抢，将球分给禁区右侧边角上的熊熙，后者没有停球，直接起脚将球吊入禁区。我不由得一惊：她这是要传球吗？禁区里没人啊。陶祝丹刚刚到达点球点，看到熊熙起脚，她继续加速冲入小禁区，但即使是她全速冲刺，也来不及碰到那个球了；门将起跳伸出左手，一直跟在后面插上反击的罗丽思在大禁区弧顶不由得停住蹲下，有些质疑又满怀希望地看着；前一回合与谢绮文换位、顶到左边前卫位置上的黄美琼还没到大禁区边缘，她也在努力加速跑，远远够不及那个看上去可能要落到后点的球了；右路的陈丽娜跑过了中圈，她停下来看着；李晴潼传球后还被上抢的防守球员挡了一下，她缓下脚步也盯着球看。门将碰到球了，那球在门将指尖垫了一下，又弹起了一些，但仍然不改方向，循着长长的轨迹落入球门，直接撞在边网角上。罗丽思握紧双拳抬过头顶，跳起来转向右边，同样举起双手庆祝的李晴潼起先转向罗丽思，突然意识到进球球员在她身后，便又转身跑向熊熙。场上尖叫声不绝于耳，熊熙高举双手，向西面跑来，和李晴潼紧紧地抱在一起，罗丽思跑过来将二人抱入怀中，然后是陈丽娜、黄美琼，谢绮文左腿迈着小步，右腿蹬着大步，一颠一颠地好像要做空中劈叉，又似大跳前的起势，这样欢快地跑过半场，和庆祝进球的队友们抱在一起。山东队的球员双手抱头，随后又沮丧地指着门将发泄着自己的不满。

山东队快速地开出球，但她们还没完成失球后的第二脚传球，裁判就吹响了终场哨。山东队全场 2 次射门 1 次射正，1 次角球；广东队全场 6 次射门 4 次打正，创造了 5 次角球 1 次任意球，凭借补时阶段的进球，1∶0 战胜山东队，赢下了这场艰难的防守大战。谢彩霞和替补席上的其他球员冲进场内，拥抱场上疲倦的球员们。李晖看上去非常淡定，他和李春成、郑导、王医生互相握手，像完成一场教学赛一样平静。郑导拥抱了王医生，随后很克制自己，尽量保持自然地走回替补席，拿起相机为球队拍照。

我快步地走向看台通向球场内的楼梯，路过看台上站立的山东队球迷，他们都已是目瞪口呆，不作声了。保安把我拦住了，没有证件的观众是不能随意进入场内的。台下的林指导看到了我，他对着保安大喊："他是我们队的人！让他进来！"保安这才得以放行。

裁判提醒场上的球员和教练，还要完成赛后的仪式。谢指导先带着其他球员们退回替补席。在场地中央，两支球队在裁判组的两旁，重新排成一队，客队由队长带领，依次与裁判组、主队击掌致意。接着客队球员手牵着手，走到主队替补席前，半鞠躬并一齐喊口号"一、二、三……谢谢指导！"那边主队也以同样的方式向客队替补席致意。最后双方交换，各自向己方教练组表示感谢，这才轮到球员回己方替补席。广东队的女孩们已经按捺不住喜悦的心情，从失意的山东队门将身旁走过，个个争先地拉着身边的队友，不等完成最后的仪式，黄美琼已经对着摄像镜头开心地做出胜利的手势，侧摆在脸庞，刘植祯跳跃着高举着双手，陈巧珠也忘情地松开华丽的手，跑回替补席和队友们相拥庆祝。郑导激动地拉着熊熙的右手，连说："辛苦了，宝贝！"谢指导叮嘱大家赶快穿上羽绒服保暖，别感冒，一面喊着邹怡等值日生收好球袋，赶快回去更衣室。足球中心和体育局的领导们也步入场内，和教练、球员们击掌相庆。

　　我发了信息给父亲，他很快做了回复："向你和你们的球队表示祝贺！祝你们再接再厉取得更好成绩！""注意小胜后即要防止出现'左倾'冒险主义产生盲目自满情绪，也要防止右倾小胜即安主义产生的胸无大志的畏难情绪。结合两个方面加入心里（理）辅导。"我笑着关上手机，父亲的言语总会有点淡淡的冷幽默。

庆祝胜利

广东队上下乐开了花,我们一直在为这场比赛做准备。这次出队,中心派出了前所未有的保障团队,仅仅是为球队打前站的工作人员就多达六人,主任、书记也都前来探班,局领导也来为球队打气。先前广东女排在预赛中被淘汰,让领导非常重视接下来的比赛,都希望女足二队能为足球乃至集体球类项目开个好头。

接待人员小钱尽职地守在大巴车门口。这些天他负责球队一切出行接送安排,这次也保持职业性的微笑,力求不让我们看到一丝情绪上的失落。我们接下来有四天的休息时间,上场球员有充分的时间缓解疲劳,赛程形势对我们非常有利。

这也许是多年后回想起来都会觉得难忘的一天。我们在全运会预赛的第一场补时的最后一分钟打进一球,以1∶0战胜东道主山东队,取得预赛首胜。熊熙因此一战成名,走上了她的网红生涯。

出线!天津见!

第一轮的另一场比赛中,解放军队2∶1战胜山西队。

3月11日赛后,郭金华制作了一个电子音乐相册发到群里。她选择了球队的17张合影,配上《See You Again》作为背景音乐,还写了她对全队说的话:

我们是来自各个不同地方组成的团队
我们有着共同的目标
有着共同的爱好
我们一起努力一起奋斗
我们的娱乐方式很简单
只要大家一起都是美好的
虽然我们总会遇到一些困难和挫折
但对我们来说都是经历
我们从没想过谁会放弃谁
因为我们坚信自己坚信队伍

> 我们经历了所有的风风雨雨
> 为了就是这一个比赛 这一个梦想
> 加油吧 广东队
> 这是我们最后的冲刺了
> 让我们来一场精彩的比赛

这耗费了她不少精力："各位，我做的可能有点不足，请大家不要嫌弃，感觉把我的脑细胞都用光了。"队友纷纷发出心形的表情，对郭金华的作品表示赞赏。

李晖的注意力则全放在同组其他对手身上。趁没有咨询与测试工作的间歇，他让我陪着分析师去观摩其他球队的训练，收集信息情报。为了方便交通，他准许我们打车往返。

在济南，每次打车都会遇到趣事。12日，我和分析师看完训练打快车回酒店，我们下单后从体育场的东侧走到西侧去等车，接单的司机不得不兜了一公里多回来接我们。这是个开着福睿斯的"80后"，在解释清楚后张口问我们多要两元算作油钱，我喷了回去："什么车啊，一公里要2元油钱！当自己是法拉利、陆巡啊？给你五毛没问题！"他闭了口。沉默了一会儿，后面听分析师与我讲工作，他忍不住参与进来。原来这又是一个球迷，一提到足球便来了精神。他讲自己以前鲁能的比赛逢场必到。我问那么现在呢？他又沉默了，过了一个绿灯后缓缓地说，比赛输了我也很不好受，回家会发脾气。后来媳妇儿不乐意了，我也就不去现场看了。我扭动身体调整了下坐姿，知道自己触到了他的伤心处，又感觉刚刚对他的态度有些失礼，为此很不好意思。我安慰他说前天鲁能踢得不错，他仍不满足："郑智停赛了"。和很多山东人一样，他也觉得对手经济状况富足，但踢得确实很好。转过泺源大街，他露出些许得意："那场球我在家看了。"到了酒店下车，他说价格设置里加不了五毛，只能加一元。我同意并付款了——都到达目的地了，何必和可爱的球迷锱铢必较呢？

李晖同意璐璐姐购买牛奶配给球员做加餐。这些天到了休息时间，她们除了放松按摩、治疗之外，还要拿着学习资料复习，确实要补充营养。也有球员大叫受不了，重拿起手机玩上两局的，还有人惦记着自己考试报名的事，又问我们借电脑去用。

14日这天的比赛日，广东队轮空。上午在去看山东队和解放军队比赛的路上，李晖同李春成、分析师讲起两三年前球队刚刚组建时遇到的困难，讲起那时外借球员，他希望留下几个关键球员，打完全国锦标赛，至少拿到出线机会，这样球队接下来一年都有锻炼的机会。但是要求被拒，省队早早被淘汰，连续两年无比赛可打。分析师也感叹说，如果黄美琼早一点经受全国赛的磨炼，她的出球会更合理一些。错过了"关键成长期"的她，如今就是这般守强攻弱的表现，球队也没有多少可用之材。所以，这就是为什么过年前后李晖天天拉着熊熙、黄美琼加练边路攻防细节。黄美琼任劳任怨自不必说了。他原以为广州小女生会很娇气，然而，熊熙同样认真地完成了所有加练，其在场上负责的防守态度给李晖留下了深刻印象，在那之后他起用熊熙作主力右边前卫。李春成说在这个水平的环境下整体上对边后卫出球要求没那么高，她（黄美琼）有防守态度和能力，暂且够用。但如果到了高水平成年队，没有出球、没有进攻的边后卫很容易被对手盯住打死，成为全队弱点。

李晖抬着眉毛睁大眼睛，用力地点点头，说："如果时间宽裕、允许，我也想打传控！"外教、省内外专家、教练员培训班讲到当今世界的主流技术发展趋势、方向，都讲求高位逼抢配以细腻传控，但在李晖看来，以现有人员技术水平配置，他根本没有时间去做这方面的准备。"如果按传控打法只练技术磨脚下，没练出什么东西呢，我就得下课了。竞技体育肯定是要出成绩的。就是欧洲青年锦标赛也一样对教练、球员有成绩要求和奖励。全国只有上海从选材开始，形成固定风格，有条件和时间，打控制做渗透。"其他省队虽然平时训练也涉及传控，但到比赛时基本都以防守反击为主。

我这才意识到自己当初让他做两个阵容的建议有多么的不合实际。分析师也同意李晖的建队思路。在他看来，战术是死的，人是活的，"强队有强队的打法，弱队有弱队的打法"。他和李晖都认为，传控对球员技术水平要求高，无论是传控还是防反，战术的关键是要"有人"去执行，这就涉及球员，涉及教练对球员了解的问题。冠军的战术"风格""特点"是球员打出来的，但细究起来，没有扎实的技术功底，基本的技战术要求甚至连续三脚以上的传球都完不成,又何来"特点""风格"?走地面打渗透意味着要求全队脚法精湛,出球合理。一旦个别位置上基础薄弱,成为木桶最短的一块板材,传控打法便成镜花水月、纸糊窗格,一点就破。

在教练组的注视下,山东队3∶0战胜解放军队;下午河南队2∶1胜山西队。这一轮,主要竞争对手山东队与河南队都拿到了3分,第三轮比赛仍然要看我们自己取分。

15日,按工作计划,我问李晖要了上午时间上心理课,仍然以调节放松为主题。这样出队的心理工作任务基本都完成得差不多了。游戏机手柄被丢在小戴的房间,最近没人去玩。究其原因,大家除了治疗康复,再就要留在房间里学习备考,哪有时间堂而皇之地约好队友坐在那儿一起等着进入游戏?年前有球员惧怕单刀球,我就想着调整视角,让她在游戏里多面对单刀球情境,但她连手柄操作都还未熟悉,就以担心游戏成瘾为由,拒绝参加类似练习了。

开展下队工作总会遇到困难和失败,这些都不会阻止我继续尝试。因为只有敢于尝试,才会有其他可能的结果。

下午,我继续随队去体育中心外场训练。每次训练,场边总会出现一些不速之客,这次见到一位白发飘飘的国际友人女士,自称是U19国家女足的主教练,来自荷兰,到达中国刚满三个月,来考察中国女足的青训情况。她站在场边看了一会儿,又问了下我们的比赛时间,就离开了。还有在另一块对外开放的付费球场踢球间歇跑过来看热闹的公司职员。分析师同他聊了几句便说要去捡球而走开了,一旁喝水的我猝不及防被他逮到,"……广东足球好啊""我以前看甲A,特别喜欢彭伟国""哎,你说胡志军①是不是比那个谁大啊",到最后他拿出烟来问我"抽烟不?"

还有个戴着眼镜、身材消瘦的老人家,操着沉重得只有郑导才听得出来的山东口音问我:"你们是哪个队的?"球迷都喜欢找人侃球,但在训练场边,在工作环境下,真不是聊天的地方。

晚饭后散步,球员讲起,连酒店里收拾房间的阿姨都知道我们赢了山

---

① 胡志军(1970—),广州人,1994年入选男足国家队,司职前锋。获评足球70年十大杰出男球员、荣誉奖。

东队。她们不忘借此互相打趣：小心她在你的床单里放臭虫！小心餐厅里的饭菜吃了拉肚子！出队前，教练组考虑到之前在山东客场遇到的突发情况（2009年山东全运会，广东队遇到球衣被水房漏水打湿，大巴车出现故障等问题），特地叮嘱球员们要注意在赛区的纪律，禁止外出就餐或订外卖。酒店阿姨看似无意的问询提醒了教练组，让小女孩们也开始害怕了，万一越了雷池一步被人家算计，哭出鼻涕都在其次，能不能保持完整肉身回家见爹娘都成了问题。

17日，预赛第三轮，广东队对阵河南队。比赛开场仅2分钟，李晴潼在左路拿球连过两人，随后在大禁区前被放倒，广东队赢得一记21米的任意球。陈秀冰一蹴而就，皮球越过人墙钻入左下角，广东队第一脚射门就取得领先。余下比赛时间里，广东队就再没有这样高光的表现了。

黄美琼、陈秀冰、罗丽思、李晴潼保持着对对方球门的威胁，但她们的努力都无功而返。谢绮文下半场两次利用角球机会头球攻门，一次高出，一次中梁。

早早领先后，广东队这边开始有点患得患失，组织进攻不力，跑位越来越僵化，造成进攻再也打不开局面。李晴潼、罗丽思看上去在防守中越站越累，李晖在下半场早早换上何晴茵、卢瑜彤。两个人的积极跑动也给球队带来了一定的活力。河南队全场也没打穿广东队的防线，1∶0的比分一直保持到全场结束。广东队取得两连胜。

赛后，郑导、谢彩霞没显得有多么激动，倒是我为他们高兴：君子报仇，四年不晚。上一个周期，他们的球队就在全运会预赛中倒在了山东队与河南队之下。四年后，他们成功复仇。这一次，我们不用再去看谁的脸色。接下来的比赛，我们只要继续发挥自己的正常水平，至少再拿4~6分，以第一名的成绩直接晋级全运会决赛不是问题。

我有点盲目的乐观很快就遭到了打击：原本安排摄像的谢海霞嫌三脚架碍手，便改用手举着录。这导致我们只有小半场的录像镜头稳定可看。18日晚8点开总结会，分析师还是挑出了其中能看、需要看的部分，反复播放给大家看。李晖也指出了球队在上半场过早取得进球后的不足。球队前场与中后场的部分配合存在脱节，丢球时对前场的逼抢有时不足，而后防也有漏人、盯人不紧的情况。这场比赛进攻中李晴潼喜欢自己一个人蛮干——连过几人后自己射门，尽管偏得离谱；谢绮文、卢瑜彤都有错失绝佳传球的机会——有时，她们只稍稍偏过头去多看一眼，我们就多一次单刀球的机会了；球员们下半场似乎都不愿跑动，只站在那里等着防守。

19日，去球场的路上，在民生大街和经八路路口，变灯后一个女司机驾驶左转的白色小型车刮碰到大巴车尾部。司机停了车下去查看情况，解放军队的大巴趁机超过我们。球员们无聊地坐在车上玩着手机，不知是谁看到车窗外路边一个在遛狗的大胖子，但遛到后来狗不肯走了，大胖子几次哄它起来一起走，狗都不肯。球员们在车里都趴在车窗上看着他和狗的萌态哈哈大笑。胖子好像听见了笑声，自己也觉得脸上挂不住，于是干脆抱着狗向前走了一段，把它放在地上，再重复自己的要求。这时我们的车继续往前开动了。

比赛第31分钟，陈秀冰主罚右侧角球至门前，谢绮文在小禁区线上的头球击中左侧立柱弹出，李晴潼跟进推射先拔头筹；半场结束前陈丽娜在小禁区前的射门被防守球员挡出；换边之后，陶祝丹在禁区外的抽射正中门将下怀，谢绮文打中边网，都没能再扩大比分。

解放军队的机会不多，仅有的两次打门也以偏出告终。她们没有气馁，继续努力防守并寻找反击和定位球机会。第62分钟，解放军队将中圈上的一个任意球开至禁区，球在小禁区线上落地起跳，黄华丽等到它弹到眼前才用右手将其击出底线。这吓了我一跳：看上去毫无威胁的传球，她本可以早点做出反应更稳一些处理掉它，缘何会这样送给对方一个角球？

第84分钟，替补上场的黄莹珊在本队半场拉拽对手被吹犯规，送给对手35米的任意球，解放军队12号选择直接射门，球直奔左侧立柱而去，黄华丽迅速移动、起跳、伸出右手，她够到了皮球，但没能改变它行进的方向。皮球撞在接近左立柱的横梁上弹入球门，比分1：1平。在替补席的加油助威声中，广东队前场诸将仍然努力地创造机会。谢绮文的射门没什么力道地滚进守门员怀里；妹妹的前插、李晴潼在补时的射门都被吹越位。

李晖眉头微皱地回到更衣室外面，他没有当场把不满吐露给球员。陈巧珠回到更衣室就爆发了："怎么会这样丢球呢？"她掐着腰，很不满意这样的比赛结果，由她带领的防线这次预赛一直没有防守失误，但到了这样关键的时刻，又犯定位球失分的老毛病让她接受不了。刘植祯拉她在一旁劝了劝，她才没再继续作声。

我们回到大巴车上，一路无言回到酒店。李晖对分析师讲，失球前黄莹珊的这一次犯规毫无必要。当时对手没有起脚的机会，身边也没有什么人去接应她，站住位置，让她把球交还给己方半场就好。黄华丽还是老问题，但在这样的时刻，除了接受平局，我们还能讲什么？

球队这场比赛只拿到1分，表面上看似乎还要到下一场比赛拿分才能确保以小组第一名晋级。无论是教练组还是球员，此时都有些忐忑，不知道平局会对我们的预赛前景造成什么影响。但到了晚上，负责协调赛事多年的同事遵循比赛秩序说明做了计算：

山东队四场比赛拿到7分：0：1广东，3：0解放军，2：0山西，0：0河南，最后一个比赛日轮空；河南队三战暂时拿到4分：2：1山西，0：1广东，0：0山东，21日最后一战还要面对解放军；解放军队三战同样暂时拿到4分：2：1山西，0：3山东，1：1广东，最后一战要死磕河南。而广东队最后一轮将面对全组实力最弱的山西队，胜率大增不说，即使爆冷输球，就算河南输给解放军队，按规则在出现相同积分时，对广东、山东、解放军三队计算相互比赛积分，广东队也是小组第一名。同事恭喜女二队已经提前一轮出线，说我们接下来可以享受比赛了。

省足球中心、省教练工作信息群一片欢腾。大家纷纷表示祝贺，很多领导、同事都发了红包，我也被这氛围感染了，甚至把抢到的红包都发到了球队群里。球员还是两三秒钟不到就将红包抢劫一空，让我感叹这些"狼崽子"如果去从事与手有关的运动项目，想必她们会同样优秀，甚至做得更好。

20日整个下午，分析师都在看我们对解放军队的比赛录像。在他看来，这是我们预赛以来打得最好的一场比赛，训练时要求的逼抢、快速转换基本都做到了，但只拿到了一场平局。他说"这就是足球"。"这就是足球""足球是圆的"之类的话，蕴含着"生活有无限可能""一切都会发生"的哲理，有着让从业者看开一切的力量。球员录的录像差到不能看，我还在为此事生气，分析师说事情已经发生了，接下来就得想办法解决问题。李晖和他一样，考虑的都是"怎么办"，而不是抱怨与指责。面对这场平局也是如此，连教练组都看开了，我又有什么好介意的呢？

还是有让分析师念念不忘的东西。他找李晴潼聊天，对她讲解球队攻防里的问题。送走"大佬"，他给对方留下极高评价：以她的头脑、意识，加上这样的身体、脚法，省队远不是她的上限。如果有合适的点拨、激发，她能成长为亚洲级别的球员，在下个十年引领中国女足的那种球星。他也知道这存在难度，除了机缘巧合，更要她付出常人难以想象的努力。

3月21日上午10点，在山东体育中心副场，广东队3∶0胜山西队。陈秀冰、李晴潼、谢绮文进球。广东队至此4战3胜1平进6球失1球积10分以小组第一名出线。其他赛区，上海、江苏、北京都取得第一名，和广东一起获得参加全运会决赛的资格，而四个赛区的第二名辽宁、陕西、新疆、山东将于6月17—21日在天津进行全运会附加赛，附加赛的前三名获决赛资格。

我们圆满地完成了全运会预赛任务。要说量化、评价各项工作，很难分得清在教练组的训练计划之外，自己的心理科研工作是否发挥了它应有的功能。

全运会预赛出线后的合影留念

在这个小组赛里，只有山东一支全国前八的球队，意味着对女二队的真正考验还未到来。在那之前，谁也不好讲这支球队的上限在哪里，更不知道团队的化学反应是否已经存在，或者从何时开始发挥作用。也许是那一次的传球练习，也许是日常的朝夕相处，也许是训练比赛里的荣辱同赴，也许是出行作息的休戚与共。在更为关键的时刻到来之前，考验、激发团队凝聚力的，仍需要有那样的一场比赛。

也可能，只是那样的一个进球。

备考&疗伤

3月20日，李晖接受媒体采访时表示："球队最值得赞许的是从不放弃的斗心，返回广州后，即将迎来高考的女足姑娘们将重返校园，完成4月份的考试再继续备战全运会决赛。"

"这次最让我满意的是大家的斗心和坚持的精神，姑娘们不会因为对方怎么样就有所保留，从未出现过比赛未结束就放松泄气的现象。尤其第一场对山东队我们就表现出很强的意志力，那个进球是补时阶段最后30秒进的。那个时候松一点紧一点就会出现差距，进球也通常出现在那个时段，所以说大家表现比较优秀。"①

"很多孩子要准备考试，有的要准备高考，有些则要准备高二升高三的水平测试，大家陆陆续续4月底才能考完，之后队伍再重新集结。"李晖坦言这批孩子很不容易，为了备战此次预赛，从2月开始集结，学业只能暂时搁置，大家都带着复习资料到赛区，一边比赛一边复习，"只要不是比赛前一天，大家基本有空就看书，到教练查房了才会把书本放下。平时治疗的时候，孩子们也会拿着书复习，没办法，时间就那么一点，本来踢球就把学业耽搁了一些，再不复习她们心里也没底。高考毕竟也是她们人生的必经之路，不能影响大家正常的求学步伐。"

广东女足曾经有过很辉煌的过去，但由于各种原因，近年处于起伏期，目前女超联赛还没有广东球队的身影。在李晖看来，如果这批孩子愿

---

① 谢泽楷. 但求坚守未来! 广东U18女足提前晋级全运会决赛圈 [OL]. http://sports.people.com.cn/n1/2017/0320/c22134-29155297.html.

意坚持、有足够的机会、球队的梯队建设能够做到位的话,她们百分百是广东女足最有力的基石。与此同时,这批孩子——广东女足也需要社会各界的支持、媒体的关注、宣传上的鼓励。"希望能在梯队建设、社会支持和经济待遇的合力作用下,把她们留在广东女足这个圈子里,那么,广东女足的成长和衔接就会有一个标本性的基础。"①

3月23日发行的《足球报》也在P11版做了专题报道《升学OR踢球 怎么留住你,我们的足球少女》②:

对球队的新闻报道

四川、湖北、江西、山西、湖南、福建等多支队伍被淘汰,在获得出线的广东女足U18队伍抱着课本学习的同时,这些省市的队伍同样如此,而且这些球队因为没有职业球队或者球队力量比较薄弱,足球人才流失的可能性更大,所以,如何让这些从事多年女足运动的孩子继续参与足球活动,如何避免全运会结束后就成足球终点的问题值得思考。"

"目前,足球中心这边建立了从小学六年级到高三的教学点,让孩子

---

① 苏苻.广东U18女足带着课本踢全运 比赛后立即赴考场 [EB/OL]. http://news.eastday.com/eastday/13news/auto/news/sports/20170322/u7ai6620124.html.
② 王伟.升学OR踢球 怎么留住你,我们的足球少女 [EB/OL]. http://sports.sina.com.cn/china/womenfootballs/2017-03-24/doc-ifycstww0741980.shtml.

们在训练的同时也接受良好的教育，"程主任说，"梅州嘉应学院每年集中让我们的足球队员安排考试，广州体育学院也招收了我们很多队员……队员们考上大学的同时，完全可以边踢球边读书，U18 的队伍打完全运会后，一部分队员会升入一队，部分要选择上学，现在随着足球的发展，青少年培训体系当中非常需要这些专业队员的指导。"

4 月份，全运会男足 U20 年龄组预赛开打。4 月 1—5 日，被寄予厚望的男一队连吃三场败仗：0∶1 负于北京队，0∶1 负于湖北队，2∶4 负于新疆队，小组赛三场 1 分未得，惨遭积分垫底、淘汰出局的噩运。他们爆出一大冷门，创造了自全运会设立 U20 组别以来，广东男足历史最差的战绩。

足球中心的群里冷清了很多，个别同事在打听着比分，而其他人则各忙各的，没人去关心这比分背后的故事了。郑导听说消息后还讲这支球队在预赛前竭尽全力保持自己的神秘性，从海外召回了曾在西甲俱乐部效力的球员，甚至在前不久的热身赛都拒绝了其他球队的邀请。

《广州日报》评[①]：

广东足球错失下个黄金时代？

赛后，广东队的球员跪在草皮上，双手撑地，任大雨击打，任寒风吹刮。场边冒雨观战的球员父母干脆连伞也不撑，默默安慰着这些小孩。这一批被寄予厚望的广东球员的"成年礼"在三连败中度过，在万众期待本周末中超赛场的"广州德比"的同时，我们更需要关注广东足球的未来。

1997—1998 年龄段的广东队具备在本届全运会争金夺牌的实力，这是国内几支该年龄强队的共同看法。广东省、广州市足协都在 2009 年组建该年龄段梯队，这一建队时间在全国范围内仅晚于湖北、浙江。当时，很多广东本地青训专家认为，下一个广东足球的黄金时代会从这批孩子开始，今年全运会 U20 组比赛就是他们的试金石。

---

① 张喆，谢泽楷. 广东足球错失下个黄金时代？，[EB/OL]. http://sports.southcn.com/s/2017-04/06/content_168374206.htm

放下手机，我想着要给球员们叮嘱，讲下考前心理的准备，又不知道球员们准备得怎么样，只想着和她们见面了要亲口问一下。于是4月3日一早回到足球中心，在餐厅第一个见到黄美琼，问她考试准备得如何，回复说"还好"。午餐时问了妹妹，也是"还好"。问题来了，如果给她们讲课，这一个个的都准备得挺好，需要我讲啥呢？

上午找到李晖，问他要时间，他还开玩笑说球队的守门员训练非常不理想，他都想去专门带守门员训练了。我笑说，如果他要带守门员训练，郑导往哪儿搁呢？之前都不高兴了，换你搞门将训练，那岂不是要人家跟你急啊？李晖还是讲起球队的后防与守门员之间的防守问题，坦言说现在成了球队的命门，也是短时间内都无法解决的问题。又讲谢莹现在的能力状态与谢海霞相差不多，能用的门将只有黄华丽一个。可这最大的问题，谁愿意多讲呢？只怕说得多了，郑导又不高兴。

在济南赛区这个问题就重现过。他叹说其实以琼、珠、祯、娜这四人的组合，配上个相当水平的门将，打进全国前四一点问题都没有。"全国同龄球队，广东这批人是特点最鲜明的，就是纵向比较，她们的整体水平也是近三届里的佼佼者。中前场除了阿思，个个都有速度，打防反倒是很容易出得来的。"但最近的比赛，门将成了制约球队更进一步的短板。李晖觉得只看郑导天天堆砌眼花缭乱的训练方法，却并没有有效地提高门将的水平。比赛里的险情和失球也是对球速、方向、力道判断不及时造成的。我说是不是平时训练时射门不够力？李晖摇头，说在职业联赛里是要配年轻教练保证门将训练质量，但在青年联赛里郑导就够用了啊。

王医生也说，今年联赛第一阶段，在泸西对四川队，中场休息时他听到主教练用四川话对球员吼："这个门将好孬①的！吊她！"李春成摇着大头："唉，什么都不能说！"李晖叹气说我们的选材有好大问题，省内女足就佛山、广州有水平合适的守门员教练，门将也是从小固定了打这个位置输送上来。李晖和省里名宿原来都看好谢莹。她身材更高，臂展也长过黄华丽，下蹲时更是双膝过肩，但她缺乏爆发力，门线技术、预判、动作灵敏和准确性也不如队友，出击、高空球的处理更让人担忧，更别说她那

---

① 四川话，读（pie），三声，意为不好的、很差的。

比黄华丽还要"林妹妹"的内向性格了。唯有训练点球时,她强过黄华丽。大家都知道广东不产门将,自区楚良之后再没出过什么人了,也就陈晨能看一下。我想了下,笑说那也是郑导在深圳宝安体校带出来的。李晖好像感觉到了一点打自己脸的痛感,顿了顿说:"是啊,郑导心很细的,也很负责。他很早就成为高级守门员教练了。他会用自己的时间剪辑比赛视频给球员看,挑出问题,比赛前后也会注意去收集赛事信息,熟悉规则变化。"接着,他又自言自语般地纳闷起来:哎,谁知道到底怎么回事呢?

有了时间许可,我又去找球员的班主任、授课老师了解情况。老师们反映学生上课情况良好,除极个别因为训练、比赛而挑时间逃课外,大多女二队球员都能很好地完成课业。老师还在考前发了个人理想意愿表,要求学生们把自己的理想按次序排位,我看到有人写"上大学、旅游、赚钱、美食、足球",几乎所有的应届毕业生都把上学排在第一位,把足球排到了最后一位。球员告诉我说那是为了应付老师,如果认真填写,足球都是第一或第二位。很多球员被家长送去踢球前完全不知道足球是什么,而现在足球已经成了她们生活的一部分,每天不踢球就好像少了点什么。授课老师都很支持我为球员讲考前心理课,认为这可以帮助她们解决很多课堂上出现的行为问题,百利而无一弊。

有了教练和老师的支持,我通知球员,明晚7点半在212教室给她们讲解考前心理准备的课,需要参加考试的来听课就可以。

当天下午的训练以整体战术训练为主,安排了60分钟的配合进攻转中场防守加后场防守转反击,放松休息前再练25分钟的角球攻防。全运会预赛出线让全队自信心得到大幅增强,我们返回广州前,在济南机场,陈丽娜还说真不敢相信我们就这样出线了。李春成笑说出线远远不够,他来这里工作是为了拿冠军的。这天下午训练角球前的补水间歇,陶祝丹喊出了要在全运会夺冠的口号,得到了其他球员的响应。李晴潼引用经典台词说,做人如果没有梦想,与咸鱼有什么区别?阿连坐在场下也附和说,梦想是要有的,万一真实现了呢?

有了大家的梦想加持,第二天晚餐后我照例提早去教室做准备。康复中心入口处的楼梯走廊整饬一新,加装了很多新的照片。拾级而上,左手边的墙上每隔三阶便陈列一张照片:第一张,"谭茹殷获2016年亚洲足球小姐提名",接着依次是"贺龙元帅与梅县东山中学足球队球员一一握手""陈郁同志(时任广东省省长)在比赛前与广东队队长陈汉燊(右一)握手""朱森林同志(时任广东省省长)与'矮脚虎'赵达裕①亲切交谈(摄于80年代广东队外访归来)""'粤穗联军'代表中国队获得1992年亚洲杯正赛资格后与原广东省省长梁灵光合影""建国初期,周恩来总理在国际足球赛前亲切接见参赛运动员(图中右一为冼迪雄②)"。

走廊里的照片

走上二楼,走廊右侧有一间荣誉室,左手边陈列着历年获取的荣誉奖杯,再往里走是各班级教室,墙上还挂着三大幅谭茹殷的照片,上书标题分别为"谭茹殷中场调度""里约奥运会中国队与瑞典队比赛中谭茹殷与对方拼抢""谭茹殷在世界杯比赛中"。

晚上,我给球员们讲了考前心理准备与注意事项,她们听得马马虎虎,但我确定自己讲了"记忆—遗忘曲线""前摄抑制与倒摄抑制现象""学习中的'80-20'定律""考前的注意力调整与准备"等等。

---

① 赵达裕(1961—2015),广州人,1982年入选男足国家队,司职前锋。获评广东足球70年终生成就奖、十大杰出男球员、荣誉奖。

② 冼迪雄(1931—2020),佛山人,1957年入选男足国家队,司职前锋。获评广东足球70年终生成就奖、杰出教练员奖、荣誉奖。

备考的球员当中，陈美燕、黄莹珊、卢瑜彤、谢莹报考嘉应大学，黄华丽、黄美琼、刘植祯报考广州体育学院，陶祝丹、熊熙报考上海体育学院，周雅婷报考北京体育大学。我对她们强调，准备考试与准备比赛一样，要规划复习时间，备好考具，提醒自己具体考试日期和时间，考场当天的天气、路程，等等。下课后，个别球员带着试卷跑下楼去做治疗，其他人都留在教室里自习——真觉得自己好像也当了班主任。

另外，这个月的联赛复赛将由那些不用参加高考的球员们出战，她们当中很多是替补，训练水平、比赛经验有限，我还需要准备下针对她们的心理建设工作。她们同样需要坚定信念，让她们确信自己就是这支球队的主力，如果球队需要时，她们一样可以挺身而出，为广东队贡献自己的力量。

李晖也在设想着5—6月带队外训，最理想的地点是德国。但不知道中心会不会批准他的计划，更不知道他能带多少人出去。不过考虑到在预赛前陕西队、上海队去了美国，上海队取得了成功，因此，把美国也列为备选。又考虑到中心在美国没有可靠的联络人，觉得批准去美国的机会也不大。

另一个让李晖感到头疼的是伤病，特别是阵中几位主力。谢绮文、陈巧珠正在新任外教组建的国青队集训，她们的内收肌、膝关节左内侧韧带与滑囊也只能交由小戴、阿连定期关注跟进；黄华丽自在日本伤到手肘，经3周康复治疗，虽能正常训练比赛，但特定情况下扑球着地会引发左肩的压痛感。

还有一个则是让李晖一想起心里就五味杂陈的李晴潼。李晴潼走路时双手自然侧摆，又带动着身体，看上去好像用双手努力拉着身体一样。踢球时急停急转也会衍生出手臂摇摆、身体屈从的动作，给人感觉懒懒散散，没吃饱饭一般。看到进攻险情，脑子一热扑上去，如果没防下来，就只有返身慢跑慢走，训练里甚至会站在原地看着傻笑。李晖说她的防守像小李飞刀一样有去无回，也是2016年联赛对江苏队失6球留下的惨痛总结。外教老爹评价她优秀但有轻微不足，"缺乏战术纪律，未尽全力"。

别看她懵懵懂懂，异常惜力，多一步不肯迈、少两脚无所谓的样子，她知道什么时候加速，什么时候省力。训练监控里跑动各项指标都不位列全队前茅，但她正面防守时总会掐到对手的步点，进攻时她传球到位，视野、脚法、时机拿捏在同龄人里都属上乘；她迈步向前起速，浑圆强壮的大腿甫一蹬地，疾劲爆发的第一步带动短发向后摆动，这个年龄段的女足没几个能在跟她的身体对抗中全占上风，防守球员都会忌惮她141磅体重产生的强大动能，活像撞向球瓶的保龄球。更奇的是她还有不逊于谢绮文的嗅觉，角球、门前混战时170cm个头的她常能摸到油水。

自2013年起，她的膝盖就伴有阵痛，经过治疗康复痊愈。2016年年底，旧伤复发，左膝关节有少量积液，这让她在身体向左转动时活动受限；另外她的右踝在下蹲、跑跳时也会引发疼痛。王医生诊断她半月板边缘部扭伤，并认为她的膝、踝关节经常受伤，需要加强关节力量。经过康复，到2017年2月初，她仍能正常训练，但到下旬她又开始感觉不适，再做检查，髌腱有压痛点，核磁共振结果发现，骨头结节骨碎，需要做手术取出碎骨，康复时间需要3～4周。

李晖很无奈，只能让大佬忍受疼痛打完全运会预赛，再去接受微创手术，取出左膝关节里的碎骨。4月11日，小戴报告说李晴潼手术正常，黄华丽拍了片子，明天出结果。大佬在医院里有小戴的陪护下度过了自己的18岁生日。她把生日愿望发上朋友圈："希望所有伤病和不幸至此为止。"

联赛复赛阶段：考试与比赛交错的日子

4月16日下午，我去看球。没想到这样的一场全运会U18男足预赛，居然吸引了近千名球迷到黄埔体育场观看。穿着统一红色T恤的球迷团体，挥舞着彩旗、打着鼓，整齐地喊着口号为广东队加油助威。很多熟悉的同事和领导都在主席台上落座，我还看到了梅州客家队总经理曹阳①腆着大肚子坐在后排，与左右认识的熟人打招呼寒暄，但眼睛片刻不离球场。女足一队、三队的教练、球员也都到场。在前一轮比赛中，广东U18男足10∶0胜海南队。如此表现，也算对得起支持主队的这般阵势了。

半场结束前，我出看台打电话，路上遇到上洗手间回来的池明华妻子

---

① 曹阳（1962— ），兴宁人，1981年加入广东男足，司职边后卫。2019年获评广东足球70年杰出教练员奖、荣誉奖。

小玲姐。我惊讶地叫住她，原来她和池指导的几个朋友都来为广东队加油，刚好坐在徐根宝[①]与高洪波的后面。我还问她科研所的其他同事应该再没人来看球吧。正说话间，球场那边传来欢呼，我们跑进看台，看到广东队已经进球了，21号下底传中，7号头球顶进。小玲姐懊恼地嗔怪因为与我聊天而错过了精彩进球。我讪讪地应了几句就出去打电话了。

考虑到8月举办的全运会赛事，中国足协缩短了今年的联赛赛程，仅在1月、4月、7月安排了三个阶段的联赛。而4月又赶上考试季，李晖决定留我、李春成和王医生在基地，照看那些需要备考的球员，到考试结束再让她们去赛区。17日，连续阴雨天后出现了久违的太阳，女二队又迎来了出队比赛的日子。想到此次参赛的球员多为比赛经验少的替补，我提前录制、准备了心理学课件与相关资料，交给璐璐姐，让她去赛区找时间播放给大家看。李晖、林思跃、谢彩霞、郑导、小戴、阿连、璐璐姐，带着陈丽娜、黄秋嫦、陈秀冰、陈巧珠、郭金华、谢绮文、何晴茵、谭青、罗丽思、詹晓娜、邹怡、谢海霞于上午11点15分离开基地，乘坐下午1点15分起飞的CZ3167次航班，3点10分抵达武汉天河机场。

送走球队，下午的训练只有8个人，李春成按照李晖事先给的安排，让她们打一对一、二对二、三对三的有球对抗训练，然后在中圈两侧起45度斜长传，球员加速至大禁区前接球后射门。吴育华赶着一群他根本看不入眼的男三队球员到我们另一半场练习"捉老鼠"，顺便坐下来同王医生聊天。他一眼就看出李晖交代给李春成的计划，直言眼下这些球员们心思都在考试上，训练基本就是走个过场，重点在于保持自己的身体状态，因此，训练中的对抗质量不会太高。但这次训练时间安排近两个小时，训练量比较大，球员们仍然需要咬牙坚持。

2017年U18女足联赛的复赛阶段，广东与山东、新疆、江西分在D组。18日下午3点，女二队对阵新疆队，李晖把教练组以外的运动员姓名都写上了参赛名单：谢海霞/詹晓娜、谭青、陈巧珠、郭金华/陈秀冰、罗丽思/黄秋嫦、谢绮文、陈丽娜/何晴茵（4231）首发，赛前索性叫了唯一的替补邹怡一起合影。

[①] 徐根宝（1944— ），上海人，1966年入选男足国家队，司职边卫。1983、1992年任男足国家队助理教练，1991年任国奥及国家队主教练。

谢绮文分别在第8、第25、第47、第74分钟打进4球,新疆队这边的7号还以颜色,上半场在左路的小角度射门和制造陈巧珠乌龙球的传中两次扳平比分;9号奋不顾身的突破为18号赢得第三次扳平比分的点球;7号在第73分钟左侧大禁区线上打进反超1分的吊射让谢海霞望球兴叹。在广州,剩下的女二队球员在李春成的带领下进行力量训练;3点半,她们在小篮球场集合,热身后打了10分钟篮球,接着是身体素质训练,最后转移球场做简单的半场有球对抗。训练间歇大家关心球队前方战况,熊熙听到不断上涨的比分不敢相信地把嘴里的水喷出来:怎么会失那么多球?

第二天下午,广州开始下起了雨。球员们也准时集合,除去黄华丽与谢莹在上午接受专家诊断后去医院拍片,只有8人参加训练。李春成安排也仍然以半场一对一、多对多对抗为主。

谢彩霞出队时提出把标志碟都拿走,留守的这些球员都没意见,等这两天开始训练了,李春成才发觉没有标志碟可用了。屋漏偏逢连夜雨,当初球队又把旧的、烂的标志碟都扔掉了。李春成只得在场边捡了两个又旧又破的标志碟,加上两件训练衬衫,摆成四个角,训练前10分钟带大家玩游戏热身。我在李春成的招呼下也加入游戏。

雨下大了,3号场地边的水坑被雨点打得涟漪成片,但无人叫停训练。

球员们都非常关心今天的第二场联赛,跑到场边捡球、喝水时都要问上一句。当她们得知我们连续两天刷出五人制足球式的比分,也都唏嘘不已。

下午3点,女二队对阵山东队。邹怡迎来首发,她和何晴茵分任左右两边,谢绮文突前,陈丽娜回打左后卫,詹晓娜出任后腰,陈秀冰打前腰,黄秋嫦担任替补。开球5分钟,山东队12号吊射得手;第30分钟,她又主罚任意球吊到后点助攻队友头球得分;山东队还依靠边路反击两次传中找到17号得分;第88分钟,15号外锦上添花。女二队这边陈秀冰第6分钟与罗丽思做撞墙配合后在大禁区右侧射门得手;第59分钟,陈秀冰主罚右侧角球,谢绮文在后点头球顶入远角;第86分钟,又是秀冰主罚右侧角球,谢绮文在后点的射门被挡出,陈秀冰跑进禁区右侧迎球推射打入远角。最终山东队 5∶3 胜出。

21 日早 8 点半，经过一天的休息后，女二队对阵江西队。李晖让陈丽娜休息，詹晓娜出任左边后卫，黄秋嫦出任后腰。第 6 分钟，邹怡右路传中，谢绮文破门。对手知道了谢绮文的厉害，防守动作变大，但裁判对此没什么表示。第 41 分钟，谢绮文被踢倒。李晖起身："她都踢不到球，人都踢倒了！"看看主裁判没表示，谢绮文趴在地上仍然不动，李晖："有比赛监督没有？"他转过头对还站在边线上等候裁判手势的阿连吼道："上去，上去，上去！都趴了半天了！"回过头来对第四官员讲："叫个比赛监督过来！两球都大了（连续两个球都很大动作），你还不吹啊？叫裁判长过来；我们没有人了，你再踢伤了，拿什么上去踢啊？我上去踢啊？！"谢绮文还想坚持，但一来疼痛难忍，二来不是重要比赛，便由阿连和谢彩霞扶下场。李晖又作出布置："靓妹去打前腰，黄秋嫦打边前！"第 60 分钟，罗丽思在弧顶左侧吊射破门。女二队 2∶0 胜江西队，谢海霞总算零封下一场胜利，帮助球队获得小组第二名。接下来的比赛里她们将对阵上海队。

也是这天，早餐后我和李春成坐在李晖的房间里喝茶聊天，"吹水"直到 10 点多。说起这些天因为要康复而没见的李晴潼，他说像大佬这种，"现在青年队她很好球（球技很好）"，但以后往高水平层次的球队走，竞争激烈的时候她就会吃亏了。

我们也都知道，像她这样能力强的人，都会动点小脑筋偷懒，这也是国内球员与国外球员差异很大的地方。国家队教练更看重球员踢球时的态度，会担心这种态度会影响全队。在李春成看来，九成的教练都不喜欢她那种风格，只要有个能力跟她差不多的，都不会用她。原因就在于她踢球的习惯不好，会让其他教练认为她态度有问题。"你多好球（技），我不敢用你啊。"教练会怕这种"把我这个队伍的战斗力截一半去了"的类型，特别是职业球队，面临生死之战的时候。他直言竞技比赛不是你想的那么容易，兑现能力和天赋都需要超越常人的努力。在他看来，球员能力好，有机会，更需要努力。他也不止一次提醒李晴潼，要养成良好的踢球习惯，只是不知道她能听进去多少。

在队里参赛的高二学生将参加水平测试，谭青、陈丽娜、陈巧珠、郭金华、詹晓娜、黄秋嫦、何晴茵、邹怡在阿连的带领下于当天晚上返回广州；其中，谭青、陈巧珠在结束考试后将于 25 日返回武汉。而留在广州的 10 名球员则将于周六、周日参加高考，周日晚上飞往武汉。面对上海队，球队需要完成大面积轮换。

当天下午，男二队 2∶1 胜陕西队，算上前一轮 1∶0 胜香港队，他们四战全胜积 12 分，以预赛小组第一名出线。上海队将参加附加赛，与陕西队争夺决赛资格。

22—23 日赛会休息；参加完考试，熊熙、陶祝丹、黄美琼、刘植祯、周雅婷、卢瑜彤、黄莹珊、陈美燕、谢莹于 23 日晚 7∶30 离开足球运动中心，10∶05 乘 CZ3367 次航班起飞，11∶55 分到达武汉，原定同行的黄华丽最终因自己的腿伤而留在广州，由阿连带着她做治疗和康复训练。

刚刚结束高考的女孩子们把旅游、美食、海边等话题抛在一边，取完托运行李走出机场，叫好车等候的小戴帮助她们装箱。中巴车开上马家湖特大桥，沿着机场高速一路向南，下了姑嫂树路高架走还在施工的后湖大道转向东北，前往塔子湖体育中心。很多球员困顿地睡了过去。刘植祯靠在座椅后背上，在朦胧中望着夜空下灯火阑珊的武汉街景。无论考试、比赛的结果如何，她最大的心愿就是生活过得开心。手机播放器里无声地转动着，被橘黄色路灯照得发亮的黑暗中，传来空灵的六弦吉他和马頔深沉质朴的嗓音：

  坐在酿造忧愁的酒馆里 谁闭着眼
  走在没有星光的灯火阑珊 与黑夜缠绵
  拨开时光的脸 还是那个孤孤单单的少年
  放纵纷扰的画面 那里人来人往渐行渐远
  他总是小心翼翼 卑微着悲喜
  他背坐愁城 对未来自言自语
  点燃一场支离破碎的美梦
  看光阴散落下的满眼飞鸿
  遥不可及的相守 咫尺天涯的相拥
  在繁华落空时 它们相逢

来做一场灰飞烟灭的游戏　信马由缰飘零半生
一个男人握着加温的啤酒　整片星空和一只老狗
他没流过一滴眼泪　却被大雨包围
冷暖自知的酒杯　游荡着善良的魔鬼
他总是这样说　一切都无所谓
他背对着人群摔碎了酒杯
点燃一场支离破碎的美梦
看光阴散落下的满眼飞鸿
遥不可及的相守　咫尺天涯的相拥
在繁华落空时它们相逢
点燃一场支离破碎的美梦
看光阴散落下的满眼飞鸿
遥不可及的相守　咫尺天涯的相拥
在繁华落空时它们相逢
在繁华落空时……

当球员们到达塔子湖的运动员公寓,办理好入住手续时,已经凌晨 2 点多了。为了方便集中发放营养品,璐璐姐安排刘植祯与熊熙、陶祝丹同住 120 房。她们赶紧拉着行李箱回房间洗漱休息,距离下一场比赛还有不到 7 个小时。

第二天上午,球员们草草吃些东西,6 点多就去球场开始热身。8 点半,在塔子湖体育中心的 5 号球场,联赛第二阶段第四轮,女二队对上海队的比赛开始了。赛前上海队因球衣出现问题,申请更换球衣,原本要穿主场队服的女二队改为球员蓝黑蓝、门将绿黑绿的客场队服,首发谢莹/黄美琼、谢绮文、刘植祯、陈美燕/罗丽思、周雅婷/熊熙、陈秀冰、卢瑜彤/陶祝丹(4231),代打中后卫的谢绮文担任场上队长。上海队则改穿全红,门将身着黄黑黄。

第 60 分钟,刘植祯的小腿开始抽筋,好像在肌肉里缝了绳子,两个人从相反方向用力地拉着。她坐在大禁区里,裁判吹停了比赛,陈美燕和谢莹扳着她的脚,想用力拉长她的肌腱。谢彩霞大声叫着要小戴上去处理,第四官员提醒她裁判没给出准许队医进场的手势，他只能站在场边看着。

队友的处理暂时解决了问题，比赛重新开始，但她这一侧已经是上海队的攻击对象了。第 62 分钟，上海队 9 号与队友做二过一配合突入禁区施射，谢莹做出扑救，右侧的 11 号跟上补射打进，上海队将比赛定格在 4:2。在这之前，开场第 6 分钟卢瑜彤补射得分；但上海通过远射和传中在上半场就反超了比分；中场休息，黄莹珊换下周雅婷打右边前卫，熊熙改打右边后卫，谢绮文突前，陈美燕出任中后卫，陶祝丹与陈秀冰依次后撤。下半场开球不到 1 分钟，上海队 6 号利用 15 号的长传再进一球；第 52 分钟，陈秀冰送出直传，谢绮文在禁区右侧小角度破门。

太阳仍然不依不饶地宣布着它对大地的统治。球员的步履早已变慢，甚至显得有些踉跄。上海队不紧不慢地倒着脚，6 号寻找着机会分边或者直传广东队防线身后。

第 69 分钟，上海队又一次在左路创造了进攻机会，刘植祯快速地回防补位，伸右脚将传给 9 号的长球破坏出界。短短的冲刺距离消耗了太多热量，缺乏规律训练和完整作息的肌肉又闹起了罢工，小腿肌腱向相反方向拉扯着。她像被木偶线拽着一样，转过身一屁股坐在地上，伸出双手用力地扳着双脚。场边传来一阵笑声，小戴获准入场，掏出冷喷在她的两条小腿上做着处理。球员趁机跑到场边补水，和抬着担架的工作人员擦肩而过。

谢彩霞小跑进场内到小戴身旁，拿了他药箱里的白胶布匆匆地又跑回场边。2 分钟后，李晖叫罗丽思去打中后卫，刘植祯打后腰。谢彩霞找到一件球衣，用白胶布贴到球衣背面。只是那件球衣沾了汗水，材质湿滑，胶布粘上去就脱落了。她一面做着努力撕新的胶布再做尝试，一面向第四官员解释，因为自己球队的替补是守门员，没有其他位置的球衣，因此一定要把

李晖叫停换人

球衣号码粘上去。就在这时，上海队的 9 号在左路拿球内切，连续过人向中路直塞，被大脚破坏出界。

第 76 分钟，上海队用 23 号换下 16 号，用 10 号换下 9 号。林思跃和第四官员解释加抱怨，这样的比赛还有什么意义？第 80 分钟，李晖让陶祝丹回到后腰位置上去防守，叫刘植祯到前腰位置上去"站着"。第四官员在场边举牌示意主裁，女二队要用 33 号换下 23 号。谢海霞穿着一件蓝色球衣站在场边，背号既看不出像数字 33 也看不出粘贴胶布之前的号码，她还穿着绿色的长筒袜。

主裁判走向边线："她是什么人？"谢彩霞解释说是我们队的守门员，要换场上球员，没有蓝色球袜。李晖盯着谢海霞后背上软趴趴地耷拉下来的"刀削面"，还有那双绿色长筒袜，摇了摇头，叫住谢彩霞："不换了不换了！"仍叫刘植祯到前锋位置上站着去。罗丽思改打中后卫，谢绮文也跑回后场参与防守。

重新开球，女二队得到了反击的机会。陶祝丹长传，上海队后卫都压在中场线上，刘植祯反越位成功。她努力追赶着，想抓住这难得的单刀机会，抢在门将之前碰到皮球。场边的工作人员也难得见到中后卫拿到这样的机会，便扭转摄像机，推进镜头，给她特写。上海队的门将出击，倒地按住皮球，同时也绊倒了刘植祯。

跟腱处的肌肉释放掉了仅存的一点 ATP，饥渴的木偶线吸收足了能量，欢欣地叫起来，急不可耐地拉拽着肌腱。她左侧身体先触地，翻了一圈，坐在人造草皮上，伸手握住自己的左腿，看向替补席。其他球员跟着大叫："小戴！"小戴拿起冷喷、药箱跑向对面禁区。摄像人员知道又到了休息时间，便任由镜头扭向一边，拍着满是光亮的草地。球场工作人员也抬着担架再次进入球场，把这个 10 分钟前倒地过一次的广东队球员抬下场做伤病处理。裁判吹停了比赛，双方也得以借这个机会下场补水。也有球员扭过头看着小戴为刘植祯做治疗处理。刘植祯坐在上海队球门一侧的底线外，小戴向她抽筋的肌肉部位喷着冷雾。小腿处传来的痉挛让她不能自已。她数不清这是本场比赛的第几次抽筋，但肯定比她从开始接受足球训练至今抽筋的总次数还要多。比起嘴唇连续被砸，点球两次不进，这下，她真的是啼笑皆非了。

争分夺秒的训练

4月25日,李春成带参加完高二水平测试的球员们继续训练。第二天他有事,不能来带队训练,交代给球员说26日将由我带队训练,并告知家训练的内容,便结束训练了。

我要当专业队的教练!她们跟着我,能练成什么样子呢?其实内容相对简单,下午3点出球场,简单的热身活动后捉10分钟"老鼠",接着在瓢泼大雨中她们绕着整片球场跑足1小时。大雨砸得场边的桉树与替补席上的凉棚乒乓作响,我没带雨伞,在灰蒙蒙的水气中看着球员的身影由大变小,又由小变大,秒表上的数字在我看来也变得慢了很多。有人大声地询问时间,她们想不到我比她们更期望训练的结束。有人故意讲:我都湿透了!

雨越下越大时,李晴潼和黄华丽正在健身房里跟着阿连做康复训练。因晚上学一年,队友在考场、球场之间奔波时,术后的李晴潼一个人待在中心宿舍。没有比赛,康复训练的日子枯燥难熬。陪伴她的无论是《皮囊》《一生的笔》《动物园》,还是李荣浩、陈粒,从《激战》就开始喜欢上的彭于晏,都没有能提醒她准时训练的闹铃,这让她更喜欢睡到自然醒。阿连发语音信息给她:"不来做康复训练,怎么成为世界级的球星?"她顶着睡梦里被踩躏得乱卷的头发,懵懵懂懂地走进力量房和黄华丽一起跟着阿连做康复训练。她还要去康复中心,坐在等速肌力训练仪器的座椅上吃力地抬起、放下左腿,借此加强膝关节和其他肌群的力量。她谨小慎微,有时在风雨篮球场遇到训练的队友,叫她过来一起玩篮球或小场地足球,她一概拒绝。大家知道她新近手术,也不勉强。

同一天的上午,女二队对阵北京队。完成高二水平测试的陈巧珠、谭青补全后卫线,周雅婷、陈美燕联袂后腰,黄莹珊首发右边前卫。按照这次联赛的队内"传统",不打比赛的熊熙、罗丽思、谢绮文、谢海霞也上场和球队首发合影留念。

第22分钟,北京队26号为球队首开纪录。第36分钟,陶祝丹顶到右侧角球,但被门将扑出,她抢到第二点射门打进;第49分钟,26号在大禁区左侧再次取得进球；第86分钟，21号接反击横传破门，北京队3：1胜女二队。

28日，女一队吃完早餐就出队打全运会预赛了，男队也都不在。我一早见阿连带几个球员去河堤跑步，到了增槎路口回来吃早餐。趁着球队打完比赛返回，接下来一天都无训练安排，就算给她们提前放假过五一了。当天上午，陈美燕、陶祝丹、刘植祯各入一球帮助球队3：1战胜山东队，最终在排位赛里名列第七。她们下午登机返回广州，29日照常训练，接着放假三天，5月2日晚饭前回到基地集中。

我们又一次拿到全国前八的排名。考虑到这次比赛的特殊时间和各队普遍因高考而受到的影响，足协通知各队本次成绩不计入联赛最终成绩，最终的决赛要到7月见分晓。仅从演练阵容的角度看，谢莹领衔的后防没有经受住考验，因备考而缺乏系统训练的球员也没达到理想的状态。一如王医生在2016年的评价那样：我们只是全国八强的水平，至于还想再进一步，球队守门员是硬伤，球队进攻上单点突出，却没有其他人能站出来增强火力。看来女二队永远打不进全国前四，遇到强队基本都要"跪"。

女足成年组的全运会预赛于5月开打。晋级规则为东道主不需要参加预赛，3个小组的前两名直接晋级决赛圈，3个小组的第三、第四名，共六支球队，将于5月23—27日打单循环，获第一名的球队晋级决赛圈，第二至第五名的球队依次获全运会第九至第十二名。来自中心的消息披露，效力于省外俱乐部的两位国脚都将回归，代表广东参加女足成年组预赛。5月1日，女一队0：0战平浙江队。

3日上午，休假归来的李晖告诉我，他的计划是这个月留在竹料驻训，月中旬前在体育局夏训汇报会上提出要求外训的请求，如果成功就做好准备6月去美国外训，7月回来准备全国联赛第三阶段，然后就是8月的全运会决赛。他也做好了请求被驳回的思想准备，并发愁那时去哪里寻找合适的热身对手。

当天下午又传来消息，全运会女足成年组预赛第二轮，女一队1：2负于河北队。

5日上午，足球中心停电。早餐后，我爬了五层楼梯去李晖的房间，我们讲起最近有媒体要找球员做采访一事。原来球队出线，吸引了很多社会关注，有人提出愿意牵线联系，为球队安排专访，以此包装、宣传广东女足。全运会决赛就在眼前，李晖不想让这类活动把球员搞得心烦意乱。他本来就反感，后来都不想接这方面的电话，仍然坚持原有的管理。我力撑他的决定，也希望他就社交媒体方面的使用做出规定，以避免球队未来参赛时受此负面影响。年轻运动员容易受网络文化影响，想法多，攀比、嫉妒之心难免会有。过早在新闻媒体上曝光对她们集中注意力、封闭训练没太多好处。如果没有事先准备，处理不当，谁知道这类活动中发生的意外会不会把本来相安无事的球队搞得四分五裂？

8日，全运会女足成年组预赛第三轮，女一队3：3平四川队。

9日下午，我被李晖喊去球场帮忙，辅助球员们进行力量训练。我们把训练器材搬出风雨篮球场，摆放在1号球场，按两种不同的训练内容分布在两个半场。身体循环训练涵盖两大项内容，内含不同小项，可容多人同时

循环力量课

练习。看看将近11点，还要考虑到阳光太足，球员水分损失多，便把训练项目挪进1、2号场中间的桉树下，北侧摆了核心力量的10项内容，南侧则以跑跳为主。球员按顺序排成一圈，逆时针行进，不同项目固定数量一组，间歇30～60秒至一分钟不等。

阿连、小戴也都下场帮忙，或抛球让球员仰卧起坐顶球，或和球员两个人一组互抛实心球。我的任务是帮助球员压住小腿，球员在30秒内身体前倾，再收回到身体直立状态。每做完一组，球员会走向"圆圈"里的下一项训练内容。

看来为了缓解相同训练项目带来的疲劳，李晖也在尝试做出改变。联赛复赛阶段前，李晖更习惯在风雨篮球场安排力量训练。出队前一周的第

二次力量训练，照旧安排球员循环练习卧推、负重半蹲等爆发力训练，史密斯机、杠铃等器械吱吱呀呀、叮叮当当之声不绝于耳，李晖坐在门口摆放的箱子上，两手缠弄着哨子与秒表，同我念叨起他多日不见的小肥猪：小孩子磨磨蹭蹭，调皮捣蛋不好好吃饭，出门前还学着母亲用化妆品在自己脸上乱抹乱画；近日又是感冒，妻子忙于上班，偏偏这时岳母带了孩子去北方休假。小肥猪本生在南方，头疼脑热时体质偏弱，又要远离身边，面临水土不服，更引起做父亲的惦念。李晖感叹着，摇着头，又说起自己每月小 7000 元的工资，除去每月往返市里、深圳的油钱，家里日常开销，还要想想以后孩子教育的投入，这让他微微垂头，似乎说这些内容要耗费更多体力。一旁走过的熊熙好奇地盯着我们看，她很少见李指导这样地喋喋不休，纳闷他在和我讲什么。

足球教练员的婚姻。呵！

球员卸下负重总会喜欢聊上两句，主教练不作声注意力不在训练这边，她们讲的话也多起来，于是吱吱呀呀、叮叮当当之声渐弱，叽叽喳喳说话之声渐强。李晖停了绕弄秒表口哨，喝令球员少讲话，抓紧训练。大家收了声，一时器械碰撞之声重振。李晖抬着头盯着训练，手指仍缠着尼龙绳，也不再作声了。

球员们逐个从我身前走过，随着训练的进行，洗衣液在她们训练服上残留的清香味道渐渐混杂了汗湿气味，也打断了我回忆的思绪。趁球员轮换去南侧的间歇，小戴笑说他刚来足球中心时一腔热血，但现在被磨得不剩什么了。1 小时的力量训练结束，她们还要继续做 20 分钟的位置技术分练，小戴又背着药箱跑去球场，余下人手帮忙把器械搬回力量房。李晖解释说现在室内人多气闷，需要改变形式让球员完成指定强度的训练。

球员的桌角社会也发生了变化。原来的"深圳队"小团体不复存在。自打 4 月那次对上海队的抽筋之战后，刘植祯与新室友熊熙、陶祝丹关系交好，形影不离，每天上下训练，吃饭都在一起，组成了新的小团体。璐璐姐笑说，当初只是因为多次生化测试结果显示此三人皆缺铁，为了方便统一发放营养品，她才安排三人合住。我打趣说此三人刚好一名前锋、一名中场、一名后卫，璐璐姐一手打造了我们队的"缺铁三剑客"。

另外两位谢彩霞口中的"大将"谢绮文、陈巧珠自球队打完联赛后留在武汉参加国家队集训，直到5月10日归来广州。她们问李晖要假期，弥补没有休息的五一。李晖同意了，他自己也要在15—20日去湖北参加业务学习，准备评职称，便交由队伍助教带课一周。

这天进行的全运会女足成年组预赛第四轮比赛中，女一队1:2负上海，4战2平2负位列小组第三，将和山东、北京、解放军、浙江、陕西五支球队参加单循环赛制的附加赛，决出最后一个参赛名额。

11日下午，召开男二、女二队全运会预赛汇报会。局、中心领导和同事纷纷到场，两支二队的教练组、科医团队也都列席。两队主教练汇报了预赛的情况，以及接下来决赛备战的工作。男二主教练提出要在6月赴韩国外训；李晖提出要去美国外训，备选去越南，或者留在竹料镇请其他球队来打比赛等。这些外训的要求、计划都被否决了：以省队的等级，本身没有重要国际赛事任务，在目前的国内、国际形势下，出国外训不太现实。

伤病、监控、心理课

没有外训批准，李晖要准备在基地训练10周时间。封闭环境下反复的大强度、高运动量训练是心理疲劳和倦怠产生的温床。到5月第4周，李晖不得不认真对待训练场外的各种问题了，就像他在训练计划里写的那样："持续的巩固和提升，对基础强化有了基本的成效。但思想与身体疲劳初步显现，负面情绪与习惯抬头；对影响队伍前行的不良风气进行及时的管控。加强思想与作风建设的教育与培养工作，树立正确的人生观与参赛观，统一思想，共同完成好全运决赛备战任务。"

疲劳是运动员最大的敌人，当它积累到一定程度时，运动员会累到睡不着，还伴有免疫力下降、易感染、情绪低落、易烦躁等过度训练综合征的表现。很多运动员认为自己遭遇了过度训练，而只有少数教练认为自己安排了过度训练。[1] 但训练没有疲劳又不行，俗话说，"没有疲劳的训练是无效的，没有监控的训练是危险的"。除去帮助球队做平时的训练监控，

---

[1] KIBLER W B, CHANDLER T J, STRACENER E S. Musculoskeletal adaptations and injuries due to overtraining [J]. Exerc Sport Sci Rev., 1992, 20: 99–126.

我还继续争取时间来给球员做心理方面的调节。否则，单调乏味的封闭训练引发球员更多的身心疲劳，也容易催生不必要的伤病。

自李晖接手球队后，黄华丽的压力就陡然增大。那一两年的比赛里，她感觉自己怎么做都做不好。任意球、高球成了她的噩梦，出击、协调防线方面也不时承受李晖的指摘。2016年联赛打到八进四，每场比赛都有任意球失分，都要算到黄华丽的头上，这让她背负着巨大的压力。她总感觉自己注意力不够集中，比赛打得久时会忘记自己在干吗。

训练带来的烦恼已成为家常便饭。2016年，联赛第五阶段结束，从潍坊归来，李晖告诉郑导要对守门员加练。认为后防整体都有问题的郑导不高兴之下又是一月有余没理李晖，但他还是要求门将以后提前一小时出场地加练。到考试结束，学校开始放假，球队上午也安排训练。李晖安排全队合练的训练课，守门员至少要提前20分钟去球场，自行热身。一堂训练课下来，还要加练20分钟的脚法。周六、周日不回家也要在基地里加练。虽说如果有一段时间没踢球，黄华丽自己也想去踢一下，放假在家，她也喜欢和父亲、弟弟、妹妹玩场家庭足球赛，但在平时训练，如果不回家，她会感觉整个人都不好、抑郁了。因此，几乎每个周末她都会回家与家人团聚，诉说自己的烦恼，缓解郁闷的心情。谢莹和谢海霞俩人就留在基地自己加练。

在日本，黄华丽比赛时扑球落地手肘受伤，手肘肌肉里有了碎骨，恢复起来也需要不少时间，后续比赛都交给了谢莹和谢海霞去打。她积极康复，但全运会预赛以来，李晖有过几次直接干涉、参与守门员训练。他把训练交给助教，自己走近球门，拿起球，亲自给黄华丽做示范。和她讲遇到类似情况时如何处理，怎样做预判选择步点，哪里要做保护，哪里又要提醒队友。他做完示范，很认真地对黄华丽讲她的不足："你这样子会连累球队输球的！你知不知道?!"郑导戴着手套站在一旁，大多数时间里他都面无表情。他手里拿着球，有时应李晖的需要抛一个过去。这不是第一次主教练干预守门员训练了，早在外教时期，守门员出身的老爹，就对门将要求很高，也曾亲自上阵带门将训练，细抠她们的动作细节。

教练们在生活上对她关爱有加。男三队的吴育华教练和郑导关系交好，郑导有时趁吴育华到自己房间里喝茶时也叫黄华丽过来一起聊天，拿些巧克力、饼干、红罐曲奇之类的零食给她和另两个门将分享。两位教练对她多以鼓励为主，叫华丽好好训练，争取上国家队等等。郑导还介绍了食堂的主管给弟子认识，告诉她们这是自己的好哥们。如果有什么想吃的东西，可以找叔叔去想办法弄。黄华丽很不好意思，她和队友也从没那样做。

5月24日午后，我打开房门，四下漫布的阳光，即使隔着一楼凉棚、走廊，也将那炙手的热度送进宿舍，新长出的驳骨丹静立在康复中心房顶的荫凉下，栅栏外绿化带的香草味道也被高温升华得弥漫四溢。

下午1点半，黄华丽爬起床，意识到马上要开始训练，她不想迟到被骂，便加快动作，收拾好东西，和队友一起坐电梯下楼。她们从运动员公寓A栋通往食堂的走廊穿过，鞋钉敲击着瓷砖地面，由远及近发出"笃哒笃哒"的响声，三个人的身影一个接一个地从宿舍门前经过，漫洒进房间的阳光被黑影三次遮挡，又三次恢复正常。"笃哒"声渐渐远去，三人走到走廊尽头，右转穿过楼梯间，出了公寓。走廊恢复了平静，阳光仍然四下漫布。

走向训练场的黄华丽脑海里经常充斥着各种想法。有时她一面想自己又要经受大运动量训练了，一面又很想回家。想到这些，她的眼眶发红，鼻子发酸。拐过食堂门口的玻璃门，想到队友会看到自己的失态，于是忍住了，抬起头继续前行。球鞋踩在食堂前的水泥地面上，连日的阴雨让绿苔的颜色又深了几分。上午心理课上和队友一起看完的《摔跤吧！爸爸》还历历在目。走过行政楼前的路口，太阳当头，没有风，空气沉闷。已经抹好防晒霜的三位门将仍不免习惯性地拿起手里携带的备换球衣，挡在头上搭起阴凉。Y207道路上，一条斜穿路面的青蛇被压断了肚子，过往的车轮将破碎的碧鳞白肉混合着赤血黄沙碾压成了一摊诡异的色块。

她们选在桉树荫下做着热身运动。接着互相传球，抛球，简单扑救，这些都是郑导早已要求她们做过无数次的动作。到近3点其他球员出球场时，阳光暗淡了一些，天边渐渐积起厚重的云。

李晖安排这天先练30分钟的全场整体配合推进射门，接着是60分钟的中场争高控二（争高球控制第二点）后交替快速进攻与迎球防守，最后是30分钟小场地的一对一快速射门。

训练还未正式开始，天空就下起了雨。球队开始训练整体战术，郑导也拉了门将到球门一侧练习门线技术。黄华丽要完成不同的步点，接着扑救或接住郑导制造的不同方向与角度的来球。她们在雨中泥地里摔来滚去，身上绿色的守门员训练服都变成了灰黑色。

最后一项是对门将要求最高的快速射门，球门间的距离只占1/3全场。两个球门一边站着谢莹、谢海霞，另一边站着黄华丽。完成一对一射门的球员慢跑、绕到另一侧球门，再以相同的跑位接球完成射门。虽然只有20分钟，但射门频率高，每扑上十余个球，谢莹和谢海霞会互换一下，换下来的门将会走到门边上喝口水，或者帮忙把球网里的皮球踢出来交给训练中发球的球员，算是休息。郑导一直担心黄华丽的手臂，看扑救达到一定数量，他都会换下黄华丽，让后者休息一会儿。到训练结束时，郑导的训练衣裤上也沾了不少泥水。

训练结束后球员都想看看自己的监控数据。我忙不迭地收集着监控用的仪器，还要清理掉监控单元上沾着的泥浆。回到康复中心才发现收上来的心率带少了两条。

31日早餐，大家又讨论起全运会附加赛的情况。原来，昨天女一队总算拿到了一胜。但这于事无补，因为她们现在排在6支球队的倒数第二，出线完全无望，只有北京（第一）、解放军（第二）还在为最后的出线名额做努力。李晖说今天上午要做循环力量训练，可能人手不够，要我与璐璐姐出来帮忙；明天周四要给队伍做监控，但我还不知道那天所里有没有会议。

去球场的路上，璐璐姐没少跟我念叨心率带的事，她在监控前就和我讲过要把那些心率带都要拿回来，但我却怎么都不记得了。不用她提醒，我也知道遗失的后果远不止是少了两条带子那么简单。璐璐姐和厂家那边打了招呼，要他们再寄两条心率带过来做备用。

这也不是训练监控仪器第一次让我们感到头疼。那些看上去只有充电器大小的监控单元要保证在训练后得到回收，连同佩戴它们的带子一道都被算作是中心的固定资产。有一次训练结束后我提醒球员交回监控单元，李晴潼与熊熙在一旁开玩笑拌嘴，大佬突然动手将熊熙抱摔按倒在场边。熊熙摔倒时身体蹭到摆放在替补席上的一块监控单元，它摔到地上，在席边排水口旁蹦跳着旋了几圈，吓得我心惊肉跳。脑海里没庆幸它不曾顺着缝隙掉进排水沟，首先想到的是要报失固定资产那烦琐的手续。

下午的训练主题为近端任意球攻防转换，训练围绕任意球和反击，照例是分成两队轮流攻守。每

任意球训练

次球队练习任意球，李晖都要求防守一方由门将在限定时间内指挥排好人墙（一般由三个后卫在禁区里呈一定角度排成人墙，一名中场与人墙保持一定距离留给门将，另一名球员在排人墙的过程中站到任意球前，起到干扰对手、不让对方快速开出任意球的作用），进攻方开出任意球，守方防下再寻求反击。李晴潼先上演好戏，她连续两次在禁区前弧顶的大力射门都让黄华丽无可奈何；待李春成把球摆到禁区前左侧，陈秀冰的射门同样是两次得手；等到李春成逐渐把球摆去禁区右侧时，谢绮文又开始对球门造成麻烦，陈美燕在一次摆人墙过程中稍有迟钝，造成谢在禁区右侧边缘的一次射门直接命中近角，这引起了李晖的强烈不满。至于反击，陶祝丹尚能把握住机会，不知正式比赛时，她还能做到像今天这般高效吗？

6月1日，女一队打完了这届全运会的最后一场比赛，她们0：2不敌解放军队，算上此前5月23日1：2负于浙江、25日0：1负于山东、27日0：2负于北京、30日4：1胜陕西，她们在附加赛中的战绩定格在1胜4负，最终位列全运会第12名。

5日上午，康复中心一片嘈杂，修建已久的水疗室终于大功告成，它将作为康复时的动态水疗训练场所投入使用，这已成为很多职业球队、训练中心的常规装备。中心领导、办公室同事也都来参观、庆祝。时近中午，我还想着一早来到足球中心抓紧时间做课件，却被李晖通知今天下午要做监控。我也没时间抱怨他怎么告知得这样晚，便抓紧时间给监控仪器充电。

到中午与李晖、璐璐姐一起喝茶时才听他说起郑导辞职的事。原来上周六打比赛，他和谢彩霞带队在一旁热身训练，看着守门员们在球场另一边训练，李晖无意中讲到说看守门员最近有一定的进步，黄华丽、谢海霞都有提高，但谢莹高考后个人状态也没什么改进。谢彩霞不客气地讲，我们的守门员还是存在弱点云云。这话不知道被哪个球员听到了，在训练课后反映给了郑导，东北人勃然大怒，他想自己带过的门将，从陈晨到罗财英，哪一个不是球队顶梁柱，还没被自己的教练组这样斥责、为难过。他一气之下直接发信息给李晖讲他要辞职不干了。李晖没回复，周日他又发信息说自己与林指导谈过，要辞职不做了，李晖也没理他。到了周一早上，他跑上楼来同李晖谈，说起自己不愿有人在背后说守门员这样不行那样不行，球员们训练非常辛苦，也需要支持与鼓励。

李晖讲：现在是备战全运会的时候，大家都会有压力，搞竞技体育的都会有压力，也都需要有压力，才会把能力、状态调整发挥得出来。大家对球队的其他位置球员也会有自己的评价，比如经常说后卫这个不行、那个不行的，这不也是在打我李晖的脸吗？郑导不作声，李晖又讲，你辞职可以，但要想清楚，还有两个月，在队里有什么事，老哥你都对着我，我们可以好商量；如果你离队了，那么，后面的事情就别怪队伍不考虑、不照顾你了。全运会后的奖金分配由球队主教练统一划分，按教练员、运动员所在团队时间、实际贡献做出分配。如果在全运年辞职，要面临巨大的经济和名誉损失。这话说到了郑导的痛点上，让他最终收回了辞职的想法。

李晖说郑导要强、护犊子，拿队员当自己的小孩带，总被人批自己的徒弟，面子上当然过不去。但话说回来，全国、各省本来都缺好的门将教练，这个时候如果辞职真的发生了，让他上哪儿找守门员教练去？李晖同我与璐璐姐讲，华哥（吴育华）曾和李晖讲过郑导私下里因为队里对门将的差评而没少和他发牢骚。李晖借机问吴育华的球队（男三队）是否要郑导过去，吴育华说"你还是多做做他的工作吧"，引得李晖大笑。他又分析，现在省里各队都不缺门将教练，因此，郑导辞职走人，只会陷入球队与个人双输的局面。"现在去外面找一个守门员教练很不容易的，特别是有经验的。而郑导还是那种高级教练，水平经验都摆在那里。另外，郑导也好钻研、学习。"他能做的，也只有尽力挽留。

　　这事被他说得风轻云淡，但在我听来还是感叹不已。抱怨郑导在房间抽烟、没还礼导致他不高兴，不说话、不理人还不算什么，门将被吐槽受委屈，这可会让他炸毛急眼。想想郑导每次不高兴十有八九都是为了弟子或是为了球队，他虽被同事吐槽小心眼，但至少对工作非常认真负责。徒弟不招待见，他不惜以辞职做抗争，也是性情使然。想到这儿，我对郑导再多的不满、心存芥蒂，在那时都释然了，甚至还徒生了几分敬意。另外，如果李晖不擅长这样与他人进行沟通，只怕难以驾驭眼下的教练组和这支球队。

　　从周一和李晖确定了这周三要给球员讲一次心理课开始，我的心思就基本没离开过课件了。7日，为了保证大家都能听到课，我还让李晴潼叫了因违纪而被罚去预备队两周的黄莹珊回来一起听课。

　　陈丽娜看上去生得小巧机灵，却因边后卫位置上前插回防的时机问题天天被谢彩霞在场边训斥。她时有走神发呆的表现，李晖因此给她起外号"阿呆"，笑她智商不在线。她喜欢琢磨怎么用"不知火舞"这样的冷门角色在游戏里不受约束地自由走位。这天她上课迟到不说，还走来走去地和其他球员讲话，扰乱课堂纪律。是可忍，孰不可忍！我在下午训练时当她的面向李晖告了一状——参加工作以来唯一一次向教练告运动员的状。前些天因为她训练迟到才刚受处罚，李晖对她笑说："怎么又是你？这个月再扣200吧。"

　　给女二队做训练监控已经和球员达成了一定的默契，大家对仪器的分配、佩戴都比较熟悉了。这天训练开始前分发监控仪器，陈丽娜狠狠地从面板上摘下心率表，我知她心里有气，但看她没扳坏卡槽，也懒得跟她一般见识。待到训练结束她归还仪器时，又变回正常。前几天不见的两条心率带也一起失而复得。

　　李晖说刘植祯、谭青近来都是呆呆的，谭青还好，但总觉得人有点发蔫。我看了下数据，谭青的跑动数据排在全队前列，这让李晖非常惊讶。我驳斥他那先入为主的有色眼镜：自从2016年在滕州谭青说自己疲劳之后，李晖总觉得她在训练比赛里容易累，跑几步便打不起精神。

　　想不到监控的软件又出了问题。6月9日，我导出周三的训练监控数据报告，却发现心率数据无法得到正确呈现。最近常见降水天气，5日甚至下起了雷暴雨，李晖拉了全队进健身房躲雨，还命令全队摘了监控仪器免生意外。不知道仪器故障是不是也与天气有关？

下午，女二队与男三队打教学比赛。因为多名主力缺阵（陈巧珠、郭金华、陈丽娜、李晴潼、谭青、何晴茵、邹怡、黄秋嫦等还要回地方参加高二水平测试），李晖还从女一队借了三名不随队集训的球员来凑数。球队首发了陶祝丹、陈秀冰、谢绮文、熊熙、周雅婷、罗丽思、黄美琼、刘植祯、陈美燕、黄华丽等人，陶祝丹打进1球，女二队以1∶0领先结束上半场。

到了下半场，李晖换下陈美燕、陈秀冰、陶祝丹，换上一队的黄丽文打中锋，廖美欣打前腰，换上卢瑜彤、黄莹珊打边路，将黄美琼移至中路与刘植祯搭档中后卫，又换上谢莹守门。没有了稳固的中场，熊熙、谢绮文也打起了边后卫，后来又换下罗丽思、谢绮文（换上陈秀冰、陶祝丹），让陶去打边后卫，这样的防守，被男三队连进4球，最后一球还是刘植祯解围不慎造成的乌龙球。不过总体来看，女二队这边还是创造了不少机会。球员们的防守跑动也还算积极，李晖在赛后表示了满意。

一赴天津，观摩附加赛

每年入夏，都是基地最让人垂涎的时候。荔枝、芒果、黄皮渐次成熟。院里东西两侧的荔枝树露出斑斑点点的深红色，到自己想着去够几颗来尝尝，才发现伸手可及的高度早被球员"洗劫一空"。还有人想爬上树去采摘，中心不得不出台规定，强调禁止大家攀爬登高。基地门口的芒果树下也遍布熟透的果实，有的落在草坪上，有的落在中央路面上，直接被车轮碾碎，烂成一摊泥。

仪器厂家弄好了分析软件，监控分析工作终于恢复正常。

时间一如以往地紧张。6月14日上午，我还在与璐璐姐讲数据分析的事，林思跃走进办公室来告诉我说这周五出发去天津，为球队做好附加赛的信息获取以及前站工作。

李晖早有此打算。他派出林思跃、李春成与我三人一起前去天津待上四天，拍摄、收集附加赛的比赛录像信息，并踩点球场，了解附近酒店的住宿条件。

我们一行三人于16日下午抵达天津。17日上午，附加赛在海河教育园球场开打，辽宁队3∶1战胜新疆队。

赛后，天津队主教练王玉冬做东，请几位前来观赛的各省教练吃饭。同桌的除了我们三人，还有于允教练、张贵来教练、刘忠杰教练，尚有一位相貌堂堂、气宇轩昂的老教练给我留下了深刻印象，听介绍说是北京队的王海鸣教练。北京市体科所有位也跟队的科研，教练们笑说和我是同行，我们便挨着坐下了。

王玉冬点了这里特产的河虾。北京市体科所的同行拿了起子开啤酒，却不想用力过猛，一下弄碎了瓶口，扎破了手指。王玉冬又叫了服务员过来帮忙包扎，换酒，折腾了一会儿，大家才又重新坐下。

一起碰过第一杯酒后，大家聊起比赛，因为都是旁观者，语气自然轻松。王玉冬向张贵来教练敬酒，表示感谢他对自己的帮助与提携。张客气回应，说她今天取得的成绩也是自己努力的结果。放下酒杯，他又讲起自己可爱的孙女，说自己每天都会惦念孩子，想着回去见面做伴。那回忆、沉迷于孙女绕膝之乐的表情，让他看上去更像位慈祥和蔼的老大爷。

我与坐在身边的体科所同行聊天，说起近来与科研有关的政策变化，又聊起各自所学专业、受训背景，才知道原来他也毕业于北京体育大学。王玉冬听见了，直称自己是2012届的硕士。

"我是94届本科。""我在北体读的专升本。"于允和王海鸣纷纷回应。

张贵来："我在北体学过教练员培训班。"几位教练都乐了，王海鸣的北京口音像相声里的捧哏："嗨，教练员培训班也算啊？"

林思跃和李春成看着我们，让我顿感窘迫。突然间发现坐了一桌校友前辈，该如何表示尊重，同时在年长同事面前又不要太过张扬显摆，一时略难取舍。

我选择按顺时针的坐序，从张贵来教练开始敬酒。几位教练都很谦逊随和，遇到敬酒都是来者不拒。于允教练倒扣着鸭舌帽，非常客气，他拿起酒杯，笑问我上学时可曾与毛志雄老师一起踢过球。这下我们找到了干杯的共同点。我心想于允去年带队拿到全国女青锦标赛冠军，身边的这些教练和他一样的平易近人，估计都是些厉害的角色。

林思跃和张贵来看起来年龄相仿，彼此熟悉，话也多些。李春成也自行选择目标，他敬酒时说自己在宏远队踢球时和北京队、天津队交手，那时就知道这边高手云集，心下佩服云云。王海鸣教练也很客气，说广东足球人才辈出，祝接下来好运、开心之类的话。

我心里却起了疑云：这厮啥时候在宏远队踢过？网上只查得到他在甲B出场的记录，却没显示他在宏远队踢过球呢。莫非是为了好听，当众吹牛吗？

在下午的比赛里，山东队1∶1平陕西。

19日，附加赛第二轮。上午，山东队2∶0胜新疆队；下午，辽宁队1∶2负陕西队。形势已经明朗，两连败的新疆队将成为出局者，最后一轮她们无论打出什么样的结果，都难逃被淘汰的噩运。

20日一早，我们三人退房去踩场。天津体院新校区尚在施工，而为了承办全运会女足比赛，这里的足球场已接近完工。林指导走上球场，用脚踩踩地面，了解草皮质量，又用手机拍了视频发给李晖，这才放心。他和李春成二人最怕完不成李晖交代的任务而被问责，于是每到一处球场都拍了视频发到微信群里。"球队的工作任务要完成呀！"

重识李春成

6月21日下午，李晖坐在场边，说起这次附加赛，因为赛制的关系，各队主教练虽然平时都是老相识、老朋友，但到了竞争的时候，能上岸的，就伸脚踹掉那快要落水的，和其他朋友上了岸过了这一关再说。说到底，想从这样的比赛里活下来，自己要少犯错，"打铁还需自身硬"。

他最发愁的还是如何检验、保证训练的质量和效果。自4月从武汉回来，已经封闭集训了两个多月了。大家都知道以赛代练，多安排一些高质量的比赛可以帮助运动员找到良好的比赛感觉。李晖非常无奈：我们还有10天就要去打联赛，打完联赛就是7月中旬了，又要保持状态，又要休息，8月初就是全运会决赛，哪里还有时间安排打比赛？要打，和谁打呢？天津队是东道主，有政府扶持政策，可以联系对手过去适应、锻炼，我们显然不具备这样的条件。联赛对手进来，衣、食、住、行都算钱不说，还要另给人家一份钱，细算起来，预算都不比出去外训便宜。而且，女足青年队，合适的热身对手是出了名的难找，同年龄组的队伍，水平相当，弱队不愿意和你打，强队又有自己的安排，请不来。找男足又和我们的水平不一样，女一队天天各种联赛，人家也不一定愿意和我们打，预备队那个水平基本没什么对抗，比赛水平都得不到保证，还要和人家连续打几场吗？

另一件让李晖头疼的事是裁判。2009 年 8 月 1 日，全运会 U20 男足决赛，因开场 15 分钟中场核心犯规被红牌罚下，少一人作战的广东队最终 0∶3 告负。事后时值主裁判因操纵比赛被捕入狱，获刑六年的确凿罪证便有那场决赛。李晖说现在的裁判委员会、高级别的裁判名单里没有广东人，"朝中无人"的后果自然是没有话事权。大环境早已今非昔比，见多识广的李晖仍不想吃这方面的暗亏。他不会去阴损别人，但求关键时刻别被坏事，这也是国内绝大多数教练的心声。他托同事以私人关系方式探裁判长口风。

同事传话回来，裁判长告知因竞赛规定自己不会出任全运会决赛裁判长；按新的规章要求和近来的中央精神，主持工作的裁判不得接触参赛队相关人员，且会严格执法，请李晖教练大可放心。

转天我再次来到李晖房间，跟他商定联赛决赛阶段前的心理课与团队拓展训练时间。看他难得有空，我忍不住好奇心，问起他关于李春成的问题："他怎么在饭桌上说自己在宏远踢过球？吹牛吧？我在网上都查不到他在宏远出场的记录呢。"

李晖放下手中的笔记本，回答说："他是在宏远踢球啊，他从宏远转会出去的。"

"他是哪年的啊？"

"他是 75 年的……我也不知道他哪一年的。当时任一队教练的是他的吴川老乡。那时湛江的男足一般都是吴川的。足球就是这样，有时你的同乡，或者在青年队带过你的教练上去做主教练了，那么，你就会有机会上调到一队或者打上主力。反正 1993 年底，他跟我们这一批上的一队。"保守估计，他当时年龄应该20岁上下。

在当时的教练和队友眼里，李春成"跟现在大佬一样。他就是运动天赋比较好。他这种人有点像区楚良那样，但性格更适合集体生活。因为协调性好，他学什么动作都是一学就会，打网球、篮球、排球，什么他都不会太走样，所以，基本上他有那个轮廓在那里。很多人不行的，像我们，会踢球，但打篮球啊、打排球那样子一看就是不行。他那种是所有的体育运动一上手就很协调。做技术动作啊，球场上的那种合理性，很不错的。"

李春成除了出众的个人技术，作为中场的传球视野也非常开阔。在业内看来，那种抬着头踢球，能喂到位的最后一传也不是后天就能练出来的。"他也是很容易就进了国少、国青。当时很多人都看好他的，觉得下一批国家队能成为核心、顶梁柱的就是他了。他以前很瘦的，退役之后胖了。"

这退役之后岂止是胖了，我心想。他自己还说原来有六块腹肌，现在看简直是新买回来的气球，吹大了。

李春成和李晖同批升上一队，早早能打上主力，除了他个人能力强之外，和他同龄的没有能用的合适人选，就都被调整掉了。竞技足球淘汰率惊人，每个年龄段都只剩下一两个好一点能用的人能留在一队或梯队，1972～1976年龄段的最终能留在一队者寥寥无几，徐荣生也是为数不多的仅存剩果。

"他代表广东打过几场甲A？"

"没有怎么打，在我印象里，后来就没报他名字了。联赛职业化后，前几场都用年轻人去打，效果不好，剩下的比赛便换回池明华等老将，加上区楚良去打。"在李晖眼里，池明华那批人实力强大，年轻的后生上到一队抢不到主力位置，打开转会市场后两年内或卖或租都散掉了。

李晖说一般教练都会有自己的偏好。自己带过的青年队球员，他更熟悉个人特点，用起来方便，这一批人也就跟着教练一起上去一队。如果由梁德成在1994—1995赛季带队，他们1972年那一批人慢慢都能上去。李春成虽然早早上了一队，但选择使用他的时机不合适；另外，搭配阵容太过年轻，虽然有冲劲，但缺乏经验，稳定性差，没有老将带队，一旦比赛失利，很容易丧失信心。

这话有道理。最近的例子不就是预赛拿到开门红就一鼓作气出线了么。

李晖继续讲李春成："他一上去呢，就打主力。然后联赛，还没开赛，就伤了手。1994年，有人在湛江组织友谊赛，请了巴西职业队过来，李春成在那场比赛里受伤断了手。"伤筋动骨一百天，停训三个月。联赛第一场，他上午去拆钢钉，晚上打比赛。

我惊讶得张大了嘴："上午拆钢钉，下午就打比赛？！"

李晖抿嘴一笑，说："是。急着用他吗。成成总算给他老乡争气了。因为手刚好，他不敢用力，又没有系统训练，所以在场上好多动作做不出来。后来输球了，他也因为那一场球再也得不到重用。"

"那场比赛，成就了杨晨，"李晖继续说了下去，"他代表北京队上场，几次突破都是在春成的防区内完成，打进了职业化之后的第一个进球，他那球也是过了春成之后进的。一战成名，后来就进国家队打上了主力，还留洋去了德国，进了世界杯。""啧啧。春成成了背景帝啊。"

"我们都说那场球毁了春成。"自那之后，他就被打入冷宫，再没怎么上过场。1996年随广东队获省港杯冠军后，第二年他就被挂牌卖掉了。

我陷入了沉默。难怪他说跟老婆都在二沙岛做运动员；难怪他会说北京足球的厉害，并不是没根据地乱吹捧人家。真不知道从那样的天选才俊，到如今的同室"猪头"，成成都经历了什么？那样的低潮，他是怎么熬过来的？

他转会去了重庆红岩。李晖见识过围在球场外看训练的人群。当时和同城球队打热身赛时，他还被对方的主教练看中，想带他去参加甲A联赛。重承诺的李春成因对球队有言在先，拒绝了邀请。1998年，他们拿到甲B第三名，就在信心满满地准备下一年比赛时，摘牌大会的意外让他与红岩的合作戛然而止。他看到球队先摘了自家一个老将而没选他时，心里便觉得麻烦。果然，江苏舜天利用这个机会摘下了他。有人因此怪他，李春成还觉得很委屈，毕竟因不在己。很多人觉得他当时已名满甲B，肯定会打他的主意。

初到舜天的李春成很快就以自己的实力打动了教练，成为球队主力。他身穿9号球衣，得名"CC"。2001年众所周知的假球事件，李春成知道那场比赛将被控制，就对球队管理说，自己是广东人，如果输球了，他肯定要被怀疑，干脆这场比赛就不打了。涉事球员被中国足协重罚，取消注册资格，李春成逃过一劫。年底举行的第九届全运会，无人可用的足协请李春成代表江苏男足参赛，带领一批18岁的青年队球员去对抗当时的"班霸"北京、辽宁、上海、广东。李春成自知这比赛绝无拿奖金的可能，他很想拒绝。无奈足协力邀他帮忙，还宽慰他说只要不拿倒数第一就行。李春成咬牙参赛，终于打赢了一场，避免了垫底的尴尬。

2001年、2002年只升不降，2003年只降不升的联赛政策，让很多球队投资人决定减少投入，重签球员合同。面对大幅降薪后只有几千元水平的合同，还有退役后留在南京执教的邀请，李春成开始考虑自己的未来。

身穿9号球衣的李春成（前排左一）

他回答说南京很好，但广州是他的家。新合同的薪水都不够他买回家的机票钱，再加上等待升级的到来，他届时年近不惑，最好的运动年华白白消逝，缺乏精心保养的身体已经开始出现衰退迹象，还要和其他年轻球员竞争，更不知新上任的主教练计划里有没有自己的名字。自觉前途灰暗的李春成决定退役。

离开职业联赛，他仍靠足球生活。2003年4月至2005年10月，同样在名锋足球俱乐部，他身兼上场球员，开始进入"传帮带"的角色。2006

年，果王赞助五人制，他又踢了两年室内足球。

有朋友为他介绍工作机会。2008年他正式挂靴，到国企做了客户服务经理，每天的任务就是培训、管理年轻人去为客户做上门服务。他自觉对这一行一窍不通，指挥起年轻人也是麻烦重重，心理疲劳和职业倦怠很快找上门。闲时他甚至自嘲这比在职业队跟队友一起跑400米还累。离职后他跟朋友做起生意，开起了牛肉火锅店。朋友来帮衬生意，他总要上桌陪上几杯，常常喝得头昏脑涨，做球员时消瘦的身体也很快变得脑满肠肥。

2014年8月，他接受了老友的邀请，到广州海印足球训练学校带起了小孩。还是熟悉的球场让他觉得更舒服、更安心。2016年4月，李晖将担任省青年女足主教练，邀请李春成出山助自己一臂之力。讲义气的李春成欣然答应，更愿意借此机会重回阔别19年的广东队，到足球中心来上班。

"所以说，培养一个运动员呐，有时也是，成是那个教练，败也是那个教练。"李晖笑着，前倾身体拿起杯子喝了口茶，"那个年代，其实很多操作，对训练啊、比赛啊、运动员的培养啊，我们都没有一个系统、科学的理念，所以说毁掉一个球员特别容易，但培养起来就难了。"

我的室友是个青训失败产物。我算是猜中了结局，可我猜不中他这样坎坷崎岖的经历。

联赛决赛阶段：决战武汉

6月30日上午，王医生安排了二沙岛的医疗专家过来给球员们做会诊。李晖要求所有球员都到球场，不做治疗的球员早些出球场热身，为团体心理拓展活动做准备。在等待的时间，他把30个训练用球铺在地上，自南向北摆出球队惯用阵型，嘴也不闲着，一面摆一面说："这个是绮文，这个是大佬……"

我在一旁笑说你把球员当球摆，她们知道么？李晖笑着摆完："这个是正常状态，这是防守时的，这是进攻。"

第一次带女二队做团体心理拓展活动，过程还算顺利。活动从9点半持续到10点半，球员们对玩游戏的热情高涨，也是促成这次活动的主要原因。

郑导一上午没有露面。李晖告诉过他今天上午不安排正规的训练，只交给我去组织一下拓展活动，然后捉捉老鼠就收队了。但守门员三人一如既往地走去球场另一边，看上去郑导并没有告诉她们今天的安排。到训练前，李晖走过来同我讲"你老友又不高兴了"。我惊讶地问是怎么回事。李晖一摊手说"我怎么知道！"

李晖的战术体系

另一个让李晖尴尬的，是近来的防守反击战术演练效果很差。他做的要求基本都打不出来，球要么无法在第一时间交到前场，要么是传球时间、方向把握不好产生失误。他贯彻要求，务必坚决执行既定的方案计划，甚至直言要像古龙写的一样出手就要有结果，而不是金庸描绘刻画的那般细致。球员听着当然是毫无反应，李晖也自知打错了比方，这批小孩都没看过武侠小说，当然搞不懂他要说明的问题。在这背后，李晖也知道是球员的反应出现问题，他最担心的是长时间封闭训练产生的中枢疲劳，导致运动员精神集中度下降，影响训练效果。这时候一旦走神或不自觉地放松，更容易导致重大伤病。

7月的广东又迎来多雨天气。流溪河水位看涨，考虑到出差时间长，我不敢把车停在中心停车场。王医生也觉得这时候把车停在河边不太安全，更坚定了我一早坐地铁来中心和球队会合的决心。7月4日，白云机场的航站楼少见地催促登机，也是因为此次乘坐的A380空客是在武汉转机的国际航班，不期而至的暴雨可能会导致大家都承受不起的延误。

李晖说我们要在武汉待到17日——小组赛有三场，淘汰赛/排位赛三场。为了这个漫长的旅程，我带上电脑和"运动员自主平衡生理相干系统"，也带上了游戏手柄，想着宁愿备着用不上，也不想要用时却发现没准备。

流溪河海——广东 U18 女足跟队工作志

7月4日的踩场热身

　　除了心理训练、咨询、比赛摄像，我还要帮忙采购。天气炎热，比赛消耗又大，多买些食品回去加餐是正常的。我们一般为球员买些蛋糕、面包，加上一些水果、牛奶，看上去很简单，但要满足23人的食量，这就成了个大工程了。璐璐姐考虑东西多自己搞不定，多会叫人去帮忙，我是固定帮手，阿连与小戴则每次做轮换。5日轮到阿连，想起上次和她们二人一起打车还是在济南，那次也是去做赛前采购，抬手招到一位老司机。为了躲避泺源大街上的塞车，他走了小路，想不到钻出来还是堵。我们正感叹路况的不便，他自嘲说济南在全国拥堵排行榜连续多期位列第二，雄霸第一名的则是哈尔滨市。阿连与璐璐姐笑得司机一脸懵懂，她们解释说你的副驾驶上就坐着一个哈尔滨人，我则在纳闷：他在哪儿看的数据？

　　这次打车同样是我坐在副驾驶位上。司机看上去很年轻，戴着一副墨镜，他刚载了山东队的领队与球员回来，卸下她们从市里买的生活必需品，又载了我们往市里出发。他胡乱猜着我们的口音，说山东队的球员身体那么大块头，球踢得应该是最好的。我们嘴上应承着，他又语出惊人：再一个就应该属广东队踢得好——身体属于小快灵类型，这勾起了我们的兴趣。他笑说自己在现场看过从前国足的比赛，说那时的国脚个人特点非常明显，"矮脚虎"赵达裕在边路像条泥鳅一样，谁也防不住。而现在的国足水平远不如前。我侧头细看了看他，确认那头没一丝杂色的头发貌似是漂染过的产物，而他讲话时露出的一口乱牙才说明他真正的年龄。他知晓了我们是为广东队工作的真实身份后，继续大讲对现今足球水平的不满，直言现在的国脚放在过去连替补、板凳都坐不上。他还略有些得意，问我们听说过他讲的那些名字吗？赵校长现在过得可还好？我们盯着路边的超市，奉承他见多识广，到下车也没有和他讲赵校长的身后事。

6日，联赛决赛阶段小组赛第一场，女二队对阵江苏队。准备会上，李晖说江苏队主力去德国外训，眼前上场的以替补为主。他也决定雪藏主力，再多给些机会让替补出场打球，首发谢莹/黄美琼、刘植祯、谭青、陈丽娜/陈美燕、周雅婷/黄莹珊、李晴潼、卢瑜彤/何晴茵。

散会后，李晖还跟我说自从告诉陈美燕准备在这次联赛里用她打比赛，她的表现就有所波动。而知道了小组赛的第一个对手是江苏队后，昨天的训练她表现得有些紧张，放不开手脚做动作。"去和她聊聊吧。"

我联系到陈美燕，她承认有些紧张，但相信她自己可以调整过来。"觉得自己信心不足，到场上会努力发挥。"眼看时间有限，在平时心理课讲授内容和对球员了解的基础上，我就她自己调整的方法提示了两句，她说"好"。

刘植祯担任场上队长。李晴潼复出，这是她手术康复后的首场正式比赛。第16分钟，广东队反击，卢瑜彤将球停给李晴潼，后者略调整下突入禁区射门但被对方干扰没有打上力量。李晖高声提醒："大佬啊，一蹚就打啦，动作太慢啦！"第24分钟，江苏队手球，广东队获得弧顶任意球，李晴潼直接射门，球打在江苏队20号脚上变向弹入球网右下角；第61分钟，谢莹出击撞到对手，她把球放在身体一边，倒在地上。郑导跳起来："把球踢出去！"谭青还用手拿了一下球，裁判对她做了指向边线的手势，她才把球放在地上踢了出去。郑导往座位踱了两步："这球如果江苏队叫得快一点、裁判严判的话就是个点球！"王医生拎着药箱跑进球场，第四官员："教练教练，您不能进去！"郑导没理会，他也一溜小跑蹿进球场。

谢莹经王医生治疗后坚持了一会儿，仍然疼痛难忍。眼见关键位置出现伤病，李晖便叫黄华丽上场，他又让谢绮文换下黄莹珊。2分钟后，陈秀冰换下周雅婷。第75分钟，江苏队5号在前点接角球顶入后侧；不到一分钟，陈秀冰左路送出直塞，谢绮文插上射门被扑出，陈秀冰在大禁区边缘跟上补射打进。主力们一上场球队的进攻有了非常大的改观，几次反击打得有声有色，谢绮文获得了两三次射门机会，但本场比赛这个中场组合在防守上的表现却不如先发的陈美燕、周雅婷那么兢兢业业，两次角球防守出现问题，也与她们的回防质量有关。李晖又用熊熙换下卢瑜彤，罗丽思换下周雅婷。第79分钟，江苏队右侧角球，27号头球破门，最终两队2：2握手言和。

回到房间，同室的李春成同我讲起，他在青年队时，18岁左右第一次遇见上海申花的同龄人，可以予取予求地净胜三四个球，打得他们找不到北。后来上海队各种外训、拉练，打了不少比赛，经验能力长进得非常快。而广东青年队一直待在二沙岛闷头训练，身上都快发霉变烂了。再过两三年，20多岁时重新再遇，"我们被他们打了3：0、4：0"。他以此说明比赛对运动员非常重要，且高水平、高质量的比赛才能历练出优秀的运动员。又说起门将，李春成一个劲儿地摇头："长时间没经历比赛是一说，另外，你自己没力，人家还不上来抢你?！又不让说，唉。"也难怪李晴潼下场后说感觉在基地传接球都非常自如，但在这里稍微一不注意球就会被断掉。长时间缺乏高质量的比赛和对抗，就会导致与以往不同的球感。

李晖说其实对方也怕我们打他们的身后球，但这场比赛大珊、妹妹都没有打出来自己的特点，跑动又成了大问题——她们几乎一直都在匀速跑，没有冲刺，也就没有身后球。另外，角球防守又出现问题，他准备在接下来的训练里进行纠错。

这天恰好是璐璐姐的生日，但比赛结束后她想得更多的是回来问球员收尿样。陈秀冰穿着室友的拖鞋，端着尿杯跑去璐璐姐的房间，还和别人开玩笑："你要喝吗？你要喝吗？"结果拖鞋太滑，她一时没站住，半杯尿刚好泼在蹲在地上整理尿样的璐璐姐身上，登时引得全场大笑。璐璐姐懊恼不已，比生日当天被人送此"大礼"更烦的，是还得催促陈秀冰重新留尿。

林指导拿到了赛会通知《关于对四川U18女子足球队、福建U18女子足球队违规违纪的处罚决定》，全文如下：

第三部分 我开始跟队的 2017 年

各参赛队：

2017 年 7 月 6 日，全国女子足球 U18 联赛决赛阶段的比赛第一轮第 1 场，四川队与福建队的比赛在武汉塔子湖体育中心举行。

根据裁判组、比赛监督报告，视频及当事人的书面说明等，比赛进行到第 52 分钟时，四川队与福建队双方多名球员间发生聚拢和混乱，造成不良影响。

赛区纪律委员会参照《中国足球协会纪律准则》，作出如下处罚：

1. 对四川队、福建队通报批评；
2. 停止四川队球员 17 号、14 号、12 号、9 号、10 号、6 号、16 号、5 号、22 号参加 2017 年全国女足 U18 联赛决赛阶段比赛 5 场；
3. 停止福建队球员 17 号、4 号、11 号、21 号参加 2017 年全国女足 U18 联赛决赛阶段比赛 5 场。

中国足球的发展需要所有参与者的共同努力与维护，望各队切实加强对运动员的管理教育，净化赛场风气，杜绝发生各类违规违纪行为，确保赛事顺利进行。

赛区纪律委员会
2017 年 7 月 7 日

两支球队都是我们的对手，禁赛 5 场意味着双方的这些主力球员都告别了今年的联赛决赛阶段，未来是否有追加处罚尚未可知。这对广东队来说是个好消息，接下来，我们从这个小组里出线、完成联赛任务应该不是什么大问题。

考虑到球员的加餐食品将近吃完，璐璐姐叫上小戴与我下午外出采购。到晚餐前后回来，发完食品，又到治疗时间。谢绮文和李晴潼想一起玩从前存档的足球游戏。她们仍然选择了中国队征战亚洲杯的那个存档。我将游戏难度设置为初级，又担心她们不熟悉操作，拣了个手柄亲自助阵。二人很快上手，在我的帮助下打入 2 球，5∶1 大胜伊朗队。中国队挺进亚洲杯决赛，对阵韩国队。看她们自己也能进球，我决定让她们自己去打。决赛过程跌宕起伏，中国队起先 0∶1 落后，谢打进一球，下半场又反超比分，韩国队在终场前将比分扳平，进入加时赛。在一旁帮助球员们做治疗的小戴这时开玩笑说两人最终与韩国队在附加赛中打平，最后中国队点球落败。谢绮文大声呵斥他，我也不喜欢他那乌鸦嘴一般的预言。李晴潼在加时赛中打入一球，韩国队还是在终场前利用二人的防守漏洞将比赛拖入点球大战。第一次在游戏中经历点球决战的二人都不知道该如何操作。中国队起先落后一球，韩国队10号射偏一球，二人复燃希望，无奈李晴潼习惯性射向中间的点球被扑出一次，中国队只能含恨点球大战，痛失冠军。小戴得意地笑了，谢、李二人没再说什么，放下游戏手柄，回各自房间去了。

　　黄华丽对我的心理训练系统来了兴趣。但她不太感冒"菩提树"，"快拳手"也是只试了一次，便开始尝试"冒险岛"。其他来做治疗的球员坐在她身后看着，也都来了兴致，七嘴八舌地制造起各种噪音，对黄华丽这种新手并不利。只有接受过系统训练、自我调控能力得到加强的运动员才能在嘈杂环境下完成任务。作为运动员，个人技术水平固然重要，自我控制能力的高低也会影响到其运动表现水平。显然，这些U18女足的运动员心理素质并未达到那个水平，在小戴、阿连等人的干扰下，黄华丽"成功"地没有完成训练任务，但至少她完成了86%。在一旁做治疗的陶祝丹看得兴起，也要求参加游戏。她的表现更为惨不忍睹，连续三次都没有完成，最差时仅仅完成了游戏的28%。最后一次时间已过10点，谢彩霞都在叫她早点回去。

　　8日晚上进行的小组赛第二场比赛，女二队对阵福建队。李晖对这支球队一直评价不高，但年初的联赛中我们0：1败给对手，在全运会预赛、联赛第二阶段我们都没有遇到福建队，李晖一度笑说那次失利将成为福建队保持对广东队的不败战绩。现在，我们迎来了难得的复仇机会。上午准备会时李晖宣布首发阵容，首轮比赛里谢莹出击时右脚被对手踢伤，这一轮由黄华丽上场，除此之外，李晖没做其他改动。前一场比赛里替补球员表现尚可，基本完成了赛前要求，也为她们自己又争取到一次首发的机会。

　　赛前安排黄秋嫦、谢海霞担任摄像，但谢海霞要做替补，便把摄像机交给了谢莹。下午3点钟谢海霞敲响了我的门："郑导说谢莹脚部受伤，爬不了高，这场球不能摄像。"我知道郑导不愿意爱徒带伤登高，便和黄秋嫦商量两人各录半场比赛。

前20分钟双方互有攻守。何晴茵有两次破门良机,都被她错失;常在一起搭档的队友不在左右,李晴潼接管了比赛,她打进第一球取得领先。第41分钟,周雅婷后场长传,福建队13号将球破坏出界,郑导从场边教练席上跃起大叫一场"我的"接下皮球,李晴潼接过郑导递过来的球,掷进场内,她自己继续下底,接何晴茵的回敲传中,门将出击但未把球击远,陈美燕小禁区左侧左脚推空门得手。第59分钟,李晴潼中场断球,距一步到大禁区弧顶,在防守包夹上来之前右脚射门打入左下角。替补席上的球员们已经在谈笑风生了。李晖用陈巧珠、罗丽思、陶祝丹换下黄美琼、周雅婷、卢瑜彤,让何晴茵改打右边前卫,后来又用熊熙换下何晴茵,谢海霞换下黄华丽。广东队这边越打越好,虽然再无建树,但陈丽娜一次在前场拿球后的人球分过获得满堂喝彩。李晖收到了信任替补的回报,最终女二队3:0战胜福建队。

江苏队与四川队的比赛以3:3告终。教练组感叹四川队的强硬,即使主力球员被禁赛,她们仍然可以逼平同组最强的对手。最后一轮,广东队对四川队,江苏队对福建队,我们握有主动权,虽说出线形势一片大好,但面对为荣誉而战的四川队,我们仍需小心谨慎。

球员完成心理训练

9日,预报有雨,难怪一早看外边天气多云。李晖安排上午力量训练。健身房在离我们住处不远的综合场馆里。最近有小孩在游泳馆溺水身亡,家长在一楼入口摆放着花圈、孩子的遗像,还拉了字幅要讨回公道,严惩杀人凶手。我们走过家长在大门口拉的横幅,穿过高大、宽敞的走廊,看看两侧同样空间宽敞的隔间,没有运动场馆的布局,更像是为商场而造。健身房在三楼,球员们先在一旁的室内网球场做好热身准备活动,然后步行穿过走廊进入健身房。有球员刚好在训练时来了例假，李晖安排人手陪送回去。看看已经落雨点的天气，又交代璐璐姐下午去采购时记得带伞。

这天轮到阿连陪我们去购物。从出发就不太顺利，网约来的司机是个新手，打了几次电话问接客地址，接上我们之后出去也是走逆行道，还是在我们提醒之下转了回去。

天公不作美，开始下起大雨，我们返回时在地下停车场连车都打不到。谢彩霞通知说晚上6点半吃晚餐，5点多时有球员发信息要璐璐姐多买点东西回来，说她饿得慌。璐璐姐又好气又好笑，说现在下大雨回不去。球员回复说那就再去买，买到不下为止，如果能把整个武汉搬回广州她也在所不惜。这把璐璐姐气到了，她说我们又不是采购员，她（球员）那个口气实在是不怎么招人喜欢。璐璐姐用App叫到一部车，司机嫌远不肯开到地下停车场来接，我们不得不跑上商场一楼，冒着大雨，一人盯车，一人打伞，一人负责把水果、牛奶、面包挪上车。回到住处，璐璐姐和阿连叫人下楼来帮忙拿东西上去，出来了三四个球员响应帮忙。有一人搬运东西回房间的路上觉得给教练们买的点心好过给球员买的，于是她又开口向璐璐姐要。这些事情导致璐璐姐很不高兴：从房间里出来全程黑脸，坐在食堂没吃两口饭，簌簌地掉下眼泪。

这让我想起2014年，应当时在足校训练的男一队要求，赴清远为他们做生理生化测试。因为人手不足，璐璐姐叫了我一起过去帮忙。时任德国外教为了摸清球员在训练中的生理生化特点，安排好住宿，预定了连续两天的测试。璐璐姐考虑到试纸、吸管不足，又特意采购了一批过来。

血样自然是要当天就送回体科所做检测的，接送我们的司机两天跑了两趟省体科所，这引起了司机班负责人的不满。这位"老广"负责中心司机出车任务的统筹委派，我常叫他"大佬"。在第三天我们回到中心，午饭还没吃完，大佬就在食堂质问璐璐姐。在他看来，连续两天让司机从清远跑回广州，只为了把两批血样分批送来，真是多此一举，为何不一次弄完？莫不是戏耍他的兄弟，寻开心吗？

璐璐姐大声地解释，讲明是外教要求连续两天进行测试，她也只是按照外教的要求去做。我那时已能听得明白大部分粤语对话，着急了，也用普通话为她辩解。大佬听了不作声，再扒了几口饭自顾端着餐盘走了。璐璐姐扭回头又是泪流满面，耗费了好多纸巾才止住哭泣。

她每次受了委屈都是这样容易流泪的。我从思绪中回过神来，才发现教练组、球员都吃完饭离开了，只留下我与璐璐姐俩人。她已经擦干了眼泪，问我："刚刚李导叫你，怎么没反应的？"我惊觉："刚刚在走神，都没听见别人叫我啊。"

有惊无险的小组赛与四分之一决赛

我像赔罪似的走进李晖房间。他仍然把母亲的照片摆在床头，熏了茶香，电脑正播放着林子祥的音乐，看我进来了，他调小了音量，叫我坐下喝茶。我解释说吃饭时在想事，没听到他叫我，他不以为意。想起以前自己在他房间冲茶，失手弄湿了他的茶香盒，当时以为他要发脾气数落我，他也只是和颜悦色地拿过纸巾擦干水迹，再没说什么。话题落到璐璐姐今天下午的经历。听我讲完来龙去脉，他松了口气，说还以为璐璐姐和她老公闹别扭了呢。我说她一直不在家，又能闹什么别扭。李晖："你不知道，结了婚的女人，想法会变的。她马上要摆酒了，为了出队比赛都见不到老公，换是你能没点情绪吗？"

我想想这倒也是。李晖叹口气，给我续了杯，又说："这帮小孩啊，嘴巴不甜。家庭教育是一方面，但广东的小孩都很怪的。往往都是自己玩自己的，不喜欢跟别人去凑热闹、擦皮鞋①。见了人也不怎么打招呼。新千年后广东籍的球员较少入选国家队，大概跟个人性格也有关系。

我问："是因为经济环境的原因吗？"

"也不是，很奇怪的。"入选国家一线队是普通人难得的荣誉，能力是最重要的参考因素。"以前球员特点鲜明时，教练为了出成绩，不得不用你广东队的；现在大家技术水平都差不多了，选人时当然愿意怵身体条件出众、合群的北方球员了。"

"另外，现在家长不再要求小孩只踢球，离开了足球她们还有很多路

---

① 擦皮鞋：方言，讨好领导。

可以选择,所以她们对待足球,也不像从前的运动员那般对足球忠心、热爱。一般训练比赛以外,很多球员都不怎么看球,像一般球迷知道、了解的东西,她们不见得都懂。"很多球员将足球视为工作,除了自己和必要的对手需要付出时间钻研,其余的精力会投入到其他事情上,这也是一种调节个人生活的方式。

在李晖看来,专业球场的建设也不完全是好事。"现在要踢球只能去专业球场,普通小区的空地都被规划利用掉了,小孩放学写完作业了想踢两脚球,找不到合适的场地。别小看这点,对保持足球人口很重要的。以前我们在院里、街边小球场都是可以踢球的。"

很多喜欢足球的家长也是家里孩子多了,想小孩踢球另寻出路,不必像其他小孩一样去参加高考。只有一个小孩的,除非家长真心喜欢足球,或者孩子真有实力能踢得出来,否则都不会考虑往专业这条路上走。孩子没太多天赋踢不上主力,家长当然也要小孩赶快另谋出路。已经准备退队的 ZYX 便是如此。"她父亲跟我讲,与其在这里浪费时间,还不如叫她出去打份工。"

"所以,为什么国家队自肥婆(谢彩霞)以后到大肥(谭茹殷,同龄有另一球员绰号'小肥',是以区别)再没有广东籍的球员能打上主力的了。你要知道,入选国家队一队是很难的,首先在国内成年队里,你个人实力、技术要过硬,还要得到教练的赏识。像罗桂平[①]、钟秀东、黄丽文等好多球员都只是入选过国青、国少,没进过一线队;高琦是没有教练赏识她,在国家队一直没有等到真正可以证明她自己的大赛机会;江美紫,唉……"

李晖叹了口气,摇了摇头。江美紫于 2016 年 4 月入选国家队,但没有入选最终的奥运会参赛名单。"她如果再争气点,撑多几个礼拜,能报上名,我又可以算作是培养、输送出一个国家队球员。"

至于谢彩霞,国家队生涯对她而言也绝非外人想象的那般美好。自第一次入选,她就注定要面对职业球员最残忍的酷刑:坐球监[②]。前三届女足世界杯和悉尼奥运会,她只能黯然回到广东队,坐在电视机前看着曾近

---

① 罗桂平于 2019 年入选成年女足国家队。
② 球员无法在比赛时正式上场,如同坐监狱一样。

在咫尺、现远在天边的队友在场上挥汗奔跑。到收悉下一期集训名单，又满怀能在世界大赛上展示自己的希望，看到那个熟悉而又陌生的名字。2005年十运会上广东队的惨淡收场，让谢彩霞跟着林思跃一道萌生退意。她留队做了一年教练，到2007年外教执掌国家队，她曾经的希望才成为现实。她响应足协号召复出，在四国赛上对墨西哥队打入任意球制胜夺冠，在世界杯上对新西兰打入第二球助球队小组出线。很多人不知道，这个脚法精湛的新面孔，已经效力国家队十年之久了。随着外教的离任、年龄又长一岁而迫近的是即将在本土举办的奥运会，还有时任主教练要培养新人的意向。

李晖给我续了杯，又冲入一泡热水。"其实培养谁还不是培养？"当时河南队有一个年轻的边前卫，潜质了得。相比起来，培养价值低廉的谢彩霞参赛无望，这让她不知第几次提起退役申请。省里、中心的意见是要参赛大名单上见名，肥婆被困得进退不得。"你想想以她的性格，那时能好受吗？"严仲坚书记急匆匆地跑去安抚，做她的思想工作，这才留下了北京奥运会女足国家队唯一一个广东籍参赛运动员。

7月10日，上午开对四川队赛前准备会，王医生报告有球员感冒，建议将其隔离。然而接下来我也感觉有些难受了：喉咙开始感觉有些痒，进而鼻子也开始不通气，流鼻涕。不知道是不是自我心理暗示的影响。

比赛于晚上7点钟在5号场地开打。武汉的晚霞引得球员们感叹"真好看"，没带手机出来的何晴茵还请我帮忙拍一张晚霞的照片，回去传给她。赛前合影，卢瑜彤站在后排边上，她全力踮起脚，仍不及身旁的罗丽思高。凑巧前排五人错开一个身位，妹妹身前无人，她的脚下动作被大家看得一清二楚。替补席上笑作一团，李晖说："妹妹你站在阿思旁边怎么垫脚也都没有效果的了！还不如到前排来！"妹妹前跨一步，笑蹲在陈巧珠身旁。我也笑弯了腰，心想足球场上的7号是个激荡人心、让人想起无数球星的号码，而我们队的7号怎么是这样搞笑可爱的？

事关小组出线的关键比赛，虽然对前面替补球员的表现非常满意，李晖还是尽遣主力：陈巧珠首发搭档刘植祯，罗丽思和陈秀冰组成中场，谢绮文站在陶祝丹身后，熊熙顶替黄莹珊打右边前卫，打满两场的李晴潼替补待命。这场比赛还吸引了时任国青队的外籍主教练在场边观战。第56

赛前合影小插曲

分钟,李晴潼换下卢瑜彤,谢绮文移去左边路,李晖指示谢多与大佬换位。尽管出场时间不多,李晴潼却觉得这是武汉之行最累的半场球。球队直到第 83 分钟才取得进球:陈秀冰后场长传,谢绮文冲进禁区,将球挑过出击的门将再推空门得分。面对四川队的防守反击,李晖不敢再马虎换人。陶祝丹还有改写比分的机会,但她没把握住。四川队尽管主力几近全员禁赛,又无人可换,仍然非常顽强地拼抢防守,失球后也没让广东队获得更多的射门机会,这真是一支值得尊敬的球队。女二队最终 1:0 战胜四川队,拿到 7 分以小组头名出线。

晚餐时,李晖到餐厅里逛一圈就走了,李春成拿了点东西吃,但没弄主食,也很快吃完就离开了。外教时期马杀鸡就纳闷,晚上教练们都干吗去了,答案当然是和老朋友旧相识聚餐去了。全国各队伍的教练踢球时就彼此认识,大家做了教练,还要把与其他球队的关系处理明白,饭桌成了球场外的主要接洽场所,某某队关系交好,某某队教练就爱与某某队的教练一起聚餐,有时是连球员都知道的事。借这机会,各队教练还能了解到不少信息。比如李晖知道上海队人才济济,虽遭遇伤病、国家集训,几乎半队主力无法上场,处于调整、过渡期,但这次比赛仍然取得两胜一平获得小组出线权。但是前面排着 1997—1998 那一届拿过全国冠军的师姐,这一批人就没机会去俱乐部踢女超联赛。最近有消息说 1997—1998 女足有望单独成立俱乐部,征战女甲,这样 1999—2000 女足就可以成为女超与女甲球队的预备队，为这两支球队提供新鲜血液，打完全运会球员仍然有球踢，算是皆大欢喜。

很多教练、业内人士都认同上海队的发展与培养模式。认为基层教练有政策扶持，愿意脚踏实地做青训；由下至上的成长体系能得到良好的延续，不因为领导换届就受影响或中断，是上海足球近年来人才辈出、成绩稳定的主要原因。

12日上午9点15分，李晖召集大家到他房间先开赛前教练组准备会。郑、林、谢、璐、连、戴、我、成、王逆时针环绕房间坐定。这次淘汰赛第一轮对手是河北队。李晖本想用陈美燕顶替腰部略有不适的陈秀冰首发出场，郑导、林思跃、谢彩霞都认为进入全国前四的机会难得，希望上能力更强的陈秀冰。郑导认为上一场比赛中状态不好的祝丹浪费了太多机会，言下之意，想给何晴茵一些上场机会。但李晖仍然相信陶祝丹，认为她的防守态度更可取。虽然这场比赛的场地是假草皮，但教练组想让球队再进一步积累经验和信心。最终决定使用对四川队时下半场的阵容为首发，让谢绮文、熊熙分列左右，李晴潼居中。

李晖又讲到要为点球做些准备。他点了五个人准备先打点球，林思跃又表示了对陈巧珠的不放心，多射几次点球会增长她在这方面的经验。考虑到她作为队长，应该承担起这样的责任，希望她也能先打。

关于陈秀冰的腰，她每每训练后都会觉得腰胝部有些疼痛，阿连和王医生给出不一样的诊断，李晖决定听从经验更为丰富的王医生，给予适当治疗。

这天晚上，李晖派出黄华丽/黄美琼、陈巧珠、刘植祯、陈丽娜/陈秀冰、罗丽思/谢绮文、李晴潼、熊熙/陶祝丹（4231）对阵河北队。第21分钟，河北队7号利用陈丽娜回传失误在弧顶射门打中横梁；谢绮文有两次射门，一次被挡，一次打高。

上半场比赛暴露的仍然是老问题：前锋前插的时机总是慢半拍，跟队以来我鲜见陶祝丹越位；谢绮文一如既往地积极打门，但要么是直接射进守门员的怀里，要么是打在横梁上；罗丽思与陈秀冰正常发挥，攻时能插上，守时也能回得来；倒是后防线状态一般，几次后场传递都险酿大错；另外球队经常过于重视边路进攻，后卫们向边路转移球时大声地呼应着，对手也知道广东队要走边路，防守兵力屯积过来，造成边路空间非常狭小，而这时中路的陈秀冰身前四五米常常是空无一人，但球却没有传到她的脚下。

中场休息，卢瑜彤换下熊熙。第51分钟，黄华丽手抛给中圈，罗丽思长传，谢绮文插上左脚射门被扑出，李晴潼跟上右脚平射被挡出，她再挑射打进。

陶祝丹在左路连续获得机会，但她的射门都无功而返。两次不成，她迷恋上了盘带单挑对方防线，在河北队多名球员包夹下失球。谢绮文还再调试准星，第63分钟她接陈丽娜横传射门高出，气得谢海霞直想"把谢绮文抓来打！"第67分钟，陶祝丹发威，她在禁区内接球左转身，右脚护球抹过后卫，左脚打近角得手。第78分钟，李晴潼中场斜长传，谢绮文分到右路，陶祝丹高速插上射门打入左下角。

后面谢绮文终于打进首球，李晴潼锦上添花。李晖用谭青换下陈丽娜，陈美燕换下陈秀冰。到用周雅婷换李晴潼时，发生了小意外：第四官员以为本次比赛只能换三个人，却不知道规则允许球队更换五名球员。她当着林指导的面翻开规则，读完了还不行，另要打电话询问，这下彻底惹火了林思跃，他言辞激烈地向她表示不满。到后面边裁过来确认说可以换第四球员，这位不知规则的第四官员才允许周雅婷上场。

另外三场四分之一决赛中，江苏队2：1胜上海队打进半决赛，将与1：0战胜辽宁队的陕西队争夺决赛资格，而我们下一场比赛的对手，则是3：0胜出河南队的北京队。

半决赛：又见北京队

"足协的优秀裁判数量有限，"早上吃饭时，李晖提到昨晚换人事件时说，"好的裁判都去吹女甲女超了，还有国家队比赛任务，过来吹青年联赛的裁判一般级别不高，好多都是学校里的老师，没执法过多少高水平赛事，经验、能力都有待提高。"各队教练都理解这种现状，大家都默认裁判因素也是对球员的磨炼与考验。

璐璐姐照例喊我和小戴去采购，这次回到公寓楼下，几乎整支球队出来接应帮忙搬东西上楼。我和璐璐姐空着手往回走，知道是李晖对球队做的要求。

经过一天的休息、恢复，天气不错的7月14日看上去很适合比赛。9点15分照例召开对北京的赛前准备会。开会前坐在房间里闲谈，李晖讲起三个门将，说两个"妹妹"黄华丽、谢莹都是不爱讲话的内向性格，只有谢海霞是那种天不怕地不怕的"话痨"，导致队里很多人都嫌她太吵。但李晖认为，做运动员，特别是门将，很需要有这样的性格来指挥、影响别人。比较有意思的是，郑导本人和谢海霞都出自辽宁沈阳，两人性格相近，但谢却不是郑导带出来的球员；反倒是他亲手调教的黄华丽、谢莹，却是两个"闷瓜蛋子"，很多人开玩笑说这是"互补"。我说黄华丽好很多了，这时郑导走了进来，他还以为我在讲黄华丽的什么话，马上问我华丽怎么了？我身子正不怕影斜，回答说黄华丽现在的话多很多了。

李晖认为对上北京队是全运会前检验球队的好机会，因此，即使是假草皮，他也决定以主力阵容应战，黄华丽的手、李晴潼的膝盖都不再是大问题，陈秀冰的腰和她前一日训练中扭到的脚踝让李晖不得不将她放在替补席上，而让李晴潼、罗丽思搭档中场，谢绮文出任前腰，卢瑜彤出任左边前卫。李晖又征求大家对接下来阶段的工作安排意见，他原计划17日返回广州，休息两天，19日集合，收一下代表团服装，恢复性训练，加强一下爆发力方面，多练习角球与定位球的进攻与防守，找个合适的时间去做下调整，到8月6日左右就出发去天津。林思跃纠正他说19日是广东成立全运会代表团的日子，到时球队要出30人去参加成立大会，肯定没时间去收服装，因此最好在17日到达广州后就去找办公室后勤拿全运会服装。

教练组成员再无其他异议。会还没开完，走廊里就传来了球员们的说笑声。其中谢绮文的大笑最为明显。想想自己到足球中心工作以来，无论是一队还是二队，广东从未在正式比赛里赢过北京，我自觉不可能像那样笑得出来。

下午3点，我要与璐璐姐一起去买加餐以备今晚的夜赛。我还要安排两个球员分别去拍4点半辽宁队对上海队的比赛，还有7点钟广东队对北京队的比赛。

比赛准时开始。值得一提的小意外是一位身材瘦高的北京球迷——戴着一副眼镜，头上缠了头巾，背了鼓、扩音器——到场给北京队加油。他在5号场外侧路对面的路边盘坐，还给球场里铁丝拦网上缠了写有"北京队加

场边的北京队球迷

油"的标语，一件布满签名的17号橙黄色球衣，旁边挂一面红旗，上书黄字："荣耀紫禁城 风雨共相随"。但让我感到担心的是他手里制造噪音的装备——鼓、扩音喇叭，看架势他又刚好坐在球门后面，便叮嘱黄华丽在比赛中感到心烦意乱时想想我带她们做过的放松练习，帮助自己调整注意力。开赛前李晖也同第四官员提出，球迷就在球门后面，会不会对守门员和其他球员造成影响？裁判表示，那球迷坐在球场外面，其行为不归球场内管理。

"北京北京北京必胜！北京北京北京必胜！北京北京北京必胜！"比赛就在球迷扩音器中那略显单薄的"独奏"加油声中开始了。北京队身穿全白球衣，她们不急不躁，保持着4-4-2阵形，我们的攻势一推进到半场，她们便有组织地整齐压上逼抢。广东队仍然想办法走边路创造了几次不错的机会：第4分钟，陶祝丹左路传中，李晴潼头球后蹭，陈丽娜小禁区前右脚外脚背推射没打上力，但她又抢回皮球，做个左脚要向右侧边线带球的假动作从底线转身抹近小禁区传中，熊熙门前推射打偏。第6分钟，陶祝丹在大禁区外射门被收；1分钟后，罗丽思左脚打门也被拒绝。

"北京战斗哦嘞哦~嘣嘣嘣！北京战斗哦嘞哦~嘣嘣嘣！北京战斗哦嘞哦嘞哦！嘣嘣嘣！为北京去战斗哦嘞哦~嘣嘣嘣！"北京队坐稳防守，开始增加中前场逼抢，反观广东队的防守开始凌乱，后防很快吃紧。北京队坚决寻找前场的9号、10号。第8分钟，李晴潼回防包夹9号犯规，北京队获左侧35米任意球。2号佯攻，10号吊入禁区被顶出，后排跟上射门打高。第17分钟，北京队26号分球到左路，11号得球，熊熙贴身顶住

对方，回防到内线的陈丽娜切出断球，她犹豫了一下想传球，被回追的11号碰出边线。

李晖起身："植祯啊，几暴力往返你都要做出来。你地都唔好系道行……行左向行，行咩啊!?"① 他太激动了，有点"话都不会说了"的意思。场外的球迷不肯让他安生，"北京北京北京必胜！嘣嘣嘣嘣嘣嘣嘣嘣嘣！北京北京北京必胜！嘣嘣嘣嘣嘣嘣嘣嘣嘣！北京北京北京必胜！嘣嘣嘣嘣嘣嘣嘣嘣！"

中场休息，李晖没有进行换人调整。他肯定了大家上半场的表现，对局部球员的防守重新进行了要求与强调。下半场情况略好，但前锋、前卫们仍然把握不住机会。罗丽思有一次精彩的个人盘带加射门，被门将没收；陶祝丹多余的调整动作让她失去了对球的控制，否则下半场球队会多出两次组织进攻形成射门的良机。防守端，黄华丽又成了广东队最被担心的一环，她对球的处理让人揪心：后卫几次在对方的紧逼下将球回传，她要么是斜着开出边线，要么是变个向传向另一边却差点被扑上来的前锋截到皮球；她开门球，手抛、大脚也不怎么远，少见她在正式比赛里大脚连中场都没过，对方非常容易地拦截下来。

第55分钟，北京队发动右路攻势，10号接9号传球突破，罗丽思被对方球员蹭进禁区传中，李晖大声提醒刘植祯，让她注意后点，补防到位的23号伸左腿解围，华丽扑救不及，球钻进自家大门右下角。

球迷来劲了。"为北京赢天下！蹦蹦蹦蹦蹦！为北京赢天下！蹦蹦蹦蹦蹦！为北京赢天下！蹦蹦蹦蹦蹦！"

广东队替补席上大声为球队加油："再来再来，别松！加油加油！"邹怡也高声喊道："加油啊！冇事啊！"

大家默默地走到中圈开球，没人抱怨也没人责怪，甚至都没人讲点什么。北京球迷的加油助威声使场地显得更为安静。

下半场开球10分钟不到，李晖就让替补球员跟李春成去做热身。看看比分落后，大家又打不开局面，李晖让人喊回陈秀冰，叫她准备上场。陈秀冰跑到替补席边上，找了瓶冰水仰头灌了两口，脱下身上的训练背

---

① 植祯啊，多激烈的往返（奔跑）你都要做出来，几步路就开始走了，走啊走的，走什么啊?!

心，捡起自己的球衣，背对替补席，套在头上，伸进双臂，然后努力地拉住球衣下边缘两侧，押平球衣，展露出红色球衣背上的白色 10 号。

第 65 分钟，谢绮文被北京队 32 号绊倒，广东队获得前场左侧 25 米任意球，裁判借机吹停比赛让双方补水，林思跃交了参赛证给第四官员，李晖让陈秀冰登场，换下陶祝丹。她在场边抬腿活动着髋关节，上场后又在场地中做了几趟折返跑冲刺。

比赛重新开始后，陈秀冰与李晴潼站在球前，李晴潼按裁判要求把球向后摆，谢彩霞："有咁远嘅咩？"于允教练大声提醒球员："别说话，快点防守！"他注意到李晖指挥罗丽思和陈巧珠前压，又提醒球员想想一会球顶出来时打什么战术。球迷喊起了"飞机！飞机！"陈秀冰已经和队友商量妥当，李晴潼就开始助跑。我们都知道那是假动作，佯攻，真正的杀招在后面。陈秀冰随后助跑，她用力地踢到球的中下部，皮球高高飞起，在武汉的夜空中划出一道弯弯的弧线，直挂球门左角，北京队守门员起跳做出扑救动作，却没有够到，只好任由皮球落进网底。

广东队替补席沸腾了，"好波！"陈秀冰转过身，笑着，还略有些羞涩地向场边迈过几步。她的手臂紧贴着身体，好像还不敢相信自己上场后第一脚触球就帮助球队扳平了比分。

陈秀冰打中场位置，谢绮文顶到中锋位上，身后的李、罗、陈为她输送炮弹。北京队看看情势吃紧，换上 7 号打右边前卫以改善进攻，又换上 20 号任中后卫。第 75 分钟，熊熙断下球交给李晴潼，后者带了两步，传给左侧的广东队 10 号。陈秀冰加速带过中线，谢彩霞提示："给给，秀冰！"她应声传给左路插上的谢绮文，北京队 20 号想断球，但重心转换不及，无奈看着球从身前划过，她转过身继续回追左路跑上来的对手，这时谢绮文已经斜插入禁区，李晖高声叫道："大佬！"谢绮文起左脚传中，已经跟进来的李晴潼在小禁区前左脚迎球射门，被门将挡出，球又落回她脚下，她换右脚推射左上角得手，旋即转身高举双手，替补席上又是一片欢呼，庆祝广东队反超比分。

李晖叫了黄莹珊、谭青也去做热身，但比赛双方都没再做任何人员调整，大家都已打出最后的牌面。北京队在 7 号上场后掀起过几次进攻高潮，都被陈巧珠、黄美琼防下，黄华丽的出击也都还合理，对方的射门有失偏颇，没再有什么建树。妹妹有一次前场紧逼已经将对方后卫逼抢得滑倒，对方都做好了丢球的准备，但妹妹没有看到皮球，以为对方已将球传出，便一个转身往本方半场慢跑，错失了一次可以在对方前场发起的进攻机会。到了比赛末端，广东队体能下降明显，李晴潼有一次进攻后干脆慢慢地往回走，而北京队整体阵容插上，罗丽思反抢成功，看到李晴潼在前场（但她看不到李完全处在越位位置上）便一脚长传交给李，然而李此时一脸疲惫，没看球继续低头往回慢走，替补席上一片哄笑。大家不断地为球员们加油打气，要她们继续努力，别放松，李晖也不住地提醒"集中精神"。裁判补时2分钟，在我们看来却是无尽的漫长。好在球员们顶住压力，拖着疲惫的身体扛到了最后。终场哨响，广东队2：1战胜北京队，挺进决赛！

球员对打进决赛似乎没太激动，简单的赛后仪式结束，她们便趴在草地上做着牵拉，或在队医、队友的帮助下按摩放松肌肉。教练组在场边围了个小圈，谈论接下来的计划。另一场半决赛中，陕西队1：1平，点球4：3战胜江苏队，她们将成为我们决赛的对手。

我觉得现在球队已经打进前四，超额完成了出队前制订的计划；应该着眼于全运会，避免伤病，适当休息主力，锻炼用得上的替补阵容。林思跃双手握垂身前，右臂下夹着盛装参赛证的公文袋，他说球队走到这一步，已经处在历史的前沿，是改写历史、创造历史的好机会，理应全力争胜，为球队积累全运会决赛的信心打下坚实基础。

李晖低头深思，没有作声，只表示要球队尽早回去休息。我们兴奋地往回走，看到那个在比赛过程中吹吹打打、大喊大叫的北京队球迷在路边侧对球场而坐，手肘搭放在膝盖上，脸微微朝向地面，一旁摆放着他大敲大擂过的鼓。

点球决战：没人想到的结果

正值武汉再显"捂汗"本色的季节，感觉在这里只要一动就会出汗。我们房间打开门就有穿堂风经过，再加上高温，刚刚洗完的衣裤只经过半天就完全干透了。

近半个月的时间每天醒来都会听到李春成的呼噜声。打赢半决赛回来，聊起那个扭转战局的任意球，我说陈秀冰的任意球又有长进了，她对北京这一球和预赛对河南那一球踢法不一样。李春成说这是练出来的，需要磨的。第一脚踢得很漂亮，好啦，第二脚呢？第三脚？随便那样有一脚没一脚的，都是不会踢球的，根本没找到诀窍。

李春成说早先陈秀冰踢任意球还不是这样的。"她以前是什么样？她没信心。没找到感觉，很多很小的东西她没体会到。她踢球很多很随便的，一看到人墙放在那里，她随便'呼'一脚，很高。我说球星就那么一脚球，天天练好，认真去做，别随便。随便的话你练不到东西。"

我说每天都要加练十几二十几球吗？"太少啦。至少一两百脚。一二十脚没用。一两千脚没用，没到那种感觉，要踢到哪个部位，有感觉的，那个很难的。"他告诉陈秀冰，得找到踢球的感觉。"我们踢球的有那种感觉。"不用考虑其他东西，看好脚下的球，距离，人墙，想想踢哪个角度，踢到哪个部位，要天天练，找到那种感觉，要脚脚差不多都踢到固定的位置，踢习惯了，到比赛时才会做得到。但是脚法每天都要练，用什么脚法，自己踢到哪个部位，踢出去或高或低，要有感觉；第二脚怎么踢，再高点，或者再低点，或者偏很远，踢第二脚时要感觉得到，踢到哪个部位，用哪个脚法，还有摆腿、力度，都很重要；第三脚怎么踢，加一点力，或者减一点力，找到感觉了，脚脚都要这样踢。"我认认真真踢一百脚好过你随随便便踢一万脚。"陈秀冰在这一年里加练踢得多，慢慢找到了那种感觉。"所以说老外那些脚法很厉害的，他是练出来的。我跟她讲过一次，你去找感觉，不是我去找感觉。我踢我找得到，你踢你要找得到。"

那种感觉不是谁都有的。"你跟谢绮文说，她有这种感觉，能踢得出来，练得少的有时会踢飞，这没关系。但你让邹怡踢她踢不出来的。这种感觉叫世界级名师来教，也教不出来。有些球员真的没有那种细胞，捡球也是白捡的。"李春成觉得陈秀冰很聪明，她接球、拿球、控球，技术相对扎实，到比赛时做得出来动作。相对而言就是身体单薄一点，缺力量，对抗中容易吃亏。

我少不了要和他聊起他的职业生涯，聊起那场"毁了他"的比赛。

据李春成回忆，当时是落后一球换他上场，又失一球，这就与李晖的回忆有了出入，有其他看过那场比赛的人说是落后一球换他上场的。"其实也不能说那场球就毁了我。现在回过头去看，我也很感谢（那场球）。它让我学会了沉下心来，慢慢地接受它。"

"我是希望现在的球员能养成好的习惯，少走些弯路。"李春成总结自己，少年到青年阶段都和好一些的人在一起，教会你怎么做人，教会你怎么做事，教会你怎么踢球，但还有很多东西，他没有学会。到成年，没有这一点，就变得很自由散漫，也不懂得怎么生活，慢慢才体会到竞技体育的残酷。年轻时自认为技术上乘，但在训练、生活规划、自律等方面与国外的职业球员相比还有很大差距。到领会到那种真谛，重新爬起来，就再爬不到原来大家对他期望的高度了，国家队的大门也对他关闭了。再回顾那时自己的训练、比赛，他感觉很多东西亏了一大截，做得很不好。

"我总结我自己，真的还没达到那种水平。起码我有那种体会，能传授给她们，跟她们讲，（别再走）我这种路，就跟我这样，以后去不了太远。"

第二天上午，力量训练前阿连就带了黄华丽去医院拍片。她的手肘在上一场比赛中落地时挫了一下，可能触及了在日本时的老伤，因此第二天伤重不敢动。拍的结果还算理想，至少她的骨头没有大碍。王医生建议打封闭，遭到郑导的强烈反对。

这天赶上郭金华过生日，她买了蛋糕回来，和

郭金华过生日

全队分享，还邀请了整支球队合影留念。大家一齐穿了白色衬衫，又乖巧挤进镜头。郭金华想着切分了蛋糕，还亲自跑出来送了球队工作人员每人一块。我也为她感到高兴，但也为自己没送她什么礼物而感到略有些遗憾。她不在意这些，跑回房间，队友把蛋糕抹上她的脸，大家嘻嘻哈哈地在一起大快朵颐了。

李晖又去赴宴了，他想着要准备决赛，也没逗留太久，早早回到自己房间。说起16日晚上即将在决赛中对阵陕西队，我只希望李晖在赛前布置告诉球员以平常心去对待这场球。他说我们完成了比赛任务，现在没什么包袱；又说起上海队输给江苏队，也属无奈。"离了关键球员，谁也不是大罗神仙。"

上午9点15分照例在李晖房间开赛前准备会。我早早去到他的房间，看他正在与李春成喝茶。他叫我发信息给黄华丽，叫她来找他。李晖经常跟球员开玩笑叫来他房间喝茶聊天，然而赴约者寥寥无几，他乐此不疲，每次都和球员讲这个玩笑。但这次他确实想了解下黄华丽。她没回复我，李晖又叫李春成去找，回说她没带手机，正在接受老王的治疗，结束之后会过来。

黄华丽来了，李春成马上起身让座，顺便离开了房间。我见势也跟着起身离开。留下黄华丽一脸懵懂，又有些慌，想不到是主教练与门将单独谈话。李晖也没别的意思，他简单了解了下黄华丽的伤势，对她近两场比赛的表现做了肯定，另外询问黄华丽这场比赛能否出战？黄华丽坦言肩肘仍有痛感，但经过王医生的治疗，现在活动度没有大碍，只要没有强烈冲撞，她仍然可以出战今晚的比赛。李晖又简要地指出她上一场比赛中的些许不足，在这一场比赛中仍需要重点注意的事项。

黄华丽的态度给李晖吃下一粒定心丸。比赛打到这个节骨眼上，他的选项非常有限。稍后召开的准备会上，李晖决定延用上一场的首发阵容，陈秀冰继续在板凳席上待命。他又同大家商定点球顺序。郑导认为谢莹扑点球比黄华丽更稳一些，可考虑给谢莹留一个换人名额。李晖点头同意了。为了收集比赛信息，李晖仍叫我安排没报名十八人大名单的球员拍摄今晚的两场比赛。我选择让黄秋嫦拍摄本场比赛，让詹晓娜拍摄三四名决赛。詹晓娜时值生理期，我问她能否出场地负责拍摄工作，她说没关系。

晚上 7 点半，比赛在塔子湖体育中心 1 号场举行。场边的广告牌，除了"2017 全国女子足球 U18 联赛决赛（武汉赛区）"之外，还有一个上书"2017 中国足球协会女子足球甲级联赛武汉赛区"的牌子。

陕西队主教练高指导在李晖看来也是个相当狡猾的主教练。这个国字脸、肤色黝黑、头发灰白的中年人执教过 1999—2000 年龄段国少队，可以说对这个年龄段的球员知根知底。他在全运会附加赛中排出截然不同的两套阵容，也给李晖的排兵布阵带来了一定困扰。在今天的比赛中，陕西队身着全红球衣，以 442 阵形迎战，上场的也基本是她们的主力。队内 10 号染着一头扎眼的黄发，李晖对她印象深刻：2014 年刚组队参加全国联赛时，广东队被这当时就入选国家队的 10 号一人打得满地找牙。另一名与之搭档的前锋 21 号看上去是个小快灵的类型，在她们身后 4 号、14 号、9 号、23 号一字排开，后防线上队长 5 号搭档 27 号担任中后卫，右边 3 号，更引人注目的是左边后卫 8 号，看上去个头接近 180cm，熊熙和她站在一块儿，活像同去游乐园的母女。

陕西队也许不是这次比赛我们所遇到的最高水平的对手，但绝对是最难缠、最"牛皮糖"的一个。双方小心翼翼地组织着防守与反击。第 15 分钟，卢瑜彤传球给谢绮文，但后者射门打高；第 42 分钟，广东队前场任意球，刘植祯将球吊入大禁区，陕西队门将出击碰到了球，谢绮文没想到球会落到自己身旁，她猝不及防地将球碰出了界，懊恼不已。

陕西队寻找两个边路进攻，黄美琼和陈丽娜站住位置，尽数破坏掉对手的下底传中机会。10 号在上半场贡献了几次精彩的突破后，中场就被 28 号换下了——看起来陕西队要保护主力，避免受伤，为全运会决赛留力。另一个突击手 21 号也被换下，换上的 15 号同样是个精悍的西北女孩。李晖这边仍然是以不变应万变——第 64 分钟，他用陈秀冰换下陶祝丹。黄莹珊、谭青、谢莹、何晴茵在场边热身了大半场，也没有得到上场的机会。

加时赛下半场，主席台下场地边已经布置好了领奖台、奖杯、奖牌。第 28 分钟，熊熙犯规，陕西队获得前场任意球。李晖高声提醒弟子贴住对手，展开身形，让黄华丽注意及时出击拿球。陕西队还是没取得进球。广东队用谢莹换下黄华丽，黄美琼掷出最后一个边线球，哨音响起，比赛结束，点球大战要开始了。

詹晓娜背着摄像机回来了，三四名决赛已经结束，北京队1：0战胜江苏队，获得第三名。在场边灯光的照耀下，她的嘴唇白得吓人。她没讲什么话，放下包裹就去找阿连了。

陕西队的3号第一个走上点球点，她打进右上角；广东队方面李晴潼第一个出场，她也打向右上角，门将做出了正确判断，但没扑到球，1：1。

陕西队20号打进左下角，谢绮文左脚骗过门将打进中间，2：2。

陕西队9号打飞，熊熙推进右侧，2：3。

陕西队15号走上罚球点。郑导："谢莹，加油，加油！"他一面喊着，一面侧划着右手小臂示意。谢莹抬了一下右手，表示她知道了。接下来她却扑向左侧，15号打向右边。黄秋嫦感叹：这小孩超稳的！郑转身对我们苦笑："这孩子怎么不听话呢？"陈巧珠推射左下角得手，3：4。

陕西队5号出场，放好皮球。我拿着手机按下拍摄键，希望留下这宝贵的瞬间。5号球员后退，助跑，射门。谢海霞为了干扰她，还大喊了一声。谢莹这次判断对了方向，她右腿蹬地，起身侧扑，挡出了射向球门右侧的皮球。

所有人都尖叫起来，我也兴奋地大叫。陕西队5号抱着头仰面倒在地上，谢莹从门线上站起来，还有点懵，回头看了一下球是进了还是被自己扑出来。她再转过头来，看到所有球员都向自己跑来，才反应过来，这是自己加入广东队以来获得的第一个冠军。她也张开双臂，向我们跑过来。大家在球场上拥抱，肆意地庆祝，对所有人而言，这都是近一年来最难忘的周末了。

颁奖仪式首先颁发评选奖项。李晖获得最佳教练奖。他在领奖台前接受了奖杯，球员们隔在后面，摆出各色笑脸争相抢镜。李晴潼获得最有价值球员，领奖后合影时，她站在颁奖嘉宾和来自陕西队的最佳门将中间，我抬手提醒她站得高些，她便踮起脚尖，这下与左右两人一样高了，她咧嘴露出得意的笑容。在整个联赛决赛阶段，广东队没拿一张红、黄牌，也因此获得公平竞赛优胜队奖，刘植祯代表球队接过了证书。

第三部分 我开始跟队的2017年

谢绮文举起奖杯

按照领奖仪式惯例,为季军—亚军—冠军依次颁发奖牌与奖杯。璐璐姐和阿连争相要我以为广东队颁奖为背景拍照留念。郑导举着手机也拍个不停。眼看几部手机同时举起,大家又是第一次经历这样的体验,不想错过任何一个能留下宝贵回忆的镜头,便齐齐地看向一个方向,后面听人叫"看这里",又赶忙转向下一个镜头。时间长了,意见不统一,一张照片里就会出现球员看向不同方向的有趣画面。谢绮文站在全队中间,她闭起眼睛捧起奖杯,好像不敢相信眼前发生的一切。

颁奖仪式结束,球员们或自由组合,或找到教练摆出各种姿势在草地上拍照。璐璐姐和我除了与教练组合影,都逮着李晴潼和她的MVP奖杯留念。有球员自带了相机,这下可有用武之地了。她们把平时在一起不在一起的合照、想到的没想到的庆祝姿势拍了个遍。我们一直待到10点多,在场地管理员的催促下,甚至是以关灯为"要挟",才回到运动员公寓。大家忙着洗澡,清理服装。我在群里催促大家到我房间里领取各自的奖牌盒,这才想起还有球员家长在社交网络上等着我们的消息,赶紧回复说球队成功少不了你们的支持,你们也是冠军。

璐璐姐忙着收集大家留下的样品,留完尿的球员顺手拿起房间里剩下的水果回去当消夜果腹。我帮忙整理还未分走的食物,一面查收有自己的合影照片,一面等着李春成洗澡出来。再趴上阳台看向对面,刚刚还热闹欢腾的球场,已是漆黑一片。

她们是真的开心,与足球结缘这么久,难得体会到全国冠军的滋味。即使这个冠军带给她们的,是一无所有。

最后的冲刺,最后的疯狂

7月17日,球队乘坐中午的飞机返穗。李晖则奔赴天津,参加全运会决赛分组抽签仪式。

登机落座,陈秀冰拿了本书问我可以坐在我旁边吗,她说和璐璐换了座,不想挨着林指导坐。李晖说她有次不听话被林指导训了一顿,今年年初回来集训后变化不小,乖了很多,但面对林指导,她还是非常敬畏的。我说当然可以。

每次看到这个不忘热切关注C罗新闻的"迷妹",我都纳闷是不是大眼睛是踢好中场位置的前提条件?现在怀抱奖杯,她和我讲起,小时候自己就想踢足球,结果遭到了全世界的反对——她的父母都希望她像普通孩子一样去学校接受教育。她仍然坚持,直到双亲妥协。10岁时,她被送进珠海市体校,是队里最小的一个。当时师姐对她疼爱有加,那时她们开学要参加军训,而无须军训的陈秀冰就由教练开着摩托带着去球场练习一对一。小秀冰当时就想好好表现,争取留在体校。教练又教她绕杆、颠球、传球、停球,以及各种各样的假动作。在教练看来,热爱足球而且勤奋好学的陈秀冰是好苗子,把她留了下来。

后来陆续来了一些与陈秀冰同龄的球员,因为她是最早来的,所以其他同龄球员都愿意听她的,场上场下,她都成了领军人物。体校的李教练一个人带她们这支球队的二三十个球员,每天教她们练习传接球、停球、假动作等基本功。这些练习非常枯燥乏味,而现在陈秀冰却很庆幸自己当时坚持了下来,进入省队后她才认识到这些练习的重要性。

最初珠海队在省里的冠军赛和锦标赛都表现平平,成绩始终徘徊在第九名、第十名。后来球队加入了一位姓饶的女教练,开始教她们战术、跑位、整体移动、防守……在她看来,两位教练的作用非常互补。后来的两年，珠海在省里的成绩慢慢有了提高，从第六名打到第四名、第三名，直至2014年锦标赛的第二名。当时珠海队战胜了此前两年她们从未赢过的深圳队，决赛0∶2不敌广州队。陈秀冰的表现得到了省内教练的认可。2014年5月，李晖将她招来省队集训，同年7月她被广州队相中，通过协议将她交流借去广州队，用以备战青运会。

陈秀冰第一次参加全国比赛，就是2014年7月代表广州队参加全国联赛。比赛在湖北宜昌举行，饮食自然都与麻辣有关。她每次吃饭都要找点冰镇西瓜，结果搞得她肠胃不适，第一次出省比赛就患了阑尾炎，去做了手术。术后回家休息了一个月，本来就体形纤细的她体重降到了42.5公斤，活像风一吹就要倒的麻秆。要强的陈秀冰觉得让广州队花了那么多的钱，最终只打个第九名、第十名，很过意不去，对不起广州队的教练。康复后的陈秀冰回到了省队，没想到12月广州队又借调她去训练。

当时广州队的10号球衣一直空缺没有人穿。陈秀冰在珠海队一直都穿10号，彼时年纪尚小、不懂事的她单纯喜欢这个号码，不明白足球队中的10号意味着什么。广州队的教练很信任她，见她喜欢，二话不说就把10号球衣给了她。陈秀冰很开心，但没过多久就听到队里有闲言碎语，议论她和10号球衣这件事。大概意思就是凭什么给陈秀冰10号球衣，队里比陈秀冰更有能力的人多了去了，真是不服……陈秀冰很不开心，觉得承受不来这种言论，想跟教练商量换一个球衣号码，更想与队友们友好相处。后来冷静下来，她觉得自己不该这么脆弱，应该拿出实力让队友们相信她可以胜任10号。

陈秀冰再入广州队，在燕子岗封闭冬训了一个月，就去广西北海参加全国联赛。当时每场比赛她都首发上场，但表现平平。她在场上经常丢球，糟糕的表现导致很多时候她明明站位比较好，处于有利于接球转移、打门的位置，但队友故意不传球给她，这让陈秀冰感觉不被信任。在潍坊，对杭州，如果输了球队就跌出八强，没有名次。比赛里有个点球，教练让陈秀冰去打，她没射进，导致球队失利，没能进入前八。队内的氛围对她不友好到了极点，这让陈秀冰感觉非常不舒服。但她安慰自己，广州队借调她就是为了青运会，她还有很多时间和机会来磨炼自己。

结束了全国锦标赛就到春节，休完四天假期，陈秀冰直接回广州队报到。2015年3月，在广州的黄埔体育场举行第一届青运会女足青年组预赛。第一场比赛对阵青岛队，广州队全场高压，青岛队被压在半场出不来，甚至一次反击的机会都没有，任由广州队狂轰滥炸，但比赛仍然以0∶0告终。第二场对阵武汉队，教练在赛前定下必须取胜的目标，陈秀冰首发出场，但她形同梦游，在中场控不住球，回防不到位，进攻也没贡献，发挥很差，没到20分钟就被换下。陈秀冰一个人在更衣室里哭了很久，幸好广州队3∶0胜出，才让她感觉好受些。

赛后教练找她谈话，说感觉她太紧张了，完全不在状态。教练完全相信她的实力，然而上半场过了快一半的时间看她仍然那么紧张，就不得不把她换下来；希望她在接下来的比赛里别太紧张，放开点，不要有太多的思想包袱。陈秀冰当时就觉得，既然教练毫不保留地信任自己，她为什么不能相信自己一回呢？第三场对南昌队，她在禁区外的一脚远射，被守门员挡了出来，罗丽思跟上补射打进，另外，她还贡献了两次助攻。陈秀冰很开心，她终于能为这支球队做出一点贡献。广州队又一次以3∶0胜出，最终三战全胜，以小组第一的成绩出线。

2015年8月，珠海队在省运会上拿到全省第四名，这对陈秀冰来说算不上什么惊喜。省运会结束后，广州队想方设法地集结了省内同龄精英，备战9月在福建举行的青运会决赛。球队成员彼此还不熟悉，以前碰面还都是对手，喊不出对方名字，现在只有一个月的时间给她们去彼此熟悉、磨炼。广州队教练为了让她们团结一致也是煞费苦心：在下雨天不能训练时买了很多水果、零食让球员们在田径场玩游戏、下棋；在国庆节阅兵时还招呼球员每人搬一把椅子去看阅兵；休息日，教练亲自带她们去买菜，在教练房间里挤在一起吃火锅；每天上午休息时都不给球员发放手机，也不许她们躺在床上睡觉，就是希望她们不要沉迷于游戏和虚拟社交世界，多与身边的队友聊天、交流。

回想那次在广州队的青运会之旅，陈秀冰收获颇丰。她不仅熟识了省里同龄的优秀球员，还坚定了自己的发展路线。此后，无论是外教还是本土教练带队，她都坚持在训练时间之外磨炼自己的技术。李春成对她有针对性的指导和教诲更是在最近的比赛中收到了丰厚回报。

陈秀冰问我，全运会去天津打决赛，球队这边能拿到球票吗？届时她在天津上学的哥哥会去看她的比赛，这也将是她的家人第一次在现场看她踢球，她当然希望能提供便利。我让她放心，组委会那边一定会有球票名额给队伍，她只管踢好球便是。

飞机还有一个小时降落，陈秀冰趴在小桌板上睡着了。我轻轻抽出她左臂下的书，是阿兰·德波顿的《爱情笔记》。这个相信生活是真诚而美好的女孩啊，希望你能一直被温柔相待。

我们回到竹料，李晖那边的抽签结果也出炉了：广东队同江苏队、辽宁队、山东队分在一组；而另一组则有上海队、北京队、陕西队、天津队。进入全运会决赛圈，在哪个小组里都不好打，接下来20天的工作也不好准备。但有了前面夺冠的基础，我看好时间向李晖要就行了，还有什么其他疑问吗？

还真有。短暂假期后回来见面，李晖又皱起了眉，即使喝干了眼前杯子里的茶水，重新填上一泡，仍然没法让他放松眉毛。

他说接通知，这次联赛拿到冠军也没有奖金。"现在也只能看看能不能全力争取。"

我听了感觉莫名其妙，怎么回事？

他解释说是有关部门没做预算，现在没有可用名目的钱发出来给球员作为奖金。程主任自球队打进半决赛就发现了这个问题，现已经找中心财务开了三次会，也没研究个办法出来。

我表示难以理解，夺冠了没有奖金，这搁哪儿也说不过去啊！李晖反问你觉得程主任这事能做得了主吗？包括借出球员、聘请外教、俱乐部补贴，这些他说了算吗？我们都是在编人员，只能按照严格的预算规章制度办事。他又叹气，说连自己都想不到联赛能夺冠，其他人谁能想得到呢？

7月20日下午3点，李晖率球队在珠江宾馆会议中心礼堂参加广东省全运代表团成立大会。本届全运会广东代表团将有近800名运动员从预赛中脱颖而出，将参加274个小项的最终角逐。仪式结束，球员穿戴整齐，满面春风地站在一起合影。

表面上看起来一团和气。第二天中午，李晖又讲起这次联赛，表达了对替补们的不满，说现在替补训练水平与主力们正在拉大，一般打队内对抗，主力可以轻松取胜了；这次联赛替补们比赛没打几场，头疼脑热伤病倒是比主力多。

感谢他这张乌鸦嘴，球队下午力量训练，黄美琼在练深蹲时突然感觉腰椎响了一下，接下来便感觉到了疼痛。她趴在地上一时不敢动，后来发朋友圈也是一句"Shit!"。李晖略有点紧张，赶紧要阿连打电话给王医生安排给黄美琼拍片。所幸的是虚惊一场，只是一次轻微的挫伤，经过治疗，黄美琼很快康复。

我问李晖要时间继续搞团建，又告知他自己准备收集资料为球队做一个鼓舞士气的视频。他笑眯眯地答应了。但这周剩下两天他仍然要贯彻自己的训练计划，考虑以恢复、提升球员有氧能力为主，他把周六上午在基地的有氧跑改为跑白云山。跑山是省、市女足的传统，特别是广州队，几乎每届球队都会选择跑白云山，兼顾训练和调整作用。我还要研究剪辑视频，自然没跟队出去。球队早餐后坐大巴到达云台花园入口，从这里起跑，一路向北，至摩星岭短暂停留，补水，拍照合影，再继续向北，中午跑到终点广东外语外贸大学门口。李晖一个人带队跑完全程，他想着也借这机会多出点汗，舒畅下近来时有胀气的脾胃。谢彩霞和李春成叫了辆出租车，直接跑去终点那儿等候大家集合，一起返回基地。

跑白云山

周一回来见到李晖，提起上周六的跑山，李晖感叹说连以往体能不佳的郭金华都紧紧跟住队伍，真是"最后的疯狂"。他这周的训练计划也出炉了——以防守角球、任意球为主。小戴还通知安排李晴潼、罗丽思、陈秀冰在周一、周三、周五，黄莹珊、刘植祯在周二、周四做等速训练与水疗康复。到赛前两周的模拟比赛都安排在晚上进行，旨在帮助球队适应全运会夜间比赛的节奏。而留给我讲心理课的时间只剩下周二、周四那几天训练后晚餐前的间歇了。另外，从7月24日起，食堂每晚9点15分会安排宵夜给球员吃。

25日终于安排上了这天晚上的心理课。这次课我只用15分钟就完成了——考虑到她们接下来还要进行紧张的放松治疗，我没法占用更多的时间。下午训练结束时李晖还开玩笑说晚上刘老师要给大家讲心理课，主题是如何互相关爱。我一面笑他又跑偏了，一面和大家商量上课时间，想不到球员纷纷表示愿意7点15分上课。我讲了这次联赛夺冠过程中大家的突出之处，也讲到希望她们能增加团队互动，比如设想一下在比赛中进球后庆祝动作的设计问题。

全运会男足U18组正赛于今日开打。本届全运会赛制将参加决赛阶段的8支球队分为两个小组，每场比赛必须分出胜负。小组赛首轮比赛的两个胜者、两个败者分别在次轮相遇，在小组赛取得两连胜的球队将锁定小组第一进入四强，两连败的球队则小组垫底，小组赛第三轮则由两支1胜1负的球队对决，胜者进入四强，败者则打5～8名排位赛。天津团泊球场，男二队2∶1胜天津队；在另一场比赛中，上海队3∶1胜江苏队，根据赛制，广东男足将在下一轮对阵上海队。

考虑到决赛圈小组赛便要面对江苏、辽宁、山东这样的北方球队，担心广东球员对抗长传冲吊打法时吃亏，很少安排无球中长跑训练的李晖在这一周的训练计划里安排了周一、周三、周五的上午3次10组400米跑。有球员一听到这个安排甚至被吓到哭出来。但在李晴潼看来，李晖的400米跑还算不上厉害。早在广州队时，她便听闻自己1993—1994届的师姐练得如何辛苦，知道常跑白云山的那支广州女足被称为"跑狗队"。她初上国少，在深圳宝安体校集训，球队考虑到亚洲范围内朝鲜是主要竞争对手，为了能达到"超量恢复"、让比赛比训练轻松的效果，主教练安排的

400米跑是20组，李晴潼和小队友在体校的大操场上一直跑到掌灯。因此，队内有人希望减少训练量，李晖拒绝让步，他坚信球员都能承受得下来自己设计的训练。

且说26日周三这天上午，35℃，无风。做完20分钟准备活动，40分钟的爆发力杠铃练习，球队拉到3号场地，分成四组开始起跑。考虑到前面总有人请假，为了保证这次训练效果和自己的要求，李晖明令任何人不得请假——集体球类项目的教练到最关键的备战时刻，为了全队的纪律作风和训练效果，会拒绝任何事由的请假。陶祝丹刚好来了例假——女性运动员遇到重大比赛和生理期撞车的，除了咬牙坚持别无他法。她跑到肝肠寸断，原本体能在队里占优势的她到最后几圈都落在后面。最后一组结束后，她走到球场边蹲下，把头埋进臂弯，双肩不住地颤抖。所有球员都双手撑膝，熊熙撑了一会儿，慢慢地走到陶祝丹的身边，把手搭在她的肩上，自己也喘个不停。

李晖仍不满意。他计划里要求1′20″跑完一圈，间歇3分钟，然而到后面的几圈，很多替补球员都跑到1′30″才完成。他严厉地指出球员们并未严格要求自己，以成年人的标准，1′20″一圈400米已经是相当低的要求，到全运会决赛碰上江苏、辽宁等北方球队，哪可能会给你们3分钟的休息时间？训完话，他坐去场边，把秒表、哨子放在座椅上，面无表情地盯着球场的远方。过了一会儿，他身体前倾，双臂肘上两膝，两手搭在一起："小戴，看看拿些药给她！"陶祝丹被搀扶着走下球场，她都忘记了自己是如何走回宿舍的了。

27日上午，有女一队的球员找李晖聊天，李晖借茶解惑。事后他与我说，很多运动员都会有这样的一个时期，面临离开专业队外出择业、就业时产生各种想法，还有选择自己未来时的不知所措。他自己就体验过那个年代转型做教练时遇到的种种困难，也承认这些状况都有一个核心的问题，即运动员对自己的规划存在问题，不知道、不了解自己的特长与潜能所在，不知道该向哪个方向发展，在运动生涯的过程中不知道利用好时间来充实、提升自己，导致在退役后步入社会时的不知所措。

当晚在对阵女一队的适应赛里，女二队与女一队替补阵容打平，在点球战中以5∶3胜出。李晖排出全运会点球顺序"预演"取得了初步成功：

李晴潼、谢绮文、陈巧珠、熊熙、陈秀冰、刘植祯、陶祝丹、陈丽娜、罗丽思、谭青、黄华丽。热身赛效果让他也很满意。

同一天,男二队在第83分钟被判点球,终场前又失一球,0:2输给上海队。后者报了预赛时的一箭之仇,成为小组第一,而男二队最后一轮要对阵江苏队,他们仍然有机会进入全国前四。

28日,李晖让前一天没打完全场比赛的球员上午去篮球场加练力量,按计划跑10组400米,没上场的替补球员下午还要对阵预备队;至于前一日打过比赛的主力,则获得宝贵的休息时间,可以自行决定下午训练内容。吃午饭时李晖走进饭堂通知邹怡说下午的比赛她将上场。想不到邹怡竟然哭了——也许是这些天的训练、比赛太过劳累,也许是终于熬到了她自己可以出场的这一刻。想想她看电影看到坚守多年的老将终获比赛机会时都会哭得稀里哗啦,这时释放相似的情绪,也可以理解了。身边的李晴潼、罗丽思、谢绮文又忙着安慰她了一番。

李晖闲不下来。午饭后在房间喝茶,他叫了预备队的HXN过来,用粤语训了她一通。原来这家伙前一天晚上跑来二队球员房间里玩到很晚,被谢彩霞查房抓到了。谢指导坚持要处理她,李晖左右为难:处理吧,她现在不是我们球队的,自己球队那些"共犯"还罚不得;不处理吧,这个全运会的当口,又是需要球员们在起居作息各方面都要注意的时候。他告诉对方别再"搞事",否则要严肃处理,但看上去他真是很难严肃得起来。

球员走后,李晖又摇头苦笑。谢彩霞"秉公执法"是李晖希望看到的,但执法后的"收获"让李晖感觉棘手。5月18日晚,谢彩霞查房,发现李晴潼、陈秀冰、黄莹珊、妹妹贪玩不睡觉。她尽忠职守地通报教练组。李晖分外头疼,正值用人训练之际,罚谁他都担心会产生负面影响。最终他决定下放打不上主力的黄莹珊至预备队两周。讲义气的李晴潼主动找到李晖,要求要随大珊一起下放。李晖拒绝了,他的理由是前一周黄莹珊训练不力,崴脚伤停,自然要罚。

替补球员对我抱怨最多的,莫过于李晖总戴着有色眼镜,有意无意地双重标准。在训练场上经常骂替补不说,同样是忘记了带训练背心出球场,主力值日生不会受到什么惩罚,替补值日生会在训练结束后得到李晖的"吹风机"①奖赏。她们甚至都习以为常了："唉，他就是这样。"

也有对"区别对待"看不过眼、忿忿不平的。对女一队的适应赛里，黄华丽再次犯了出击拿高球的时机错误。李晖在场边高声提醒，让她拿第一点（门将起跳后够到的最高点）。郑导带着谢莹在场地远端做扑球练习，仍不觉解气的李晖转过身对着替补席上的谢海霞接着吼："想不明白你们平时都练些什么？天天提醒还是这样！"

早就受够偏袒之气的谢海霞当众顶嘴："她做得不好，你跟我嚷嚷什么啊？"

李晖气得脸都绿了，他手指向球场入口："你给我出去！"谢彩霞赶过来拉起谢海霞并将她推走，这才没再激化矛盾。

7月29日，男二队在第三场全运会小组赛中，先是在上半场1∶0领先江苏队，被扳平，点球大战以7∶8败北，未能进入前四。足球中心群里一片唏嘘。这意味着从现在起，创造足球中心这届全运会决赛最佳成绩的唯一希望落在女二队的身上。有同事开玩笑说我们是竹三"村里唯一的希望"。黄美琼在手机备忘录里写道："！！！当自己的表现没有预想好的时候，应静下心来虚心学习！！！一个星期后看你的了。"我提醒自己需要注意中心和女二队队内的言论，避免过多的成绩期望造成不必要的心理负担。

8月1日，李晖说今天上午要训练，出队前基本没时间给我上心理课或组织团建活动了。他宁愿放假给球员去看电影、逛街也不想给我机会玩"最后的疯狂"。好吧，我接受。现在想想自己的视频剪辑还需要什么？到了全运会决赛自己还能做些什么？

下午训练仍然先是简单传控，然后是任意球、角球的攻防。陈美燕的头在一次进攻时被黄华丽打到，顿时血流如注。黄华丽自己倒下时头撞到地面，也被撞得断了篇儿。她用冰袋捂着头坐在场边，喃喃自语："这都是第二次撞到头了。"我看着陈美燕那被血液凝固得定了型的头发，心想大家都够疯狂的。

办公室的同事也不甘寂寞，转发了全运会冠军奖励条例。下午训练时

---

① 吹风机：形容教练批评球员时的神态。

林指导就在场边问陈秀冰知道这消息感觉如何？陈秀冰回答说最好不让球队其他人知道这些，以免大家兴奋过头影响比赛。

然而，晚上发决赛服装时郑导当着全队球员的面把全运会奖金的事情大声地说了出来。我心想好吧，这群疯狂的家伙。看来赛前有必要带她们再做一次正念冥想，清空她们的思想了。

3日晚上，男二队2∶3负山东队，最终获全运会男足U18年龄组第六名。

5日一早，我回到中心，看到印有"广东省足球协会"logo的大巴车停在运动员公寓门口，男二队的队医正坐在一楼大厅的实木椅上剪着手指甲。我随口问他："今天不训练吗？"他回说："队伍都解散了，还训什么练。"对哦，男二队打完全运会，没有其他比赛任务就解散了，还有什么训练呢？

出队第四站：二赴天津

截至8月2日，康复中心为球队完成了全运会决赛前最后一次生理生化和体成分测试。

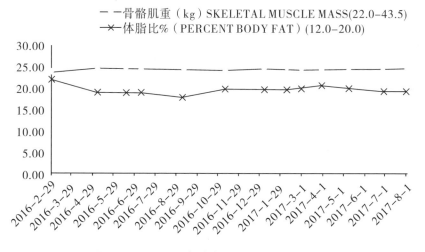

图1　2016—2017年广东U18女足体成分测试

如图1，体成分测试方面，自2016年2月9日现主要阵容第一次集中测试，骨骼肌重均值（正常范围为22～43.5kg）为23.71kg。之后的测试再未低过24kg，最低为2016年11月9日的24.06kg；首次测试体脂比均值（正常范围为12%～20%）为21.98%，之后的测试除2017年3月29日的20.58%外再未高过20%，最低为2016年9月9日的17.98%。

谢绮文因为国家队集训，错过了前两次的测试。这次她和陈巧珠终于归队，然而轮到她上机时又出现误差，显示她的体脂奇高。璐璐姐又叫她回来重测，她本不在意，嫌麻烦不想再测，又好奇这东西到底能说明什么？我故意说了最严重的后果，如果真的体脂过高，导致她的体重超标，可能会有受伤退赛的风险。她马上听话脱鞋上机测了。

省体科所使用西门子 ADVIA Centaur XP 全自动化学发光免疫分析仪测定睾酮指标；西门子 ADVIA 2120i 全自动六分类血球分析仪测定血常规；西门子 Dimension plus 生化分析仪测定CK、BU。

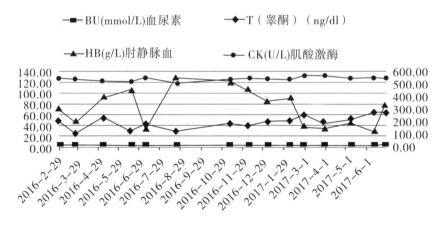

图2　2016-2017广东U18女足生理生化测试结果

如图2，BU在跨年测试中的变化幅度不大。其最高值与最低值相比无显著差异。

睾酮的总体变化趋势为先降后升。在联赛间歇期/训练准备期，T值会出现小幅下降，至联赛及全运会赛事阶段，T值水平回升，高于训练准备期，甚至超过外教执教时间水平。

HB 值的总体变化趋势为先降后升。2017 年全运会赛事期与 2016 年联赛期比较无显著差异。

肌酸激酶呈先升后降趋势。在赛事密集期 CK 水平显著高于赛前准备期,在 2016 年年底进入冬训时达到巅峰,至 2017 年预赛和高考任务的临近,训练计划的调整使 CK 水平下降;至联赛结束和全运会决赛前训练负荷增大时恢复至 2016 年年初准备期水平。

测试结果说明:李晖接手球队后制订安排的训练计划将全队球员的身体状态保持在一个较为理想的水平上。针对赛事,他也会做出相应调整,让球员在经历训练的疲劳之后积极恢复,在赛前、赛中达到理想的身心状态。

8 月 5 日,大头从上海归来,专程到足球中心来探视从前的队友。她特意制作了一个横幅,用队友的外号拼成"老子天下"四字,后面接上"第一",旨在为大家加油打气。她把横幅挂在训练场边的铁丝网上,和从前一样与队友排队合影。经历了那么多的测试和比赛波折,我们仍然可以站在一起迎来全运会决赛,就像谢绮文更新微博中说的那样:"我们是彼此数落却共同进退的小伙伴。"

第二天,球队仍然一早出发。在机场,陶祝丹有了意外发现。她让刘植祯搜索了照片,自己又拍了照做对比发给大家看,原来李晖的眉眼、笑容看起来非常像新近上映电影《战狼 2》的男主角——吴京。大家哄笑着纷纷表示同意。

有开心就有意外。在天津机场,李晖的一个行李包找不到了,查点行李用了好长时间。到后来留了地址,请机场找到行李后送来酒店。邹怡在飞机上弄丢了她的身份证,如果后天的联席会之前找不到,她将无法报名参赛。林思跃在出队前还讲到男二队在打决赛时就有球员因为身份证过期问题而无法报名参赛。这些都是出队过程中的意外,也提醒我们需要提高警惕,毕竟比赛还没开始,还有更多的挑战在等着我们。晚餐时林思跃告诉哭得双颊红肿的邹怡,她父亲已通过机场在飞机上找到了遗失的身份证,将在第二天用特快专递发送过来。

我们入住靠近天津南站的社会山酒店。酒店正在装修,我们就餐要从东塔步行至西侧一楼餐厅。晚饭后,我们沿着枣林大道散步,璐璐姐搜索到附近有生活超市,便想着到这边逛逛。

王医生背着手,提起过两年,中心将迎来教练的退休潮。60年出生的吴育华、林思跃、郭建华,62年的池明华、吴亚七,64年的郑导,63年的李朝阳、郭义军,65年的欧阳耀星,这意味着从下个全运周期开始,几乎

球队抵达天津

每年都会有教练退休,再往下一届,广东省队可能面临无合适的主教练带队的局面。

"所以啊,"王医生举起右手,在空中比画着,"这个应该要跟中心提的,从1993—1994年龄段那一批里,找几个好的,和他们谈谈,讲一下条件、待遇,退役后留在中心做教练。给一些时间,好好培养一下,要不然以后没有主教练了,广东由谁来带队?"

"我们的教练员培养也是有问题的。我和中心讲过多次,伯乐这个关口,要把好……你看看国外的教练,上岗前都需要经过什么样的培训,要跟什么水平的主教练做助教多久,执教梯队有多少年限以及成绩要求,才慢慢有机会做主教练。我们呢?你看看这些年除了这些带队的,广东省里还培养出哪个年轻教练了?没有的。"

到达天津的第二天,晚上璐璐姐拉了我去知景路和枫雅道交叉口的超市看看有没有可以买回来给球员做加餐的东西。天津这个季节的夜晚26℃、27℃的温度,少许微风也让人不觉得热。我们正说着这种天气很适合比赛,8点半,王医生发信息说谢莹被抽查兴奋剂。理应作为陪同人员的璐璐姐赶忙放下购物篮,我也陪着一起往回跑。检查官正在向谢莹说明检查事项,看璐璐姐回来,查看了她的证件,按例行程序开始检查。

谢莹非常淡定，甚至看上去有些无所谓。她挑选好留样器材，在女性检查官的陪同下入厕排尿，在此过程中她要将上衣撩到胸部，裤子褪到腿部，保证对方无障碍观察整个过程，并留取尿样，出来分装A、B瓶密封，抽检才告结束。出队前璐璐姐反复强调代表团、体科所的反兴奋剂宣教材料，李晖也配合着对全队做出相应规定，对食品安全、外出就餐等方面做了严格的要求。女孩子都喜欢周末外出打打牙祭，到了这个备战关键时刻，都不得不谨小慎微，谁也不想因一时口腹之快而让自己与集体数年来的辛苦努力付诸东流。女孩子爱美，熊熙想使用国外买回来的化妆品，都发信息询问璐璐姐其中的化学成分是否安全。谢海霞发现黄华丽和谢莹去看电影时喝了气泡饮料，都会抱怨她们一番。她本就爱说话，又在情在理，两个姐妹嫌烦，但也承认她说得对。

　　我仍惦记着球员们赛前可能思虑过重，还是要做些预防工作。租用酒店会议室要花费天文数字，8月8日上午9点，我安排球员分三批到我的房间做正念冥想训练。这里没有桌椅板凳，没有瑜伽垫，我叫每批人分两组，背靠背地坐在床上练习。5分钟的热身练习结束，球员反馈说靠背不适的坐姿很累，我干脆让她们一起躺在床上，自寻舒服的姿势。于是，大家或躺或趴，互相或倚或靠，还有人笑说："好舒服啊，以后约着一起睡觉吧！"她们仍能按照正念训练的指导语进行训练，这下问题解决了。

　　这次出队，照例安排我与分析师同住。然而据李晖得到的消息，分析师因为有工作合同在身，如果现身全运会被人发现，会带来不必要的麻烦，加上行程时间上的安排，他最早也要13日以后才有空，这基本确定不会现场助阵了。他表示仍愿意为球队做些尽可能的帮助，还通过网络将他先前做好的分析内容发给我，我如实地转发给李晖。

　　午餐时间定在12点，几乎整个酒店的运动员们都在那个时间去用餐，大餐厅里人头攒动，桌位自然也非常紧张。不过想到终于完成了视频剪辑，我还能放松地吃一餐饭。自己的电脑最近几天没有关机，晚上也在休眠状态中度过。视频还有些瑕疵：有些素材在准备时没有注意转出视频的分辨率，导致其像素偏低，和其他素材拼接在一起时图像播放不清，可能要到全运会结束后才有时间修改它了。

全运会 U18 女足小组赛第一场：广东 VS 辽宁

8月9日上午，照例是先开教练组准备会，李晖仍在他靠窗的床头柜上摆了母亲的照片。阿连讲起陶祝丹与陈秀冰均提前十几天来了例假，特别是陶祝丹上月底才结束例假。郑导叹说这是紧张所致。林思跃对此见怪不怪：大家都是第一次参赛，特定时间里肯定会有紧张情绪，要求尽量互相多鼓励、多提醒，放松一些就好。考虑到陶祝丹在出队前拉伤的大腿，李晖让妹妹首发。

辽宁足球在国内足坛占据重要地位，其女超球队去年拿到联赛冠军，今年在国内赛场同样是争冠热门，她们的青年队当然不容小觑。我在播放视频前和大家讲，全运会是大家的节日，你们要好好享受它。接着，播放了自己制作的视频。李晖讲了很多，除了技战术安排，他还强调了代表团纪律，说我们的一言一行不仅代表自己，更是广东精神的体现。他还说球员参加这样的赛事机会难得，是人生发展的重要机遇，背负着广东省内千百万同龄青少年的梦想。

我听着微微皱眉，散会后我一面收起电脑，一面同李晖说，这样讲容易给球员带来心理压力。他倒觉得说错数据，手中又没有资料，还问我可知道广东省青少年的具体数字？他也不担心对手，又跟我念叨一遍辽宁队阵容，提到阵中有一对双胞胎，陈圆梦和陈梦圆，分别踢前锋与后卫，"一个大宝，一个小宝"。我笑说他也是这样称呼嫂子和小肥猪的，他好像又被打脸一样，侧着头对我哂笑，龇出一口白牙："对哦！"他又笑眯眯地对我讲："视频做得不错，我觉得你有剪辑视频的天赋！"接着说希望我把比赛对手的视频剪辑一下，像分析师那样组织整理，做一下分析，赛前放给球队看。我觉得自己非足球专业出身，知识背景不够。他鼓励我说这方面的技能简单、易上手，又分享了他的学习资料，还拿了《中华人民共和国第十三届运动会足球女子18岁以下年龄组比赛秩序册》给我。这下方便了，所有参赛运动员的姓名、号码一查便知。

看看秩序册后面的人数统计表，八强各队参赛运动员总数239人，各队平均近30人。但这只是报名数字，真正能上场比赛的，各队只有11～

16 人，全运会结束后大半球员将退役复学。再算上十六强队伍，乐观估计，到她们 20 岁时，表面上看可供各省一线队、国字号选择的人群不到 150 人，以具备能力、常上场比赛保持状态的主力算，实际可供选择的球员池不到 30 人。

我想这工作不错，一面做着"影视人类学"，一面还可以做"行为表现分析"。按他的工作安排，我和黄秋嫱一起，下午早早出发去城建大学那边拍摄 A 组比赛。小戴和不用做准备的陈美燕提早出发去天津体院新校区球场拍摄 B 组首场比赛。

临行前，我从璐璐姐那里抓了两个面包、两瓶酸奶，为连续工作两场比赛做准备。黄秋嫱带了好多吃的到球场，她自夸从不挑食，体检、生化测试也是各项指标合格——璐璐姐曾跟我吐槽希望主力球员的测试指标都像她一样就好了。我们坐上看台，她看上去兴致不高，没有比赛的时候她只顾着玩手游，拍摄时也是撅起个嘴，不时还要看下手机。

陕西队处处吃瘪，主教练高指导火冒三丈，但又对 0∶1 负于北京队的败局无可奈何。小戴那边，江苏队 3∶0 胜山东队。

两场比赛中间有一个半小时的间歇。我想起身四处走走，黄秋嫱只想留在原地打游戏。我劝她接下来又要在原地坐上两个钟，何不起来活动一下？她这才不情愿地起身，嘴上仍然念叨着，有什么好转的呢？

我们从城建大学的西门走到北门，这里向南进入大学的入口处设置了全运会门卫与安检，西面也设置了铁丝屏障不允许外人随意走动。我们凭观摩证向西进入大学校区，先看到的是一排排的宿舍楼。

黄秋嫱开始讲起她不愉快的原因：她不想被安排来拍摄录像，但又没什么办法。她自己并不喜欢被别人操纵、安排个人发展路线，但家人逼着她回到这里继续足球之路。我说大家为团队服务，当然要做出牺牲，我不也一样吗？她说自己是个球员，但现在连报名名单都进不去。

她还说，现在的黄美琼能打得上球队主力，但当年一起进广东队时，她连脚弓球都不会踢，她兢兢业业、勤勤恳恳，现在已成为球队队长之一。而自己却蹉跎、退步，才有今天的困境。她很感激谢彩霞对她的提点，说当年她要与其他湛江籍的球员回去打学校比赛时，谢指导百般挽留，甚至在劝说她时哭了出来——我惊呆了，此前听说过谢彩霞被球员气哭过的传闻，只是从未见过，更从未想过以她那般刚毅要强的性格会为了球员离去而哭泣。但看她一脸认真的样子，我很不情愿地相信她说的似乎是真的。

我们继续向校园深处漫步，走到大学中心湖，周围垂柳林立，虽说不上郁郁葱葱，但五十步之外的池塘，突然窜出草丛的鸭群还是给这校园增添了很多不一样的自然气息。

黄秋嫦继续同我讲她非常后悔让场外因素影响她的训练与比赛，如果不是自己不争气，她觉得不会沦落到今天连个替补都打不上的地步。她承认事情会变，人也会变，"羽哥，你也变了，现在不会吼我了，还想着拉我出来散心。只是……"

我们转过池塘走向东北，还看到了半塘荷花。我对黄秋嫦说："你看，如果不走出球场来散步，你又哪能看得见这样的美景呢？"看那星星点点的荷花，如果晚上天晴，配上上弦月，城建大学师生原来有享受荷塘月色的眼福。

我愿意继续为她找角度拍照留念，但她拒绝了。她仍然为进不了比赛大名单的事而不开心，即使拍照，脸上也没什么笑容。

回到球场，我们一面继续拍摄 A 组第二场比赛，一面盯着手机，询问天津体院那边的情况。

谢绮文打入任意球

晚上7点半，比赛打响，广东队这边仍由陈巧珠担任队长。第9分钟，辽宁队禁区前右侧手球，谢绮文利用对方人墙上32号稍稍偏头躲避的一下，25米左脚任意球破门。第10分钟，辽宁队才重新开球，李晴潼断下皮球，长传到前场，谢绮文被放倒搏得点球。陈秀冰罚入球门右上角，广东队2:0领先。第21分钟，熊熙发现自己佩戴的隐形眼镜掉了一只，捡起到场边请队医帮忙处理。

就在这时，陈梦圆发出界外球，陈丽娜顶了一下，秀冰、丽娜、植祯再抢第二点时撞在了一起，王妍雯在罗丽思与谢绮文的夹抢下射门，陈巧珠伸腿挡了一下稍稍变线，黄华丽再做扑救也碰到了球，但它还是滚进球网。辽宁队将比赛扳成2:1，并继续以长传高空球冲吊广东队禁区，李晴潼与陈巧珠脚踢头槌解决问题。上半场补时阶段，熊熙造前场右侧28米任意球，看上去距自己第一个进球稍远几米，谢绮文故伎重演，直接射门中梁。

第53分钟，熊熙前场直塞左路，王芙蓉出击到禁区边将球破坏出边线，黄美琼快速发出界外球，罗丽思左脚将球吊进禁区，王芙蓉在球落地弹起时左手碰了一下球，谢绮文在她身后跟进将球捅进球门，3:1。

第55分钟，辽宁队用19号胡月换下34号邰悦，陈圆梦改打右边前卫，意图发挥陈圆梦的速度优势，用胡月的身高打压广东队的后防线。这一调整很快奏效。第57分钟，陈圆梦扛住李晴潼的紧逼下底传中，胡月后排插上头球破门，3:2。

广东队1分钟后就做出回应。李晴潼中路带球突破，传给谢绮文，谢直接敲给右路的熊熙，熊熙右脚将球挑过司雨，自己从左边加速完成人球分过，冷静地推射左下角得手，4:2。第83分钟，李晴潼断球长传，谢绮文顶了一下，司雨试图解围但球却向本方后场飞去，她再往回跑想大脚解围，谢绮文追上断下球，进入禁区右脚推射，王芙蓉扑救够到皮球，无法阻止它滚入右下角，5:2。司雨则在一旁跪倒捶地。辽宁队很快将球传回中圈，胡月对队友们做着再来的手势，她们仍不放弃，但再未改写比分。

全运会U18女足小组赛第一轮　2017.8.9　天津体育学院新校区体育

场　广东 5∶2 辽宁

9′、53′、83′谢绮文，10′陈秀冰，58′熊熙/21′王妍雯、52′胡月

广东队阵容（4231）：黄华丽/黄美琼（85′谭青）、陈巧珠、刘植祯、陈丽娜/陈秀冰、罗丽思/卢瑜彤、李晴潼、熊熙（88′黄莹珊）/谢绮文

比赛结果对双方而言自然有悲有喜。辽宁队那边队长打了封闭上场仍不能止住球队输球的命运，赛后她难过得泪如雨下；熊熙回到酒店餐厅，在教练、队友的簇拥下吹熄蜡烛，和大家分享自己的生日蛋糕，度过了她难忘的18岁生日。小戴上传了赛前球队合影给大家，他还拍了张李晖坐在教练席上微笑的照片："李指导，你去拍《战狼3》吧！"

城建大学这边，上海2∶0战胜天津队。我坐在看台上查收信息，得知球队以5∶2战胜辽宁队，谢绮文打进三球，情不自禁地说："真好，谢绮文上演帽子戏法！"

黄秋嫦转过头来，喜悦的表情很快消失不见。没能和队友一起庆祝胜利，她仍然不开心。

全运会 U18 女足小组赛第二场：江苏 VS 广东

女足青年组——即18岁以下年龄组是2009年第十一届全运会才增设的组别。江苏队在2009年、2013年两度抢元①，这一届她们也是夺冠热门。3∶0完胜山东队后，按照赛制，她们在8月11日对阵广东队。

李晖安排没打比赛和替补出场的球员第二天上午去训练，打满全场的球员则可以吃完早餐后多休息下，迟一点出来慢跑，晚上再去球场合练。8月10日，我没有跟去傍晚的训练，一直待在酒店房间里剪辑视频。

因分析师的缺席，球队又存在对这一块工作的"刚需"，李晖决定开发我的视频剪辑功能。他和李春成都觉得我能坐得住，而且会使用电脑，捧着说我"精通足球游戏，对这项运动有自己的理解"，让人听着脸红

---

① 抢元，意为夺冠，旧指科举中选第一。

汗颜。

我还是答应了下来，倒不是因为他们把我吹得如何天花乱坠，而是想着完成比赛任务，满足球队需求。现在我一个人住着两个人的房间，再不努力多做点贡献，怎么对得起这样好的待遇？

11日吃早餐时问林指导要前一轮比赛情况才知道，原来李晴潼和卢瑜彤各吃了一张黄牌。按照规则，如果这俩人再拿一张黄牌，下一轮比赛是要被停赛的。特别是李晴潼一旦被停赛，广东队的麻烦就大了。

上午10点，我们仍然在李晖的房间开赛前准备会。李晖宣布了比赛首发，强调了比赛技战术要求。接着，我第一次作为足球战术分析师的工作开始了。我学着分析师那样，将江苏队的阵型打法、球员特点等一一介绍给球员，再把自己剪辑的视频放给大家看。总结起来仍有不足：自己还没做到像分析师那样把对手常见的进攻套路、球员个人特点都总结归纳出来。还有时间，我相信自己下一次可以做得到。

李春成说自己在江苏踢过球，他知道江苏队的技术特点，又走上前，在战术板上和大家讲解一二，特别强调对高空球的判断和全队的呼应。

陶祝丹不在乎对手是谁："管它呢！上去就是拼！"她的父亲是江苏人，但在天津，他表示无条件地支持广东队。谢绮文在会后向李春成表达了她的担忧。在她看来，江苏队里有很多国脚，她们身强力壮，体能充沛，跑动积极。她常年和对手在一起集训，对方对自己知根知底，不知道在对抗中能否占优，担心自己会落下风。李春成对她讲，担心这些有什么用呢？也许江苏队的球员比你还担心。这些是江苏队的优势，如果你对着人家的优势去打，肯定要变成劣势。要打出来自己的东西，这才能赢下比赛。

李春成说，谢绮文以灵活著称，应多用巧力，注意时间差，减少身体接触；否则只注意身体对抗，肯定辛苦。"一看人家来，你箍球①也没有，揾突②没有，传球也没有，接球也没有，就是硬跟人家拼，本来人家是打力的，全身打力的，你全靠控球能力的，这么不聪明的吗？"

下午4点，A组山东队2∶2平辽宁队，点球4∶2胜出。

---

① 粤语：护球。
② 粤语：找机会突破。

B组天津队0∶0与陕西队握手言和,在点球大战中4∶3胜出。可怜陕西队兵强马壮,再次输在点球上。黄秋嫦提醒我说她们的5号作为队长,在与广东队的联赛冠亚军决赛中就罚失点球,而这次她再次失误,成全了天津队保留争取小组第二的希望。

黄秋嫦依然玩着她的游戏。习惯用远程射手型英雄,每次声称20分钟即可结束战斗的她事实上每局都要玩上半个小时,还被我目睹数次被别人"结束战斗"。我们一直留在看台上,看着上海和北京两队的比赛。我不由得自言自语:这两支球队谁将成为我们在四强赛里的对手呢?

黄秋嫦放下手机吃东西,她赞叹说北京队有涂琳丽:"人长得靓,球踢得也好!"她说我不知道,人家在女足圈里很早就出名了,"网红来的"。我想起前两天去吃饭在廊桥和李晖聊了几句的那个北京队球员,身材颀长,一头短发,给人以清秀干练的印象。李晖当时告诉我,她很早就在国青队担任队长,是这一年龄段里最好的中后卫。

黄秋嫦又说起上海队。"上海队才强!你看它那个出场名单,再算上替补那几个,基本都入选过国少队!它这个阵容就是国家队!"她又说起我也知道的往事:2014年年初那次锦标赛,刚刚成队的广东省队遭遇上海队:"哇,人家那个技战术,都练了好几年了,打我们就跟高中生打小学生一样,我们根本没得打!"

我想到个有趣的问题:"那为什么现在我们就可以和这样的强队掰掰手腕了?"

"因为我们有巧珠,有谢绮文……哎,反正就是我们变强大了呗!"她略带自豪,又有点不甘寂寞地讲。

接下来的夜场比赛,北京队站住阵型,上海队唯有趁对方回防未落稳快攻才有机会射门。开场10分钟,张佳运伤退,北京队提前换上马晓兰。北京队的高位逼抢导致上海队后防也有些手忙脚乱。5分钟内,北京队连续3次越位,第33分钟姚梦佳接球抹过门将被吹越位激起所有人的起立抗议。

第40分钟,上海队沈梦雨远射首开纪录;半场补时阶段,北京队马晓兰罚入点球扳平;第48分钟,白莹婷射偏了北京队全场最好的一次单刀机会;第52分钟,沈梦雨铲倒马晓兰只得口头警告,北京队队医愤怒地在场边摔了冷喷瓶。

北京队仍然依靠姚梦佳的冲击力打反击，若不是几次被吹越位，上海队的后防已是被数次打穿。第55分钟，赵瑜洁弧顶射门得手奠定胜局，上海队2：1击败北京队。

我们看着比赛，心照不宣地保持着沉默，然而各自的手机却非常安静。广东队与江苏队的比赛仍在僵持当中，双方都没进球。黄秋嫦说如果打点球，感觉我们队一定能赢。

江苏队排出352阵型，进攻时两个边翼卫插上锋线，变成334阵型。她们后场起长传球砸向广东队禁区，4名前锋前冲制造压力与混乱。第18分钟，王佳琦左侧长传，罗丽思解围，球向后飞，严晓玉前插得球横传，球从小禁区划过，有球员跟进射门被罗丽思返身挡出；朱媛媛左侧门柱前再传，球又和门线平行划过。两次禁区内传球，门前都有数人扎堆抢点，谁碰到都有可能改变比赛的走向。

林思跃又一次感受到那闭塞呼吸后的无力。领队的位置让他不至于窒息，但也只有那剧烈的心跳才更能让他感觉到自己还活着。

第22分钟，广东队前场形成配合，谢绮文接熊熙传球射门偏出左立柱。第33分钟，10号金坤换下11号王佳琦。江苏队换上了王牌，势要将她的冲击优势最大化。第34分钟，罗丽思策动进攻，徐欢出击撞到己方后卫，但谢绮文的射门被窦加星破坏掉，谢也被撞倒在地。第36分钟，朱媛媛左路直塞，补防的李晴潼在禁区左侧铲倒高艳萍，被判点球。

黄华丽扑出了窦加星打向右下角的射门。她还扑出了金坤在第44分钟右侧角球的后点射门。郑导握紧了拳头，为弟子的表现感到骄傲。他盯死场上局势，眼看对方抬眼望门或准备起脚时都要高声提醒爱徒做好准备。

中场休息，江苏队19号韩旋换下12号朱媛媛。她们一直坚持高举高打的思路，任意球和两翼传中逐渐增多，全队直上直下地跑动毫不惜力，因为板凳席上还有足够的人手可用。第59分钟，严晓玉头球打偏。第60分钟，8号袁欣雅换下15号徐婷。第68分钟，9号李雅萍换下5号严晓玉。

李春成知道，这是球队最难的时刻。足球比赛最让人想不通也最为着迷的地方，便是那要命的几分钟。如果撑得下来，还有一线生机；如果坚持不住，就会崩盘告负。

第 82 分钟，陈云在中线附近争抢中推倒陈秀冰，鸣哨后陈云往本方半场走，还撞了一下走过来的陶祝丹左肩，陶转过身指着她大叫"裁判"！但裁判没反应，借此进入补水时间。王医生上场，场边担架将她抬出球场，处理她摔倒时撞到的腰。

2 分钟后比赛重新开始，陈巧珠开出任意球，看江苏队头球顶出，她冲上去撞倒韩旋，裁判判罚江苏队后场球。江苏队 19 号倒地良久。广东队队长利用规则，合理的战术犯规为全队赢得充足的回防时间，也对前一回合对手的犯规做出回应。和很多职业球员一样，陈巧珠也反感对手欺负自己的队友。

第 87 分钟，江苏队 16 号尹若楠换下 10 号金坤。谢绮文只感觉身体在燃烧，气力似乎都被消耗殆尽。罗丽思、李晴潼也扶着腰。陈巧珠声嘶力竭地提醒队友注意自己的防守位置。大家都意识到赛前没考虑过的问题将要成为现实：她们的主教练不会换人了，自己将和首发出场的队友一齐打满全场。只是时间随着体能的消耗而变得越来越慢，比赛的结束似乎成为遥遥无期的奢望。

场下江苏队那边有人在喊"她们跑不动了，加油加油啊"。李晖高声提醒场上的攻防细节。他别无选择，只能寄望于场上球员再坚持一会儿。谢彩霞焦急地坐在一旁，也同样在扯着嗓子大喊。她恨不得让自己再年轻 10 岁，这样还能再替换一个广东球员下来休息；她多想再穿一次那件球衣上场踢球，哪怕只有一分钟也好。

谢绮文在中前场游走，所到之处拿球即有人上前盯防。她一启动，临近的后卫随时补位；稍一迟疑，后腰已伸腿断球。她与陶祝丹回撤中场，换李晴潼突前，好不容易逮到个可以提速反击的机会，黄色球衣如潮水般回防到位。她的跑动、传球尝试都无功而返，这让她心里的绝望渐渐上升，即使已经压过了心里的希望，她也只想着留在场上，无论结局如何，她不想再留有遗憾。

她只想和队友在一起坚守到最后。

第 89 分钟，陶祝丹在小禁区内还尝试倒勾射门，但被挡出。常规时间结束，双方进入点球决战。

所有人都并排站在场边，林思跃、王医生站在教练席前，李春成低着头和郑导在席前来回踱步。前三轮双方全部命中。第四轮，熊熙打进，黄华丽扑出对方射向左侧的皮球，郑导兴奋地冲黄华丽大叫，接着和李春成走回替补席坐下了。

陈秀冰第五位出场，她打向右侧，徐欢判断错了方向。陈秀冰张开双臂跑向队友，大家抱作一团，庆祝这来之不易的胜利。

庆祝点球的胜利

全运会U18女足小组赛第二轮　2017.8.11　天津体育学院新校区体育场广东0：0江苏

点球大战5：3（李晴潼√谢绮文√陈巧珠√熊熙√陈秀冰√/窦加星√陈云√尹若楠√吴玉婷×）

广东队阵容（4231）：黄华丽/黄美琼、陈巧珠、刘植祯、陈丽娜/陈秀冰、罗丽思/谢绮文、李晴潼、熊熙/陶祝丹

我收到球队获胜的信息，和黄秋嫦狠狠地击了下掌。她很兴奋，说道："我就说嘛！进点球决战就感觉我们稳了。"

谢绮文激动地拥抱李春成，她和很多队友一样分不清自己脸上流淌的是汗水还是泪水。李晴潼与队友一一拥抱，赢下这场比赛令她们感觉相当解气：没人看好她们，没人觉得她们能打赢对手，而现在她们做到了。

陈秀冰拿了水一屁股坐在地上，看着队友们抱在一起笑啊哭啊，她想起身加入其中，却发现自己连站起来的力气都没有了。

罗丽思走过来拥抱并拉起她。是役，罗丽思43次触球、5次有效拦截、2次抢断、5次争顶成功，还有两次射门打在门框以内。她的跑动与防守覆盖范围极大，保证了常规时间内球队在中场上与江苏队对抗的力量。黄华丽的扑救和出击都做到时间拿捏准确，她还扑出两个点球，在与国青主力门将的直接对话中，黄华丽笑到了最后。她们在更衣室里举起大头送的"老子天下第一"横幅合影，不用说，又是一路欢笑着拍照留念返回酒店。

第二天午餐时，我见到王医生，笑说："昨天球队让我想起狼牙山……"他打断我说上场的是"11名战士"。昨晚比赛结束，由衷敬佩球队的拼搏精神，王医生前所未有地在群里连发了四个红包："姑娘们好样的""再接再厉""姑娘们爱你们""我们是冠军"。

早在济南的首场预赛，分析师就告诉我，这样的比赛球队其实无人可换，就是这11人从头打到尾。对江苏队再次印证了李晖的观点。如果陈美燕保持健康，还可以首发替陈秀冰顶上20分钟，提供一个能达到首发平均水平的中场防守。竞技体育很忌惮谈"如果"，她在出队前的受伤让李晖少了一个可靠的中场屏障。谢彩霞说："这场球多亏阿思积极跑动、拼抢，帮助球队至少在中场不落下风。如果没有她，可能我们早就失球了。"她自己以前踢球时都没这样紧张过，昨天这场球开赛阶段看着队伍被江苏队压在禁区里，她的心都快跳出来了，好在黄华丽超水平发挥，让她把心脏放回胸腔。郑导给大家看区楚良发来的祝贺信息；李晖在餐桌上竟有些不好意思，说总觉得有些愧对阿思，毕竟她在广州队时是中场进攻的发起点，是一个攻守兼备的球员，但在省队里，硬生生地被他用成了中场工兵。我安慰他说赢球了就没有关系，就当是用卡卡[①]打单后腰。李春成坦言，球队经历了这场生死决战，待这两天缓过来，球员们知道了这种水平的比赛，体会到那种心力耗竭至极点的感受，接下来的竞技表现还会

[①] 卡卡（1982— ），巴西足球运动员，司职前腰/影子前锋。

有更大的提升。

李晖这样不换人也并非全因个人执教风格、习惯。一来有平日训练基础；二来赛会制赛程和年龄结构决定了球员有充分的时间恢复体能；三来，且不说主教练固执，相信打满90分钟的首发仍强过体验充沛的替补，竞技体育以成败论英雄，赢下比赛，再不合理的安排也是胜手。1987年12月3日，第六届全运会男足决赛，有科研所监控下的赛前刻苦训练，岳永荣①同样敢于在天河体育场坚持首发孔国贤②/钟小健③、张小文④、池明华、麦超/李超波⑤、谢志雄⑥、谢育新、伍文兵⑦/吴群立⑧、郭亿军⑨打满全场。凭借麦超的头球，广东队1∶0战胜辽宁队夺冠。⑩

小组赛第二场的胜利带给球员的影响难以名状。下午恢复性训练前，黄美琼在手机备忘录里写道："我输不起了，因为我背负着多少人的祝福，肩负着多少这个年龄段的梦想。广东队！"她不服输的防守精神和负责的态度一直为李晖所看重。进入决赛阶段，她与陈丽娜每场比赛都要和比自己高壮的对手过招拼抢。对江苏队的比赛里充沛的体能让两个边后卫得以顶住对手边路的高速往返，她们继续鼓励自己，相信自己仍然可以为球队零封对手的防线做出贡献。

另一点让我略感兴奋的是，想不到自己的第一次扮演"先行球探"

---

① 岳永荣（1948—　），20世纪70年代加入广东队，司职边后卫，获评广东足球70年杰出教练奖、荣誉奖。

② 孔国贤（1965—　），广州人，1987年入选男足国家队，司职守门员，获评广东足球70年荣誉奖。

③ 钟小健（1961—　），梅县人，20世纪70年代末加入广东省青年队，司职中后卫，获评广东足球70年荣誉奖。

④ 张小文（1964—　），五华人，1988年入选男足国家队，司职中后卫，获评广东足球70年荣誉奖。

⑤ 李超波（1961—　），广州人，20世纪80年代加入广州队，司职中场，获评广东足球70年荣誉奖。

⑥ 谢志雄（1959—　），广州人，20世纪80年代初入选男足国家队，司职前锋，获评广东足球70年荣誉奖。

⑦ 伍文兵（1967—　），兴宁人，20世纪80年代入选男足国家队，司职边前卫，获评广东足球70年荣誉奖。

⑧ 吴群立（1960—　），广州人，20世纪80年代中期入选男足国家队，司职前锋，获评广东足球70年十大杰出男球员、荣誉奖。

⑨ 郭亿军（1963—　），梅县人，20世纪80年代入选男足国家队，胜任中后卫、前卫、前锋多个位置，获评广东足球70年荣誉奖。

⑩ 广东传媒之星足球俱乐部．[向经典致敬]广东男足夺金30周年后再聚首[OL]．https://www.sohu.com/a/207830381_505470．

角色，球队便告取胜。现在赛程对两连胜的广东队非常有利：16日进行淘汰赛，这样广东队有5天的时间进行休息调整，完全可以恢复体能；而江苏队则要与山东队争取小组第二，出线后还要面对A组第一名上海队。可以说，我们打赢的是一场与决赛价值相当的小组赛。

我去璐璐姐房间拿回了摄像机，刚好遇到郑导也拿了他的移动硬盘来李晖房间。我还开玩笑说不是一家人不往一处想啊。正在拷录像的时候，李晖回来了，还带了不少同事、领导。我忙着让出椅子给访客坐，也就没太注意正在拷欠的比赛录像。

13日早上吃饭时郑导提出个问题：山东队对辽宁队的比赛为什么没拍点球？李晖叫来小戴和美燕一问，都说拍了，但郑导拷出来的录像就没有。我拿回摄像机重新检查，发现没有拷欠记录点球决战的0016号视频文件，原来是自己昨天接待访客时分心，疏忽大意了。还是郑导心思缜密，发现了遗漏。

全运会U18女足半决赛：广东VS北京

13日，为了考察A组的潜在对手，球队集体到现场观看北京队对天津队的比赛。

城建大学球场的观众席上坐满了人，球迷整齐地喊着加油口号。李晖带了妻女到现场看球，时值暑假，他也难得在赛区和家人团聚。对江苏队的比赛时小肥猪就在母亲的陪伴下到场为父亲加油。她对京津比赛没什么概念，在观众席上只顾着和璐璐姐玩。我则与在天津体院球场的上海队心理老师保持着联系，从他那里我知道江苏队早早取得领先，最终3：0战胜山东队。而这边北京队1：0赢下天津队，确定将成为我们半决赛的对手。

自己在看北京队录像的同时也在算计：在天津的每一天都在忙碌中度过，如果这场球北京队失利碰不到广东队，那么之前的很多工作就白做了，我还要从头再开始看天津队的比赛。但北京队没有让我失望。我庆幸前面的工作总算没白做，至少接下来的两天可以继续专心地研究这个熟悉的对手。

教练组希望上海队能把江苏队打下去，这样真的进了决赛，对我们来说会好一些——其实上海队会好打一点吗？当然不，可能上海队会比江苏队更难打。李晖认为，广州队能在2015年青运会上战胜江苏队，是因为当时对手打不出球队的特点，换了教练，江苏队变成了今天这般国内球队都不愿与之提早相遇的模样。她们的打法，一场比赛下来球员能跑出平均上万米的距离。预赛时和我们打得难解难分的山东队，两次被江苏队三球完胜，从结果上看被打得一点脾气都没有。现在，我们可以旁观半决赛里的两虎相争。有球员打趣说就是上海队能过关，也要被扒掉一层皮。

时间飞逝。这些天球队除了正常训练，李晖安排球员看对江苏队的比赛视频。有了充足的时间，除非球员有咨询需要，我都一个人留在房间看比赛录像，剪辑视频，准备北京队的资料。

转眼到了16日，照旧上午在李晖的房间开准备会。李晖讲起陈秀冰的腰伤，王医生说她现在虽没有大碍，也只是恢复到80%左右的水平。郑导："为什么不打封闭呢？"王医生："现在打封闭比较麻烦。"郑导："那么在塔子湖时为什么就要给华丽打封闭？"王医生右手挠头："现在全运会如果打封闭，兴奋剂那里会比较麻烦。"璐璐姐也说，"如果现在打封闭，要报兴奋剂豁免，可能会收不到，因此比较麻烦。"郑导不再言语。

给球员开的准备会上，针对上场比赛中的场边干扰，我对大家说，总会有人说你不行的。也许是对手，也许是观众，也许是你最要好的朋友，甚至还会是你的父母。和享受比赛一样，我们也要学会享受这个过程。回过头去看，它们都会成为让自己努力前行的动力和宝贵财富。

李晖在我播放完视频讲解后做了战术安排。两队在上个月还在联赛里交手，互相也算知根知底。李晖没有盲目自信，仍然强调防守和作风，要求大家做好打逆风球的准备。他又一次讲到球员背负着广东省千百万青少年的梦想——我已经懒得纠正他了，体育人都信奉"没有必要/能取胜便无须改变"的传统做派，而且比赛都打到这地步了，还要他怎么样？我无意间对李晖说还要准备下一场对上海的比赛。事后想想，自己也和教练组一样，希望在决赛里碰见上海队吗？

我和黄秋嫦照例守在城建大学足球场，观看了同时举行的另一场半决赛，上海队对阵江苏队。金坤如一道闪电般截下皮球，她蹚过出击的上海队门将，却错失了最后的射门，引得黄秋嫦与我一齐失望地大叫。没把握住得分良机的江苏队最终1：2告负，这也宣告了我们决赛的对手。

天津体院那边，在武汉单兵奋战的北京队球迷这次不再孤独，他引了数百名球迷、观众在看台上为主队加油助威，他们的口号也更整齐响亮。第17分钟，姚梦佳在弧顶接张天凤传球射门，被陈巧珠挡出，于凡在其身后接球左脚射门，球撞在右侧立柱弹回，碰到扑救倒地的黄华丽后背进了球门。全场喇叭响成一片，黄华丽转身看到失球，懊恼地站起来，捞出皮球踢向前场。同伴都没有讲话，默默地向中圈走去。但大家都觉得这并不是问题，熟悉的感觉找上心头：我们会反超比分的。

于允教练放心不下，起身叮嘱弟子。他将双手手指指向自己的脑顶，活像是在比心扮萌。球迷大声喊着"于凡，好样的！"李晖在失球后就叫陈秀冰换下卢瑜彤，广东队开始起势。第28分钟，于凡手球，刘植祯大脚吊向禁区，郑维出击拿球，被落地后退的队友撞落，李晴潼右脚捅进空门扳平比分。第30分钟，陈秀冰任意球直接射门被郑维抱住；第31分钟，刘植祯后场长传，谢绮文追在黄诗贻身后直到皮球出了底线。

第33分钟，北京队就用马晓兰换下于凡，看来于允教练希望爱将早点进入状态控制住场面。陈秀冰继续组织进攻，她先找到谢绮文，后者远射没打上力道；不到30秒，陈秀冰又传给罗丽思，28号同样在大禁区外起脚，偏出；下一分钟，陈丽娜右路直传，谢绮文停球变向，涂琳俪拉人犯规，谢绮文任意球直接射门打中人墙，她抢到皮球，想内切射门被阻拦倒地，陈丽娜禁区内得球射门也被挡出；第39分钟，涂琳俪解围传给右路黄婷被谢绮文抢断，但谢控球未稳，下底传球也被挡掉，熊熙断球，李晴潼禁区左侧射门偏出。

中场休息，谢绮文对李晴潼说，"如果下半场再进球，我给你擦鞋①。"这次出队前后她们在商量庆祝动作，只是到了决赛赛场，除了激动的拥抱与击掌外一直没做出新花样。李晴潼回说如果你进球我也给你擦鞋。坐在一旁的陶祝丹附和说她也会这么干。

比赛重新开始。在现场球迷喊出"北京加油加油加油！北京必胜必胜

---

① 在欧洲职业俱乐部有这样的传统，年轻的梯队球员要为年长的一线队球星擦拭球鞋，以培养年轻球员的荣誉感与归属感。很多成年球员在队友进球后便做此动作以示敬意。

必胜!"的助威口号一分钟后,陈秀冰断下黄诗贻发出的界外球,她果断地向前传递给李晴潼。广东队13号拿球的一瞬间便将北京队的前锋和中场球员甩在身后。李晴潼看到眼前一马平川,北京队留在后场的三名后卫正在疾速退防。她没有犹豫,带球冲过大半个球场,变向蹚过涂琳俪,又抹过上前封堵的叶灿,射门打入左下角。

队友为李晴潼擦鞋

广东队的替补席沸腾了,所有人都站起来为她叫好,摄像机后的小戴和郭金华也兴奋地大叫不止。陶祝丹和谢绮文跑到李晴潼身前,单膝跪地为她"擦鞋"。李晴潼也笑着把脚踏上队友的膝盖,配合着完成庆祝动作,接着笑纳其他队友跑过来的拥抱。

北京队的反扑如期而至。第50分钟,崔梦琦分给右路,插上的彭雨潇远射偏出;第52分钟,黄诗贻发界外球,张佳运禁区内接球倚住陈秀冰右转身左脚射门被黄华丽抱住;第53分钟,马晓兰长传左路,姚梦佳突入禁区左脚施射被黄华丽双手托出。李晴潼和队友们积极投入防守。第54分钟,她破坏掉姚梦佳的传中球,接着又倚开对手抢回停到底线的球。转到对手下一波攻势,大佬又在边路两次破坏掉传中球。第57分钟,陈秀冰头球顶出黄诗贻开出的右侧角球,彭雨潇在右路传中又被李晴潼破坏；黄华丽双手击出张天凤左路传中。第 60 分钟，张天凤利用谢绮文回传失误，左脚似射似传吊入禁区，陈丽娜头球解围。

广东队坚持不懈地寻求反击机会。第 68 分钟，广东队后场三人合围，断下张佳运的球，陈秀冰交给谢绮文，后者的推进被叶灿犯规打断。广东队获得前场任意球。

球员们纷纷跑向大禁区，李晴潼站到球前。李晖口中的"蒙奇奇"摆好皮球，晃晃地后退几步，望向禁区，看到陶、谢等人已经推进到人墙附近，她又看了下守门员，队友一个月前的那个进球历历在目，她助跑了两步，狠狠地铲向球的中下部。北京队门将迅速地蹬踏左脚，全力起跳，但她的劣势早就被对手盯在眼里，她注定够不到吊进左上角的入球，只能看着广东队球员再一次跑到李晴潼身边，轮流为她擦鞋。小戴和郭金华再一次抑制不住地大叫。周围"加油"的声音小了很多，却有人喊道"大四喜"，小戴笑道："李晴潼，叫你大四喜呀！"

全运会 U18 女足半决赛　2017.8.16　天津体育学院新校区体育场
广东 3∶1 北京
29′、46′、68′李晴潼 / 17′于凡
广东队阵容（4231）：黄华丽 / 黄美琼、陈巧珠、刘植祯、陈丽娜 / 罗丽思、李晴潼 / 卢瑜彤（25 陈秀冰）、谢绮文、熊熙 / 陶祝丹

这一战，李晴潼贡献 11 次抢断，10 次争顶成功，22 次传球 12 次成功，4 次射门打入 3 球。她凭一己之力送球队晋级。距离广东女足上次打进全运会决赛，恰好过去了 24 年。

第二天早餐时我就同李晖简述前一晚上海取胜中暴露的不足：和北京队一样，江苏队抓住上海队后防的身后不放。两队都有致命的单刀机会，强如上海队在那样的情形下也显得无比脆弱。李晖也承认对上海这种强队比拼的就是谁能把握住那么有限的几次机会。他问我可准备好对上海队的比赛分析，想找个时间把对北京的录像再放一遍给她们看。

有了前两场成功的经验，我自信可以更好地准备对上海的这场球的分析。但必须承认，看比赛并不是一件轻松的事。我得找出双方攻防转换中

的亮点，体现出该队技战术特点的片段，然后剪辑出来。这要花费很长时间，有时比赛视频看到一半，我便心生厌倦，起身在房间里踱步。看看酒店外面的蓝天，除了想外出游玩，看看其他项目的比赛，更惦记这一周新出的电视剧。剧情进行到哪里了？如果今天把它下载下来，还有时间看吗？

突然间，我想起李晖只讲一个"谢谢"后噘起的嘴，想起他在训练场上沙哑得像破锣的嗓音，想起他转身对着山东足协工作人员交涉时的身影，想起女孩们拥抱着欢呼雀跃的样子，想起她们穿着白色衬衫合影的照片，想起两天后她们将对决这个年龄段的"国家队"，将去挑战自己的命运，这一次我们能赢吗？是啊，这样关键的节骨眼，我应该继续"追求卓越"①才对。"杀死心中的男孩，承担起男人的责任"！（Kill the boy and let the man be born.）我走回到桌椅前坐下，打开比赛视频，继续看下去了。

全运会 U18 女足决赛：上海 VS 广东

8 月 17 日，我继续留在房间里观看、剪辑视频，李晖允许我不用跟球队的训练，一天的时间很快就过去了。到晚餐时我问李晖，马上到决赛，是否再做心理工作方面的准备？他笑说都打到这份上了，就是出现心理问题也需要她们自己去解决。言下之意，还是要我多把精力放在比赛分析上。

然而，第二天早餐时李晖同我讲，昨天晚上球员们起义了。11 名主力球员开了会，要求兑现比赛奖金。我听了有些惊讶，先想到这等问题还是我们都解决不了的，再说自己也没往这方面想，接着又觉得好笑：李晖又当着我的面打自己的脸。血气方刚的她们现在做什么事情都不会让我感到奇怪了，在这样一个特别的时间节点上，如果再不讲明奖金事宜，她们付出了常人难以想象的辛劳，到了全运会这样最为关键的比赛，却仍然拿不到属于她们自己的工作酬劳，怎么会不着急？

她们都对中心没在球队拿到联赛冠军时给予实质性的奖励感到失望，

---

① 北京体育大学校训"追求卓越"。

但又在不同程度上对问题根源表示理解。一名主力说一想起没到手的奖金就觉得自己的努力都打了水漂，各种想法都会涌上心头，焦虑得晚上都睡不着了。一名替补说自己也想球队着眼于当下，获胜拿足省里的全运会奖金，只是不知道主力怎么想。李晖早在联赛夺冠后就和大家做了解释。以前在职业俱乐部工作时他就学会尽力为各方考虑周全，但也知道自己在这方面能做的非常有限。现在球员提出罢赛，做主教练的又能干涉什么呢？他能解决什么问题呢？球员都是18岁成年人，什么问题都懂，他讲明规则，摆明利害关系和对未来可能的影响，让球员自己开会讨论解决。

与往常一样，早餐后9点半召开赛前教练组工作会议，10点左右召开全队会议。但今天又有所不同，我们在李晖的房间里开着会，球员在隔壁王医生的房间里开会。

李晖宣布了本场比赛的首发，前三场比赛从未跟队的黄秋嫱进入20人大名单。

在隔壁房间，程主任主持了球员会议，他向大家解读了中心制度政策，承认中心工作出现了问题，大度地将没有比赛奖金的责任揽在自己身上，向球员们致歉，并保证在决赛后中心将通过其他方式弥补、兑现联赛冠军奖金。

李晖看球员开完会，大家走进他的房间，表示同意继续参赛，便继续自己的赛前准备会。为鼓励球员在决赛里继续发起冲锋，他引用了毛主席的诗句"无限风光在险峰"，希望大家上场比赛就听从指挥，坚定必胜的信念，以我为主，继续发挥"快、准、狠"的竞技风格。他又安排小戴、郭金华、邹怡三人负责录像。邹怡目光坚定，表情严肃地点了点头。

中午吃饭时与璐璐姐聊天，讲起全运会结束后的生活，她坦言不想再跟队了。虽然在足球中心跟队工作会比不跟队多拿到一些经济补偿，她更希望自己婚后减少出差工作的时间，多照顾家庭。

最近几天社会山酒店组织接待了某行业年会。这天下午5点45分发车，刚好赶上年会活动结束，大巴旁一时摩肩接踵。谢彩霞："数人！"刘植祯："差小戴！"郑导没有生气，他脸上满是诧异，其他人也都奇怪，他还会因什么事而迟到呢？李晖甚至决定到6点不见人便发车。我们又足足等了近10分钟，小戴才从人来人往的大门口窜出来。谢彩霞眼尖，看到了他手里拿的摄像机包——邹怡忘记了带出房间，赶回酒店东楼又要很远脚程，小戴不想她在赛前挨骂坏了大家的心情，便跑回替她取了来，也替她担下了耽误时间的罪名。李晖不作言语，谢彩霞也同样不想深究："人齐！"大家安静地坐着，等候大巴车开向场地，等着决赛的到来。

接送广东队的大巴车

与上海队决战的关键，就在于战术控制与反控制。上海队脚下技术精湛，人员搭配齐整，是八强中传控体系最为成熟的球队。她们利用控球优势，调动对手的防守注意力，中路的渗透和边路进攻都能打得出其不意；对手收缩防线，她们又能适时地远射得分。

女二队这边，能否发挥出自己的特点，瞄准上海队的后防弱点打出反击做好定位球的文章，能否抓住江苏队与北京队都没把握住的机会，将成为决定比赛的胜负手。我一直在犹豫到底要不要去看球队比赛。自全运会开赛以来，我基本就没看过自己球队的比赛，更别说是在现场观战。而在这期间，球队三场比赛全部获胜。我甚至担心，自己的观赛会不会对球队战绩造成什么影响。也许我的担心纯属多余，但上半场我还是选择留在更衣室，比分0：0平。

看看将近8点，我拿起电话，拨给家里。这天是星期五，他们肯定还没休息。

父亲接了电话："啊，你在哪里呢？今天是决赛吧，现在怎么样了？"

"我就在城建大学体育场，现在是上半时，也没什么别的事，我趁早就打电话了。要不一会儿比赛结束要很晚的。"

"几比几啦？"

"0：0。"

"对上海队，是吧？"

"是。"

"我听到观众的呼喊声了，你在看台上吧？"

"没，我现在更衣室里呢。"

"我说嘛，听你讲话声还挺清楚的。怎么没出去看球呢？"

"嗯……因为她们前面的比赛，我都没在现场看。她们都赢了。这场比赛，也许我不出去看对球队最好。"

父亲在电话里呵呵地笑了："不至于吧。"

我沉默了，一时也觉得这样有点荒唐，但又想不出什么不去坚持的借口。

"我前两天在网上看到一个很有意思的问题，你知道为什么海能纳百川吗？"

"为什么呢？"我隐隐约约知道问题的答案，但又回答不出来，它显而易见地就摆在那里，但我想不到它。

"海能纳百川，是因为它的海拔比所有的河流都低。"

我怔了一会，不得不承认从逻辑上讲这是对的。"是啊。"

"出去看看比赛吧，要不然待在更衣室里做什么呢。你第一次在这种水平、这样关键的比赛里走到现在的位置，还是亲眼体验一下，也不白费四年的心血。"

"好的。"

我挂断了电话。起身走出更衣室，提醒站在走廊窗边的璐璐姐看一下更衣室，自己就走向侧楼梯，由那里爬上二楼观众席。

和对手的球迷相比，广东球迷人数远不占优势。他们打着印有球队庆祝胜利的合影和"广东未赢够"的大幅海报，用自己的嗓音与对手的扩音器、瓦瓦祖拉相抗衡，为广东队加油鼓气。郭金华正摆弄着摄像机拍着比赛，邹怡、小戴依次坐在她的身边。我拣她们身边的一个空位坐下了。

第55分钟，上海队韦竹蔓在右路持球，她突然加速启动，第一步过掉回防的谢绮文，又继续加速蹚过补防上来的黄美琼，第三次触球时，已向内线切入，呈45度角靠近底线。禁区内的李晴潼转过身来补位，上海队4号看清空当，右脚起球，短传回到点球点右侧靠前位置，闫颖颖起右脚迎球推射，球直奔网窝左下角。黄华丽做出扑救动作，但如此近距离的射门，她没扑到皮球。

谢绮文、陶祝丹、李晴潼、熊熙一齐站在中场线上准备重新开球。

我起身又回到了更衣室，替换了璐璐姐去看球。关上门，我又坐在正对门口钟表前的椅子上，又一次环顾更衣室桌上放的水果，衣柜橱上挂摆的训练服和地上的平底球鞋。

第63分钟，陈丽娜右路斜传，谢绮文抢在门将之前得球，调整后抹过杨淑慧，在大禁区右侧起左脚射门，稍稍高出横梁。

我起身去隔壁的卫生间，洗手，感受清水散漫过手指带来的凉意。心理课上我告诉球员如何调整注意力，放松自己。现在，我得提醒自己如何关注当下和如其实际的眼前。

第67分钟，谢绮文断球，博得前场左侧24米任意球，陈秀冰打向左上角被门将飞身扑出。

我回到更衣室换了另一把桌边的椅子坐下，看了会儿手机，起身沿着桌边跨步，用全景模式给更衣室拍照。

决赛更衣室

第72分钟，熊熙前场带球被回防的上海队球员包围，张滢和柏一凡断球，上海发动反击，球分到左侧，张滢插上得球，就在她即将进入禁区面对守门员时，陈巧珠高速全力回追断下皮球。

我又回到正对门的椅子坐下，又一次看着秒针一下一下地绕圈划过，只觉得针尖划过的每一下，仍然如千百年那般漫长，门缝下不时传来球场上的喧嚣，有足球鞋与皮球的撞击声、裁判的哨声、乐器奏鸣的嘈杂声，还有观众的欢呼声和叫好声。

9点05分，小玲姐发信息给我："刘羽，刘羽，你在哪里？是不是在现场啊？我们的那个女足打成什么样啊？我和华哥在外面，所以不知道现在的比分，你知道的话发给我。祝你们顺利啊，冠军是我们的。"

我回复说："广东0∶1上海"，加了句"借小玲姐吉言"。

"啊，刘羽，第二是吧？哎，已经不错了。第二也是最好成绩了。恭喜恭喜了。刘羽，我跟华哥现在珠海，所以不知道。池导说，祝贺你，第二也是一个……很辉煌的，是女足走到巅峰的最好成绩了。刘羽你是最棒的，回来再聊。辛苦了，辛苦了。"

又加发了一条："你给我那个比分打完了没有啊？还是现在正在打呀？还有机会吗？"

我赶紧回复："还没结束。"

"噢，还没结束是吧？OK，那一定要拿冠军啊。还有机会，还有机会，广东必胜。"

我："谢谢小玲姐！希望广东队好运！"

过了几分钟，小玲姐打来电话。她问了几句，电话那边便传来池明华低沉沙哑的嗓音。他又询问了一遍比赛的情况，自然又聊起陈巧珠，回忆起当年带她的情形。

陈巧珠小学四年级才知道足球这样的事物，速度快的她在湛江市体校都能跑在师姐的前面。她看扑球动作潇洒，本想去守门，教练让她踢边前卫。她12岁进入省体校，开始接受池明华的指导。

"我在省体校带她们那一批，四年。那时过中秋节，她没回家，小玲姐和岳母买了很多水果、月饼，去她们宿舍，和她们一起过。她（小玲姐）那时还在武术队，那天还带了巧珠去逛花街。那时她还很小，11岁左右，瘦得干巴巴的，还跟我岳母说，'婆婆啊，现在星期天，我哪都不去，就是拿个球去球场，踢球，一定要努力'。"

到2013年她被国少队选中。"那时国少队选她上去，她说'我不去'，又一个人跑去练球。我后来知道她不愿意去是因为家里姐妹多，出不起路费，嘴上不好意思说。就让小玲姐给她买了机票。去北方天气冷，又让她拿了棉衣给巧珠，她这才去的国少。"

教练告诉她速度快只是一个特点，需要更好的技术作为保障，才会有更强的竞争力。她坚持每天加练基本技术。她起初在国少队当了一年替补，到边后卫位置上出现伤病，她尝试新位置，这才逐步成为主力。

赶上友谊赛她仍不时客串前场位置，现在的队友经常开她玩笑"长着一颗前锋的心"。她一直记得自己踢前锋时被教练说：只顾进攻不管防守，身后的队友都要为你多跑一步，不觉得惭愧？

"她现在还是每次见面都跑过来给我一个熊抱。那次被西班牙外教看见了，冲我竖大拇指，通过翻译同我讲：'你牛！'我说你都这么大了，这样不好，让别人说闲话。她说我才不在乎呢。"

场内一阵喧嚣，瓦瓦祖拉嘈杂的噪音和鼎沸的人声让我用力将听筒按在耳朵上以求听清话音。

"陈巧珠就像我的女儿一样。"

全运会U18女足决赛　2017.8.18　天津城建大学育场　上海1：0广东
56' 闫颖颖
广东队阵容（4231）：黄华丽/黄美琼、陈巧珠、刘植祯、陈丽娜/罗丽思、陈秀冰/谢绮文、李晴潼、熊熙/陶祝丹（60' 何晴茵）

两短一长的结束哨音吹响了，我冲出更衣室，跑过塑胶跑道，跑到教练席边上。球员们拉起手来，排成一字长队，先向上海队教练席致意，再回到广东队教练席，向广东队教练组鞠躬。坐在替补席上的陶祝丹站起身来，她眼圈泛红，看着队友们一齐喊出"谢谢指导！"再站直身，齐齐地落了眼泪，她们的脸上挂满了不甘心，何晴茵的大眼睛里蓄满了泪水，她双手掐腰，看向观众席，还在为没能扳回比赛颓势而懊悔。熊熙哭出了声，阿连将她拥抱入怀，完全不顾她已经湿透的球衣，抚摸安慰着她。

叶细权主席走下看台，一起到场观战的王禹平局长对球队发表讲话。他肯定了今晚球队的表现，称赞她们打出了广东女足的精神面貌，鼓励她们继续努力。

球员们钻进更衣室里去换衣服，李晖就坐在更衣室对面的公路自行车台上穿着广东代表团领奖服和配套运动鞋。李春成也坐在一旁更换衣服，他说某球员这场比赛体能下降明显，应该早点换了。李晖左手提着披挂在身上的红色外套，右手用力地提着蹬了一半的运动鞋，说道："小负一球，至少在领导面前算是完成任务了。"春成点点头："是啊，很不容易了。"

在前一天结束的比赛里，江苏队3：1胜北京队获第三名，陕西队2：0胜辽宁队获第五名，天津队0：0，点球4：2胜山东队获第七名。

更衣室大门打开,从里面又传出一片嘈杂,换好领奖服的球员开始往外走。谢绮文很不高兴,她一面嘟囔着"没打进进球,不要你了",一面把自己在比赛中穿过的球鞋扔进了垃圾筒,然后走出了更衣室。

颁奖仪式只允许主教练和球员们参加。球场中间已经安放好了冠亚季军领奖台,保安在场边拉起了障碍线,记者、工作人员不得入场。颁奖嘉宾在礼仪小姐的帮助下依次将奖牌颁发给教练、运动员。我和同样站在场边的上海队心理老师合影留念,还笑说我们这一年在赛场边上见面比在学术会议、培训上见面的次数都多。

仪式结束,障碍线撤除,一大群人涌进球场,有基层教练,还有各路记者。球场上开起了聚会,比比赛时还热闹。冠军球队常常集体把主教练高高举起,抛向空中。女足运动员更喜欢把自己的金牌取下,通通挂到主教练的脖子上,再手搭手围成一圈向主教练致意。各地级市的教练、体校校长纷纷走进球场,和自己培养、输送的省队球员有说有笑。对他们中的很多人来说,能站到全运会八强赛的位置上就已经心满意足,而弟子今天的成就绝对让他们非常骄傲。

2017年8月18日赛后合影

谢彩霞又叫上陈巧珠、刘植祯、陈丽娜、黄美琼一起合影,她平日里没少帮忙调教这条后防线，决赛阶段以来，她们也养成了赛后一起合影的习惯；郑导照例叫黄华丽、谢莹、谢海霞一起拍照。谢绮文调转镜头，摆着鬼脸，对准她自己和身后的人按动着快门。还有不安分的球员跑到接受记者采访的李晖身侧，偷偷地抢镜头。看着其他地级市的教练们和自己的爱徒合影留念，想想自己的教练却因病缺席这一盛况，罗丽思对着举在面前的手机大喊："指导，你为什么不来?! 其他队的教练都来了，为什么只有你不来！呜……"她举起左肘，擦拭着喷薄而出的泪水。我很好奇是谁在为她拿着手机，便转到她左前方，看到邹怡收回手机，拉着罗丽思的右臂，说："没有关系啊，在这里见不到，我们回广州还是能见的嘛！"

尾　　声

　　2017年8月28日这天，流溪河照常悄无声息地流淌过右岸。河边操场上停了好多车辆。除了前来勘察施工环境、准备对训练基地进行基建改造的工程师，还有很多执行采访任务的记者。下午3点，在食堂三楼会议室，举行了广东U18女足全运会表彰大会。李晖回答了记者提问，他表示希望这些球员都能留下来，有更好的提升空间，也能为广东女足的人才输送做贡献。

　　表彰大会结束后，球员们穿着印有"关爱妇女儿童基金"的球衣，步入训练场。为了弥补球队缺失的联赛冠军奖金，兑现诺言，程主任一直在积极奔走寻求解决途径。全运会决赛期间，他通过体育局高层找到了社会力量，以参加公益活动的方式让球队与社会力量达到双赢。

　　在球队出发去参加全运会决赛后，球场力量房旁边的宣传栏，贴上了U18女足联赛夺冠的照片与介绍海报。

　　路漫漫其修远兮。正如随队人员所说，"有幸成为这支冠军团队的一员，感到幸福快乐的同时，更多的是为你们而骄傲！"队伍一步一个脚印走来，付出了常人难以理解的泪水和汗水，每一场都是大家团结一致、顽强拼搏、逢敌亮剑而努力得来的胜利，广东足球为有这支队伍而感到光荣和自豪。

　　球场灯光暗下，明天又是新的一天。队伍领队林思跃写到：身穿U18女足队服代表广东参加全国比赛是一种幸福，更是一种责任，希望球员继续发扬敢于拼、善于战、勇于胜的团队拼搏精神，争做运动成绩和精神文明双丰收的"梦之队"，大家为"明天的梦"一起加油！

　　队伍将在8月9—18日参加第十三届全国运动会女子足球18岁以下

尾 声

组决赛阶段比赛。8月9日晚上,广东队将迎来第一个对手——辽宁队。

进击吧!广东U18女足!

球场边的宣传栏

比赛给球员留下了难忘的回忆。全运会结束后,有球员在社交媒体贴了赛后集体鞠躬感谢观众的照片,附言:"青春谢幕!再也没有U18!"

男足各队都不在,女一队外出参赛,只剩2003年龄组女队在远处的4号场地训练。女二队这次安排在2号场地训练。李晖先把球队交给我,看着我告知大家自己的写作计划,得到了全队的支持。准备活动与热身后是队内对抗。谢绮文与陈巧珠在国家队集训,为了补充人手,李晖让小戴与李春成披挂上阵。一方为谢海霞、刘植祯、谭青、黄美琼、陈丽娜、陈秀冰、罗丽思、李晴潼、熊熙、陶祝丹、何晴茵,另一方则有谢莹、陈美燕、黄秋嫦、詹晓娜、郭金华、周雅婷、李春成、卢瑜彤、黄莹珊、邹怡、小戴、黄华丽。黄华丽摘掉手套,站在前锋位置。

李晖分好队后就回到替补席,坐在我左手边。他没安排其他人上场执法,自己拿着秒表计时间。看架势,主教练考虑大家已经没有重要的比赛任务,这场对抗就是让大家享受足球、享受比赛。从前就是以少打多,主力一方也占据优势。但这次双方打起了对攻,李春成凭借娴熟的突破与控球技术,自己打入两球,又助攻小戴、黄莹珊各入一球。主力这边,陈秀冰、李晴潼各进一球。最后30分钟左右时郭金华与谢莹沟通不及时造成一记乌龙球。半场结束，替补一方以4：3领先。中场休息时李晖交代李春成下半场可以让隔壁的小指导过来打一会儿。下半场替补一方火力全开，小戴连进3球，黄莹珊右侧切入禁区打门成功，邹怡也接卢瑜彤的传球右脚射门得手。虽然陈秀冰、罗丽思全力追赶，但球队仍然落后4球。到了后面，李晖看不过去，小戴的两三次得分机会都被他吹成越位，有一次他甚至拿了哨子，等小戴晃过谢海霞射门得分才吹响哨音，示意他越位在先。大家都对越位比较敏感，碍于没有专业的边裁，只好按自己的直觉去判断，导致几次进攻机会中都因有人叫越位而中断，双方甚至还因此友好地吵了起来。李晴潼一次漂亮的过顶长传，帮助罗丽思突入禁区射门得手，主力又追回一分。但替补这边换上小指导之后进攻势头不减，妹妹和大珊在左右两侧搅得后防鸡犬不宁，周雅婷发力打进角度刁钻的一球。即使主力一方好不容易断下球了，向前传球又经常被黄秋嫦与陈美燕断下来，真是攻不成、守不就。最终比赛结束，替补一方大获全胜。

　　李晖已经看到了卢瑜彤与黄莹珊的出色表现，完全不同于以往的训练与比赛。这二人没有什么压力，对面防守又相对松懈，自然能打出自己的实力特点。

　　"这就是没有比赛要求了，大家都放得开了，于是都打得出来了。看黄莹珊拿球向前那一下，多好。你看妹妹，在边路怎么打都行，但一到中路遇上植祯她就不敢自己攻了，就得回头找别人做衔接。"正说着，邹怡抢断下小禁区传出来的球，内切带了两步起脚打门得手。"看，邹怡进球了。所以说集训时间短，就不能保证让每一个人的能力都出得来。有比赛任务，要求多，每个人在场上都有自己的职责，平时被条条框框限制惯了，拿球都不敢做什么动作。只能确保最优势的一个点，以她为核心为制胜关键去练，这样其他人都得做出让步、牺牲，但这也是最有效、最稳妥的办法。"

　　林思跃对这届全运会大加好评，说赛制制定得非常合理，让每场比赛都成为决赛，各队要为自己的命运努力拼搏，完全杜绝了默契球的存在；裁判基本没有错判、漏判，执法水平也值得肯定；这是他所参加过组织得最好的一届全运会。李晖还告诉我，全运会期间，有人不负责任地散布与球队有关的虚假传闻，造成不良的负面影响，局领导、中心和足协同事、

尾 声

省内足球各界对此都有意见。接下来的锦标赛是今年最后一项赛事,李晖要保证球队平稳过渡,尝试让更多人上场踢球,多给锻炼机会到替补球员,积累一些经验、信心,做好升级预备队或一队的准备。

我提出疑问,一批青训球员,是不是只有几个能被选中提拔至一队?

"能力是有的。只是前面还有相对'老'一些的球员。如果机会把握住了,她们慢慢都能上去。当然,也要看以后怎么安排,看我们能给她们创造什么样的环境,更得看她们自己。"李晖微笑着挺起腰,倚在替补席靠背上,左手也搭了上去,右手则又缠弄起了哨子与秒表。一阵南风吹来,场边粗壮的桉树轻摆树枝,低沉地沙沙作响。他抬起头,看向4号场,看向远方,看向球场与流溪河交汇的尽头。

她早上从睡梦中醒来,推开前一晚在游乐园抓娃娃得来的大嘴猴公仔。前几天导生带着她参观了学校的图书馆、食堂、教室,帮助她安置了自己的宿舍,走完了报到、领取证件等手续程序。回想起这些天刚来到校园里参加的活动,认识的新朋友,她不禁嘴角微微上扬。她坐起身,向后伸手撩起披肩的长发,顺便伸了个懒腰,看看还在熟睡的室友,想想明后天去领教材,还要几天才去上课,何不趁这个机会给自己弄个新发型,好好四处逛逛,一切从头开始呢?

她走在校园里,微风吹起她刚刚修理过的短发。她把手缩进柔软的羊毛衣衫,像走正步一样侧摆起手臂,漫步在校园里,看着围栏上挂着的欢迎新同学的标语口号,路旁公告栏里贴着的四六级、考研等培训信息,呼吸着清新的空气。她终于有时间可以去现场观看中超比赛。自己也还踢球,身边少有专业队水准的竞争,让她无论对手是男是女在球场上都能占到便宜。熟识的教练已经对她发出执教邀请,而她自己也确实想尝试勤工俭学。

她有了大把空闲时间,终于可以约了朋友,带上很早就买好的泳衣一起去海边戏水。她步入大海,让海水漫到腰部,挺直身体,抬头望向夜色初降的天空。海水清凉而又温柔地抚触着她露出的小麦色皮肤。即使回归校园,她也还保持着15%的体脂。有男孩子上前搭讪,她微笑着,礼貌地拒绝了,转过头嗔怪已经嬉笑开的朋友:"他不是我的菜。"

她每天都看体育新闻,不过关于女足的消息实在不多,青年女足的更是需要去微博上找。她看到有消息说又有一家来自足球之乡的企业正在洽谈赞助球队事宜,明年,足球之乡将在两支中甲男足之外再添一支职业球队。她还牵挂着老队友们在亚青赛上的表现,半决赛没有直播,还是只能通过微博了解情况。她看到陈巧珠被安排到左边后卫位置上,不由得担心老队友如果抱着前锋的心插上幅度过大,回防不及时,而谢绮文又拖延在远端,会给后防造成什么压力。好在关键的季军之争,国青队以3∶0胜出,谢绮文还打进一球,她们获得了参加明年世青赛的资格。知道消息后的她松了一口气,"珠队友加油啊!"上午还有运动生理学课,她早起按时去吃早餐。饭后回到房间,拿起小镜子摆弄了一下自己的头发,看看入学前买给自己的腕表,时间将至,便整理下上课要带的书目,把笔记本、小水杯也装进书包,背在身上,出门了。

  书桌二层架板上的那面小镜子旁摆放着两个相框:一个相框里的照片,是她与几位亲密队友的合影;另一个则是所有人手搭手、肩并肩围成一个大圆圈,大家都把身体向前倾,略低下的头朝向圆心。

  广东队,加油!加油!加油!

赛前的加油仪式

后　记

一

一支足球队，到底是如何组建、成长，到强大，取得好成绩的？

我作为运动队心理科研人员，球队的心理老师，亲身经历了这支球队从无到有的过程。见证了2015年外籍教练对足球的不同理解，不同的青训思路和执教方式，也见证了2016—2017年中方教练在已有的人才输送机制上如何延续该年龄段的建队理念，打造核心阵容，磨炼关键球员，平衡队内矛盾，在极短时间内完成重要大赛的参赛任务。

本书的目的，并不在于仅仅记录一支球队的兴衰，而是希望以文本的形式，以人类学的研究方法，透过这支球队去书写我国足球传统青训塔基的现状，探究适合我国国情的足球发展道路，阐释影响这个世界第一运动发展的关键因素。

在研究人们参加体育运动时的感觉、知觉、表象、思维、记忆、情感、意志等心理过程与特质时，运动心理学使用到实验（实验室、自然实验、准实验）、观察、心理测量等研究方法，研究运动情境下有关人员的心理特点及其在体育运动中的作用和意义，以解决相关的心理问题。在帮助高水平运动员备战重要赛事的过程中，运动心理学发挥了巨大作用。

当前"一带一路"和全球政治经济文化高速发展的大背景下，十八大以来，党中央高度重视体育工作，鼓励探索和建立有时代特征的竞技文化，弘扬中华体育精神的强大力量，广泛宣传体育健儿的拼搏精神，推动建立我国特有的体育文化，为中华民族伟大复兴凝心聚气。宣扬体育文化是时代的命题，亦是实现中国梦的主要内容，利用体育所凝结的精神可以在民族复兴中焕发出更大的光芒和力量。另外，新时代弘扬体育精神，有着更多元的内涵、更接地气的表达。以金牌为单一价值取向的评价标准在越来越丰富的社会体系中被重构，以人民为中心、彰显体育综合价值的体育观逐渐成为共识。面对这一任务使命，聚焦微观细节、原本占据学科优势的传统运动心理学研究方法有力使不出。在心理实验室和心理咨询室的严谨要求下，面对日常的研究对象和学科主体，运动心理学家往往成为教练员、运动员"最熟悉的陌生人"。

多学科研究方法和思路的借鉴与融合成为时代背景下的必然要求。学界有种观点，认为人类学与心理学是远亲。现代科学民族志书写的奠基人马林诺夫斯基，便曾受德国心理学家 W. 冯特的影响。精神分析鼻祖弗洛伊德的著作也被人类学家视为探讨集体心理学和宗教的必读书目。在两个都以人为研究对象、历史不算漫长的现当代学科之间，相互学习和相互借鉴的实例不算少，甚至出现了心理人类学（Psychological Anthropology）这样的以社会系统中文化传统的传递、持续与变迁的心理过程与状况为探索主题的交叉学科。

人类学家必须到自己研究的文化部落住上至少一年半载，并实地参与当地生活，使用当地的语言甚至和土著建立友谊，以求绘制土著的族谱，记录当地的传说，并参观他们的仪式，最终完成一份客观、系统的民族志或田野日志记录，用以说明研究当地的亲族关系、经济结构、风土人情。民族志或田野日志往往成为后续科研工作的重要借鉴与指南。

人类学讲求整体观，运用比较的方法对亲属关系基本结构、宗教、仪式等内容进行探讨，代入思考、共情，理解"他者"的思维与社会行为。"地球村"的出现，让"自我"与"他者"随着参照物的不同而发生更多的变化，调转观察"他者"的眼光，研究"自我"，研究我们熟悉的竞技体育项目，也是时代进步和社会发展的必然需要。

作为下队心理科研人员，我在参与运动队的日常训练与比赛备战与教练员运动员朝夕相处，符合参与性研究调查的要求与标准。本书参考人类学研究方法和范式，对1999—2000年龄段广东青年女足在2014—2017全运会周期的组建、发展进行参与式观察，借以描述广东省女足青训结构与规律，阐释广东女足在体质、文化、语言、历史等方面的特点，拓展运动心理学研究方法。同时，在广东省足球运动中心、广东省U18女足、广东省体育科学研究所、广东省足球协会授权下使用真实姓名撰写主要内容，宣传女足运动和竞技足球文化，弘扬广东和中国足球精神，提升中华体育文化内涵。在出版过程中，球队的3名教练、1名工作人员、包括守门员在内的8名主力参与了本书的校对和修改，保证了书中细节的真实性。

本书仅代表作者个人观点，不代表所涉组织与部门。

二

"礼者，人道之极也"①。礼，礼仪，礼节，也是仪式、规则的另类表述。人类社会的一切礼仪规则，都可看作是出自人内心对自己人类身份的认同与坚持。可以说人是骄傲的，也是自恋的。仪式、宗教、巫术、文字著作、纪念碑、艺术建筑、战争、影视等都是人类力求记录、纪念自身的伟大和与其他生物的不同而为之的结果。人类历史就是一部仪式的历史。典礼、礼拜等活动至今仍是人类日常生活的一部分，是人类区别于其他生物的重要标志。

众所周知，世界范围内规模最大、影响最广的运动会起源自古人祭祀神祇而举行的集政治、宗教、军事、文化交流等功能于一体的大型集会活动。②而随着社会的发展与时代的进步，现代奥运会和诸多竞技体育运动项目逐渐失去了宗教祭祀和军事训练等功能，但在和平年代表达对休养生息和美好生活环境的向往，对不同文化展示、交流、庆典的节日功能仍然保存至今。体育盛会成为比赛对抗的戏剧化舞台，提供了阅读不同文化隐喻的机会，也通过强化参与者对该项运动的共同喜好而产生巨大的趋同作用。③

古代足球在世界各地的文明史料中均有记载，国际足联承认古代足球源自中国的"蹴鞠"，它的诞生自然也具备娱乐、学校教育或军事训练的

---

① 荀况. 荀子[M]. 北京：中国文联出版社，2013.
② 梁强. 现代奥林匹克运动会的文化创意：历史演进与价值创新[M]. 北京：人民邮电出版社，2013，28.
③ 潘天舒，何潇. 人类学视角中的竞技体育：基于民族志洞见的启示与思考[J]. 成都体育学院学报，2020，46（4）.

社会需要。竞技活动模仿了人群之间的冲突和争斗，在一个精确的时间和空间中建构有组织的、象征性的战争，强调了即使有矛盾，我们仍然和睦的理念①。"无关生死，高于生死"的现代足球运动，自1900年起被列为夏季奥运会正式比赛项目，也被称作现代"没有硝烟的战争"，自然未能全然褪去战争、宗教和社会阶级意识形态的影响。比如，曼彻斯特联队与利兹联队的"玫瑰大战"成为英国治安标注需要出动警力级别最高的赛事，它源自500多年前的皇室"红白玫瑰"战争；比如由天主教教士于1887年组建的凯尔特人队和自1910年只允许新教教徒加入的格拉斯哥流浪者队在长期的苏格兰联赛竞争环境下形成的"死敌"关系；比如，阿根廷的博卡青年与河床竞技，两队拥趸分别来自布宜诺斯艾利斯市贫苦的博卡区和富裕的努涅斯区。

现代竞技运动除去娱乐与经济元素，参与者主体——运动员的运动生涯相对人类自然寿命非常短暂，让运动员个体从事竞技事业时的生涯发展同样具有演绎性。我国运动员从10～11岁进入业余体校，到参加完第一次省内、国内比赛就退役转去上学、参加工作，不过5～8年时间，长一些的，可以达到代表国家参加洲际、世界大赛，成为职业运动员。现代足球运动员大多在40岁以前结束运动生涯，随着运动科学、科技的发展，训练方法和职业生活方式的改善，个别案例可将运动寿命延长至20年。但总体来看，他们的运动寿命平均不会超过8年。如果以顶级职业联赛出赛时间来计算，职业运动员的运动寿命平均不到4年。激烈的竞争和高速的新陈代谢，让职业运动员参加顶级赛事的生命以个位数年份论计。在不同的竞技文化中，有将运动天赋和团队成长比喻为庄稼作物或生命象征的说法与文化。比如，美国的职业棒球联盟（Major League Baseball）将大联盟下属不同级别的梯队、青训球队统称为"农场体系"（Farm System）②，在我国，则通常称其为"新鲜血液""造血器官"。这让竞技足球运动具备更强的阐释职能，更具象征意义，可以反映我们的历史、社会生活现状和文明水平，是倍速播放，可以虚拟、显现人类社会的缩影。

---

① 熊迅. 民间游戏的视觉仪式：对中国民间体育摄影展的媒介人类学解读[J]. 民族艺术，2015(01).

② Michael, L., Moneyball: The art of winning an unfair game [M]. W. W. Norton & Company, 2004.

足球是对人的综合素质要求最高的运动项目：既需要短跑冲刺的高速往返，又需要长跑的持久耐力；既需要全力起跳争抢高点，又需要肌肉相接比拼力量；既需要个人能力的拔尖露顶，又需要一批一代人的整体努力；既需要一线队伍的将帅齐心三军用命，又需要后方的运筹帷幄和保障有力。这样对身体综合素质的全面要求与考量，对团队配合的需要，对各方运动才能和资源的纵向输送与横向搭配都有要求，集各不同运动项目之大成。如果说体现一个国家国防综合实力的象征是航空母舰，那么，代表一个国家体育综合实力的运动项目就是足球。

从群体的角度来讲，民族、氏族、宗族和家族都是血缘组织，但规模次第缩小。从刀耕火种的氏族时代到宗族、族群社会，一直在国家权力的干预下发展衍化。在中国举国体制的影响下，又产生了公有制与计划经济下的"单位"组织形式，有其中国传统文化上的特殊根源。[①] 广东省足球运动中心是典型的单位组织。在这样的"单位"中，能见到与中国宗族三项基本制度存留一一对应的特征：荣誉室（祠堂）、英雄簿（族谱）、训练场地（族田）。但与传统宗族社群的不同之处在于维系运动队族群关系的是代代相传的技艺、技术，而非纯粹的血缘关系。可以说，现代竞技足球（或者说竞技体育），就是在国家或地区的行政力量干预下，演绎/象征所代表区域族群的社会生产、文化、发展的仪式性活动。

三

决定足球队发展方向的关键人物是球队主教练。他对人员配置的要求，上可影响行政管理者的决策方向，下可决定一队技战术风格，乃至训练传统。集体球类项目则与族群发展类似，主教练、项目中心主任、协会领导与部族的族长、酋长，国家/政体的领袖类似，以其担任特定的职务为运动队生命的开始，以其职务的终结为特定运动队的特定时期的结束。运动员以其所处位置的视角局限、执教经验的缺失，无论多强的个人场上能力和队内威望，都无法取代主教练的作用与功能。主教练影响着整个团

---

① 曹锦清，陈中亚．走出"理想"城堡——中国"单位"现象研究 [M]．深圳：海天出版社，1997．

队,甚至是整个项目、族群的发展趋势与方向。

现代教练员,除了必备的专项业务能力、技战术思想,还要了解最前沿的训练技术方法,懂得运动生理与生物化学、心理学、生物力学、体能等方面的常识;草根/青训队教练还需要了解运动员资格注册、骨龄、反兴奋剂等方面的业务,其所需求的知识储备,远非朝夕间便可完成。无论什么年龄水平层次的主教练,都需要具备一定的领导才能与人格魅力。低龄球队的主教练所扮演的角色更像是纯粹的教师,需要懂得与家长打交道的方式,推销所在球队的青训理念与未来前景;职业/国家队的主教练则需要掌握与精英运动员沟通的外交策略,在球队管理上不一定与每个人都成为推心置腹的朋友,但一定是将球员能力合理置于合适位置发挥最大效能,让球星和同事信赖、愿意为之努力奋斗的优秀导师与管理者。对一名决定球队整体走向和成绩上限的足球主教练来说,教练与运动员是相类似又完全不同的两种职业,其成长原理相类似,都是"做中学,学中做"的工作种类,但二者之间的转换并非在短时间之内即可完成。教练和医生、律师一样,是需要大量的前期学习,甚至是终身积累的职业。再优秀、再"聪明"的球员转职为教练都需要一定的成长时间。对主教练的培养,就是对人的培养,可以说与对氏族/部门/国家领导人的培养一样,不是从运动员退役那天才开始,而是从个人进入运动队开始接受训练那天就开始了。

专业/职业运动队由人组成,其发展规律也和人的生命一样,有出生、发育、成长、强壮、衰老、死亡等过程。运动队(比赛)的生命周期,包括运动员的选拔、训练、注册等方方面面,也是以人的生命周期为基础而存在的,都要遵循人的生命规律。和人类学学者提出的家庭生命周期一样,足球队也存在自己的生命周期:

1. 形成期。确立赛事目标,从主教练上任(接手)球队开始,到新主教练招募/认定的第一个运动员(引援)。

2. 磨合期。从主教练所认定的第一个引援到赛事目标来临前,教练组所认定的最后一个引援,来自不同地域、年份的球员为竞技足球的训练、比赛而彼此适应。

3. 稳定期。国内的省队、职业队、国家队则以配备专职领队为标志,到参加重要赛事前，基本完成磨合期，团队成员已经找到彼此适应、共存的方式方法，即"流溪河海"过程的完成。

4. 解体期。球队参加赛事，完成比赛任务，人员解散（工作合同到期），或未完成比赛任务，运动员工作契约终结，以部分/核心运动员的离开为开启解体期的标志。

5. 重建期。教练员工作契约终结，球队所在的主管部门为新的比赛任务寻找、任命新的主教练，以主教练/教练组的更迭为彻底重建的标志，或主教练留任，以新的赛事目标为起点重启球队的生命周期。

在不同的发展时期，球队（运动队）集体的发展目标、需要也略有不同。比如，在形成期，主教练既需要考虑能力所及的运动天赋，还要选择、搭建自己的教练团队与工作平台；在磨合与稳定期教练需要制订科学有效的训练计划，帮助球队提高个人技术、团队配合程度，保持良好的身体竞技状态，同时还要考虑球队的出场阵容、年龄架构、未来发展前景；在解体期和后续磨合期，教练需要寻找合适、可替代的运动员。在现代职业球队，这一作用大多被球队管理团队的引援功能所替代和执行，且在不同年代、时期，依球队的场上表现、已有球员构成结构、竞赛环境政策等因素的影响，所允许、需要的引援目标也有所不同。

经历数个生命周期的足球队，会产生属于自己团队的历史与文化。比如，经历大赛次数多的教练会产生"运动员、教练员的职业生涯大多以失败告终"的直观经验，既是客观规律的主观感受与反应，又是竞技体育挫折教育宗旨的体现，敢于直面失败，敢于品尝失败，敢于接受失败，敢于从失败中站起来继续挑战自我的极限、挑战失败，是体育教育的真谛，也是广东足球和南粤竞技体育的精神、文化内涵之一。

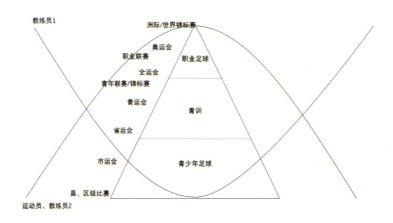

由上图可见，在中国的竞赛体系下，青少年足球到历经区、市、省、全国与世界单项锦标赛形成金字塔状。曲线可以表明人才在不同职业发展阶段的流动方向。运动员的流动方向首先由低水平地区/球队向高水平地区/球队流动，在达到个人运动能力、经验、身体素质的巅峰后，逐渐退让位置、出场机会给年轻球员，进入低水平/级别球队延续运动寿命，到职业生涯末期蹲守替补席提供板凳深度，传授个人经验给年轻球员，逐步扮演教练员的"传帮带"角色，直至退役。

教练员存在不同的流动情况。一种由足球发达地区向欠发达地区或由高水平球队向次级水平球队流动，经一定年限后反向流动，即在刚进入教练员岗位时，以担任弱队/低级别球队/预备队/青训队的助教起步，还有知名运动员刚退役，由经验丰富的助教辅佐担任主教练的；经五至八年的积累，逐渐向强队/国家队主教练一类的高级别岗位发展；另一种像运动员一样起点低，通过不断的学习、实践，在历次比赛中证明自己的能力，逐渐走上高水平岗位，经历失败或完成周期性赛事任务后让出岗位，比如非职业球员出身的教练。低阶球队/区域向高阶球队/区域输送优秀年轻球员，作为补偿；高阶球队/区域向低阶球队/区域输出优秀教练和管理人才，以帮助后者培养、发掘优秀的足球人才，为竞技足球人口的亲属关系基本结构。

优秀运动员退役转做教练员，最大的优势在于其自身对运动的理解，清楚未来竞赛所需要的技战术素养。但在执教过程中，如何灌输自己的理念，又不会影响后辈形成自己的风格，这同样需要学习和实践。比如个别地区和职业俱乐部了解小球员技术学习的发展规律，意识到青训对今后发展的重要性，会要求刚退役的职业球员下基层带队，即从年龄小、级别低的球队开始执教，谓之"下沉"[①]。

另外，退役球员远多过球队数量，供大于求，僧多粥少，自然是综合能力、经验最优者才可入替。退役运动员的就业选择又受家庭、社会工作环境影响，比如经济发达、包容性强的省份和地区，有自己的培养体系，有条件合适的工作机会，可以吸引退役球员留在青训体系内贡献力量；而没有培养政策体系的地区和省份，则对退役运动员没有太大吸引力。如果没有合适的"下沉"条件，退役运动员会选择离开体育行业而另谋生路。

一个国家或地区的足球成功之处就在于保证这两个U型人才培养流动体系的顺畅运行，"人往高处走，水往低处流"。在我国竞技足球领域，目前可以看得到的问题是出现停滞现象。

年轻球员自身能力不足，缺乏经验，无法像过去前辈那样早早参与球队主力位置的竞争，无法"冒头露面"，只能通过管理部门制定特殊政策取得上场机会；教练员执教理念、训练管理方法有待改进，综合能力、执教成绩在与外教竞争中落于下风，竞赛大环境以选择外教优先，对本土教练不友好，甚至存在偏见与歧视，导致本土教练员无法进入高水平强队/国家队执教，谓之"人往高处走"的停滞。

年长球员在具备良好职业素养的前提下，仍然可以凭借自身经验在高水平比赛中立足，甚至能以高龄奋战在强队/国家队一线主力位置，无法被取代；球员退役后，没有良性的安置、培养体系，为家庭子女发展考虑，选择留在高水平竞技队伍教练员组/管理层，或离开足球圈向外就业，不愿\不能向下走去积累经验，"球星退役直接做主教练"，导致本土优秀教练员、管理人员数量有限，青训的优秀教练数量稀缺，谓之"水往低处流"的停滞。

看似是不同方向的停滞，但问题的根源是一致的：运动员、教练员的学习与适应能力出现短板，影响他们不能在职业发展道路上更进一步。在过去，我们没有"体教结合"的思想，导致运动员文化教育、学习能力

[①] 陈伟：《中国不仅需要好球员，也需要好的教练员》，载《足球报》2020年1月9日第11版.

与职业素质方面的培养全面落后，接受新鲜事物和独立思考能力差，在退役后步入社会，或走上教练员岗位后因知识储备与更新的不足而面临窘境。发展至今，社会已对竞技足球产生刻板印象，外援、职业队、国家队外教、一线队成绩，是我们眼见外在的"疾在腠理"，真正的问题"在骨髓"：解决不了多数足球人口的教育、就业问题，导致家长对足球事业信心不足，不愿意将孩子送入青训体系接受竞技足球的训练，在升学、年龄二选一时放弃足球训练，是导致我国竞技足球人口匮乏的根源。

无人可用的另一大后果是我们开始寻找能念经的外来和尚。外教趋从国际视野对足球的理解、敏锐的观察能力无论执教任何年龄层次的球队都是一大优势；从长远来看，外教对球员能力的要求符合足球发展规律；外教的弱点在于沟通和工作成本高，对中国青训结构、本土文化的了解有限，和球员之间的关系发展存在问题，且执教方向和比赛任务的要求之间存在不易化解的矛盾。多数外教并非出生并成长于中国，执教时的归属感很大程度上依赖于自身的职业素养，更依赖于工作合同的时间长短。

李晖是普通的退役运动员，和很多的本土基层教练一样，他没有显赫的运动员生涯。而他的经历又是典型的、不普通的主教练成长之路，这让对其进行个案研究、对我们培养本土教练员具备参考意义。女足与男足在参与者本质上存在不同，究其本身，仍是项目特点相近的运动项目。广东女足与国家女足同年建队，其发展在反映国家足球发展战略的意义上具备一定的代表性。

李晖的执教成绩有一定的偶然性，但又是很多必然因素的自然演变。在成为主教练之前，近长达15年的时间里，李晖在不同的主教练身边担任助理教练，有丰富的近距离观察与学习机会，也有充分的实践经验，这对他个人的提升有着极大的帮助。在经历长时间的积蓄、蛰伏之后，才有了后来的厚积薄发，是自然而然的过程，更是足球项目的规律。

在执教方向上他思路清晰，没有完全拘泥于时下的潮流、前沿，而是在充分了解球员特点的前提下，在自身战术体系构想的基础上，打造以陈巧珠、李晴潼、谢绮文等人为核心的主力阵容，以防守反击为主的战术框架，发挥广东足球传统的"小、快、灵"特点。短促的备战时间和高难的工作任务要求让他选择了更为务实的技战术方向，经过控制的训练强度和合理的作息安排让球队免于重大伤病,进而在大赛年发挥出球队的最大潜力与竞技实力。

李晖对球队最为成功的战术革新与关键改造,当属将李晴潼从后卫线上解放出来,将她在防守端的不足掩盖到球队防守体系里,转而发挥、最大化利用她在进攻方面的能力。另外,他充分利用全省之力,在省级平台上组建了 U18 女足的教练和科研、医务保障团队,并让团队成员团结在他的周围。聚集和协调各方力量,是他发挥主教练功能更为重要的一面,也是促进"流溪河"成"海"的关键。

虽说竞技体育以成败论英雄,但人无完人,且都受时代大背景的局限,李晖也有自己的缺点和不足。他的原生家庭、运动员经历都对他的教练员生涯有着根深蒂固的影响。作为家中的"细佬",他没有成功运动员的底气和自信,加上自身成长于广东足球辉煌的年代,知道天赋与个性如影随形且相得益彰,导致他对球队相对宽松的管理风格;有限的基础和通识教育,让他对近年训练科学前沿与传统经验间的取舍认识有限;执教时间短暂,在激发、提高替补球员和轮换战力方面的能力仍有待提高。这些因素都成为影响他执教过程的"双刃剑"。"广东精神"和"广东情结"让他在坚持中妥协,在妥协中坚持。宽容大度和海量胸襟,让他赢得教练组、球员和各方的全心支持,也让他收获了球员时代难以企及的生命高度。

四

在运动队中,产生关系也较为独特。教练与运动员的关系是这一社会结构的核心关系,与传统的劳动力—资方二元对立不同。在运动员生涯早期,教练要扮演选材伯乐和基础施教的角色,是竞技体育劳动关系的主体,而年幼运动员作为从属,既是生产力的一部分,又是竞技表现能力这一商品的有机载体。到运动员成年后,其对自身运动能力的提升与保持变得更为重要。教练和运动员的合作生产劳动在竞技体育产业链的中下游能达成消费变现的最终表现形式是胜利和成绩。教练与运动员在平时的训练中又是师徒关系,到高水平/职业级的竞赛中时,又会成为同事关系,甚至包含老板—雇员、上级—下级关系。足球对技术的要求，和传统手工业技术一样，多数以师徒传帮带的形式代代流传技术技艺。达到阈限和标准，在竞技场上证明自己的人才可获得晋级。

体育运动与社会发展紧密相连，经济水平直接或间接决定了国家的体育竞技水平[①]。不同政治经济体制、不同社会文化下催生的竞技体育族群体系、结构也各不相同，即"生南为橘生北为枳"。我们已有的体校—省队—国家队体系和欧洲青训制，日本的"双轨制"，韩国的教育、职业培训一体制，美国大学校园体育—职业体育体系一样，都可以被看作竞技表现能力的不同生产方式，都是建立在本国的政治经济体制和社会文化基础之上，有着稳固、牢靠的根基，其自身并无优劣之分，正所谓"黑猫白猫，只要捉住老鼠就是好猫"。要看到在解决人才培养粗放问题后，满足人和运动项目规律的需要，建设得当，应用合理，我们的举国体制至今仍是高水平竞技人才的有效培养与输送渠道，集体球类项目也不例外。如果不考虑运动项目/运动队基本成员——人的发展周期，不考虑人的基本需要，不考虑基层区域部族分支的成长繁衍，不考虑我国的国家政治经济体制基础，只考虑上层建筑的构架，照搬、照抄他国青训经验，为了改革而改革，一味地否定已有的传统青训体制，都是在不改变政治经济基础的前提下不自量力的尝试重建上层建筑，必将导致上层建筑的营养不良。急功近利的"市场模式"在无法取得短期收益的情况下难以维持，业余足球培养模式转变的困难造成了足球人才的断层，导致整个运动项目相关人群生存形态的发展畸形，进而形成恶性循环、自食苦涩的成果。

根据2015年审议通过的《中国足球改革发展总体方案》[②]，如想重振中国足球，不但要建立与我国经济体制和社会文化相配套的青训体系，更要理顺与能为之服务的管理体制，制订执行管理人员和教练员的培养计划与晋升阈限。因此，要照顾到教育升学、场地建设与租赁、交通、安保、信息登记与查询、体检、伤病保险、医疗、转会、青训补偿、退役安置等

---

① 西蒙·库珀、史蒂芬·西曼斯基著，马睿译，《足球经济学：为什么英格兰总是输？为什么德国、巴西总会赢？为什么美国、日本、澳大利亚、土耳其甚至伊拉克和中国都注定会成为这项世界最热门运动的新霸主？》中国轻工业出版社，2010，第208－216页．

② 国务院办公厅国务院办公厅关于印发中国足球改革发展总体方案的通知，见中华人民共和国中央人民政府官网：http://www.gov.cn/zhengce/content/2015－03/16/content_9537.htm

政策，以足球协会这样独立发展、独立管理、独立监督的单项体育社会团体，处理足球这样高度综合演绎社会缩影的运动项目，考虑发展各项民生事业，完成这样多的社会职责与任务，委实为难。

要解决足球竞技表现能力这个产品质量差、数量少的老大难问题，从经济、社会的角度考虑，需要我们实现供给侧生产结构优化，调整和改革生产关系同生产力、上层建筑同经济基础之间不相适应的方面和环节，促进生产力的发展和事业的全面进步，培养自信，发挥市场的资源配置作用，平衡好国家宏观调控、市场经济力量、社会自组织力量之间的独立空间和相互渗透，允许多种经济制度并存，制订、完善、坚守我们的"礼"，发挥"流溪河海"的作用和力量，解放思想，实事求是，结合我们的国情，建设、传承我们的优良文化。毕竟能给我们提供成功经验的先例少之又少，学习的对象不应是英国、法国、德国、意大利、西班牙，不应是荷兰、葡萄牙，不应是巴西、阿根廷，也不应是日本、韩国。

我们要学习的，恰恰是我们自己。

致　　谢

感谢我的父母和姐姐一家对我的支持。家庭让人变得完整，你们永远是我奋斗与前进的动力。

感谢我的硕士研究生导师张力为教授，是您的推荐让我有了这个工作与成长的机会；感谢丁雪琴研究员在我实习、参加工作前后无微不至的关心与教诲，让我更快地了解、熟悉这份工作和田野。

感谢广东省体育科学研究所前所长李勇、前副所长朱红伟自入职起对我的信任、引领和教育，感谢所长张媛、副所长段小平与周卫海在本书出版前后提供的宝贵意见；感谢运动心理室谭亦斌副主任；感谢实验室与测试中心廖红娟、宋爱晶，办公室前主任何飞霞、主任梁明明、副主任钱嘉欣、张晶、李桂香、梁穗光、赵子拳、樊小玲。

感谢中山大学出版社熊锡源博士，悉心帮忙的同时又能耐心地忍受我的无知。

感谢广东省足球协会主席叶细权。感谢广东省足球运动中心主任程志文、书记林志文、副主任邓欢欢与马唯钢在本书出版前后给予的支持与关怀；感谢前主任柯国洪、前副主任陈伟皓在我刚到足球中心工作时给予的接纳和关照；感谢办公室主任丁金兴提供的宝贵意见和支持。

感谢广东省体育局，感谢科教与宣传处处长庾伟健。

感谢广东省足球运动中心、广东省足球协会的诸位同事，无论曾朝夕相处还是仍在一起共事的，他们是：任仲儒、汤淞淞、邓铭杰、吴耀迪、孙渤、洪雯、李小庆、陈淑芬、卢佩娴、赖健、邱海燕、王亮、黎治龙、李兵、张明、卢慧君、黄炳明、古梓维、钟桂刚、郝建强、区欣、张燕、张海燕、陈倩涛、吴嘉敏、龚卓贵、朱燕仪、翟永雄、梁文浩、杨超、孙建新、方银珠、范碧华、何跃进、吴建思、许志伟、李永桥、萧钰东、吴

致　谢

玉成、冯文辉、杨福彬、钟桂刚、张子昌、张海洋、罗昌明、徐炜斌、尹红光、罗锦锋、杨志、卢卫清、李玉珍、冯燕彩、伍绿秀、张丽娟、刘彩群、林志强、冯月好、牛桂福、余丁、萧国辉、萧灿杰、徐汝芳、冯燕芳、张细明、冯萱、温丽华、黄旭斌、范志诚、黄永权、麦浩贤、杨婧、钟伟军、杨亚南、梁大飞、揭英巍、廖展浩、席兵、岑亦斌、梁俊杰、谭永曜、冼一锋、杨超成、王位、丁祥楠、徐圣和、陈鼎、陈胜等（如有遗漏还请谅解）。

感谢自到足球中心以来合作过，或正在一起工作的教练员：麦超、何锦伦、吕建军、孔国贤、谢育新、郭建华、吴育华、姚德彪、景永坚、何伟文、李海发、萧国基、林思跃、李朝阳、谢彩霞、郑修泰、游绍东、曹阳、关至锐、钟伟民、谭恩德、陈玉良、区楚良、吴亚七、欧阳耀星、徐荣生、李春成、郭亿军、张春晖、庞冬娣、黄志娟、温秀君、符晓俊、郭子超、黎梓菲、李灵均等。

感谢李晖教练。2017年8月19日早上发车返回广州前，我第一次把写书的想法相告之时，你的嘴张得可以吞下整座社会山酒店。感谢广东1999—2000年龄段U18女足全体队员，这里就不一一写你们的名字了，大家都知道了，是不？是的，你们真的成了书中人物，一如我们真的打造了一支冠军球队。

感谢戴杰鑫、李碧连、莫忠林、宋艳、王学松、王璐、张浩荣一路的陪伴与共同的努力，也同样感谢广东U18女足前任队医邓怀斌。你们都是这支球队的幕后英雄。

感谢北京体育大学运动人体科学学院曹健民教授和邱俊强教授；感谢北京体育大学校男篮代表队前主教练马振洪指导，是您让我第一次知道"运动员的职业生涯大都以失败而告终"这句话；感谢中山大学社会学与人类学学院荣休教授邓启耀先生，感谢周繁文教授，感谢中山大学传播与设计学院的熊迅教授。

感谢两位德国外教和翻译。

感谢李效震、杨恩秀、许欣、董秋菡、崔毅、邱新宇、张龙、张海江、栗子糕等新、老朋友们，你们让我牢记自己是谁，来自何方。这本书名为"流溪河海"，也是因为你们。

感谢"花王"姚瑞；感谢流溪河水坝管理办公室卢艳芬；感谢微博账号@女足体育-海洋ge、@女足资讯、@张席美智、@女足那些事、@中国女足对国内外女足赛事的关注、记录与宣传；感谢《体坛周报》副主编马德兴；感谢《广州日报》《羊城晚报》，感谢《足球报》记者王伟对广东女足的持续关注与报道。

感谢毕胜、楚寒、陈立广、池明华、何健荣、陈雪、陈耀华、陈远超、蔡庆辉、陈宇权、董雪、段大伟、费洛生、冯荣灿、顾姝玮、顾定红、关伟祥、黄坤儿、黄志达、黄健、骆用颜、胡安琪、黄源锦、李艳青、刘瑞东、罗耀昌、李智伟、李伟新、孟隽、彭上峰、饶惠芳、孙伟东、温炳林、吴文珍、王家开、许效博、徐丽芬、许蕾、袁建利、游通江、赵利红、诸葛冰轮、钟海维、曾丽平等。感谢以上教练在培养、输送广东青年女足过程中所做出的努力与贡献，也向所有奋战在青训一线的教练员致以崇高的敬意；你们是大海的源头，你们是一切可能的开始。

感谢梁田前辈。您对体育事业的热爱和对进步的不懈追求亦是我克服困难的力量之源。作为当年广东省体育科学研究室（省体科所前身）的创建人之一，您还曾经是一名战士。这让我为之骄傲，且永远铭记。

感谢董雅倩夫妇，虽然见面不多，你们笑对生活的乐观态度与积极向上的精神，给我留下了深刻的印象。谢谢你们对我的鼓励和神奇的预言。你们不知道的是，在那段时间里，我真的在写书。

彩　　蛋

迎接广东女足二队全运归来工作方案制作了两份，一份是"全运夺金"，另一份为"全运摘银"。最大的区别在于前者多出一个舞狮环节，两者都详细说明了迎接仪式的具体事项、工作流程和负责人。

中心按照工作方案组织专人到机场接机，在大门口放置拱门式横幅和水牌，球场也拉起横幅，在凉亭下的台阶上放置了活动背景板，拉一台教室的多媒体显示屏放于公寓大厅，和康复中心的数码屏打出相同内容：热烈欢迎女足二队勇夺第十三届全运会女足青年组亚军归来！

基地门口的拱门

中心在基地大门口和宿舍门口各准备了两挂鞭炮，球队大巴到门口时燃放第一挂，大巴进入操场时燃放第二挂。大巴车停在康复中心侧门过一点靠墙位置，车门打开后放彩炮，男足四队球员献上33束鲜花。

中心领导做欢迎讲话，全队与中心工作人员一起在活动背景板前合影。接着组织媒体摄影与采访，最后是工作餐时间。

仪式结束，大家拍够了照片，球员踩着合影时放出的彩带，推着行李箱等电梯一趟一趟地把她们送上楼。教练也回了各自宿舍，收拾整理自己的衣物，还有近半个月来没怎么打理的房间。

整个康复中心空无一人。我坐在电脑前，拿出刚刚收回来的摄像机，把最新一场比赛录像导入电脑，并整理全运会前后的文档和测试数据。李晖走进科研办公室，微笑着对坐在隔间里的我说："刘老师，在忙吗？"他找了我座位对面隔间的一把椅子，坐了下来，扭转过座椅，朝向我，又抬起右腿跷在左腿上："你看全运会决赛的那场球了吗？"

"还没有仔细地看全场。"

"我还是想不明白。如果你看了全场比赛的话，就能看得到，我们其实也还有机会。上半场三四次机会，下半场还有两次。按照我们球员平时的状态、能力，那种角度、速度压进去，只要发出力，怎么都能进一个。但为什么这场球就都没有？"

"原因很多吧，运气、状态、比赛当天的波动……"

"当然会有很多原因影响。那个没有办法可以改变的了，我们就不说了。但从足球的角度出发，这场球你不觉得奇怪吗？"

"这种比赛，大家都有机会。上海队实力在我们之上，能踢成这样也在意料之中了。再有一个原因就是疲劳。"

"嗯，疲劳也算是一部分。但上海队也经历了和江苏队的比赛，我们疲劳，她们也疲劳呀。"

"那就不可能一两句话可以解释得清楚了。要说这个问题，足可以再写成一本书了。"

全运会归来后的合影